과학으로
신을 만나다

과학으로 신을 만나다

발행일	2025년 3월 4일

지은이	이달선		
펴낸이	손형국		
펴낸곳	(주)북랩		
편집인	선일영	편집	김현아, 배진용, 김다빈, 김부경
디자인	이현수, 김민하, 임진형, 안유경	제작	박기성, 구성우, 이창영, 배상진
마케팅	김회란, 박진관		
출판등록	2004. 12. 1(제2012-000051호)		
주소	서울특별시 금천구 가산디지털 1로 168, 우림라이온스밸리 B동 B111호, B113~115호		
홈페이지	www.book.co.kr		
전화번호	(02)2026-5777	팩스	(02)3159-9637

ISBN	979-11-7224-509-2 03200 (종이책)

객관의 세계인 과학에서 피어나는 주관과 신앙의 역사

과학으로
신을 만나다

이달선 지음

북랩

《 여는 글 》

밤하늘을 보며 사람들은 그 깊고 그윽한 어두움과 총총한 별빛에
신비로움과 아름다움을 느끼고, 우주와 세상 그리고 자기 자신에 대
한 끝 모를 궁금함과 경외심을 가지게 된다. 이러한 마음을 바탕으로
사람들은 세상을 탐구해 왔으며, 이는 지식이 누적되며 점차 가속화
되었고, 그 결과로 우리가 알게 된 최근 백여 년 동안의 과학적 성과
들은 매우 놀랍고 눈부시다.

그러나 이런 발전이 꼭 좋은 면만을 가진 것은 아니다. 지금처럼
과학이 발달하지 않았던 과거에는 새롭게 발견한 과학적 사실이나 원
리의 의미나 원인 등을 비교적 자유롭게 추론해 볼 수 있었으며, 이
는 상당한 오류의 가능성에도 불구하고 새로운 사상이나 가치관 및
세계관의 원인이 되기도 하였다. 하지만 현재의 과학에 이런 자유로
움을 요구하기는 매우 어렵다. 그동안의 지식 축적으로 인해 각 분야
가 더욱 세분화하였고, 그 지식이 이전과 비교할 수 없을 정도로 많

고 깊어졌기 때문이다. 이는 특정 분야의 과학 지식에 타 분야의 지식을 더하여 그 의미나 원인 등을 추론해 봄에 있어 큰 장애물로 작용한다. 따라서 현재의 학자들이 과거처럼 여러 분야의 깊이 있는 지식을 연결하고 이를 사유하거나 추론하기는 매우 힘들다.

현재의 과학은 그 연구 과정이나 결과 해석 등에 있어 높은 엄밀성을 요구한다. 학문의 중요성에 비추어 볼 때 이는 매우 타당하다. 그러나 이것이 꼭 좋기만 한 것은 아니며, 또 하나의 큰 장애물로 작용한다. 이런 요구로 인해 특정 분야에 정통한 과학자라고 할지라도 해당 연구의 결과 및 유용성을 제시할 뿐이며, 그 과학적 사실에 대한 의미 부여나 원인 추론 및 인문학적 해석을 제안하는 경우는 드물다. 이러한 내용은 아마도 각 연구자의 마음속에 간직되어 있거나, 부담 없는 자리나 상황에서만 언급될 것이다.

우리는 이처럼 과학자들이 명시적으로 언급하기 힘든, 다양한 과학 분야의 의미나 그 원인에 대한 추론 및 해석을 모아 이들을 다시 순서대로 연결해 볼 것이며, 그 결과는 매우 놀라울 것이다.

이러한 연결과 사유 및 추론이 진행되려면, 먼저 그 대상이 되는 근거들의 진실성이 확보되어야 한다. 과학적으로 증명되었거나, 그게 아니라면 적어도 그 분야의 전문가들 대다수가 인정하는 내용을 바탕으로 추론을 이어 갈 때 오류의 가능성을 줄일 수 있고 비교적 진실에 가까운 결론에 도달할 수 있을 것이다.

이 책은 각 주제에 대한 과학적 사실들을 먼저 알아보고, 이후 그 사실의 의미와 원인을 살펴본다. 다른 과학적 사실들과의 연관성을 생각해 보고, 실제 세상의 모습이 무엇인지를 추론하는 순서로 구성되었다. 이 순서가 자연스러운 사고의 흐름에 더 잘 부합할 듯하다.

이 책은 또한 자연과학과 인문학의 연결고리를 제공한다. 종교와 과학의 병립이 가능함도 제시한다. 종교에 따라 신에 대한 묘사가 다르며, 같은 종교의 사람들일지라도 마음속에 그리는 신의 모습은 각자 다르다. 이는 마치 '장님이 코끼리 만지기'와도 같다. 우리는 이 책을 통해서 코끼리의 실루엣, 즉 과학의 관점에서 파악되는 초월적 신의 모습을 어느 정도 그려볼 수 있게 될 것이다.

우리는 많은 갈등 속에서 살고 있다. 마음속 요소들 사이의 갈등, 사람들 사이의 갈등, 집단과 집단의 갈등, 국가 간의 갈등, 역사적 이데올로기의 대결 등 세상에는 많은 갈등이 있다. 필요한 갈등도 있지만, 많은 경우 오해 또는 인지적 오류로 인해 갈등이 발생하고 이에 따라 큰 희생을 치르게 된다. 당면한 현상이나 상황을 우리가 좀 더 정확히 볼 수 있었다면 이처럼 불필요한 갈등과 희생을 상당 부분 줄일 수 있었을 것이다. 그러므로 정확한 지식과 인지는 매우 중요하다고 볼 수 있다.

인류는 수천 년에 걸쳐 자연이나 우주를 좀 더 정확히 알기 위해 노력하였고 이에 따라 추론 방법도 발전하였으며 그 핵심은 과학적, 합리적 과정의 추론이라고 할 수 있다. 일례로 천 년 전 사람들은 용오름 현상을 보며 용의 승천을 말했겠으나, 지금의 우리는 이것이 하나의 대기 현상임을 잘 알고 있다. 지금의 우리는 천 년 전 사람들과 달리 이 현상에 현혹되어 엉뚱한 사회적 결정을 내리지는 않는다. 승천하는 용을 향해 소원을 빌거나 잘못을 용서해 달라고 하지도 않는다. 이처럼 현상에 대한 정확한 지식은 우리의 마음을 편안하게 한다. 휘둘리지 않게 되는 것이다. 이는 선배 과학자들의 노력에 따른 지식 축적의 결과일 것이다. 그 덕분에 우리는 현상이나 상황에 휘둘리지 않으며, 전에는 갈등하고 다투었을 상황이 지금은 별다른 문제가 되지 않는다.

이는 마치 어떤 아이가 담장 너머로 세상을 알아가는 과정과 비슷하다고 볼 수 있다. 키가 작으므로 외부의 세상을 제대로 파악할 수 없으며, 이를 극복하려면 디딤돌을 딛고 올라서야 한다. 부서질 듯하여 디딤돌을 밟지 못하면 밖의 풍경을 제대로 볼 수 없다. 과학적 탐구의 과정도 이와 같다. 예를 들어 빅뱅은 지금도 이론에 불과하며, 실험으로 이를 재현하는 것은 불가능하다. 그렇다고 이를 무시하는 것은 어리석은 일이다. 다소 부족한 구석이 있더라도 단단한 사실로서 이를 인식하고, 이 인식을 디딤돌로 삼아 그다음의 과정으로 나아갈 때 좀 더 큰 담장 밖 세상을 발견할 수 있게 된다.

앞으로도 과학은 끊임없이 발전할 것이며, 그에 대한 의미 부여나 해석 등의 철학적 과정도 뒤따르게 될 것이다. 굳이 분류하자면 이 책은 이런 과학철학에 가까우며, 최근까지의 과학에 대한 합리적 해석의 내용을 포함하고 있다. 현대 인류가 용오름 현상에 휘둘리지 않게 된 것처럼 이 책을 통해 우리는 자연, 세상, 그리고 자신에 대해 좀 더 깊은 과학적 지식을 얻고 이에 대한 합리적 해석을 할 수 있게 될 것이다. 따라서 소음에 휘둘리지 않고 좀 더 정확하게 현상이나 상황을 파악하게 될 것이며, 이는 다양한 갈등의 해소로 이어질 수 있을 것이다.

대체로 주관성이 과학의 대상이 되기는 어렵다. 예를 들어 공원에서 먹이를 먹고 있는 비둘기의 주관적 만족감을 우리가 알거나 이를 수치화할 수는 없다. 그러나 이 책은 조금 다르다. 객관적 자연에서 비롯되었다고 추론해 볼 수 있는 주관성의 대역사(Big History)를 포함하고 있다. 그러므로 이 책은 많은 사람에게 큰 도움을 줄 수 있다.

종교적 생활을 하면서 신은 어떤 존재인지, 신과 나의 관계는 무엇인지 고민하는 분들에게 이 책이 도움이 되리라 생각된다. 나는 누구이며 자아란 무엇인지 등 자신에 대해서 생각이 많았던 분들도 큰 도움을 받을 수 있을 것이다.

비과학적이거나 비합리적인 종교적 가르침이나 교리 등에 실망해 종교시설에는 잘 가지 않지만 어딘가 초월적인 존재가 있을 수도 있다고 생각하는 사람들에게 이 책을 권한다. 그리고 종교적 열정이 아닌 냉정한 과학적 사고로 찬찬히 생각해 보기를 제안하고 싶다.

"신은 없으며, 만들어진 것이다." "신은 기득권자들이 대중을 지배하기 위해 사용하는 도구에 불과하다." "종교는 사기다." "믿기는 누구를 믿나, 나 자신을 믿어야지." 이와 같이 말하는 분들에게 이 책은 상당한 도전을 줄 것이며, 세상을 바라보는 새로운 시각을 접하는 계기가 될 수 있을 것이다.

현재 또는 미래에 각 분야의 리더로 성장할 사람들이라면 이 책의 내용을 알아야 하지 않을까 하는 생각도 해 본다. 이로 인해 미래에는 이치에 맞지 않는 사회적 결정이 감소할 것이고, 그 결과 사회 내부나 국가들 사이의 갈등도 상당 부분 감소할 것이기 때문이다.

2025년 3월

이달선

차례

제1장

우주

우주의
기원

세상과 나는 왜 존재하고, 어떻게 시작되었을까? 인류는 이러한 궁금증을 가지고 자연을 연구하고 지식을 축적해 왔으며, 최근에는 그 시작이 대폭발(big bang)일 가능성이 매우 큰 것으로 생각하고 있다. 과학자들은 대체로 이에 동의하고 있으며, 빅뱅은 현재 우리 우주의 기원을 설명하는 정설로서 인정받고 있다.

이 이론에 의하면, 처음에는 우리 우주의 모든 물질이나 에너지가 한 점에 모여 있었는데 어느 순간 대폭발이 발생하며 팽창하였다. 지금까지의 관측 결과를 이론적으로 분석해 보면, 이 사건이 일어난 시기는 지금으로부터 약 138억 년 전이다.

처음에는 모든 것이 한 점에 모여 있었고 매우 뜨거운 상태였다. 그러나 우주가 팽창하고 온도가 내려가게 되면서 양성자, 중성자, 전자 등 우리가 알고 있는 물질들이 생성되었다. 이후 이들이 중력에 의해 서로 당겨지며 별이나 은하가 만들어지고 현재의 우주가 형성되었다.

이 이론은 아인슈타인(Albert Einstein, 1879~1955)의 일반상대성이론을 바탕으로 하고 있다. 공간의 모든 곳이 동등하고 모든 방향이 동등하다는 우주원리를 고려하여 아인슈타인 방정식을 풀어보면, 과거로 거슬러 올라갈 때 우주가 점점 작아지다가 어느 시점에서 한 점이 되는 때가 존재한다. 이때가 우주의 시작이고 이때로부터 현재까지의 시간이 우주의 나이이다. 이러한 이론적 결론은 1929년 발견된 허블(Edwin Powell Hubble, 1889~1953)의 법칙, 즉 우주가 팽창하고 있다는 관측 결과와도 잘 맞는다. 또한 이 이론은 우주배경복사를 비롯한 현대의 관측 결과를 잘 설명해주고 있다.

■ 대폭발 이론의 역사

우주가 과거의 어느 시점에 거대한 폭발로 시작되었으리라는 것은 1927년에 르메트르(G. Lemaître, 1894~1966)가 처음으로 주장하였다. 당시 이 이론은 별 관심을 끌지 못했고 아인슈타인으로부터 거부당하기도 하였으나, 우주가 팽창한다는 허블의 법칙이 알려지며 학계의 큰 관심을 끌게 되었다. 특히 1948년 앨퍼(R. Alpher, 1921~2007)와 허먼(R. Herman, 1914~1997)은 대폭발 이론이 사실이라면 우주배경복사가 관측되어야 한다는 이론을 발표하였다.

한편 1940년대 후반에는 대폭발 이론에 반대하여 정상우주론이 제기되기도 하였다. 이 이론은 우주의 팽창을 상쇄하도록 물질이 계속 생성되어 우주가 시작이나 끝이 없이 영원히 현재의 상태를 유지한다는 이론이다. 두 이론이 10여 년 동안 대립하고 있었으나, 1964년에 우주배경복사가 관측되면서 대폭발 이론이 정설로 인정받게 되었다. 이후 이 이론은 입자물리학의 연구 결과와 결합하여 정교한 이론으로 발전하였다.

대폭발 이후의
우주

현대의 대폭발 이론은 단순히 일반상대성이론을 풀어서 해를 구하는 것으로 끝나지 않는다. 입자물리학과 핵물리학의 여러 이론이 결합되어 우리 우주에 대해 매우 정교한 이론적 예측을 하고 있으며 이런 예측은 관측을 통해서 비교, 검증할 수 있다. 그 결과 우리는 우주가 거쳐 온 진화의 과정을 기술할 수 있게 되었다.

일반상대성이론의 방정식에 따르면, 현재 시점에서 시간을 거슬러 거꾸로 계속 갈 때 무한대의 밀도와 온도로 우주가 정확히 한 점으로 축소되는 특이점이 있어야 한다. 이때가 지금부터 약 138억 년 전인데, 이 특이점에서 대폭발이 발생했다고 보는 것이다.

물리학적으로 의미가 있는, 측정할 수 있는 최소의 시간 단위를 플랑크시간(planck time)이라 부른다. 이는 광자가 빛의 속도로 플랑크 길이를 지나간 시간을 말하며, 5.39×10^{-44}초 정도이다. 대폭발이 시작된 이후 최초 한 단위 정도의 플랑크시간이 흘렀을 때, 즉 특이점으로부터 10^{-43}초 사이에서는 일반상대성이론을 비롯하여 현재의 물리학 이론 체계를 적용할 수 없다. 양자역학의 불확정성 원리에 어긋나기 때문이다. 이 구간을 플랑크 시대(planck epoch) 또는 양자 중력 시대(quantum gravity era)라고 부른다. [그림 1]의 최하단부에는 이 양자 중력의 벽(quantum gravity wall)이 표현되어 있다. 이 구간에 적용될 수 있는 이론을 찾는 것이 물리학의 중요한 과제 중 하나이며, 이의 강력한 후보 중 하나로 끈 이론이 연구되고 있다.

■ 플랑크 시대(특이점에서 10^{-43}초)

플랑크 시대는 특이점에서 한 단위 정도의 플랑크시간이 지난 시점까지를 말한다. 모든 것이 확률적으로 존재했고, 시간과 공간이 존재하지 않았을 것이며, 현상을 유지하려는 가능성과 우주가 탄생하려는 가능성이 공존했을 시기이다. 임계점을 넘어가며 균형 상태가 깨지게 되고, 이에 따라 확률적으로 우리 우주가 탄생하게 되었을 것으로 추정된다.

10^{-43}초에 이르면 중력이 분리 및 출현하며, 이는 빅뱅 이후 최초의 힘이다. 이 시기 우주의 온도는 $10^{32}K$에 달하고, 우주의 크기는 플랑크 길이($1.6 \times 10^{-35}m$) 정도이다. [그림 1]은 주로 빅뱅 초기의 우주 진화를 표현하고 있으며, 플랑크 시대는 최하단부의 톱니 모양 부분에 해당한다.

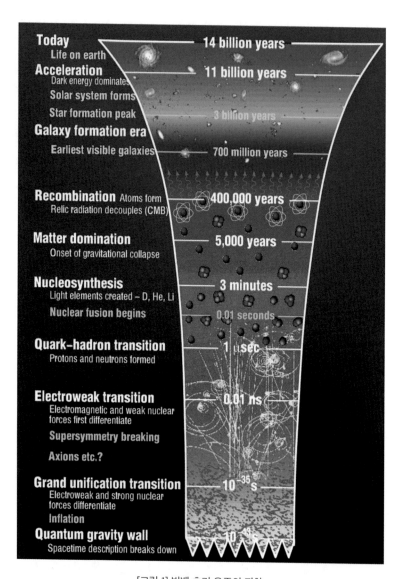

[그림 1] 빅뱅 초기 우주의 진화

■ 대통일 시대(10^{-43}초에서 10^{-35}초)

대통일 시대는 10^{-43}초에서 10^{-35}초까지의 시기를 말하며 초대칭이 유지되고 있는 시기로, 이 시기에 중력자가 빠져나와 출현했을 것으로 추정한다. 중력자는 질량이 0이며 2의 스핀 값을 가지는, 중력을 매개하는 보손(boson)이다. 힉스 보손(higgs boson)은 이 시기에 존재했을 것으로 여겨지는 유일 입자이다. 힉스장 안에서 일어나는 고밀도와 고에너지의 양자 요동인, 힉스입자(higgs particle)는 스핀이 0인 보손이며 전하도 없고 내부 구조도 없다. 유일한 스칼라 입자(scalar particle)로 스스로 질량을 가진다. 질량은 125GeV/C² 정도이며 이는 양성자 질량의 100배 정도에 해당한다.

10^{-35}초에 이르면 강력이 다른 힘에서 분리되어 나온다. 이 시기 우주 온도는 10^{27} K에 해당하며, 크기는 원자보다 10억 배 작은 10^{-19}m 정도로 성장한다. 이 시기에 급팽창(inflation)이 시작되며 10^{50}배 크기로 진행된다. 급팽창의 원인은 아직 정확히 설명할 수 없다. 진공 에너지(vaccum energy, dark energy)가 원인이라는 설명이 있으며, 초기 모형에서는 힉스장(higgs field)이 원인일 것으로 생각했으나, 최근에는 아직 밝혀지지 않은 새로운 스칼라장(scalar field)이 원인일 것으로 추정한다.

■ 급팽창(10^{-32}초에서 10^{-12}초)

급팽창이 시작된다. 이 시기에 쿼크와 렙톤이 형성되며, 반쿼크와 반렙톤도 발생하게 되나 이 물질과 반물질은 서로 결합하여 에너지로 변해 소멸하고 남은 10억 분의 1 정도의 미미한 물질이 이후 우주의 모든 대상을 만든다. 10^{-12}초 무렵 우주 온도는 10^{15}K 정도이고, 크기는 야구공 크기인 10^{-1}m 정도이다.

■ 약 전자기 대칭 깨짐

10^{-12}초 또는 10^{-11}초(0.01ns) 정도가 되면 약 전자기 게이지 대칭이 자발적으로 깨지게 되고, 남아 있던 힘이 전자기력과 약력으로 분리된다. 힉스 메커니즘에 의해 쿼크와 렙톤은 질량을 얻게 된다. 이제 우주를 만드는 4가지의 힘인 중력, 강력, 약력, 전자기력이 모두 분리 및 출현하여 작용하기 시작한다.

10^{-6}초 무렵 우주 온도는 10^{13}K에 달하며, 우주의 크기는 태양계 정도의 크기로 10^{16}m에 해당한다. 이제 쿼크들이 결합하며 양성자와 중성자를 만들기 시작한다.

10^{-6}초에서 10초 사이에는 대부분의 반물질이 물질과의 쌍소멸로 사라지고, 이후의 우주에는 물질만이 남게 된다.

대폭발 이후 1초가 지날 무렵 우주는 태양계의 천 배 정도 크기인 10^{19}m에 달하게 되고 온도는 10^{10}K가 된다. 우주는 입자로 넘쳐나고 있으며, 중성미자가 분리되어 공간을 자유롭게 이동하기 시작한다.

약 10초 정도가 되면 우주 온도가 더욱 낮아져, 이제 더는 새로운 렙톤과 반렙톤을 생성하지 않게 된다. 렙톤과 반렙톤은 쌍소멸로 사라지고 아주 적은 양의 렙톤만 남게 된다. 우주의 대부분 에너지는 입자와 반입자의 쌍소멸로 인해 발생하는 광자(전자기파)의 형태로 바꾼다.

■ 원자핵의 형성

약 3분이 지나면 우주 온도는 $10^9 \mathrm{K}$로 더욱 식게 된다. 양성자들, 중성자들 사이에 핵융합이 일어나기 시작하며 20분 무렵까지 수소, 헬륨 등의 가벼운 핵이 합성된다. 극소량의 리튬과 베릴륨 핵도 만들어진다. 이 시기 이후로는 온도와 밀도가 떨어지며 핵융합이 지속되지 못하게 되었다. 현재 우주에 존재하는 대부분 수소 핵과 헬륨 핵은 이 당시 만들어진 것이다.

■ 광자(photon)의 분리와 원자의 형성

약 38만 년경이 되면 현재 우주의 천 분의 일 크기까지 팽창하고 온도는 3000K로 하락한다. 원자핵과 전자가 결합하여 수소와 헬륨 원자를 만들게 되며, 그동안 전자에 갇혀 움직이기 힘들었던 광자(photon)들이 자유롭게 된다. 이 무렵 우주의 대부분 물질은 전기적으로 중성인 원자로 구성되었으므로, 대전입자와 상호작용하는 전자기파인 광자와의 상호작용은 거의 일어나지 않았다. 따라서 빛(광자)은 우주 전역을 비교적 자유롭게 움직일 수 있었고, 이에 따라 우주가 투명해진다. 이 시기에 발생하여 우주를 떠돌게 된 빛이 우주배경복사이며, 이는 대폭발 이론의 강력한 증거이다. 천문학적으로 우리가 관측할 수 있는 과거는 이 시기 이후까지이며, 그 이전의 과거는 빛이 없으므로 관측하기 매우 어렵다. 빅뱅 후 1억 5천만 년 정도의 시간이 흐르면 중력에 의해 최초의 별이 만들어진다.

자연의
네 가지 힘

우리는 어떤 현상이나 상황을 보고 그 이유가 뭔지 궁금해 한다. 하늘에서 내리는 비는 익숙하지만 신기하다. 과거에는 이를 설명하기 어려웠으나 지금은 대부분의 사람이 그 이유를 알고 있다. 일차적인 이유를 알았으면 다음에는 더 근본적인 이유를 알고 싶어 한다. 벼락이 치는 이유가 전기적 현상임을 알게 되면, 그렇다면 그 전기적 현상이 왜 생기는지 궁금해진다.

이처럼 꼬리를 무는 대부분 궁금증의 답은 결국 '이 세상을 움직이는 힘'으로 귀결된다. 우주를 움직이는 힘은 크게 네 가지이며 중력, 전자기력, 강력, 약력이다. 현재 세상에서 벌어지는 모든 현상은 이 네 가지 힘을 바탕으로 하고 있다.

그런데 왜 네 종류일까, 근본적으로는 하나의 힘이 아니었을까 하는 생각을 해 볼 수 있다. 100여 년 전 아인슈타인(A. Einstein,

1879~1955)역시 이러한 생각을 했던 것 같다. 말년에 그는 이러한 힘들을 하나로 통합하려는 통합이론(대통일이론)에 관심이 많았다. 안타깝게도 아인슈타인의 노력은 성공하지 못하였지만, 그의 생각은 후대의 과학자들에게 이어져 현재도 이 시도는 끊임없이 진행되고 있다.

■ 중력과 전자기력

지금까지 인류가 알고 있는 자연계의 힘은 네 가지이다. 중력, 전자기력, 약력(약한 상호작용), 강력(강한 상호작용)이다. 현대의 물리학에서 이 네 가지 힘에는 각각의 힘을 매개하는 입자가 있다고 이해하고 있다. 중력자의 중력, 광자의 전자기력, W 및 Z의 약력, 글루온(gluon)의 강력이 그들이다.

자연계에는 힘을 매개하는 입자 외에 물질을 구성하는 입자들이 있다. 양성자나 전자 등이 이에 속한다. 중력은 질량이 있는 물체 사이에 작용하는 힘이다. 즉, 물체가 지구로 떨어지게 만드는, 우리에게 가장 친숙한 힘이다. 뉴턴은 이를 만유인력의 법칙으로 파악하였고 아인슈타인은 이를 일반상대성이론으로 통합하였다.

전자기력은 전기력과 자기력을 함께 일컫는다. 전기력과 자기력이 하나의 힘이라는 사실은 패러데이(Michael Faraday, 1791~1867)가 전자기 유도현상을 발견함으로써 입증하였다. 전자기력은 맥스웰(James Clerk Maxwell, 1831~1879)에 이르러 그의 유명한 방정식으로써 전체적으로 정리되었다.

약력과 강력은 원자핵의 발견 후 그 성질들을 연구하면서 알게 된 힘이다.

■ 약력은 원자핵 붕괴에 관여하는 약한 힘

약력(약한 핵력 또는 약한 상호작용)을 발견하게 된 계기는 베타붕괴라는 현상 덕분이었다. 베타붕괴는 중성자가 전자를 방출하면서 양성자로 바뀌는 현상이다. 이 과정에서 무엇인가 '전에는 알지 못하던 힘이 작용하는 것이 아닌가?' 하는 생각을 하게 되었다. 이 힘을 연구해 보니, 중력보다 강하지만 전자기력보다는 약했다. 그래서 약력이라고 부르게 되었다.

중성자가 붕괴할 때는 아주 이상한 현상이 생긴다. 원래 중성자가 가졌던 에너지와 베타붕괴 이후에 전자와 양성자가 가지는 에너지가 서로 다르다. 즉, 가장 기본적인 에너지 보존 법칙에 맞지 않는 것처럼 보인다. 이 문제를 해결한 사람이 볼프강 파울리(Wolfgang Ernst Pauli, 1900~1958)이다. 볼프강 파울리는 질량이 거의 없고 전기적으로 중성인 입자가 이 반응에 참여하여 에너지를 가지고 달아난다면 에너지 보존의 문제를 해결할 수 있다고 제안하였다. 이 입자는 후대 과학자들에 의해 발견되어 뉴트리노(neutrino)로 불리게 되었다.

■ 강력은 원자핵을 만드는 강한 힘

강력(강한 핵력 또는 강한 상호작용)을 발견하게 된 이유는 간단하다.

수소 이외의 원자핵은 두 개 이상의 양성자로 구성되어 있다. 양성자는 모두 전기적으로 양성이라 양성자가 여럿 모여 있으면 전기적인 반발력이 대단할 것으로 쉽게 예상된다. 따라서 전자기력보다 훨씬 강한 힘으로 원자핵을 구성하는 양성자와 중성자를 묶어 줄 힘이 필요하다. 전자기력은 약력이나 중력보다 센 힘이니, 전자기력보다 강한 힘이 필요하다. 그래서 강력이라는 개념이 생겨났다. 일본인 최초 노벨상 수상자인 유카와 히데키(湯川秀樹, 1907~1981)는 양성자나 중성자들이 중간자(meson)라는 새로운 입자들을 교환하면서 강력을 형성한다고 생각했다. 그의 예언대로 1947년에 파이온(pion)이라는 중간자가 발견되었다. 즉, 강력은 전자기력보다 강한 새로운 힘이며 중간자가 관여하는 힘이라는 것을 알게 되었다.

표준모형과
기본입자

■ 양성자나 중성자를 만드는 쿼크

과거에는 원자를 더 이상 쪼갤 수 없는 기본입자로 여겼다. 이후 원자핵을 구성하는 양성자와 중성자가 발견되었고, 기본입자에 대한 개념 변화가 불가피하게 되었다. 중성자나 양성자도 더 이상 쪼갤 수 없는 기본입자가 아니다. 양성자나 중성자는 쪼갤 수 있으며 쿼크(quark)라고 하는 더 작은 입자들로 이루어졌다는 증거들이 발견되었다. 쿼크는 머리 겔만(Murray Gell-Mann)과 츠바이히(George Zweig)에 의해 1963년 독립적으로 제시된 개념이다. 쿼크 셋이 적당히 잘 모이면 양성자나 중성자가 된다. 또한 강력에 관여하는 중간자(meson)도 쿼크로 구성되어 있다는 것이 밝혀졌다. 양성자와 중성자 그리고 중간자는 모두 강력과 연관되어 있다.

쿼크는 강력을 느끼는 최소 입자 단위이다. 쿼크와 쿼크는 접착자(gluon)라고 불리는 강력의 매개체를 주고받으며 강하게 결합하여 양성자나 중성자 그리고 중간자를 만든다.

쿼크는 총 6종이 있고, 이 6종류의 쿼크는 2가지씩 짝을 이룬다. 이들의 이름은 업(Up)·다운(Down), 참(Charm)·스트레인지(Strange), 톱(Top)·보텀(Bottom)이다. 이는 [그림 2]에 표현되어 있다.

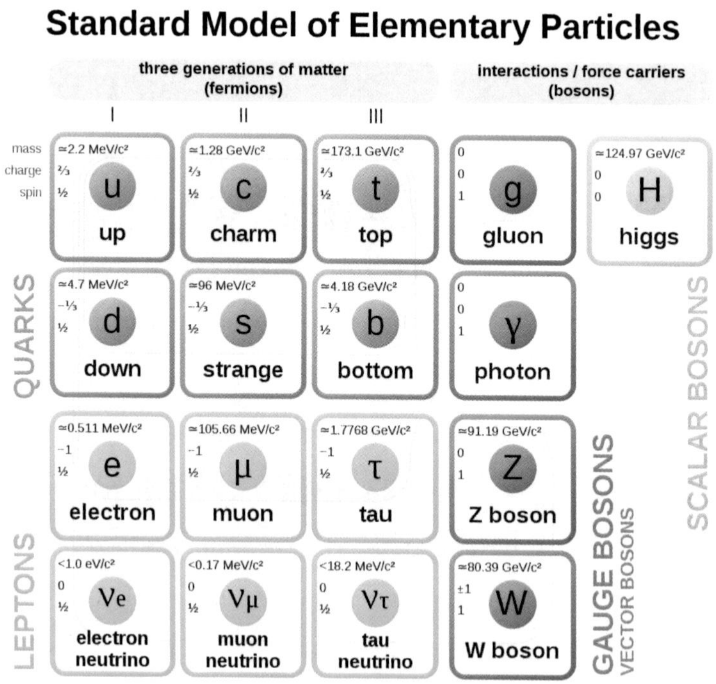

Standard Model of Elementary Particles

[그림 2] 표준모형의 기본입자

■ 전자와 그의 형제들인 경입자(Lepton)

양성자, 중성자가 강력으로 뭉쳐져서 원자핵을 만든다는 것은 앞에서 언급하였다. 그러면 전자들도 뭉쳐질 수 있을까? 강력은 전자기력보다 강하므로 전자들 사이에도 강력이 작용할 수 있다면 전자들도 여러 개 뭉쳐질 수 있을 것이다. 그러나 이런 일은 발생하지 않는다. 전자는 강력을 느끼지 못하기 때문이다. 전자와 중성미자는 약력에는 반응하지만, 강력은 느끼지 못한다. 이런 입자들을 경입자라고 한다. 경입자는 강력을 느끼는 쿼크와는 전혀 종류가 다른 입자인 셈이다.

경입자도 총 6종이 발견되었다. 처음에 발견된 중성미자는 약력과 반응할 때 전자와 관련되기 때문에 전자형 중성미자라고 한다. 이와 유사하게 뮤온(muon)이라는 경입자에는 뮤온형 중성미자가 있고, 타우온(tauon)이라는 경입자에는 타우온형 중성미자가 있다. 전자와 뮤온 그리고 타우온은 질량만 다를 뿐 그 외 모든 물리적 성질은 똑같다. 말하자면 전자의 형제 정도의 입자들이다. 그 각각의 짝을 이루는 중성미자들도 서로 형제 정도 된다. 약력은 W, Z로 불리는 보손 입자들이 매개한다는 것이 밝혀졌다.

■ 힘을 매개하는 게이지 보손(boson)

힘을 매개하는 입자는 크게 4종류이다. 이 입자는 게이지 이론에서 게이지 장의 양자에 해당한다. 게이지 보존의 수는 그 게이지 대칭의 차원 수와 같다. 전자기력은 광자가, 약력은 W나 Z 보손이, 강력은 글루온이 매개한다. 이 게이지 보손들은 기본적으로 0의 질량을 가진다. 특이하게도 힉스 매커니즘에 의해 질량을 가질 수도 있는데, W와 Z 보손이 이에 해당한다. 중력을 매개하는 제4의 보손인 중력자 역시 가정되어 있다. 하지만 실험적인 증거나 수학적 이론이 부족하여 현재는 추측만 이루어지는 상태이다. 그러므로 [그림 2]에 중력자는 표현되지 않았다. 중력자는 질량이 0이며 2의 스핀 값을 가지는 것으로 추정되고 있다.

요약하자면, 자연계의 소립자는 크게 힘을 매개하는 보손 입자와 물질을 구성하는 구성 입자로 구분된다. 구성 입자는 다시 강력을 느끼는 쿼크와 강력을 느끼지 못하는 경입자로 나뉜다.

■ 통합으로의 길

100여 년 전 아인슈타인의 대통일이론 이후, 후대의 과학자들도 이들 네 가지 힘의 통합을 시도하였다. 1960년대 미국의 셸던 글래쇼(Sheldon Glashow)와 파키스탄의 압두스 살람(Abdus Salam), 미국의 스티븐 와인버그(Steven Weinberg)가 그 주역들이었다. 이들의 이름을 딴 GSW 모형은 약한 핵력과 전자기력을 성공적으로 통합하였다. 이에 더하여 이와 유사한 이론이 강력을 설명하기 위해 도입되고 있다.

약력, 전자기력, 강력에 대한 이런 이론들을 한데 모아 사람들은 표준모형이라고 부르기 시작했다. 표준모형은 강력을 느끼지 못하는 세 쌍의 경입자들과 강력도 함께 느끼는 세 쌍의 쿼크들, 그리고 세

가지 힘을 매개하는 입자들에 관한 이론이다. 지난 수십여 년 동안 표준모형은 다양한 실험적 검증을 통해 가장 믿을 만한 이론적 체계로서 그 자리를 지키고 있다. '세상은 무엇으로 만들어졌을까?'라는 인류 태고의 질문에 대한 모범 답안이 바로 표준모형이다.

표준모형에서 가장 중요한 입자는 바로 힉스입자이다. 표준모형의 가장 핵심적인 연결고리이기 때문이다. 왜 힉스가 꼭 있어야만 하는 것일까? 2012년 여름 유럽입자물리연구소(CERN)는 대형 강입자 충돌기의 연구를 통해 힉스 보존의 발견을 공식화하였다. 이는 1964년 영국의 이론물리학자 피터 힉스(Peter Ware Higgs, 1929~)가 그 존재를 예상한 이후 최초의 실험적 발견이다.

힉스입자와
대칭성

힉스입자는 입자물리학의 표준모형에서 제시하는 기본입자 중 하나이다. [그림 2]에 표현되어 있으며, 전하와 스핀이 0이고, 질량은 양성자의 100배 정도에 해당한다. 표준모형이 성립하려면 다른 기본입자들의 질량이 설명되어야 한다. 이때 꼭 필요하며, 그러므로 그 존재가 가정된 것이 힉스입자이다.

힉스입자의 별명은 '신의 입자'이다. 미국의 실험물리학자인 리언 레더먼은 과학 저널리스트 딕 테레시와 함께 '입자물리학의 역사와 힉스입자'에 대한 내용의 책을 쓰며 원래 '빌어먹을 입자(Goddamn Particle)'라는 표현을 생각했다. 하지만 편집자가 언어 순화를 위해 damn을 빼며 '신의 입자(God Particle)'가 되었다는 일화가 있다.

■ 대칭성(symmetry)

대칭성(symmetry)이란 '변화를 알 수 없는 성질'이라고 할 수 있다. 정육면체나 공은 대칭성이 무척 높다. 이들 물체를 어떻게 돌려 놓더라도 그 변화를 알기가 어려운 것은 높은 대칭성 때문이다. 주사위의 각 면에 서로 다른 개수의 눈을 찍어 두지 않으면 어느 면이 어느 면인지 전혀 구분할 수 없다. 당구공에 별다른 표시가 없다면 그 공이 제자리에서 회전하고 있는지 아닌지 알기 어렵다.

자연에는 눈에 띄는 대칭성이 많다. 사람을 비롯한 많은 동식물이 좌우 대칭 혹은 방사 대칭이다. 우리가 발을 딛고 사는 지구나 생명의 근원인 태양은 거의 완벽한 구형의 대칭을 가진다. 그러나 과학자들이 중요하게 생각하는 대칭성은 외면적인 대칭성이 아니라 자연의 법칙 자체가 가지고 있는 대칭성이다.

우주의 근본 원리에 대한 현재 인류의 모범 답안이라고 할 수 있는 입자물리학의 표준모형도 대칭성의 원리에 기초하고 있다. 표준모형이 담고 있는 대칭성을 게이지 대칭성(gauge symmetry)이라고 부른다. 게이지라는 말은 척도를 의미한다. 따라서 게이지 대칭성이라는 것은 우리가 자연을 바라보는 척도를 변화시켜도, 변화된 척도에 따라서 자연이 바뀌지 않는다는 것을 의미한다. 이는 자연스럽고 당연한 이야기라고 할 수 있다.

■ 게이지 대칭성(gauge symmetry)

양자역학의 발전 이후 물리 이론은 파동을 통해서 기술된다. 이때 우리가 파동을 기술하는 좌표계를 바꾸면 파동의 위상도 함께 바뀐다. 이렇게 파동의 위상은 우리가 임의로 정한 기준점에 따라 변하는 양이므로 물리적인 실체가 없다. 따라서 좌표계가 바뀌어서 파동의 위상에 변화가 오더라도 자연을 기술하는 물리 이론은 전혀 변화가 없어야 할 것이다. 이를 게이지 대칭성이라고 한다.

물리 이론이 게이지 대칭성을 만족시키려면 우리가 임의로 파동의 위상을 변화시켜 줄 때마다 변화된 위상을 자동으로 상쇄시켜 주는 무엇인가가 이론상 필요하다. 이에 해당하는 새로운 입자 개념이 도입되었으며, 이를 게이지 입자(gauge particle)라고 부른다.

전자기학에서는 빛(광자)이 바로 게이지 입자에 해당한다. 약한 핵력과 전자기력이 통합된 이론에서는 W와 Z입자가 게이지 입자가 된다. 강한 핵력에 관한 게이지 입자는 글루온이다. 이런 게이지 입자들은 모두 힘을 매개하며, 실제로 존재하는 입자들이다.

게이지 대칭성을 만족하는 물리 이론을 게이지 이론이라고 한다. 이런 게이지 이론이 필요한 이유는, 이 이론이 힘을 매개하는 입자들이 존재한다는 사실을 설명하기 때문이다. 힘을 매개하는 입자인 게이지 입자들이 없으면 게이지 대칭성이 있을 수 없다. 즉, 게이지 대칭성이 게이지 입자의 존재를 요구하는 셈이다. 게이지 대칭성이 있다면 게이지 입자는 필연적으로 있어야만 한다는 것이다.

■ 자발적 대칭성 깨짐(spontaneous symmetry breaking, SSB)

그러나 게이지 이론에는 치명적인 약점이 있다. 이 이론에서 모든 입자의 질량은 0이다. 질량은 게이지 대칭성을 깨는 성질이 있다. 게이지 대칭성은 서로 '구분할 수 없음'을 의미한다. 반면 질량은 소립자를 구분하는 가장 기본적인 성질이다. 게이지 대칭성은 이 구분을 지우는 대칭성이라고 할 수 있다. 그러나 현실에서는 많은 소립자가 질량을 가지고 있다. 게이지 이론에서는 이 딜레마를 해결할 수 없었다. 이런 이유로 과학자들도 처음에는 게이지 이론에 크게 주목하지 않았다.

상황이 반전된 것은 자발적 대칭성 깨짐(spontaneous symmetry breaking, SSB)이라는 개념이 도입되고 나서였다. '자발적 대칭성 깨짐'이라는 것은 이론상으로는 대칭성이 있으나, 그 이론이 현실에 나타날 때는 대칭성의 일부가 깨진다는 것이다. 말장난처럼 느껴질 수도 있으나, 애초에 대칭성이 아예 없는 것과, 있던 대칭성이 깨지는 것은 전혀 다르다. 묘수가 아닐 수 없다. 이 자발적 대칭성 깨짐이라는 개념을 입자물리학에 처음으로 도입한 물리학자 난부 요이치로(南部 陽一郎, 1921~2015)는 그 공로로 2008년 노벨 물리학상을 수상하였다.

■ 질량을 부여하는 힉스입자

그러나 자발적 대칭성 깨짐이라는 개념을 도입하기 위해서는 이론에 새로운 요소가 들어가야 한다. 그것이 바로 힉스입자이다. 힉스입자는 게이지 대칭성을 깨어 소립자들이 질량을 가질 수 있게 한다. '신의 입자'라는 별명에 어울리는 역할을 하는 것이다.

힉스입자는 힉스장 안에서 고밀도와 고에너지의 양자 요동 상태의 부분을 말하며, 양자화된 힉스장의 부분이다. 유일한 스칼라 입자로 스스로 질량을 가지며, 대략 125GeV/C²에 해당한다. 힉스입자는 다른 모든 입자와 상호작용을 하며, 그 세기는 입자의 질량에 비례한다. 즉, 질량이 큰 입자와 가장 강한 상호작용을 한다.

■ 연예인이 거리에 나타났다! 공간의 대칭성 깨짐

물리학자이자 다수 과학 도서의 저자인 건국대학교 이종필 교수에 의하면, 이들이 대칭성을 깨며 소립자들에 질량을 부여하는 과정은 아래 명동 거리의 예와 유사하다.

서울의 명동 거리는 항상 사람들로 북적인다. 그러나 대체로 보면 사람들이 북적이는 정도는 어느 위치, 어느 방향으로나 균일하다. 즉, 명동 거리를 지나다니는 사람들의 분포에는 일종의 대칭성이 있다. 사람이 너무 많지만 않다면, 평소에는 큰 저항을 느끼지 않고 우리는 원하는 길로 갈 수 있다.

그런데 인파 중에 초특급 연예인이 보통 사람처럼 정체를 숨기고 있다가 갑자기 나타난다고 가정해 보자. 주변에 숨겨 둔 카메라도 튀어나온다. 순식간에 명동 거리는 아수라장이 될 것이다. 이 순간 명동 거리의 대칭성은 완전히 깨진다. 그 연예인을 중심으로 엄청난 인파가 모여들기 때문이다. 그러면 우리는 그 연예인이 있는 방향으로 움직일 때 큰 저항을 느끼게 된다. 대칭성이 깨지며 뭔가 균일하던 분포에 큰 변화가 생겼기 때문이다. 힉스입자가 하는 일이 바로 이와 같다. 우리가 느끼는 저항의 정도가 소립자들이 얻게 되는 질량이라고 볼 수 있다.

끈 이론
(string theory)

　지금까지 인류는 물질을 쪼개고 쪼개서 더 이상 쪼갤 수 없는 기본입자를 찾아왔다. 존 돌턴(John Dalton, 1766~1844)은 더는 쪼갤 수 없는 기본입자로서 과학적 원자를 제시하였다. 이후 연구자들에 의해 원자는 원자핵과 전자로 이루어져 있음이 밝혀졌다. 원자핵은 다시 양성자, 중성자들의 조합으로 이루어져 있다. 입자 가속기로 충돌시켜 보면 양성자나 중성자는 다시 쿼크로 쪼개지며, 지금까지 발견된 쿼크는 3세트로 총 6종류이다. 이들은 [그림 2] 표준모형에 표현되어 있다.

　어떤 정도의 에너지로 입자 가속기에서 충돌시키면 업 쿼크와 다운 쿼크가 나타난다고 했을 때, 훨씬 더 큰 에너지로 충돌시키면 각각 업 쿼크나 다운 쿼크와 성질은 비슷하나 다른 질량을 가진 쿼크가 발견된다. 이것이 참 쿼크와 스트레인지 쿼크이다. 같은 방식으로 더 큰 에너지로 충돌시키면 나타나는 것이 톱 쿼크와 보텀 쿼크이다.

마찬가지로 전자와 같은 경입자도 3세트로 구분된다. 가속 충돌시키면 전자와 전자뉴트리노, 더 강한 에너지로 충돌시키면 뮤온과 뮤온뉴트리노, 이후 타우와 타우뉴트리노의 3세트 6종류가 발견된다.

보통의 자연 상태에서는 이들 중 업 쿼크와 다운 쿼크의 조합에 따라 중성자인지 양성자인지가 결정되며, 여기에 전자가 있으면 원자를 구성하고, 원자는 다시 세상 모든 물질을 구성할 수 있다. 그런데 실제로는 높은 에너지에서 참 쿼크, 스트레인지 쿼크, 뮤온, 그것보다 높은 에너지에서 톱 쿼크, 보텀 쿼크, 타우가 존재하며 6세트 12종류의 입자들이 있다. 여기에 우주의 4가지 힘을 매개하는 입자 4개를 더해 총 16개의 소립자로 이루어져 있고, 이 모든 소립자에 질량을 부여해 주는 힉스입자까지 모두 합쳐 17개의 입자로 구성되어 있다. 이것이 현재의 표준모형이고 이는 학계의 정설이다. 그런데 왜 이리 입자들이 많은지, 더 높은 에너지로 충돌시키면 우리가 모르는 또 다른 입자들이 발견되는 것은 아닌지 하는 의문이 들 수 있다.

■ 양자장론(Quantum Field Theory, QFT)

이제 원자는 더 이상 최소 기본입자가 아니다. 그럼 쿼크보다 더 작은 근본 입자는 무엇일까? 과학자들은 그 해답으로 크기가 0인 수학적 입자인 양자(quanta)를 제시한다. 양자는 크기가 없는 점과 같다. 더 이상으로 나눌 수 없는 에너지 최소량의 단위이고, 물리학적 상호작용과 연관된 모든 물리적 독립체의 최소단위이다. 쿼크, 전자 등이 여기에 해당한다.

크기가 0인 가상의 입자인 양자가 자기장이나 중력장처럼 눈에 보이지 않는 장(field)을 이룬다는 생각이 '양자장론'이다. 예를 들면 전자장의 양자는 전자, 쿼크장의 양자는 쿼크, 중력장의 양자는 중력자이다. 장은 공간에 퍼져 있는 일종의 파동이며 요동이다. 장에서 에너지 요동이 일어날 때 그 요동의 부분이 입자에 해당한다. 세상은 장이기도 하고 입자이기도 하다는 것이다.

그러므로 양자장론에서는 빛의 이중성 논란이 해결된다. 빛이 파동이며 동시에 입자라는 것이다. 이러한 양자장론은 여러 입자물리학의 실험 결과와 일치한다. 이에 따라 양자장론은 표준모형의 이론적 토대가 되었고, 이로 인해 전자기력, 약력, 강력의 3가지 힘이 통합될 수 있었다.

양자장론에서는 크기가 0인 양자의 파동 속에 만물이 출현한다. 양자장론의 우주적 버전이라고 할 수 있는 인플레이션 이론에서는 심지어 우주적 양자인 인플라톤(inflaton)에서 우주 자체가 탄생했다고 여긴다. 그런데 문제는 중력이다. 중력장의 요동은 다른 양자장의 요동과 근본적으로 다르다. 양자장론을 중력장에 대입하여 계산하면 수학적으로 무한대가 나오고, 이는 무엇인가 잘못되었다는 것을 의미한다. 이를 해결하며 등장한 것이 끈 이론(string theory)이다.

■ 끈 이론 요약

베른하르트 리만(Bernhard Riemann, 1826~1866)의 수학을 빌어 아

인슈타인이 일반상대성이론을 완성하였듯, 이 무한대의 문제는 18세기의 수학자 레온하르트 오일러(Leonhard Euler, 1707~1783)의 수학이 결정적 역할을 하였다. 250여 년 전 발견된 오일러의 베타 함수가 다름 아닌 진동하는 1차원 끈의 수학적 표현임을 알게 된 것이다. 이 함수로 강력의 작용 메커니즘을 정확히 서술할 수 있게 되었다. 양성자나 중성자 등 핵자들의 충돌이 사실상 두 개의 끈이 서로 충돌할 때 나타나는 현상과 수학적으로 같았다. 이것이 끈 이론의 시작이다.

아이디어의 핵심은 양자장론에서의 양자를 크기가 없는 점으로 생각하지 말고, 아주 작은 1차원의 끈으로 생각한다는 것이다. 양자장론에서 물질의 최소단위가 양자라면, 끈 이론에서는 1차원의 진동하는 아주 작은 끈이다. 끈 이론은 다음과 같이 요약할 수 있다.

① 모든 입자는 동일 양상의 끈으로 이루어져 있고, 끈은 궁극의 최종입자이다.
② 끈의 진동패턴에 따라 입자가 결정된다. 악기에서 진동패턴이 다르면 다른 음이 나오듯, 끈의 진동패턴에 따라 서로 다른 입자가 생성된다. 예를 들어 쿼크는 전자보다 질량이 무거운데 이는 쿼크의 끈이 전자의 끈보다 더 격렬하게 진동하기 때문이다. 광자는 질량이 없는데 이는 광자의 끈이 진동하지 않기 때문이다. 진동패턴에 따라 입자가 결정되므로 표준모형에서 입자가 왜 그리 많은지, 그리고 더 높은 에너지에서 충돌했을 때 발견된 입자들은 왜 그런지를 설명할 수 있다.
③ 이런 끈들이 서로 떨어졌다 합쳐졌다 할 수 있는데 이것이 물질 간의 상호작용이다. 끈이 연주하는 멜로디가 과학의 법칙이고,

우주는 진동하는 끈들의 거대한 교향곡이다.

끈 이론은 여러 강점을 가진다.

우선, 표준모형에 등장하는 많은 입자를 자연스럽게 유도하고 설명할 수 있다. 양자장론은 기본입자가 왜 그렇게 많은지, 왜 그런 특성을 가지는지 설명할 수 없다.

둘째, 대칭성의 문제이다. 끈 이론은 초대칭(supersymmetry)이라는 최고 수준의 대칭성을 구현한다. 이는 모든 종류의 입자들을 서로 바꿔치기해도 변하지 않는, 우주 전체를 아우르는 초대형 대칭이다. 이런 이유로 끈 이론을 초끈 이론(superstring theory)이라고 부르기도 하며 이는 초대칭 끈 이론을 의미한다.

셋째, 더 놀라운 점은 이러한 끈이 가질 수 있는 다양한 진동패턴 중 어떤 패턴이 중력장을 묘사한다는 것이다.

넷째, 과학자들은 자연을 수학적으로 서술하다가 해가 나오지 않거나 무한대가 나오면 뭔가 잘못된 것으로 여긴다. 가정이나 중간의 연산 과정에 오류가 있는 것이다. 그런데 양자장론의 이 무한대 문제는 끈 이론을 도입하면 자연스럽게 해결된다. 입자를 크기가 없는 점으로 간주하면 이를 해결할 수 없지만, 작지만 크기가 있는 끈에서는 애초에 무한대의 문제가 발생하지 않기 때문이다.

■ 만물의 이론(Theory of Everything, ToE) 가능성

1974년, 끈 이론이 필연적으로 중력자를 포함하고, 따라서 양자 중력을 포함하는 만물의 이론(Theory of Everything, ToE)일 수 있다는 사실이 발견되었다. 끈 이론으로 100여 년 전 아인슈타인이 그토록 갈망했던 통일장 이론을 완성할 가능성이 생긴 것이다.

끈 이론은 거시세계를 설명하는 상대성이론과 미시세계를 설명하는 양자역학의 통합 가능성을 제시하며 널리 알려지게 되었다. 즉, 통일장 이론의 완성 가능성이다. 이전의 이론으로 이 둘을 통합하려 하면 문제가 발생한다. 정확히 말하면, 양자역학의 초미세 영역에 상대성이론의 중력 방정식을 적용하는 것이 불가능한 것이다.

이전에는 입자를 양자로서 크기가 없는 점으로 간주했지만, 끈 이론에서는 크기를 부여하며 이는 진동하는 플랑크 크기의 아주 작은 끈이다. 세상에서 가장 작은 것이 이러한 끈이고, 끈보다 작은 것은 우주의 모든 방법을 동원해도 관측할 수 없다는 것이다. 그러자 이 두 방정식 사이의 연결이 가능해졌다.

끈 이론 이전에는 우주가 무한히 작은 하나의 작은 점에서 시작되었다고 여겼다. 하지만 끈 이론은 특이점의 최소 크기가 플랑크 크기라고 말하고 있다. 거꾸로 말하면 우주의 모든 내용물과 시공간이 축소된다고 해도 플랑크 길이 이하로 축소될 수는 없다는 말이다.

끈 이론이 옳다면 시공간에 대한 우리의 생각은 수정되어야 한다. 우주가 아날로그적, 연속적 시공간으로 되어 있는 것이 아니고 불연속적, 디지털적 시공간으로 되어 있다는 것이다. 비유하자면, 연속적인 경사면이 아니고 불연속적인 계단으로 되어 있다는 것이다.

그러나 끈 이론은 초기부터 많은 문제를 가지고 있었다. 그중에서도 가장 결정적인 것이 '차원'의 문제이다. 끈 이론에서는 수학적 결함을 해결하기 위해 10차원의 시공간을 가정한다. 아인슈타인에 의하면 우리의 우주는 4차원의 시공간이다. 그럼 나머지 6차원은 어디에 있는가?

애초 오일러 베타 함수에서 출발한 끈 이론은 이 난감한 차원의 문제를 해결하기 위해 다시 이전의 수학을 사용하였다. 20세기 초 칼루자와 클라인의 여분 차원이다. 1921년 당시 무명의 수학자였던 칼루자(Theodor Franz Eduard Kaluza, 1885~1954)는 아인슈타인의 방정식을 5차원으로 확장해 보았다. 그랬더니 거기에서 전자기파(빛)를 서술하는 맥스웰 방정식이 표현되었다. 그는 매우 기뻐했고 곧바로 아인슈타인에게 편지를 보냈다고 한다. 아인슈타인 또한 자신의 중력 방정식과 맥스웰의 전자기 방정식이 하나로 통일될 수 있다는 사실에 매우 고무되었다고 한다.

이는 5번째 차원에서 형성된 파동이 바로 맥스웰의 전자기파, 즉 '빛'이며 우리가 이 5번째 차원을 직접 볼 수는 없지만 그곳에서 형성된 파동을 이곳에서 빛의 형태로 보고 있다는 것이다. 빛이 5번째 차원에서 날아온 메시지일 수 있다는 것이다.

■ 10차원

중력을 제외한 3가지의 힘은 입자들끼리 엄청나게 가까운 거리가 되면 입자들에 작용하는 3가지 힘의 크기가 완전히 같아지는 지점이 생긴다. 그러한 거리는 10^{-31}m 정도이고, 입자들끼리 이러한 거리를 유지할 때 온도는 10^{28}도 정도이다. 중력은 온도의 영향을 받지 않으므로 해당하지 않는다. 이는 빅뱅 초기 대통일 시대의 환경에 해당한다.

우주가 단 하나의 근본적인 힘으로 구성되어 있다가 어떤 이유로 이 힘들이 분리되며 현재의 우주가 된 것이라면, 현재 우주의 4가지 힘은 모두 하나로 통합될 수 있어야 마땅하다. 끈 이론에 따르면, 상대성이론과 양자역학의 방정식이 모순이 없이 합쳐져 완전히 참이 되기 위해서는 끈이 진동할 수 있는 방향이 총 9개여야 한다. 즉, 9개의 공간차원이다. 여기에 시간이라는 한 개의 차원을 더하여 10차원일 때 중력과 나머지 힘이 통합될 수 있으며 수학적 오류가 해결된다는 것이다.

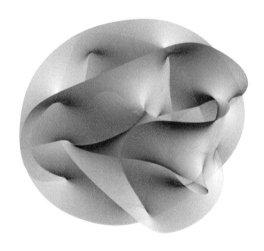

[그림 3] 칼라비-야우 다양체: 두 수학 교수(펜실베이니아대학교의 칼라비, 하버드 대학교의 야우)의 이름으로 명명된, 방정식의 조건을 만족하는 6차원 도형의 집합

시공간이 10차원이라는 결론에 도달한 연구자들이 칼루자와 클라인의 여분 차원을 이론 속에 끌어들인 것은 자연스러운 일이다. 즉, 우리가 살아가고 있는 4차원의 시공간에 여분의 6개 차원을 추가한 것이다.

아인슈타인의 방정식에서 시작하여 여분의 차원을 적용해서 차원을 더 확장하니 전자기력, 약력, 강력, 중력에 이르는 자연의 근본 4가지 힘이 하나씩 모습을 드러내었다. 다시 말하면, 10차원의 끈 이론은 자연의 모든 힘을 통합하고 있다는 것이다.

그렇다면 10개의 차원 중 우리가 살아가고 있는 4개의 시공간차원 이외의 6개 차원은 어디에 있을까? 끈 이론 학자들은 이 여분의 차원들이 아주 작은 공간 속에 말려 들어가 있다고 여긴다. 예를 들어, 전봇대의 전깃줄을 멀리서 보면 1차원의 선으로 보이겠지만 가까이 다가가 보면 원통형이다. 따라서 전깃줄을 기어가는 개미에게 전깃줄은 3차원 물체이다. 이와 유사하게 여분의 6개 차원은 아주 작은 공간에 말려 들어가 있다는 것이다.

10차원의 도입으로 수학적 결함은 해결되었으나, 또 다른 문제가 기다리고 있었다. 여분 차원의 기하학적 구조가 하나로 결정되지 않는다는 것이다. 게다가 연구를 진행할수록 그 개수가 기하급수적으로 늘어나 헤아릴 수 없을 정도가 되었다.

여분 차원 문제 못지않은 또 하나의 큰 문제가 있었다. 끈 이론이 한 가지가 아니라는 것이다. 1980년대 끈 이론 연구자들은 끈 이론이 하나로 결정되지 않고 수학적으로 자체 모순이 없는 5가지 버전으로 존재한다는 것을 발표하였다. 모든 것을 통일하기는 고사하고, 스스로 갈가리 찢긴 이론이 되어 버렸다. 이제 끈 이론도 폐기처분을 기다리는 처지가 되었다.

그러나 1994년 에드워드 위튼(Edward Witten)과 폴 타운센드(Paul Townsend)에 의해 다시 한번 그 돌파구가 마련되었다. 이번에도 차원이 해결책이었다. 칼루자가 5차원 시공간으로 중력 이론과 전자기학을 통합한 것처럼, 이들은 11차원의 시공간을 도입하면 10차원에서의 끈 이론 5개가 모두 하나로 통합된다는 사실을 발견했다. 11차원에서 볼 때, 이들은 모두 한 가지 이론의 5가지 단면이라는 것이다. 이는 마치 3차원의 물체를 2차원 사진으로 찍으면 찍히는 각도에 따라 하나가 아닌 여러 가지 모습으로 보이는 것과 같다.

■ 초끈 이론(superstring theory)

초대칭 이론은 우주에 존재하는 입자가 가진 스핀의 대칭성에 대한 이론이다. 우리는 보통 스핀을 입자의 회전으로 상상하며 이해한다. 그러나 실제로는 상상과 다른 물리량일 수 있다. 각 입자는 특유의 각운동량을 가지고 있고 이를 스핀으로 표현하며, 이는 [그림 2] 표준모형에 표현되어 있다. 끈 이론에 이런 초대칭성을 도입한 것을 초끈 이론이라 부른다.

보손은 정수의 스핀을 가진다. 광자는 1, 중력자는 2의 스핀을 가지고 있다. 페르미온은 반정수의 스핀을 가지며 쿼크나 렙톤은 1/2의 스핀을 가진다.

우리가 살아가고 있는 일상의 세상에서 페르미온은 모두 반정수의 스핀 값을 가진다. 그러나 초대칭 이론에서는 정수의 스핀을 가지는 가상의 초대칭 입자가 있다고 생각한다. 이것이 초대칭 이론의 중요 내용이다. 그러나 이 이론상의 입자가 발견된 적은 없다. 힉스입자가 이론상 존재하다가 발견된 것이 2012년이며, 이론상으로 초대칭 입자가 발견되기 위한 입자 가속기의 에너지는 힉스입자 발견 때보다 훨씬 더 크다.

힉스입자의 질량은 $125GeV/c^2$ 정도이다. 이는 힉스입자를 발견하기 위한 에너지 정도에 해당한다. 끈 이론 학자들은 이 에너지의 8배 정도인 $1TeV/c^2$에 도달하면 KK 입자를 발견할 수 있을 것으로 기대한다. KK 입자란 질량이 0이고 2의 스핀 값을 가지는 입자를 말하며 중력자가 여기에 해당한다. 페르미온의 초대칭 입자를 발견하려면 이보다 더 큰 에너지가 필요하다고 하며, 따라서 연구자들은 KK 입자의 발견을 가까운 미래의 성과로 기대하고 있다.

현재 입자 가속기는 스위스 제네바와 프랑스 접경지대에 있는 유럽 입자물리학 연구소(CERN)의 대형 강입자 충돌기(LHC)와 미국 시카고 근교에 있는 페르미 국립 가속기 연구소(Fermilab)의 테바트론 등이 핵심이다. 현재로서는 CERN의 장비가 페르미의 장비보다 대략 7배 정도 더 강력하다고 평가되고 있다. 향후 이들 연구소 장비의 성능을 개선하거나 추가로 입자 가속기를 설치한다고 하며, 최우선 과제로 초대칭 입자의 발견을 고려한다고 한다. 그러나 이는 쉬운 일이 아니다. 설령 발견된다고 해도 초끈 이론이 증명되는 것은 아니다. 하지만 초끈 이론의 간접 증거가 될 수는 있다. 왜냐하면 초끈 이론은 필연적으로 초대칭 입자의 존재를 예견하고 있기 때문이다.

초끈 이론에서는 모든 소립자를 끈이나 막의 진동으로 설명한다. 그런데 예상되는 진동패턴의 종류가 표준모형의 17개 기본입자를 모두 포함하고도 남는다. 끈 이론 연구자들은 이론상 존재하는 진동패턴 중 초대칭 입자가 있을 것으로 기대한다.

■ 초끈 이론의 입증 가능성과 한계

초끈 이론이 애초부터 10차원의 시공간을 주장한 것은 아니다. 상대성이론과 양자역학의 방정식과 그로부터 유도된 표준모형의 수식들을 하나로 통합하려는 과정에서 나오게 된 자연스러운 수학적 부산물이 초끈 이론이다. 엄밀히 말하면 초끈 이론은 사실상 100% 수학으로 이루어져 있고, 이 이론의 발전에는 수학자들의 공로가 크다고 할 수 있다.

이 초끈 이론의 수학은 수학계 최고의 영예인 필즈상을 받은 학자들도 어려워할 만큼 어렵다고 한다. 하물며 보통의 사람들이 끈 이론의 수학을 이해하는 것은 더더욱 어렵다. 그러나 끈 이론을 연구하는 학자들은 이 이론의 대칭성과 그 아름다움에 감탄한다고 한다. 끈 이론의 상당 부분이 사리에 맞으며, 수학적으로 명쾌하고 완벽한 체계를 가지고 있고, 그래서 이를 도저히 틀린 이론이라고 할 수가 없다는 것이다.

예를 들어, 수학 문제를 푼다고 해 보자. 각 단계에서 원리에 맞게 한 줄씩 수식을 써 내려간다. 그리고 결과를 내었다. 다시 검토해도 연산의 과정에 잘못이 없다. 그렇다고 하면 그 결과는 정답으로 여겨도 되지 않을까? 실제 정답지와 맞춰 보면 정답일 가능성이 매우 클 것이다. 끈 이론도 이와 유사하다는 것이다. 수학적 완결성이 있으므

로, 실험적 증명이 거의 불가능하다고 해도 이 이론이 무의미하다고
여길 수는 없다는 것이다.

■ M 이론

끈 이론은 초대칭을 고려하며 초끈 이론으로 나아갔고, 10차원
의 끈에서 1개의 차원을 더해 11차원의 M 이론으로 발전하였다. 끈
에서 한 개의 차원이 더해졌으므로 평면의 막이 된 것이다. 이 11차
원의 끈 이론을 'M 이론'이라고 하며, M은 막(membrane)을 의미한
다. M 이론에서는 최종입자의 후보로서 진동하는 끈뿐만이 아니라
진동하는 2차원의 막, 3차원의 덩어리 등이 얼마든지 추가로 포함될
수 있다. 이처럼 끈을 일반화시킨 것을 막(membrane) 또는 줄여서 브
레인(brane)이라고 부른다. 그러면 점은 0-brane, 끈은 1-brane, 막은
2-brane, 3차원 물체는 3-brane, 4차원 대상은 4-brane 등으로 확장된
다. 이렇게 끈 이론이 11차원의 M 이론으로 확장되며 끈도 일반적인
브레인으로 바뀌었다.

막은 3차원 또는 그 이상일 수도 있고, 충분한 에너지만 있다면 우
주처럼 어마어마하게 커질 수도 있다고 추정한다. 따라서 M 이론 학
자들은 우리 우주가 고차원 우주의 막 위에 존재하고 있을 가능성을
이야기한다.

끈 이론의 초기에는 진동하는 원형의 닫혀 있는 작은 끈을 생각했
으나 M 이론에서는 열린 형태의 끈을 생각한다. 열린 끈의 가장자리
가 막에 고정되어 있다고 여긴다. 물론 닫힌 고리형의 끈도 존재한다.

열려 있는 끈은 막에 붙어 있으려는 성질을 가지며, 닫힌 고리형의 끈은 그렇지 않다. 중력자는 닫힌 고리형의 끈이라고 여기며, 그러므로 막을 벗어나 다른 막으로 이동할 수 있다고 본다. 중력은 다른 힘들보다 매우 작다. 일례로 전자기력은 중력의 10^{39}배에 해당한다. 그 이유에 대해 M 이론에서는 중력을 매개하는 중력자가 우리 우주의 막을 벗어나 다른 막의 우주로 이동했기 때문이라고 여긴다. 즉, 우리 우주를 벗어날 수 있다는 것이다. 중력자 이외의 입자들은 열린 끈으로 되어 있으므로 막에 붙어 있고, 그러므로 우리 우주 밖으로 나갈 수 없다고 여긴다. 그리고 세상은 이런 막들로 이루어져 존재한다고 주장한다. 이런 막들은 다수 존재한다. 즉, 우리 우주 이외의 다른 평행우주 또는 다중우주가 존재한다는 것이다. M 이론이 옳다면 미래의 우리는 다른 평행우주에 사는 존재와 중력을 통해 의사소통할 수도 있다.

끈 이론의 연구자들은 세상을 10차원의 시공간으로 본다. 이들은 우리에게 익숙한 4차원의 시공간과 여분의 6차원을 말한다. 4차원과 여분의 6차원이 원래는 비슷한 크기였는데, 알 수 없는 이유로 어느 순간 4차원의 시공간이 6개 여분의 차원보다 커지게 되었고 이것이 빅뱅이며 우주의 시작이라고 이야기한다.

M 이론에서는 다소 다르다. 일부 M 이론 연구자들은 빅뱅이 세상의 시작이 아니라고 주장한다. 그 이전부터 우주는 영원히 존재해 왔으며, 고차원 우주의 거대한 막 위에 우리의 우주가 존재한다고 여긴다. 우리 우주가 속한 막이 있고, 고차원을 떠다니는 다른 막이 있으며, 이 둘이 서로 충돌할 수도 있는데 그것이 바로 빅뱅이라고 주장한다. 빅뱅은 평행우주에 속한 두 개의 막이 서로 충돌하여 발생한 결

과이며, 이런 평행우주끼리의 충돌은 늘 있는 일이라는 것이다. 이런 주장을 하는 일부 M 이론 연구자들에 대하여 다른 연구자들은 그런 주장을 하는 방정식의 모순을 지적한다. 즉, 평행우주나 막 충돌로 인한 빅뱅의 주장은 근거가 빈약하다는 것이다.

끈 이론과 초끈 이론의 수학은 다수의 학자에 의해 그 완결성을 인정받고 있다. 그러나 M 이론에서는 다르다. 수학적으로 이치에 맞지 않는 경우도 종종 있다고 한다. 그들은 막 충돌에 의한 빅뱅 또는 평행우주 등을 언급한다. 그러나 이는 근거가 빈약하다. 그러므로 끈 이론에서의 끈이나 여분의 차원 등은 가능성이 상당히 큰 것으로, 그리고 평행우주 등은 아직 잘 모르는 것으로 남겨 두는 것이 적절하지 않을까 생각된다.

제 2 장

우주의 원리

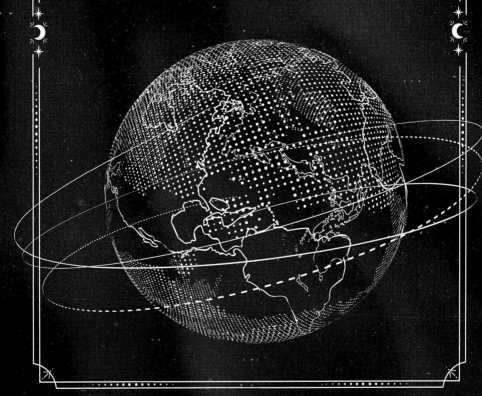

상대성이론
(theory of relativity)

■ **아인슈타인(Albert Einstein, 1879~1955)**

아인슈타인은 1879년 독일에서 유대인 아버지와 독일인 어머니 사이에서 태어났으며, 이론물리학자로서 주로 스위스와 미국에서 활동하였다. 취리히 연방 공과대학교를 졸업하였고, 스위스 시민권을 취득한 후 특허 사무소의 심사관으로 일하기도 하였다. 1905년 특수상대성이론 논문 등 중요 논문 5편을 발표하며 학계의 인정을 받기 시작하였으며 1912년 모교인 취리히 연방 공과대학교의 교수가 되었다. 1915년 4편의 논문을 발표하였으며, 여기에는 일반상대성이론의 완결된 장방정식이 포함되어 있었다.

1919년 런던 왕립학회는 일식을 관측하였다. 태양의 뒤에 가려져 있던 별을 일식에 의해서 관찰할 수 있을 때, 태양이 없을 때와는 다른 위치에서 발견됨이 확인되었다. 즉, 별에서 출발한 빛이 태양의 중력으로 인해 휘어진 것이다. 학회는 일반상대성이론에서의 예측이 검증되었다고 발표하였다. 이로써 아인슈타인은 뉴턴의 고전역학적 세계관을 마감한 인물로 큰 명성을 얻게 되었다. 1921년에는 광전 효과를 발견한 공로로 노벨 물리학상을 받게 되었다.

아돌프 히틀러가 독일의 집권자가 된 이후 미국으로 망명하였으며 1940년 미국 시민권을 취득하였다. 2차 세계대전 중이던 당시 나치 독일에서는 핵무기를 개발하고 있었으며, 당시 미국 대통령이었던 루스벨트에게 원자폭탄 제조의 필요성을 강조하는 편지를 보내기도 하였다.

그의 부모는 로마 가톨릭 신자였으나 그의 종교관은 합리적 범신론에 가까웠다고 한다. 정치적으로는 평화주의자였으며 유대인 국가의 건립을 지지한 시온주의자였다고 한다.

아인슈타인은 1955년 프린스턴대학교 자택 근처의 병원에서 복부 대동맥류로 인한 출혈로 76세의 나이에 세상을 떠났으며 사망하기 전까지도 대통일이론의 완성을 위해 애썼다고 한다.

그는 지금까지도 세기를 초월한 천재로 인정받고 있다. 이런 주변의 칭찬에 대하여 그는 겸손히 다음과 같이 이야기했다고 한다.

"나는 천재가 아닙니다. 다만 남보다 오래 한 가지 일을 했을 뿐입니다."

■ 갈릴레이 대칭성 vs 로렌츠 대칭성

공간적 대칭성이 큰 물질의 예로 당구공을 들 수 있다. 위와 아래, 좌우, 앞뒤가 같다. 심지어 정지해 있는지 회전하고 있는지도 알기 어렵다.

당구공의 움직임을 기술하는 방정식은 뉴턴의 운동 방정식이다. 이 방정식은 시간이나 공간의 원점을 바꾸거나 공간 축의 방향을 바꾸더라도 달라지지 않는다. 이는 시간의 균질성, 공간의 균질성, 공간의 등방성 때문에 발생한다. 어느 시간, 어느 장소, 어떤 방향에서든 뉴턴의 방정식이 동일하게 성립한다. 즉, 당구공의 움직임은 시간, 공간, 방향에 대하여 대칭성을 가진다.

에미 뇌터(Amalie Emmy Neother, 1882~1935)는 에너지(질량) 보존 법칙은 시간의 균질성에서 비롯되는 것이며, 운동량 보존 법칙은 공간의 균질성, 각운동량 보존 법칙은 공간의 등방성에서 비롯하는 것임을 밝혀냈다. 즉, 에너지 보존 법칙은 시간에 대하여 대칭성을 가지고, 운동량 보존 법칙은 공간에 대하여, 그리고 각운동량 보존 법칙은 방향에 대하여 대칭성을 가진다. 물리학의 대칭성은 그 방정식을 써서 물리현상을 이해하려는 사람에게 그가 누구든, 그 사람이 어떠한 입장이든 관계없이 물리 법칙이 달라지지 않음을 보장해 준다.

그런데 뉴턴의 방정식에는 시간과 공간의 균질성이나 공간의 등방성 이외에 다른 대칭성이 하나 더 있다. 바로 갈릴레이 대칭성이다. 17세기 갈릴레이는 배 안에 있는 여러 물체의 운동을 가정하며 배가 등속직선운동을 하는 경우 역학 법칙은 달라지지 않는다고 하였다. 당연하고 상식적인 이야기이다. 다른 예로 비행기를 생각해 보자. 빠른 속도로 날아가는 비행기 안이라고 하더라도 속도 변화가 없다면, 집에 있을 때처럼 행동에 지장이 없다. 물을 따라 마시거나 복도를 걸을 때 집에서와 별반 차이가 없다. 집에 있을 때와 물리 법칙에 변화가 없는 것이다. 물론 이륙이나 착륙을 할 때, 즉 속도나 방향이 변하는 경우는 그렇지 않다.

아인슈타인이 상대성이론을 얻게 된 것은, 전기와 자기의 빛과 연관된 현상을 기술하는 맥스웰 방정식에서 볼 수 있는 대칭성의 아름다움을 일관성을 가지고 연장한 덕분이다. 그 결과로 이를 통합할 수 있는 상위의 대칭적 원리를 발견한 것이다.

멈추어 있는 전하는 전기장을 만들지만, 움직이는 전하, 즉 전류는 자기장을 만든다. 그런데 멈추어 있는 전하를 등속직선운동하는 기차 안에서 바라본다면 무슨 일이 벌어질까? 상대 속도 때문에 기차 밖에 멈춰 있는 전하는 기차 안에 있는 사람이 보기에는 반대 방향으로 움직이는 것으로 보이며, 따라서 그 사람을 자기장을 느낄 것이다. 기차 밖에 있는 사람에게 전기장인 것이 어떻게 기차 안에 있는 사람에게는 자기장이 될 수 있을까? 이는 기차 안과 밖에서 대칭성이 깨진다는 의미이다.

전기와 자기가 같은 것의 다른 측면일 뿐이라는 사실은 이미 19세기부터 여러 학자에게 알려져 있었다. 하지만 전기와 자기에 대한 대칭성을 주장하는 것은 뉴턴역학에 맞지 않는다. 결국 대칭성을 유지하려면 갈릴레이 대칭성 대신에 전기장과 자기장이 같은 것의 다른 측면이라는 로렌츠 대칭성으로 바꾸어야 한다.

아인슈타인은 갈릴레이 대칭성을 포기하고 로렌츠 대칭성을 받아들였다. 전기와 자기의 빛과 관련된 대칭성을 고집하려다 보니 아인슈타인은 뉴턴역학을 수정해야 한다는 결론에 이르렀다. 그렇게 등속 직선운동이라는 특수한 경우에만 대칭성이 존재하는 이론을 아인슈타인은 특수상대성이론이라고 하였다.

■ 특수상대성이론

특수상대성이론은 시공의 구조에 대한 것이다. 이 이론은 맥스웰의 전자기학이 고전역학의 상식에 맞지 않는다는 모순을 설명하기 위해 만들어졌다. 전자기학을 통해 전자기파(빛)의 속도를 계산할 수 있는데, 이렇게 구한 전자기파의 속도는 관측자의 상대운동과는 관계없이 일정한 상수의 값을 보인다. 멈추어 있는 전하와 움직이는 기차의 전기장, 자기장 문제와 유사한 상황이었다. 갈릴레이 대칭성의 뉴턴역학에 익숙한 당시 과학자들이 보기에는 상식에 맞지 않는 것이었다. 이를 설명하기 위해 아인슈타인은 2가지의 원리를 제안하였다.

① 진공에서 빛의 속도는 모든 관측자에 대하여 동일하다.
② 모든 관성 좌표계에 있는 관측자에 대해 물리 법칙은 동일하다. 여기에는 전자기학의 법칙도 포함된다.

첫 번째 원리는 빛의 절대 속도를 이야기하므로 고전역학의 상식에 반하는 것이며, 두 번째 원리는 역학에서의 상대성 원칙을 전자기학에까지 확장한 것이다.

이러한 두 가지 원리로부터 생각해 보면, 서로 다른 상대 속도로 움직이는 관측자들은 같은 사건에 대해 서로 다른 시간과 공간에서 일어난 것으로 인식하고 측정하게 된다. 그러나 두 곳에서의 물리 법칙은 관측자 모두에게 서로 같다.

빠른 속도로 움직이는 상대를 볼 때 그 상대의 시간은 천천히 가며, 그 길이는 축소되어 보인다. 그러나 상대방 당사자에게는 이전과 다름없는 정상적인 시간과 공간이며 전혀 변화를 느끼지 못한다. 특수상대성이론으로부터 $E=mc^2$라는 유명한 질량 에너지 동등성의 공식이 유도된다.

■ 일반상대성이론

일반상대성이론은 특수상대성이론의 확장판이다. 특수상대성이론은 정지하고 있거나 등속직선운동을 하고 있어 관성의 법칙이 적용되는 관성계를 기준계로 하고 있다. 그러나 일반상대성이론은 가속도 운동을 하거나 방향을 바꾸는 비관성계를 기준계로 하고 있다. 즉, 특수상대성이론을 비관성계로 확장한 것이 일반상대성이론이다.

아인슈타인은 중력가속도와 같은 정도의 가속도를 가지는 일반적인 가속도 a와 중력가속도 g는 같은 것이며 구분할 수 없음을 이야기하였다. 즉, 관성질량과 중력질량은 같은 측정값을 가진다는 것이다. 결과적으로 가속계를 관성계로 해석할 수 있음을 보여 주었다.

중력으로 인한 시간 팽창 위에서 가속계 역시 관성계로 인식할 수 있다. 따라서 가속계의 물체는 관성계에서의 물체의 이동으로 판단할 수 있고, 특수상대성이론에 따라 시간지연이 일어나게 된다. 그러므로 중력을 받는 물체에 흐르는 시간은 느려지게 된다.

아인슈타인은 4차원의 시공간, 즉 시간과 공간이 '하나의 결합된 형태의 연속체'임을 제시하였다. 다시 말해 동전의 양면과 같이 서로 얽혀 있어 떼어낼 수 없다는 것이다. 뉴턴의 고전역학은 시간과 공간이 서로 분리되어 있어 영향을 주고받지 않는다고 본다. 공간의 한 곳에 있는 물체와 시공간은 관계가 없었다. 반면, 아인슈타인의 상대성이론에 따르면 시공간은 상호작용을 하며 서로에게 영향을 미친다. 또한 공간의 어떤 지점에 존재하고 있는, 질량을 가진 물체는 주변의 공간을 휘게 한다.

이러한 상대성이론은 이후 일식의 관찰, 수성의 세차운동, 중력 렌즈 효과, 중력파, 인공위성의 시차 등으로 증명되고 있으며 이제는 반박할 수 없는 사실로 받아들여지고 있다. 과학자들은 상대성이론이 완벽하다고는 보지 않으며, 향후 양자역학과의 통합을 통한 대통일이론의 과정에 있어 상대성이론을 포괄하면서 그것을 뛰어넘는 새로운 이론을 탄생시키기 위해 노력하고 있다.

양자역학
(quantum mechanics)

■ 양자역학의 역사

양자역학은 물리 대상의 운동과 상호작용을 기술하는 역학 체계로서, 빛과 물질이 가진 입자와 파동의 성질을 상보적으로 기술한다. 보통 양자역학은 고전역학과 대비된 기술로 이해한다. 원래는 20세기에 이르러 복사(radiation) 현상이나 원자의 안정성과 같은 원자 크기 이하의 현상을 설명하기 위해서 확립된 이론 체계이다. 상대성이론이 거시세계를 대상으로 하고 있다면, 양자역학은 미시세계를 연구의 대상으로 하고 있다. 그러나 양자역학이 작은 크기의 현상에 국한되지 않고 모든 현상을 기술할 수 있는 보편적 체계라고 인정하는 과학자가 늘고 있다.

막스 플랑크(Max Karl Ernst Ludwig Planck, 1858~1947)의 흑체복사

이론에서 양자라는 이름이 유래하였으며, 개수를 셀 수 있는 빛과 물질의 기본 단위를 양자(quantum)라고 부른다. 고전역학에서는 물리계가 입자들의 모임으로 기술되었고, 이들의 위치와 속도 또는 운동량이 상호작용에 따라 어떻게 변화하는지를 알면 물리계를 이해한 것으로 여겼다. 그러나 원자보다 작은 미시세계를 관측한 결과 고전역학적 기술에는 모순이 있었다.

하이젠베르크(Werner Karl Heisenberg, 1901~1976)는 이 모순을 명확히 하기 위해서 위치와 운동량을 동시에 알 수 있는 한계를 정량화한 불확정성의 원리를 제시하였다. 불확정성의 원리란 대상의 위치와 운동량을 동시에 정확히 알아낼 수 없고, 두 측정값의 정확도를 일정 수준 이상으로 높일 수 없다는 원리이다.

양자역학은 미시세계뿐 아니라 고전역학을 완전히 포함하는 더 일반적인 이론이다. 다만 고전역학으로 기술할 수 있는 영역에서는 대응원리(correspondence principle)에 따라 양자수가 극한으로 증가한 경우, 양자역학으로 기술되는 계(system)의 성질은 고전역학에서의 결과와 대응하여 구분할 수 없다. 예를 들어, 전자궤도(orbital)의 에너지가 큰 경우 양자역학에 의한 계산 결과는 고전역학에서의 계산 결과와 일치한다. 정량적으로 위치와 운동량의 곱이 플랑크상수 정도의 크기를 가질 때 양자 효과가 드러난다.

원자 크기 이하의 물리 대상, 가령 전자를 관측하면 고전역학의 입자나 파동의 기술이 잘 들어맞지 않는다. 흑체복사, 이중슬릿 실험이나 콤프턴 효과 등을 고전역학적으로는 이해할 수 없다. 전자를 관측하는 도구를 통하여 관찰하면 전자의 위치가 완전히 국소화되어 입자로서 측정되나, 측정 이전에는 파동의 성질인 간섭이나 회절을 일으킨다. 따라서 대상을 입자 또는 파동으로만 보는 것이 아니라 두 개념을 조화하여 이해하는 상보성 원리(complementary principle)를 통해 이해한다.

상보성 원리란 어떤 실험을 하느냐에 따라 양자역학적 물체가 파동 또는 입자의 성질을 보인다는 원리이다. 코펜하겐 해석의 기본 원리이며 대상의 파동 및 입자의 이중성과 연관이 있다. 이는 닐스 보어(Niels Henrik David Bohr, 1885~1962)가 불확정성의 원리를 해명하기 위해 도입하였다. 예를 들어 빛은 상황에 따라 입자 또는 파동으로 행동할 수 있음을 의미한다. 그러나 절대 동시에 입자이며 파동일 수는 없다는 점에서 상호보완성이라고 부른다. 입자성을 더욱 명확하게 할수록 대상의 파동성은 더욱더 줄어들게 된다.

■ 방정식

양자역학은 파동함수를 기본으로 기술하는데, 이는 슈뢰딩거 방정식을 통해 결정론적으로 변화한다. 이 함수는 하이젠베르크가 행렬역학을 통하여 기술했던 것과 완전히 같다. 그러나 파동함수 자체가 관측 가능한 것은 아니고, 위치를 측정한다면 파동함수의 절댓값 제곱이 그 대상의 위치에 대한 확률밀도함수를 준다고 해석한다. 이 해석이 양자역학의 표준 해석이며, 통계적 해석 또는 코펜하겐 해석이라고 한다.

$$-\frac{\hbar^2}{2m}\frac{d^2\psi}{dx^2} + U\psi = E\psi$$

[그림 4] 슈뢰딩거 방정식: 양자계(system)의 상태를 나타내는 파동함수의 변화를 기술하는 미분방정식. 계가 시간에 따라 어떻게 변화하는지를 기술한다. 예를 들어 전자들이 수소 원자에서 어떻게 행동하는지 기술한다.

다른 관측 가능한 물리량은 이 확률밀도를 바탕으로 하는 기댓값으로 구한다. 파동함수는 중첩을 통해 서로 다른 상태가 섞이지만 관측할 때는 이들 중 한 상태만 관측할 수 있다. 이 측정을 통한 파동함수의 붕괴 현상을 계산할 수는 있지만 해석할 수는 없어 아직도 양자역학에서 이해되지 않는 부분으로 남아 있다.

■ 슈뢰딩거의 고양이

슈뢰딩거의 고양이는 1935년 오스트리아 출신의 과학자인 에르빈 슈뢰딩거(Erwin Schrodinger, 1889~1961)가 아인슈타인과의 토론 중 제안한 사고실험이다. 이 실험은 원래 양자역학의 피상적인 면을 비판하기 위해 제안되었는데, 아이러니하게도 시간이 지나자 양자역학을 묘사하는 가장 대표적인 사고실험이 되었다.

완전히 밀폐되고 불투명한 상자 안에 고양이와 청산가리가 담긴 병이 들어 있다. 청산가리가 담긴 병 위에는 망치가 있고 망치는 가이거 계수기와 연결되어 있다. 방사선이 감지되면 망치가 내려쳐져 청산

가리 병이 깨지고, 병이 깨지면 고양이는 중독되어 죽게 된다. 가이거 계수기 위에는 1시간에 50%의 확률로 핵 붕괴해서 알파선을 방사하는 우라늄 입자가 놓여 있다. 이런 경우 1시간이 지나면 고양이는 어떤 상태로 존재하는가? 실험자는 외부에 있으므로 관찰이나 간섭을 절대 할 수 없다. 답이 무엇일까?

상자를 열 때까지 결과를 알아볼 수 있는 수단은 전혀 없다. 이는 1시간 이후에만 확인할 수 있다. 결론적으로 1시간 이후 고양이는 각각 절반의 확률로 생사가 결정된다. 상자를 열기 전까지는 생과 사가 중첩되어 있다. 여기에서 핵심은 죽음 또는(or) 삶이 아니라, 죽음과 (and) 삶이라는 것이며, 두 상태가 중첩되어 있다는 것이다. 상자를 열어 결과를 봄으로써 둘 중 하나가 결정된다는 것이다.

이 말은 상자를 열어보기 전까지 고양이가 죽었는지 살았는지를 알 수 없다는 말이 아니다. 삶과 죽음이 중첩된 상태로 공존하고 있으며, 관측 이후 둘 중 어느 하나로 결정된다는 것이다.

■ 이중슬릿 실험

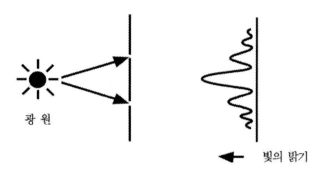

[그림 5] 이중슬릿 실험

광원 앞에 큰 막을 놓고 거기에 매우 작은 두 개의 틈(이중슬릿)을 만든다. 그 막 뒤에 스크린을 놓아 두면, 스크린에는 밝은 부분과 어두운 부분이 교대로 나타나는 무늬를 만들게 된다. 광원에서 나온 빛들이 각각의 틈(슬릿)을 통과해서 파동으로 전파되고, 두 파동의 간섭 효과로 인해 스크린에는 밝은 부분과 어두운 부분, 즉 간섭무늬가 나타나게 된다.

이는 마치 잔잔한 연못에 돌을 던지는 경우와 유사하다. 연못 한가운데에 돌을 던지면 물결파가 생겨서 연못 중심에서 밖으로 고르게 퍼져나간다. 두 개의 돌을 각각 다른 위치로 던지면 어떻게 될까? 두 개의 물결파가 생기며 파동이 좀 더 복잡해진다. 두 개의 파동이 만나 서로 겹치는 부분이 생길 것이다. 겹쳐져서 더 큰 파동이 만들어지기도 하고, 오히려 서로 상쇄되어 파동이 소멸하기도 한다. 더 큰 파동을 만드는 영역이 스크린의 밝은 부분이고, 상쇄되는 영역이 스크린의 어두운 부분에 해당한다. 즉, 두 파동의 간섭 효과로 인해 무늬가 만들어진다.

이중슬릿을 두 개의 구멍이라고 생각하고, 여기에 작은 공을 던진다고 가정해 보자. 구멍을 통과한 공이 스크린에 도달할 것이다. 작은 공을 반복해서 던지면, 구멍이 두 개이므로 스크린의 특정한 두 위치에만 구멍과 유사한 모양으로 공이 충돌한 흔적이 보일 것이다. 즉, 입자의 경우 구멍이 뚫린 직선거리의 스크린 부분에만 입자가 충돌한 흔적이 보일 것이다. 하나의 입자가 한 번 발사되어 구멍을 통과한 경우, 두 구멍 중 한쪽 구멍에 해당하는 스크린에만 한 번의 충돌 흔적이 남는 것이 마땅하다.

이번에는 고성능 전자빔 발사기를 이용해서 전자를 한 번에 하나씩 순차적으로 발사하는 실험을 생각해 보자. 슬릿을 통과하지 못하면 스크린에는 아무런 변화가 없을 것이며, 슬릿을 통과하면 그에 해당하는 두 곳의 스크린에만 전자의 충돌 흔적이 나타날 것으로 추측해 볼 수 있다. 그러나 실제 실험에서는 다른 결과가 나온다. 이 경우에도 스크린에는 간섭무늬가 나타난다.

이를 어떻게 해석해야 할까? 학자들은 애초에 전자 하나하나가 그 자체로 입자이면서 동시에 파동이기 때문이라고 해석한다. 즉, 단 하나의 전자도 광원의 빛처럼 작용하여 파동의 형태로 두 개의 슬릿을 동시에 통과하므로 간섭무늬를 만든다는 것이다. 그러나 이러한 해석이 우리 상식으로는 잘 이해되지 않는다. 입자로 가정해 볼 때, 하나의 전자입자가 동시에 두 슬릿을 모두 통과한 것이기 때문이다. 하지만 이 실험은 양자들의 미시세계에 이런 이중성과 동시성이 실제로 존재함을 이야기한다.

하나의 전자가 두 슬릿을 동시에 통과했다는 것은, 하나의 전자가 동시에 두 곳에 존재함을 내포한다. 일반화하여 말하자면, 하나의 전자가 확률적으로 위치할 수 있는 모든 곳에 동시에 존재한다는 의미이다. 이는 슈뢰딩거의 고양이와 같은 상황이다. 상자 안의 고양이가 중첩된 상태로 동시에 존재한다. 즉, 이는 양자역학적 확률의 문제인 것이다.

리처드 파인만(Richard Feynman, 1918~1988)은 이런 시공간에서의 입자 상호작용에 대한 양자 확률을 파인만 다이어그램을 사용해 시각적으로 표현하기도 하였다. 그런데 이런 현상이 미시세계에서는 일어날 수 있을지 몰라도, 실제 우리가 사는 일상 현실에서는 발생하지 않는다. 왜 그럴까?

이제 중요한 다음 실험을 생각해 보자. 두 개의 슬릿에 각각 관측 장비를 달아서 전자가 어느 슬릿으로 통과하는지 확인해 보는 실험이다. 정말 전자가 두 개 슬릿을 동시에 통과할까? 놀랍게도 전자는 두 개 중 하나의 슬릿만 통과했고, 간섭무늬도 만들지 않았다. 즉, 관측하기 전에는 동시에 존재했었는데 관측하면 하나로 고정된다는 것이다. 이게 도대체 어찌된 일인가?

우리가 눈으로 본다는 것은, 물체에서 반사된 빛(광자)이 우리 눈의 망막에 전달되기 때문에 가능하다. 관측 장비로 관측되는 경우도 마찬가지이다. 슬릿을 통과하는 순간 전자에서 반사된 빛이 장비에 도달하였으며, 관측 장비가 이를 인식한 것이다. 그런데 전자에서 빛이 반사되었다는 것은 무슨 말일까? 실험실의 조명에서 출발한 빛(광자)이 전자와 충돌하고 반사되어 관측 장비에 도달한 것이다. 즉, 전자와 광자의 상호작용이 있었다는 것이다.

전자가 다른 입자와 상호작용하기 전까지는 여러 개의 중첩된 상태를 가지고 동시성을 나타내지만, 다른 입자와 상호작용하는 순간 결어긋남(decoherence)의 상태가 되어 동시성이 깨지므로 파동성을 잃고 고정된 입자로서 활동하게 된다는 것이다. 즉, 미시세계에서 거시세계로 소속이 변경되는 것이다.

그럼 이런 양상은 어느 정도 크기의 입자에까지 해당이 될까? 과학자들은 탄소 원자 60개로 구성된 공 모양 분자인 풀러렌으로 실험해 보았으며, 마찬가지의 결과를 확인했다. 즉, 관측하기 전에는 동시성을 보였으나 관측된 이후에는 고정성을 보였다. 과학자들은 풀러렌보다 훨씬 더 큰 생체 분자에서도 같은 결과가 나타남을 확인하였다. 즉, 미시세계의 이중성과 동시성은 타 입자와의 상호작용 이후 사라지며, 거시세계의 고정된 입자로서 작용하게 된다는 것이다. 중요한 것은 입자의 크기가 아니고 외부와의 상호작용, 즉 충돌의 여부인 것이다.

그런데 풀러렌은 그 자체로 60개의 탄소로 구성되어 있다. 따라서 각각의 탄소 원자들이 서로를 관측하는 것은 아닌가? 그럼 탄소 원자 하나하나가 입자로서 작용할 것이고, 따라서 풀러렌은 입자로서 작용하는 것은 아닌가? 그런데 실제로는 왜 안 그렇지? 하는 의문이 들 수 있다. 그 이유는 하나의 풀러렌 안에서 각각의 탄소 원자들이 서로를 관측하지만, 그 정보가 내부에서만 공유되기 때문이다. 즉, 풀러렌 자체가 고립계로서 외부와 상호작용하지 않으므로 미시세계의 중첩 상태를 유지한다는 것이다.

상호작용 이전의 상태를 결맞음(coherence)이라 부르고, 타 입자와 상호작용하여 입자로 고정되는 상태를 결어긋남(decoherence)이라 부른다. 학자들에 따르면 결어긋남으로 한번 입자화된 대상이 다시 이전의 결맞음 상태로 돌아가는 것은 거의 불가능하다.

■ 양자장론(quantum field theory)으로의 확장

양자역학은 더 일반화될 수 있다. 양자역학에서 더 나아가 입자나 힘의 장(field)을 양자화한 이론이 양자장론(quantum field theory)이다. 양자역학과 상대성이론을 고려하면 양자론보다 양자장론이 더 자연스러우며 두 이론의 통합을 위한 가능성도 엿볼 수 있다.

입자물리학의 표준모형도 자연의 네 가지 힘 가운데 전자기력과 약력을 아우르는 힘에 더하여 강력을 기술하는 양자장론이다. 그러나 중력을 양자화하는 데 완전히 성공하지는 못하였으며, 통합된 양자 중력 이론을 얻는 것이 이론물리학의 큰 과제로 많은 연구자가 이에 매진하고 있다.

대칭성
(symmetry)

대칭이라는 말은 우리에게 그리 낯설지 않은 단어이다. 거울로 얼굴을 보면 좌우가 비슷하다. 우리의 팔과 다리도 좌우로 대칭이다. 당구공은 대칭성이 매우 큰 물건으로 좌우, 상하, 앞뒤로 대칭이다. 어느 쪽에서 봐도 모양이 같으며, 심지어 정지해 있는지 회전하고 있는지도 구분이 어렵다.

봄철이 되면 사람들은 들로 산으로 꽃구경을 나간다. 위에서 내려다보면 꽃도 좌우, 상하로 대칭을 가진다. 나뭇잎도 좌우 대칭을 보인다. 동물도 같다. 기본적으로 좌우 대칭을 가진다. 좌우로 눈, 귀, 팔, 다리 등 2개의 짝으로 존재한다. 불가사리 같은 동물을 위에서 보면 꽃을 보는 것처럼 좌우, 상하 대칭을 가진다. 더 원시적인 동물로 갈수록 대칭성은 커진다. 지렁이 등의 환형동물도 좌우, 상하 대칭을 가진다. 원시의 바이러스는 공처럼 좌우, 상하, 앞뒤의 3개 공간차원에서 모두 대칭인 경우도 다수 존재한다.

지구나 태양, 은하, 심지어 블랙홀까지도 외형상 대칭을 보인다. 대칭이라는 말은 구분할 수 없으며 같음을 의미한다. 당구를 치러 갔는데 당구공에 이물질이 묻어 있다면 당구를 칠 수 없다. 이물질을 닦아내든지 아니면 공을 바꾸어 달라고 해야 할 것이다. 당구대 바닥도 균일해야 한다. 울퉁불퉁하여 공이 엉뚱하게 굴러간다면 게임을 할 수 없다. 즉, 대칭에 문제가 생겼으므로 다른 당구대로 옮겨 달라고 해야 할 것이다. 이 경우 게임을 지속할 수 없으며, 공을 닦고 당구대 바닥도 수리해야 할 것이다.

시간에 대하여 대칭적인 경우도 있다. 아침이면 어김없이 태양이 떠오르며 우리의 일상도 시작된다. 24시간이라는 시간에 대칭적으로 태양은 우리에게 영향을 준다. 우리는 한 달이면 한 번 보름달을 볼 수 있다. 달은 1개월이라는 시간에 대칭적으로 변화한다. 지난달에 본 보름달과 이번 달의 보름달을 구별하기는 어렵다. 겨울이면 눈이 오며 겨울은 매년 한 번씩 꼬박꼬박 찾아온다. 즉, 1년이라는 시간에 대칭적이다. 작년에 내린 눈과 올해 내린 눈을 구별하기는 어렵다.

우리의 마음에도 대칭성이 존재한다. 같은 일을 하고 같은 성과를 냈는데 옆의 동료가 더 높은 보상을 받는다면 우리는 화를 내며 항의하게 될 것이다. 같은 성과를 냈다면 같은 보상을 기대하는 것이다. 나에게 친절한 사람에게는 나도 호의를 느끼고, 나에게 적대적인 사람에게는 나도 적대감을 느끼게 되며 가깝게 지내기 어렵다. 이처럼 우리의 마음도 대칭성을 가지고 있다.

사회도 대칭성을 가진다. 공정, 정의라는 표현이 이에 해당한다. 같은 잘못이 있으면 같은 처벌을 받는 게 당연하다고 사람들은 생각한다. 정치적으로도 대칭성이 존재한다. 자유를 중시하는 집단이 권력을 가지기도 하지만 일정 시간이 지나면 평등을 중시하는 집단이 집권하게 된다. 즉, 사회적 정치적으로도 대칭성을 가진다.

■ 물리학의 대칭성과 자발적 대칭성 깨짐
(spontaneous symmetry breaking)

우리는 지금까지 일반적인 대칭에 대하여 알아보았다. 그러나 과학자들이 중요하게 여기는 대칭은 여기에 더하여, 자연의 법칙 자체가 가지고 있는 대칭성이다.

A 물질과 B 물질이 화학 반응하여 C 물질과 D 물질이 만들어진다. 개입되거나 만들어지는 다른 물질이 없다면, A의 질량 + B의 질량은, C의 질량 + D의 질량과 같을 것이다. 즉, 우리에게 익숙한 질량 보존의 법칙이다. 에미 뇌터는 질량 보존 법칙이 시간의 균질성에서 비롯되는 것이며, 따라서 이 법칙이 시간에 대하여 대칭성을 가짐을 밝혀냈다. 또한 운동량 보존 법칙은 공간의 균질성에서 기인하므로 공간에 대하여 대칭성을 가지고 있으며, 각운동량 보존 법칙은 공간의 등방성에서 비롯되는 것이므로 방향에 대하여 대칭성을 가짐을 제시하였다.

중세 이전, 과학이 발달하기 전에 우리 조상들은 주로 농사를 짓거나 목축을 하며 살았고 땅을 기반으로 살면서도 자신들이 사는 땅이 세상의 중심이 아니라는 사실도, 중력의 존재도 인지하지 못하였다. 16세기의 코페르니쿠스(Nicolaus Copernicus, 1473~1543)는 당시 진리처럼 믿어 온 지구중심설(천동설)의 오류를 지적하고 지동설을 주장하여 근대 자연과학의 획기적인 전환을 이루었다. 이른바 '코페르니쿠스적 전환'이다.

17세기 후반 뉴턴(Sir Isaac Newton, 1643~1727)은 사과가 땅에 떨어지는 것을 보며 지구가 잡아당기는 힘을 도입하였다. 즉 중력을 알아냈으며, 이를 천체의 항성이나 행성에도 적용하여 만유인력을 발견하였고 뉴턴의 운동법칙을 제시하였다. 이전의 신화적 세계관 속의 사람들은 하늘의 법칙과 땅의 법칙이 다를 것이라고 상상하였으나 뉴턴은 이 둘이 다르지 않음을 증명한 것이다. 또 다른 코페르니쿠스적 전환을 이룬 것이다. 즉, 좀 더 크고 근본적인 대상을 연구하며, 이전의 이론을 아우르면서도 더 본질적인 무언가를 발견하게 된 것이다.

20세기 초반의 아인슈타인도 마찬가지이다. 뉴턴의 갈릴레이 대칭을 버리고, 전기와 자기가 같은 대상의 다른 측면이라는 로렌츠 대칭과 전자기파의 맥스웰 방정식에 따르는 광속의 절대성을 받아들인 결과 상대성이론을 발견하게 되었다.

현재 인류의 모범 답안이라고 할 수 있는 우주의 근본 원리에 대한 입자물리학의 표준모형도 대칭성의 원리에 기반하고 있다. 표준모형에 크게 이바지한 것이 게이지 대칭성과 힉스입자이다.

우리는 앞에서 게이지 대칭성에 대해 알아보았다. 게이지 대칭성을 만족하려면 필연적으로 게이지 입자가 존재해야 하며 이는 실험적으로 발견되었다. 힉스입자에 의해서 이 대칭성이 깨지기는 하지만, 빅뱅으로부터 10^{-12}초 이전의 상황이라면 게이지 대칭성은 온전히 보존되어 있었을 것이다.

시공간이 팽창하고 온도가 내려가는 등 환경이 변하게 되며, 힉스

입자에 의해 이 약 전자기 대칭이 깨지면서, 쿼크와 렙톤 등 우주 역사상 최초로 질량을 가진 입자가 출현하고, 우주는 다음 단계로 나아가게 된다. 즉, 우주에 질량을 가진 존재가 출현하게 된 이유는 환경 변화에 따르는 '자발적 대칭성 깨짐'인 것이다.

과학자들은 게이지 대칭성에 선행하는, 좀 더 근원적인 대칭성인 '초대칭'이 있으며 표준모형에 존재하는 입자들에 대하여 우리가 아직 발견하지 못한 초대칭 짝 입자가 필연적으로 존재한다고 생각한다. 유럽의 SERN이나 미국의 페르미 연구소의 당면 과제도 이 초대칭 입자의 발견이다. 끈 이론 학자들은 이 초대칭성을 도입하여 초끈 이론을 연구하고 있다.

■ 상위 대칭성

지금까지 우리는 시간 흐름에 따른 과학 발전의 과정을 알아보았다. 이는 '이전의 원리를 포괄하는 상위 원리 발견의 과정'이었다.

코페르니쿠스가 살았던 16세기 이전의 유럽 사람들은 우리가 살아가는 지구를 세상의 중심으로 여겼다. 지구가 우주의 중심에 있고 인간은 그 위에 사는 존엄한 존재이며 하늘의 천상계는 영원한 신의 영역이라고 생각하였다. 하지만 코페르니쿠스는 천체관측과 궤도 계산을 통해 지구중심설(천동설)이 옳지 않음을 제시하며 태양중심설(지동설)을 발표하였다. 그의 이론은 당시 사람들에게 큰 충격을 주었고 그의 저서 『천구의 회전에 관하여』는 교황청에 의해 금서로 지정되기도 하였다. 사람들의 세계관, 종교관에 큰 도전을 주었기 때문이었을 것이다.

당시의 사람들은 이전까지의 종교적, 철학적 전통에 따라 하늘과 땅의 다름을 인식하고 있었다. 그러나 코페르니쿠스의 지동설은 이 생각을 근본적으로 흔들어 놓았다. 사람들의 마음속에 '땅과 하늘의 다름'이 있었는데, 이를 '하늘과 땅의 같음'으로 전환할 수 있는 근거를 제공해 준 것이다. 즉, 세상과 우주에 대한 인식의 대칭을 회복할 수 있는 근거를 제시한 것이다.

뉴턴도 마찬가지이다. 만유인력의 법칙으로 하늘과 땅의 원리가 다르지 않음을 증명하였다. 수학적, 과학적 방법으로 세계관에 대한 대칭의 회복을 이룬 것이다.

아인슈타인 역시 로렌츠 대칭이라는, 이전보다 상위의 대칭을 기반으로 상대성이론을 발견하였다. 역시 대칭성을 회복한 것이다. 다른 말로 표현하자면, 좀 더 근본적인 상위의 대칭성을 발견한 것이다.

표준모형의 게이지 대칭성은 로렌츠 대칭보다 상위의 대칭성이며 페르미온과 보손 입자의 대칭성이다. 과학자들은 이 상위의 대칭성을 발견하며 전자기력과 약력을 통합하였고, 강력을 통합할 수 있는 길을 제시하였다.

초대칭성은 게이지 대칭성보다 상위의 대칭이다. 당연히 더 근본적이고 먼저 존재했을 대칭이다. 게이지 대칭성은 빅뱅 이후 10^{-12}초 정도에 붕괴하였으며, 초대칭성은 급팽창(10^{-32}초에서 10^{-12}초) 기간 중 어느 시점에 붕괴했을 것으로 과학자들은 보고 있다.

그럼 초대칭성보다 더 상위의, 선행하는 대칭성은 없을까 하고 생각할 수 있다. 빅뱅 이후 대통일 시대에 대해서는 어느 정도 추론할 수 있다. 그렇지만 그 이전인 플랑크 시대에 대해서 우리가 알 수 있는 것은 거의 없다. 심지어 추론도 어렵다. 그러나 현재까지 우리가 발견하지 못했을 뿐, 더 상위의 대칭성이 존재할 수 있다는 생각은 매우 자연스럽다.

■ 시간의 흐름에 따른 대칭성 변화

이처럼 과학의 발전은 통합의 역사이며, 대칭성 회복의 과정이었다. 물리학의 다른 힘이나 법칙이, 우리가 그동안 몰랐을 뿐 같은 것이었다는 사실이 증명되는 과정이었다. 이런 이유 등으로 물리학자들은 대칭성이야말로 이 세상의 진정한 근본 원리라고 여긴다. 이러한 생각과 함께 연구자들은 이 세상의 모든 물질과 법칙이 거슬러 올라가면 단 하나의 절대적인 원리로 인해 생겨나는 것으로 여기고, 그 궁극의 이론, 즉 궁극의 대칭을 찾기 위해 애쓰고 있다.

지금까지 우리는 과학 발전의 시간적 순서에 따른 대칭성의 발견에 대하여 알아보았다. 이는 점점 더 과거로, 점점 더 빅뱅 초기로 시간을 거슬러 올라가는 과정이었다. 이제 관점을 바꾸어, 빅뱅 이후 시간의 흐름에 따른 대칭성의 변화를 생각해 보자. 더 상위의 대칭성이 존재하겠지만, 현재까지 우리가 인지하고 있는 최초의 대칭은 빅뱅 초기 대통일 시대에서 급팽창 시기까지 존재했을 초대칭이다. 급 팽창기의 중간 어느 시점까지 초대칭이 유지되며 쿼크와 반쿼크, 렙톤과 반렙톤이 공존하고 있었다. 한편 시간이 흐르며 공간이 팽창하고 우주 온도와 밀도가 낮아진다. 이러한 환경의 변화에 따라, 급 팽창기의 중간 어느 순간 초대칭이 깨지며 변화가 발생한다. 이로 인해 입자와 반입자가 쌍소멸로 사라지며 에너지로 변화한다. 이후 반입자는 사라지고, 약 10억분의 1에 해당하는 쿼크와 렙톤 등의 남은 입자가 우주에 존재하게 된다. 대칭성의 붕괴로 이전에 없던 새로운 변화가 나타난 것이다.

중간에 다른 대칭이 존재하겠지만, 다음에 언급할 대칭성은 게이지 대칭이다. 빅뱅 이후 10^{-12}초 무렵 힉스 메커니즘에 의해서 게이지 대칭(약 전자기 대칭)이 붕괴하며 쿼크와 렙톤 등 입자들이 질량을 얻게 된다. 이는 자발적 대칭성 깨짐의 결과이다. 이에 따라 이전에는 없던 새로운 '무엇'이 생기며, 그 새로운 무엇의 '성질'이 출현한다. 이러한 힉스 메커니즘에 의한 대칭 붕괴로 생기는 새로운 '무엇'은 질량을 가지는 입자이며, 그 '성질'은 중력에 의한 인력이 아닐까 하는 생각을 우리는 해 볼 수 있다.

자발적 대칭성 깨짐(spontaneous symmetry breaking, SSB)은 이전에 알아보았듯, 게이지 대칭과 힉스입자의 연구 과정에서 발견되었다. 시공간의 크기, 온도, 밀도 등 환경 변화가 임계점을 넘어가면 대칭성이 붕괴하는 현상이 발생하는데, 스스로 그 과정이 발생한다는 것이다.

2008년 노벨 물리학상 뉴스와 함께 이 현상은 과학자뿐만이 아니라 일반인에게도 널리 알려지게 되었으며, 이후 추가적 연구가 진행되었다. 현재는 이 자발적 대칭 깨짐이라는 현상이 매우 광범위하게 적용되고 있으며, 사실상 모든 대칭의 붕괴는 이 자발적 대칭 깨짐의 과정이라고 과학자들은 보고 있다. 일반화된 이 과정에 대한 과학자들의 설명은 다음 [그림 6]과 같다.

모든 방향에서 대칭인 둥근 언덕 꼭대기에 공이 하나 있다. 정지되어 있는 이 상태는 대칭적이다. 동서남북 어느 방향이든 다를 것이 없다. 주변에 어떠한 변화도 없으면, 이 계는 이 대칭적 상태를 유지할 것이다. 그러나 바람이나 비 또는 공을 지지하고 있는 흙 등의 환경적 변화가 나타나게 되면 공은 그 자리에 그대로 머물러 있을 수 없다. 언덕을 굴러 내려가 낮은 지점 어디엔가 안착할 것이다. 이런 공의 움직임은 이 계의 대칭성 붕괴를 의미한다. 공으로 인해 다름이 생기고, 이에 따라 방향을 구분할 수 있게 되었기 때문이다.

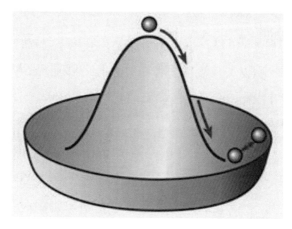

[그림 6] 자발적 대칭성 붕괴의 모형

과학자들은 게이지 대칭뿐만이 아니라 초대칭성의 붕괴도 이 자발적 대칭 깨짐의 과정이라고 이야기한다. 이후의 모든 대칭 붕괴도 하나하나 모두 수학적으로 증명할 수는 없으나 자발적 대칭 깨짐의 결과로 보는 것이 타당하다고 여긴다. 환경의 변화에 따른 자연스러운 과정과 결과이므로 그렇다는 것이다. 이는 마치 생물학의 진화론과 유사한 측면이 있다.

다윈(Charles Robert Darwin, 1809~1882)의 저서 『종의 기원』을 통해 제시된 진화론은 많은 논쟁과 우여곡절이 있었으나 현재는 반박할 수 없는 사실로 인정받고 있다. 그러나 그 과정을 모두 증명할 수 있는 것은 아니다. 완벽하게 증명하려면 진화의 전 과정을 조사하고 증거를 수집해야 하지만, 수십억 년에 걸친 생명체 진화의 과정이 모두 화석으로 남아 있을 리가 없다. 설령 남아 있다고 해도, 우리가 이를 모두 수집하는 것은 사실상 불가능하다. 하지만 현실적인 증거 및 과학적 합리성을 가지고 생각해 보면, 진화론은 사실일 수밖에 없다고 과학자들은 이야기한다.

대칭성과 대칭성 붕괴, 그리고 자발적 대칭 깨짐의 과정도 마찬가지이다. 이 이론의 증거 확보는 진화론의 화석 증거 확보보다 훨씬 더 어렵다. 하나의 새로운 대칭 입자를 발견하려면 천문학적인 돈과 수년 이상의 시간이 필요하다. 새로 발견된 입자에 대한 검증 작업도 추가로 필요하다. 그러므로 자발적 대칭 깨짐의 증거는 제한적이다. 그럼에도 과학자들은 대칭성이야말로 이 세상의 근본적인 원리이고, 대칭성 붕괴는 자연적으로 스스로 발생한다고 생각한다. 즉, 세상 모든 변화는 자발적 대칭 깨짐의 결과일 수 있다는 것이다. 물리학적 증거와 과학적 합리성을 가지고 추론해 보면 그런 생각을 하게 된다는 것이다.

자발적 대칭 붕괴는 줄다리기 게임에 비유할 수 있다. 양쪽의 힘이 팽팽하여 균형 상태를 유지하고 있으면 좌우의 대칭이 유지된다. 내적 또는 외적 환경의 변화가 임계치를 돌파하면 어느 순간 균형이 무너지며 한쪽으로 끌려간다. 대칭 붕괴의 순간이다. 임계치 이상의 환경 변화는 필연적 대칭 붕괴를 불러온다. 이 둘은 필연적 인과의 동반자적 관계이다. 그런데 우주는 머물러 있는 경우가 결코 없으며, 시간의 흐름에 따라 항상 앞으로 나아가며 임계치들을 돌파해 나간다. 당연히 거기에 해당하는 대칭 붕괴들이 나타날 것이고, 외부에서 보면 대칭 붕괴는 때가 되면 스스로 나타나는 자연스러운 현상으로 보일 것이다. 즉, 시간 흐름에 따른 우주의 부단한 변화가 자발적 대칭 깨짐의 좀 더 근본적인 원인일 수 있다.

아인슈타인의 연구도 이 대칭성과 무관하지 않다. 그의 주된 연구 대상은 행성, 항성, 은하 등의 거대 천체 구조물들이었다. 이들은 빅뱅 후 약 138억 년을 지나며 형성되었다. 그 긴 시간 동안 우주는 무수히 많은 자발적 대칭 붕괴의 과정을 거쳤을 것이다. 쿼크들로 원자핵이 만들어지는 과정, 원자핵이 전자와 결합해 원자가 형성되는 과정, 중력에 의해 항성이 만들어지는 과정, 은하가 만들어지는 과정 등 헤아릴 수 없이 많은 새로운 '무엇'과 그 무엇의 '성질'이 출현하였으며, 이는 모두 자발적 대칭 붕괴의 결과들일 것이다.

[그림 7] 프랙탈 도형의 예

즉, 빅뱅 후 약 138억 년이 지난 현재 우리가 살아가는 이 세상은 과거의 무수한 대칭성 붕괴의 산물이라고 볼 수 있을 것이다. 이는 [그림 7]의 프랙탈 도형과 닮아 있다.

아인슈타인이 도입한 로렌츠 대칭은 전자기 현상의 연구 과정에서 발견된 것으로, 과거 인류가 전기를 사용하기 전에는 이러한 전기적 현상이나 로렌츠 대칭 그리고 광속의 절대성을 알 수 없었을 것이다. 선배 과학자들의 연구 결과를 토대로 이 개념들을 도입함으로써 아인슈타인은 당시의 일상생활에서는 존재하지 않았던, 새로운 상위의 대칭인 상대성이론을 발견할 수 있었다.

뉴턴이나 코페르니쿠스도 마찬가지이다. 중세 이전의 사람들이 인식하는 세상은 비대칭적이었다. 그들에게 하늘과 땅은 원리도, 의미도 달랐다. 그들은 지구가 둥글다는 사실도 모르고 살았다.

빅뱅 후 약 138억 년의 시간이 흐르며 수많은 자발적 대칭 깨짐의 과정이 있었을 것이다. 그 결과 수십만 년 전 우리 모두의 조상인 호모 사피엔스가 출현했고 그 후손인 우리는 지적 호기심을 가지고 세상을 탐구해 나가고 있다. 시간이 흐르며 우주는 지속적 대칭성 깨짐의 과정을 진행하고 있으나, 우리의 세상에 대한 이해나 지식은 시간이 갈수록 상위의 대칭성을 알아가는 대칭성 회복의 방향으로 나아가고 있다.

■ 자발적 대칭성 깨짐과 양자역학

슈뢰딩거의 고양이로 대표되는 이중성과 동시성 등의 난해함으로 인해 양자역학은 그동안 수많은 오해와 논쟁의 대상이 되어 왔다. 이는 과학계뿐만이 아니라 인문학, 철학, 종교, 예술 등 많은 분야에 영향을 미치고 있으며, 이는 현재도 진행 중이다.

우리는 빅뱅에서 현재에 이르는 대칭성과 이의 붕괴에 대해 생각해 보았으며, 모든 변화가 자발적 대칭 깨짐과 연관되었을 가능성이 크다는 것을 알았다. 그렇다면 양자역학의 난해함도 결국 이 자발적 대칭 깨짐 현상과 연관이 있을 것으로 추정해 볼 수 있다.

전자나 풀러렌 등으로 실험해 보면, 관측 즉 광자 등 타 입자와의 상호작용 이전에는 동시성이 보존되고 있다. 이를 거시세계의 우리 일상에 적용해 보면, 고양이가 동시에 살아 있고 죽어 있다는 것이며, 회사에서 일하고 있는 내가 같은 시간에 집에서 식사하고 있다는 것이다. 이는 현실의 일상 세계에서는 있을 수 없는 일이다. 그러나 타 외부 입자와 아직 상호작용하지 않은 입자는 항상 이런 성질을 가진다는 것이 양자역학의 설명이다.

이는 마치 고전소설의 홍길동이나 전우치가 분신술이나 축지법을 하는 것과 같은 상황이다. 그런데 우리가 그동안 몰랐을 뿐, 미시세계는 원래 그렇다는 것이다.

이런 양자역학의 원리를 산업에 적용한 대표적 예로 양자컴퓨터를 생각해 볼 수 있다. 기업과 과학자들은 이를 위해 애쓰며, 머지않은 미래에 상용화될 것으로 기대하고 있다.

양자컴퓨터에는 '중첩(superposition)'이나 '얽힘(entanglement)'과 같은 양자역학의 원리가 적용된다. '중첩'은 양자가 측정되기 전까지는 자신의 스핀 방향 임의성을 유지하는 것이다. 즉, 산 고양이와 죽은 고양이가 동시에 존재하는 것이다. '얽힘'은 두 부분 계 사이에 존재할 수 있는 상관관계를 의미한다. 예를 들어 두 입자를 일정한 양자상태에 두어 두 입자의 스핀이 항상 반대라고 해 보자. 이 두 입자를 측정하기 전에는 그 상태를 알 수 없다. 하지만 측정의 순간 한 계의 상태가 결정되고 이와 즉시 그 계와 얽혀 있는 다른 계의 상태까지 결정된다. 이는 마치 정보가 순식간에 한 계에서 다른 계로 이동한 것과 같다. 이러한 현상은 이 두 개의 계가 공간적으로 매우 멀리 떨어져 있어도 발생한다. 즉, 미국 항공우주국에 있는 양자컴퓨터의 양자가 측정으로 인해 고정되면, 그 순간 그 계와 얽혀 있는 유럽 양자컴퓨터의 양자상태가 결정되어 고정된다는 것이다. 이들 양자에 있어 공간상의 거리는 무의미하며, 정보가 동시에 전달되므로 시간도 무의미하다. 이들의 시공간은 우리의 상식과 매우 다르다.

이런 상태를 과학자들은 결맞음(coherence)이라 일컫는다. 결맞음 상태의 양자 세계는 우리가 살아가는 일상의 세상과는 너무 다르다. 과학자들은 이러한 동시성의 세상은 측정의 순간 끝이 나며, 고정된 거시세계의 세상으로 전환된다고 이야기한다. 이러한 변화를 결어긋남(decoherence)이라 부른다. 측정이란 하나의 양자가 다른 양자와 접촉(충돌)하는 것을 의미하며, 양자들은 접촉의 순간 서로를 인지하며 반응(상호작용)하게 된다.

과학자들은 이러한 양자역학의 결어긋남이 근본적으로 대칭성 붕괴와 같은 현상이라고 보고 있다. 즉, 양자역학의 결어긋남을 자발적 대칭 깨짐의 일종으로 볼 수 있다는 것이다.

이러한 양자역학적 대칭성 붕괴인 결어긋남은 언제 처음 발생했을까? 빅뱅 이후 10^{-12}초 정도에 이르면 약 전자기 대칭 붕괴가 나타나며 질량을 가진 입자가 출현한다. 질량을 가진 입자가 다른 입자와 상호작용하며 결어긋남이 발생하므로, 이 시기 이후에는 확실히 결어긋남이 발생한다고 보는 것이 합리적이다. 그러나 이를 시기적으로 단정할 수는 없다. 질량이 없는 광자에서도 이 현상이 발생한다는 사실이 이중슬릿 실험을 통해 확인되었으며, 또한 특이점에서 약 전자기 대칭 붕괴 시점까지 질량은 아직 없지만 시간은 흘렀을 것이기 때문이다.

그럼 이 시기 이전의 세상은 어땠을까? 결맞음 상태에 있으므로 양자 중첩과 얽힘의 원리가 적용되는 세상이며, 시공간의 의미가 현재의 우리와는 매우 달랐을 것이다. 우리의 입장으로 볼 때 이해가 전혀 되지 않는, 마치 '이상한 나라의 앨리스'와 같은 세상이다. 그러므로 플랑크 시대, 대통일 시대 등 빅뱅 이후 극초기의 매우 짧은 기간이, 현재의 우리가 보기에는 매우 짧은 시간이지만 그 당시의 환경에 존재했을 양자들에게는 영원과도 같이 매우 긴 시간이었을 수도 있다.

앞에서 알아보았듯이 우주에서는 시간의 흐름에 따라 환경이 변화하며 순차적으로 각각의 단계마다 새로운 대칭성이 붕괴하여 다음의 그 무엇이 발생하였다. 현재의 우리는 138억 년에 이르는 그 무수한 대칭성 붕괴 이후의 세상에 살고 있다. 과거로 거슬러 올라가 대칭들이 회복된 세상으로 가면 갈수록, 그곳에는 우리가 이해할 수 없는 이상한 모습들이 펼쳐져 있을 것이다. 빅뱅 초기로 가면 갈수록 펼쳐지는 이상한 모습은, 공간적으로 점점 더 작은 세상으로 가도 볼 수 있을 것이다. 우리 몸이나 주변의 물건을 쪼개고 또 쪼갠다. 계속 쪼개면 원자, 쿼크가 나올 것이며 이들은 과거 대칭성 붕괴의 산물들이다. 쿼크 크기의 대상을 쪼개고 또 쪼개면 결국 빅뱅 초기의 상황과 같은 환경에 도달할 것이며, 이는 우리가 이해할 수 없는 낯선 모습일 것이다. 이런 대상의 최소단위로 끈 이론 학자들은 플랑크 크기의 공간을 제시하며, 이곳에 진동하는 작은 끈이 있다고 이야기한다.

이는 현재 우리의 몸이나 주변에 있는 물건들도 모두 그 내부에 138억 년의 우주 역사를 지니고 있고, 그 구성 요소들은 각 단계 대칭성 붕괴의 산물이며, 이들의 누적으로 인해 현재의 자연과 사람 그리고 사회가 존재하고 있음을 의미한다.

제 3 장

과학으로 보는 세계

자연 준칙
(natural dogma)

지금까지 우리는 물리학의 핵심적 주제들을 알아보았다. 이 과정을 통해 대칭성이야말로 우주의 근본적인 원리이며, 변화의 분기점은 대칭성 붕괴와 연관되어 있고, 이 대칭성의 붕괴는 자발적이라는 것을 알게 되었다. 즉, 균형이 무너지며 새로운 현상이 일어나는 이유는 그 계의 자발적 대칭 깨짐 때문이며 그 선행 원인은 환경의 변화이다. 시공간 크기의 변화, 온도, 밀도 등 환경의 변화는 대칭 깨짐을 유도한다. 이는 마치 [그림 6]의 언덕 위 공이 바람에 흔들려 아래로 구르는 것과 같다. 빅뱅 이후 지속되는 공간의 팽창과 중단 없는 시간의 화살은 이러한 환경 변화의 선행 요인이다.

자발적 대칭 깨짐의 이후에는 새로운 '무엇'과 그 무엇의 '성질'이 출현한다. 게이지 대칭 붕괴 후 쿼크는 약 2.2MeV/c²의 질량을 가지게 되었고, 중력의 영향에 따라 상황에 맞는 속도와 방향을 가지고 움직이는 '성질'을 가지게 되었다. 이러한 결과물은 이전에는 없던 새로운 것들이다.

이처럼 빅뱅에서 현재에 이르는 모든 변화가 대칭성 붕괴와 연관이 있고 그 과정은 자발적이며 그 결과로 새로운 무엇과 그 무엇의 성질이 출현하게 된다는 원리를 '자연 준칙(Natural Dogma, ND)'이라고 하면 어떨까? 존재하는 모든 대상의 변화 방식이며, 매우 근본적이고 자연스러운 원리이기 때문이다.

100여 년 전 아인슈타인이 로렌츠 대칭과 광속의 불변성에 근거하여 깊이 사유한 결과 상대성이론을 발견하였듯이, 우리도 이 자연 준칙의 원리를 다양한 경우에 적용해 봄으로써 이전에 알지 못했던 새로운 사실을 발견할 수도 있지 않을까 기대된다.

1931년 괴델(Kurt Godel, 1906~1978)은 '불완전성의 정리'를 발표하였다. 이는 수리논리학에서 모든 무모순적 공리계는 참인 일부 명제를 증명할 수 없으며, 특히 스스로에 대한 무모순성을 증명할 수 없다는 정리이다. '참인 모든 명제를 증명할 수는 없다'라는 것이며, '증명할 수는 없어도 참인 것이 존재한다'라는 것을 증명한 것이다. 이는 이후 다수의 학자에 의해 수학적으로 재증명되었다.

실험실처럼 통제된 환경에서 특정 부분만을 대상으로 한 연구가 그 원리나 결과에 대한 정합성과 재현성을 가지고 있으면 이는 증명이 되었다고 볼 수 있다. 그러나 빅뱅 이론이나 진화론 등은 굳이 불완전성의 정리를 이야기하지 않아도 애초에 증명될 수 있는 대상이 아니다. 그러므로 빅뱅 원리가 아니고 빅뱅 이론이며, 진화법칙이 아니고 진화 이론일 수밖에 없다. 실제 구조가 아니고 표준모형이며, 상대성의 법칙이 아니고 상대성이론이다. 하물며 자연 준칙은 더더욱 증명이 어려우며, 사실상 이는 불가능에 가깝다.

어떤 추론을 할 때 완벽하게 증명된 사실만을 근거로 삼으려 한다면, 우리는 한 발자국도 앞으로 나가기 어려우며 불가지론에 빠지게 된다. 그러나 우리는 앞으로 나아가고 싶어 하며, 완벽하지는 않더라도 세상의 구조를 파악하고 싶어 한다. 그러려면 비록 증명되지는 않았더라도 그동안 인류의 과학적 탐구 결과를 기반으로 생각하고, 다소 오류의 가능성이 있더라도 자연 준칙에 기반하여 추론해 보는 것이 하나의 방법이지 않을까 여겨진다.

우주의 시공간이 시작된 이래 공간은 끊임없이 팽창하고 있으며 시간의 화살은 부단히 앞으로 나아가고 있다. 이에 따라 끊임없는 임계점 이상의 변화와 그 결과인 수많은 대칭성 붕괴가 진행된다. 이는 매우 자연스러우며 당연한 과정이다. 다소 무리가 있더라도 우리는 이러한 자연 준칙을 하나의 움직일 수 없는 사실로 인식하고, 이를 조금 더 깊이 숙고하며, 이 책의 전반에 걸쳐 다양한 대상에 다양한 방식으로 적용해 보려고 한다.

우주의 모듈성

■ 흑체복사의 의미

어떤 물체가 뜨거워지면 열을 내게 되는데 이를 복사(radiation)라고 부른다. 고체에서 방출되는 복사를 조사해 보면 여러 가지 파장 또는 진동수를 가진 빛으로 구성되어 있음을 알 수 있다. 대부분 물체는 표면에 부딪히는 복사 일부를 흡수하고 나머지는 반사한다. 표면에 부딪히는 모든 복사를 흡수하는 물체를 흑체(black body)라고 한다. 물론 흑체는 자신이 가지고 있는 열, 즉 복사열을 방출하기도 한다. 19세기 말 물리학자들은 흑체에서 어떻게 여러 가지 진동수를 가진 복사가 나오는지, 또 이들이 흑체 표면 온도와 어떤 관계가 있는지 연구하였다.

19세기 말 독일 알자스와 로렌 지역은 제철공업으로 유명하였다.

석탄을 정제한 코크스를 태워 온도를 높이고, 이 열로 철광석을 녹여 쇳물을 만드는 과정이 중요하였다. 그들은 경험적으로 용광로 속의 색깔이 붉은색일 때보다 푸른색일 때 온도가 더 높다는 것을 알고 있었다. 그러나 이러한 지식만으로는 좋은 철을 만들 수 없었다. 온도가 낮으면 철광석의 산화철에서 산소가 빠져나오지 못해 저품질의 철이 만들어지고, 너무 높으면 고온에서 폭발적으로 반응하는 산소의 특성으로 인하여 다시 산화철이 되므로 역시 좋은 품질의 철을 생산할 수 없었다. 좀 더 정밀한 온도 조절이 필요했다. 이러한 고민에서 흑체복사 이론이 시작되었다.

흑체는 연구자들에 의해 단순화되었다. 어떤 속이 빈 물체 안에서 열적 평형을 이루고, 표면의 아주 작은 바늘구멍으로 복사선이 나온다고 가정되었다. 많은 연구자가 이 분야 업적을 남겼으며 1900년 플랑크(Max Karl Ernst Ludwig Planck, 1858~1947)는 흑체에서 방출된 빛의 에너지가 특정한 상수(h)와 진동수(ν)를 곱한 값의 정수배로만 주어진다고 제시하였다. 이를 플랑크의 복사법칙이라고 한다. 즉, $E=nh\nu$이다. 이후 정밀한 연구를 통해 영점에너지인 $h\nu/2$가 추가되었다. 방출된 빛의 에너지가 연속적이지 않고 어떤 기본 에너지 양자 $h\nu$의 정수배로만 주어진다는 것은 빛이 파동으로서 그 에너지가 연속적인 값을 가진다는 고전적인 개념과는 배치되며, 이 이론을 플랑크의 양자가설(quantum hypothesis)이라고 한다. 과학자들은 이를 양자역학의 시작으로 여기고 있다.

용광로에서 나오는 에너지가 연속적이라고 가정하고 계산할 때는 해결되지 않던 문제가, 불연속적이고 일정한 단위가 있음을 가정하고 계산하니 정확히 온도를 측정할 수 있었고 이는 제철 산업 발전에 큰 도움을 주었다.

보일러를 작동하여 온도가 올라갈 때 우리는 따뜻해진다고 느끼며 그 느낌은 연속적이다. 그러나 흑체복사의 예로 알 수 있듯이 실제로는 불연속적이며, 계단처럼 어떤 기본 단위의 정수배로 온도가 올라간다. 그 기본 단위로서 h를 플랑크상수라고 하며 그 값은 약 6.626×10^{-34} J·s에 해당한다.

플랑크의 양자가설은 이후 아인슈타인에게 영향을 주었다. 수년후 아인슈타인은 빛의 입자성을 주장하며 광양자설을 제시하였다. 빛이 특정한 진동수에 비례하는 에너지를 가지는 덩어리이며 기본 단위로서 양자인 광자(photon)를 제시하였다. 아인슈타인은 상대성이론으로 유명하나, 실제 그가 노벨상을 받은 이유는 빛의 입자성을 입증한 광전 효과의 발견이었다. 아인슈타인이 양자역학적 접근에 동의하지는 않았으나 아이러니하게도 그가 발견한 광전 효과는 이후의 양자역학에 큰 도움을 주었다.

■ 끈 이론에서의 시공간

이전의 끈 이론 부분에서 알아보았듯이, 끈 이론은 우주의 근본 4가지 힘을 하나로 합치려는 과정에서 시작되었다. 점점 더 상위의 대칭을 추적하다 보면 결국 우주 탄생 극초기의 대칭을 고려하게 되고, 그러므로 이 시기의 모든 힘은 하나의 방정식으로 표현될 수 있다고 과학자들은 생각한다. 즉, 대통일이론이다.

대통일이론을 위해서는 상대성이론과 양자역학의 방정식이 연결되고 통합되어야 한다. 그런데 상대성이론의 중력장 요동은 양자역학의 양자 요동과 근본적으로 달랐다. 양자장론을 중력장에 대입해서 계산하면 수학적으로 무한대가 나온다. 이는 무언가 잘못되었다는 것을 의미한다. 과거 오일러의 베타 함수를 도입함으로써 이를 해결하였고 그 결과 등장한 것이 끈 이론이다. 끈 이론을 도입하면 이 무한대의 문제가 자연스럽게 해결된다. 입자를 크기가 없는 점으로 간주하면 이를 해결할 수 없지만, 작지만 크기가 있는 끈을 가정하면 애초 무한대 문제가 발생하지 않기 때문이다.

끈 이론 이전에는 우주가 무한히 작은 하나의 점에서 시작되었다고 여겼다. 하지만 끈 이론은 특이점의 최소 크기가 플랑크 크기라고 말하고 있다. 거꾸로 말하면 우주의 모든 내용물과 시공간이 축소된다고 해도 플랑크길이 이하로 축소될 수는 없다는 말이다.

위의 흑체복사에서 우리는 에너지가 연속적이지 않으며 마치 불연속적인 계단과 같은 형태임을 알았다. 끈 이론에 따르면 시공간도 이와 같다. 우주가 아날로그적 연속적 시공간으로 되어 있는 것이 아니라, 불연속적 디지털적 시공간으로 되어 있다는 것이다. 끈 이론으로 우리는 대통일이론의 기반을 마련하였으며, 과학자들은 끈 이론의 수학이 틀릴 가능성은 크지 않다고 생각한다.

수학적 계산에 따라 과학자들은 우주의 기본 단위를 다음과 같이 제시한다. 우주의 본질적 상수로서 광속은 초속 약 30만 킬로미터다. 플랑크길이는 약 1.61×10^{-35}미터이며 이는 우리가 알고 있는 공간이 더 이상 존재하지 않게 되는 크기를 말한다. 플랑크시간은 약 5.39×10^{-44}초이며 이는 광자가 빛의 속도로 플랑크길이를 지나는 동안의 시간을 말한다.

과학자들은 우리가 존재하고 있는 시간과 공간이 이러한 플랑크시간과 플랑크길이의 정수배로 존재한다고 여긴다. 즉, 한 단위의 플랑크시간과 공간이 2개, 3개 반복되며 시공간이 만들어진다고 본다. 왜냐하면, 이렇게 생각하고 방정식을 풀면 해를 구할 수 있고 그 해는 실제 현상과 일치하기 때문이다. 따라서 현재 우리 우주의 시공간은 빅뱅 시작 당시 플랑크길이와 플랑크시간의 정수배로 존재한다고 과학자들은 생각한다. 그렇다면 빅뱅 이후 우주 시공간의 팽창이란, 플랑크 단위 시공간 개수의 폭발적 증가임을 우리는 어렵지 않게 추정해 볼 수 있다.

■ 불연속적이며 모듈화되어 있다

에너지와 시간 그리고 공간은 모두 불연속적이며 모듈화되어 있다고 과학자들은 말한다. 레고 블록처럼 기본 단위들의 모임으로 구성되어 있다는 생각이다. 이는 마치 사진의 픽셀과 같다. 멀리서 보면 멋진 하나의 풍경화이지만 확대하고 확대하면 그 사진을 구성하는 기본 단위인 픽셀을 볼 수 있다. 세상이 이와 비슷하게 생겨 있다는 것이다.

많은 사람이 영화를 보며 휴식을 취한다. 재미있게 잘 만든 영화를 보면 기분이 나아지고 재충전되는 느낌을 받는다. 우리는 영화를 동영상으로 인지한다. 우리 생활과 같은 장면의 흐름, 대화, 효과음 등으로 우리의 일상생활과 연결되었다는 느낌을 받는다. 그러니 더 몰입되고 재미있을 것이다.

이러한 장면이나 소리를 만들어 내기까지는 많은 산업적 발전과 연구자들의 노력이 필요했다. 사실 영화를 매우 느리게 보면 동영상이 아니고 사진들의 연결임을 알게 된다. 사진들이 1초에 24장 빠르게 지나가면 우리 눈은 이를 동영상으로 인식한다. 이는 마치 형광등과도 같다. 형광등은 1초에 120회 깜빡이며 우리 눈은 이를 계속 켜져 있는 것으로 인지한다. 꺼진 순간을 인지하지 못한다. 눈의 잔상 효과 때문이다. 요즘 형광등에는 다양한 전자식 안정기가 달려 있어서 주파수를 더 크게 바꿀 수 있다고 한다. 20㎑로 변환하는 경우 형광등은 1초에 2만 회 깜빡이게 되며, 우리 눈은 이를 전혀 알아낼 수 없다.

■ 인지의 모듈성

그럼 이를 인지하는 우리의 뇌는 어떨까? 결론적으로 이야기하면 우리의 뇌가 외부를 인지하는 방식도 이와 같다. 다만 기본 단위, 기본 모듈이 다를 뿐이다. 멀리 있는 산등성이를 바라본다고 할 때 가장 기본이 되는 것은 색깔과 밝기이다. 산은 다양한 녹색으로 보이며 경계를 넘어가면 푸른색 하늘이 보인다. 저녁이 되면 색깔의 밝기가 약해진다. 즉, 색깔과 명암만 있으면 모든 화면을 구성할 수 있다. 윤곽은 색이나 명암이 구분되는 경계로 알 수 있다.

우리 눈의 망막에는 원추세포(cone cell)와 간상세포(rod cell)의 두 가지 시세포가 있다. 원추세포는 색깔을, 간상세포는 명암의 정보를 수용한다. 망막의 시세포에서 수용된 시각 정보는, 시신경의 전기적 신호 형태로, 대뇌 후두엽의 시각피질에 전달된다. 브로드만 영역 17이 일차적이다. 하나의 시세포로부터 전달된 신호가 하나의 픽셀로 작용하며, 소수의 시각피질 세포에 전기적 방식으로 전달된다. 바로 옆의 시세포로부터 유입된 신호는 보통 바로 옆의 시각피질 세포로 전달된다. 이는 마치 질서 정연하게 정리되는 도서관의 책들과 같다.

이런 픽셀들의 정보는 인근의 다른 뇌 영역과 연결된다. 브로드만 영역 18이 우선적이다. 이 영역 등의 세포들은 각각 들어온 전기적 신호를 비교하며, 그 차이에 대한 정보가 세포 내외의 전위차 형태로 세포막을 통해 진행된다. 이는 마치 수학에서 곡선을 미분하여 그 기울기를 아는 것과 같다. 즉, 변화를 감지하는 것이다. 이런 방식으로 우리는 대상의 외부 윤곽인 형태, 그리고 그 형태의 시간에 따른 위치 변화인 움직임을 인지한다. 이들 중 중요한 유입 정보는 브로드만 영역 19등의 타 영역과 연결되어 저장되기도 한다.

뉴런들이 구별할 수 있는 최소단위의 시간이 연속적으로 흐르며 새로운 정보들이 유입된다. 후두엽의 시각피질 세포들은 시간 변화에 따른 시각 정보의 전기적 흐름을 가지게 되며, 우리의 마음은 이를 동영상으로 인지하게 된다. 즉, 우리 뇌의 시각피질은 마치 전파 신호의 흐름에 따라 바뀌는 TV 화면과도 같다. 그렇다고 이곳에 색소 등이 있는 것은 아니다. 뒤에서 알아보겠지만, 뉴런의 전기적 신호가 곧 마음의 동영상에 해당한다.

우리 눈 중심 시야의 시야 각도는 약 0.5도 이내이며, 이에 해당하는 망막에 존재하는 원추세포는 약 15만 개 정도이다. 즉, 15만 화소이다. 적색 영역, 녹색 영역, 청색 영역의 담당 세포가 다르므로 각각 약 5만 개의 원추세포가 있다고 가정하고 이를 전체 시야각으로 확대해서 계산해 보면 약 5억 화소에 해당한다. 전체 시야각은 약 70도로 가정하였다. 즉, 우리 눈은 약 5억 화소 정도의 해상도를 가진다고 볼 수 있다.

그러나 망막의 시세포 밀도는 중심에서 벗어날수록 급격히 감소하며 뇌로의 신경전달도 감소하므로 실제 평균적인 화소 수는 이보다 훨씬 더 적다. TV 등을 볼 때 우리는 좀 더 넓은 시야각을 가지게 되며, 그러므로 약 700만 화소 이상의 디스플레이라고 하면 큰 불편감 없이 화면을 볼 수 있다.

망막의 시세포에서 포착된 신호가 후두엽 시각피질로 전달되는데 얼마나 시간이 걸릴까? 이를 대략 추정해 보자. 일반적으로 뉴런의 전기적 신호 전달 속도는 초속 약 60~120m에 해당하며, 망막에서 시각피질까지 편의상 약 12㎝의 길이를 가정하면, 0.001~0.002초 정도의 시간이다. 빠른 쪽으로 가정하면 약 0.001초의 시간이 걸린다. 이 기간 도중 같은 세포에서 또 다른 전기적 신호를 전달하기는 매우 어렵다. 뉴런들의 불응기 때문이다.

영화의 동영상이 정지된 사진의 빠른 연결로 만들어지는 것처럼, 우리의 뇌가 세상을 인식하는 것도 이와 같다. 공간으로는 약 5억 화소, 시간으로는 최소 약 0.001초의 단위가 기본 모듈로서 작용한다. 이의 정수배로 시각 정보가 흐르며, 이에 따라 우리는 외부를 인지한다. 우리는 시각, 청각, 후각, 미각, 촉각의 오감을 통해 외부 세계를 인지한다. 지금까지 시각을 중심으로 생각해 보았으며, 다른 감각들도 기본 모듈의 차이가 있을 뿐 기본적으로 같다.

우리가 공원의 벤치에서 아이들이 뛰어노는 장면을 보고 있다고 가정해 보자. 노는 장면, 아이들 소리, 불어오는 바람, 마시고 있는 커피의 맛과 향을 느낄 것이며 우리는 이를 연속적인 것으로 인지한다. 그러나 실제로는 각각 감각의 기본 모듈이 있으며 우리의 외부 정보 인지는 계단식의 디지털 방식으로 이루어진다는 것이다.

독수리의 시력은 사람보다 좋다. 독수리의 망막에는 단위면적당 사람의 5배에 해당하는 시세포가 있다고 한다. 산술적으로 생각해 봐도 우리보다 5배 높은 시각적 해상도를 가진다. 돌고래는 사람들이 들을 수 없는 초음파 영역의 소리를 듣고 낼 수 있다고 한다. 이는 사람에게는 불가능한 능력이다. 이처럼 우리가 외부의 모든 것을 인지할 수 있는 것은 아니다. 다만 우리에게 장착된 능력 범위 이내에서 가능할 뿐이며, 그것도 기본 모듈의 배수 이내에서만 가능하다. 이는 객관적 우주의 대상들이 존재하는 방식과 닮아 있다.

■ 일상의 모듈성

이의 다른 예로 글자를 들 수 있다. 하나의 뉴스 기사는 여러 문단으로 이루어져 있다. 문단은 문장들로 이루어져 있으며, 하나의 문장은 여러 개의 단어로 만들어진다. 단어는 몇 개의 글자들로 만들어지며, 하나의 글자는 자음과 모음의 조합이다. 하나의 자음 또는 모음은 다시 직선과 곡선으로 이루어져 있다. 즉, 세상 모든 글자는 직선과 곡선의 조합으로 만들어지며 적당한 길이의 직선과 곡선은 뉴스 기사의 기본 모듈이다.

지금까지 우리는 세상의 객관적 또는 주관적 대상들에 모듈성이 있음을 알아보았다. 이는 우리의 마음이나 사회에서도 같다.

예를 들어 어떤 청년이 이성을 사귀려 한다고 해 보자. 큰 고민이 필요 없다. 마음에 들고 호감이 가면 그만이다. 그러나 결혼을 고려하게 되면 고민이 많아지고 상대와 나에 대해서 더 깊이 생각하게 된다. 서로에 대한 애정은 어느 정도인지, 상대의 성격은 어떤지, 외모는 어떤지, 돈은 얼마나 있는지, 학력은 어떤지, 직업이 무엇인지, 건강에는 문제가 없는지, 성적인 부분은 잘 맞는지, 술버릇은 어떨지, 도덕적 부분은 어떤지, 나쁜 습관은 없는지, 집안 분위기는 어떤지, 상대가 볼 때 나는 어떤지 등이다.

평생 같이할 사람을 결정하는 문제이므로 신중할 수밖에 없다. 상대의 성격에 대해서 고민한다고 가정해 보자. 지금까지 자신이 만났거나 경험했던 많은 유형의 사람이 떠오른다. 한 명 한 명의 성격이 기본 모듈로서 작용한다. 청년은 이들을 기반으로 비교 분석하며 결혼 생활이 어떨지 상상해 보고, 나의 행동에 대한 상대의 반응을 가늠해 볼 수 있게 된다. 성적 매력, 외모, 돈, 학력 등 눈에 먼저 보이는 것만 생각하고 급하게 결혼을 결정하면 낭패를 당하기 쉽다. 충분한 고민 후에 배우자를 선택하게 된다면 후회할 가능성이 줄어들며, 좀 더 행복한 결혼생활이 가능하게 될 것이다. 이처럼 우리의 마음에도 모듈성이 존재한다. 잘 체계화된 기본 모듈을 가지고 있고 상황에 맞는 모듈의 통합과 적용이 훈련된 사람은 사회적으로 성공할 가능성이 크다. 지식 습득 능력이 좋으며 상황에 따라 적절한 판단과 행동을 할 수 있기 때문이다.

사회에도 모듈성이 존재한다. 중세 이전에는 산업의 생산성이 그리 높지 않았다. 이후의 근대화 과정에서 급속한 산업 생산성의 증대에 이바지한 것이 분업화이다. 분업화는 생산의 모든 과정을 여러 전문적인 부분으로 나누고 여러 사람이 이를 분담하여 일을 완성하는 노동의 형태이다. 분업의 유용성에 대하여 체계적 이론을 확립한 사람은 애덤 스미스(Adam Smith, 1723~1790)이다. 그는 자본주의와 자유무역에 대한 이론적 토대를 제공하며 경제학의 기본 틀을 만들었고, 지금까지도 경제학의 아버지라고 불리며 많은 사람의 인정을 받고 있다.

이후 시장경제가 확장되며 이런 분업의 원리는 경제나 산업 분야 이외에도 사회 각 분야에 걸쳐 적용되며 사회 발전에 이바지하였다. 분업화된 사회에서 각 개인은 하나의 모듈로서 위치한다. 내가 좋아하거나 잘할 수 있는 것을 반복적으로 수행한다. 수천 년 전에는 한 사람이 농사도 짓고 물고기도 잡고 옷도 만들고 집도 지었으나, 지금은 각자의 분야가 있고 상호 의존하며 살아간다.

개개인의 생산성이 커지므로 결과적으로 이러한 분업화는 사회 전체의 생산성 증대를 가져왔다. 마르크스(Karl Marx, 1818~1883)는 분업이 인간의 소외를 초래한다고 비판하였으며, 이후에도 분업화로 인한 인간의 기계화와 고립화 등 부작용에 대한 많은 비판과 지적이 지속되었다. 그러나 이러한 단점에도 불구하고 분업화는 사회 전체 부의 증대, 구성원 간 경제적 정서적 상호 의존 강화, 사회연대와 통합 등 긍정적 효과가 더 컸으며, 이는 사회 각 분야 발전의 촉진제로서 작용하게 되었다.

이런 모듈성은 정치 분야에도 적용되었다. 과거처럼 왕이나 소수의 권력자에 의해 의사결정이 이루어지는 경우, 그 피해는 결정권이 없는 다수의 시민에게 돌아간다. 수많은 우여곡절을 거쳐 정치제도가 변화하였으며, 현재 우리는 민주주의와 법치주의 사회에서 살아가고 있다. 선거에 의해 대표자가 선출되며 사람들은 각각 한 표씩의 권리를 행사한다. 사회의 규칙은 해당하는 법의 해당 문구에 의해 적용된다. 이는 기본적으로 모든 사람에게 적용된다. 선거에서는 투표권을 가진 각 사람이 하나의 기본 모듈이며, 규칙 적용에 있어서는 법률의 한 문장이 기본 모듈로서 작용한다. 권력은 세 부분으로 분할 및 모듈화되었다. 입법, 사법, 행정으로 구분되었으며 이러한 구분의 이유는 상호 감시와 견제를 통한 권력 집중화의 방지이다. 결과적으로 이러한 모듈화는 사회 전체의 이익 증가와 불합리의 감소, 그리고 구성원의 행복 증진에 도움을 주었다.

의사결정의 지연 문제, 구성원 간 법률 지식 차이로 인한 문제, 극심한 상시 권력 다툼 등 많은 부작용에도 불구하고 이러한 정치 분야의 모듈화는 이전보다 훨씬 더 장점이 많았으며, 대다수 구성원은 과거의 제도보다 더 공정하고 만족스러운 제도라고 여긴다.

시간이 흐르고 역사가 진행되며, 누가 가르쳐주지 않아도 사람들은 이런 모듈화의 방향으로 나아갔다. 앞으로도 현재로서는 알 수 없는 새로운 내용의 모듈화가 진행될 수 있다. 사람들은 더 좋은 사회를 만드는 방법을 생각해 낼 것이고, 그 과정은 모듈화가 진행되는 방향일 가능성이 크며, 결과적으로 사람들의 만족감은 전보다 더 커질 것이다. 왜 그럴까? 모듈성은 우리가 살아가고 있는 세상의 근본적 구조이기 때문이다. 우리가 살아가고 있는 사회도 138억 년 우주 역사의 일부이며, 따라서 우리 사회도 그 원리들이 적용되며 변화해 나가고 있을 것이기 때문이다.

컴퓨터 분야 또한 모듈성의 대표적 영역이다. 1900년대 중반 최초의 컴퓨터가 개발된 이후 이 분야는 눈부시게 발전하였으며, 현재는 인공지능이나 자율주행의 구현을 시도하고 있다. 현대의 컴퓨터는 주로 반도체를 기본 부품으로 한 하드웨어적 구성과 0과 1의 소프트웨어적 기본 모듈을 가지고 있다. 초기의 컴퓨터는 0과 1의 기본 모듈을 사용하여 간단한 연산을 수행하는 정도였으나, 기술이 발달함에 따라 기본 모듈의 반복 가능 횟수가 급격히 증가하였으며, 그 결과 매우 복잡한 연산도 가능하게 되었다.

이로 인해 컴퓨터나 핸드폰은 새로운 세상을 만들어 내었다. 숫자나 문자를 구현하고, 사진이나 음성 또는 영상을 전달한다. 요즘은 핸드폰으로 복잡한 게임도 할 수 있고, 전문적인 정보도 전달되며, 상거래도 큰 불편 없이 가능하다.

이런 결과의 근본적 시작은 0과 1의 단순 기본 모듈이다. 0으로만 되어 있다거나 1로만 되어 있다면 이런 결과는 발생하지 않는다. 이는 우리가 시각을 통해 사물을 구분하는 것과 비슷하다. 한 가지 색깔만 볼 수 있다면 우리는 색을 통해서 사물을 구분할 수 없다. 심지어 색깔이 있는지도 모를 것이다. 세상에 어두움만 있으면 우리의 눈은 아무 쓸모가 없다. 같은 밝기의 빛만 있어도 마찬가지이다. 사물들이 모두 똑같은 색과 같은 밝기의 빛으로 보인다면, 우리는 도무지 이들을 구분할 수 없으며 눈은 아무 쓸모가 없다.

객관적 또는 주관적 세계가 존재하려면 구분되거나 대비되는 최소 2개의 무엇이 필요하다. 눈에게 이것은 명과 암 또는 적, 녹, 청의 3가지 색깔이다. 컴퓨터에서는 0과 1의 기본 모듈이 이에 해당한다. 이는 앞에서 알아본 에너지, 시공간, 마음, 사회 등의 모듈성과 연결된다. 이처럼 세상은 기본 모듈을 가지고 있으며, 이의 반복에 따라 점차 복잡한 무엇으로 나아간다고 볼 수 있다.

시간과 공간

■ 상대성이론의 시공간

과학의 발달에 따라 시간과 공간의 개념이나 의미도 다시 바라볼 필요가 있다. 아인슈타인은 1905년 특수상대성이론 그리고 1915년 일반상대성이론을 발표하였으며, 이는 시간과 공간에 대한 기존의 상식을 깨는 충격이었다. 당시 과학자들은 전자기파 연구 등을 통해 빛이 절대 속도를 가짐을 밝혀냈으며, 아인슈타인은 이를 기반으로 이론을 제시하였고, 이후 100여 년 동안의 많은 연구 결과들이 이를 지지하고 있다. 2차 세계대전 중에는 이 원리를 적용하여 원자폭탄이 만들어졌으며, 최근에는 인공위성 시간 오차를 통해 상대성이론의 시공간에 대한 이해가 사실임이 입증되고 있다.

요즘 사람들의 일상생활은 인공위성의 상당한 도움을 받고 있다.

비행기나 배 그리고 자동차의 운행에서 GPS를 이용한 내비게이션은 필수품이 되었다. 우리가 매일 사용하는 핸드폰에도 GPS가 내장되어 있다. 어떤 집은 위성 TV를 시청하기도 한다.

인공위성은 고도에 따라 저궤도(250~2,000㎞), 중궤도(2,000~36,000㎞), 정지궤도(36,000㎞), 고궤도(36,000㎞ 이상)로 나눌 수 있다. GPS와 같은 항법위성은 중궤도에 위치한다. 높이 약 10,000㎞의 궤도라고 할 때, 이들의 속도는 초속 4.9㎞ 정도에 해당한다. 이런 빠른 속도 때문에 시간의 지연이 발생한다. 위성에서의 시계는 지상보다 매일 7마이크로초씩 느려진다. 이는 빠르게 움직이는 물체의 시간이 느려진다는 특수상대성이론의 내용과 일치한다.

중력도 중요하다. 일반상대성이론에 따르면 중력이 커질수록 시간은 느려진다. 지상 20,100㎞ 고도의 위성에 장착된 원자시계는 지표면보다 중력의 영향을 적게 받으며, 따라서 지상의 시계보다 매일 45마이크로초씩 빠르게 흐른다. 이 두 효과를 서로 상쇄하면, 항법위성의 시계는 지상의 시계보다 매일 약 38마이크로초 빠르게 흐르고 있다. 지상과 위성 간 시간 차이가 있으면 문제가 발생하므로 위성에는 이를 보정해 주는 장치가 내장되어 있다.

위성을 통해 알아보았듯이 시간은 속도와 중력에 따라 다르다. 빠른 속도로 움직일수록 그곳의 시간은 느려진다. 세상의 모든 물질은 빛보다 빠를 수 없다. 그럼 절대 속도인 초속 약 30만㎞로 움직이는 광자(빛알갱이)는 어떨까? 광자에 있어 시간은 멈추어 있다고 볼 수 있다. TV를 보며 1시간을 보냈다고 할 때 사람의 입장으로는 한 시간이 흘렀지만, TV 화면에서 출발하여 내 눈까지 도달했던 수많은 광자의 입장에서는 시간의 흐름이 없다. 광자의 입장에서는 시간이 멈추어져 있으며, 그러므로 시간이라는 존재는 없는 것과 같다. 좀 더 확대해서 생각해 보면, 우리 입장으로는 빅뱅 후 138억 년이 흘렀지만 138억 년 전에 생겨 그동안 물질과 충돌한 적이 없던 어떤 광자의 입장으로는 시간의 흐름은 없고 138억 년 전이나 지금이나 같은 시각이다.

2004년 개봉해서 인기를 끌었던 '인터스텔라'라는 영화를 많이들 기억할 것이다. 주인공 일행이 블랙홀 인근의 밀러 행성을 방문하여 그곳에서 몇 시간 정도 머물러 있었을 뿐인데, 우주선으로 복귀해서 보니 23년이라는 시간이 흘러 있었다. 이는 중력에 의한 시간지연 효과를 표현한 것이다.

이처럼 블랙홀 인근을 여행한다고 할 때 사람들은 평소대로 시간이 흐른다고 느끼겠으나, 지구로 귀환해 보면 영화처럼 훨씬 더 많은 시간이 흘러 딸이 할머니가 되어 있을 수도 있다. 반대로 우주 은하 필라멘트 사이에 있는, 물질이 거의 없는 공간을 여행한다고 할 때 중력이 매우 미미하므로 지구로 귀환해 보면 훨씬 더 적은 시간이 흘러 있을 수도 있다. 이처럼 시간의 흐름은 속도와 중력에 따라 각각 다르다.

공간도 마찬가지이다. 블랙홀 인근에는 강력한 중력이 작용하고 있으며 이 중력 크기에 비례하여 시공간 곡률이 만들어진다. 즉, 시공간의 휘어짐이다. 블랙홀 인근에서의 강력한 시간지연 효과도 이 시공간 휘어짐이 원인이다. 과학자들은 그 증거로 먼 천체에서 나온 빛이 중간에 있는 거대한 천체의 중력에 의해 경로가 바뀌면서 휘어져 보이는 현상인 중력 렌즈 효과를 제시한다. 2016년에는 미국에 소재한 레이저 간섭계 중력파 관측소인 LIGO에서 지구로부터 13억 광년 떨어져 있는 2개의 블랙홀이 결합하면서 발생하는 중력파를 검출하였다.

　아인슈타인에 의하면 중력은 시공간의 곡률(뒤틀림)에 의해서 발생하며 시공간 곡률의 원인은 질량이다. 질량을 가지는 물체가 가속운동을 하면 시공간의 곡률이 파동의 형태로 광속으로 전파되며 이것이 중력파이다. 음파가 공기를 압축하고 확장하듯이 중력파는 시공간을 수축 및 팽창시킨다. 과학자들은 이를 상대성이론의 강력한 증거로 제시한다.

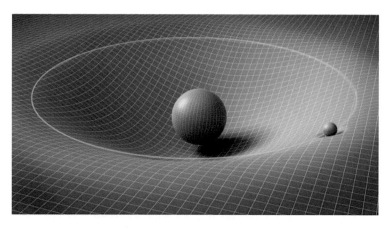

[그림 8] 중력에 의한 시공간의 휘어짐: 3차원의 공간이 격자무늬의 2차원으로 표현되어 있다. 중심부가 움푹 파여 있으며 이는 3차원 공간이 휘어질 수 있는 추가적 차원의 존재 가능성을 제시한다.

　아인슈타인은 시공간이 물질의 한 종류처럼 작용한다고 생각하였다. 그러므로 휘어지거나 뒤틀릴 수 있다고 보았으며 이것이 시공간 곡률이다. 블랙홀 인근처럼 강한 중력이 존재하는 곳에서는 시공간의 곡률이 크다. 따라서 이에 의한 시공간의 지연 효과가 나타나며 중력장 내 질량을 가진 물체는 블랙홀 쪽으로 이동하게 된다. 중력이 발휘되는 것이다. 고기압에서 저기압으로 공기가 흐르듯이, 질량을 가진 물체는 시공간 곡률이 작은 곳에서 큰 곳으로 이동한다. 즉, 시공간이 더 느리게 진행되는 쪽으로 이동한다. 이것이 중력이라는 것이다. 이는 [그림 8]에 표현되어 있다. 물체가 이동하며 시공간의 곡률이 낮은 곳은 더 낮아지고, 높은 곳은 더 높아진다.

시간을 기준으로 생각해 보면 중력은 대체로 시간이 빠르게 가는 지역에서 느리게 가는 지역으로 물체가 이동하려는 성질이 있다. 이들도 오래 살고 싶은 모양이다. 이는 인간의 장수 본능과 닮아 있다. 대부분 사람은 오래 살기를 바라고 가능하다면 영생도 원한다. 그러나 중력에 의해 시간이 더 느리게 가는 지역으로 이동해도, 주관적 시간의 흐름은 이동 이전과 별 차이가 없다.

우리는 우주를 4차원 시공간으로 인식하고 있지만 시공간 곡률은 추가적 차원의 존재 가능성을 보여 준다. 공간 3차원이 움직일 수 있는 추가 공간차원의 가능성이다. 추가 차원 쪽으로 시공간이 휘는 성질이 시공간 곡률이다. 결과적으로 보면 질량이 있는 물체는 시공간을 추가 차원 공간 쪽으로 미는 역할을 한다. 인근의 다른 물체도 불러들이며, 이는 미는 힘을 더 강하게 만들어 시공간 곡률을 키운다. 즉, 질량이 우리 우주의 4차원 시공간과 추가 공간차원 사이의 결합력이나 인력으로 작용할 수도 있다는 말이 된다.

예로부터 사람들은 시간과 공간을 별개의 대상으로 인식하였다. 우리 생활 중에 이 둘은 전혀 다른 개념이다. 그러나 이것은 사람의 입장이다. 아인슈타인은 시간과 공간의 개념을 인간 중심이 아닌 우주 본연을 중심으로 생각하였으며, 이 둘이 동전의 양면처럼 서로 얽혀 있어서 분리될 수 없는 것으로 보았다. 그는 광속의 불변성을 중심으로 시간과 공간을 이해하였고, 그 결과 상대성이론을 발견할 수 있었다.

상대성이론에서는 물리 법칙과 광속이 어느 관성 좌표계에서나 같다고 본다. 이것이 핵심 내용이다. 이외의 다른 것들은 바뀔 수 있다. 광속이 상수로서 절대적이라는 것은 큰 의미를 지닌다. 광속이 우리 우주의 본질적인 어떤 속성을 가지고 있다는 것이다. 속도는 단위 시간당 이동 거리이다. 광속에는 시간과 거리(공간)의 개념이 들어가 있다. 따라서 광속이 불변이 되려면 시간과 공간이 무관할 수 없고 어떤 방식으로든 서로 얽혀 있어야 한다. 이들은 독립적일 수 없으며 하나의 '시공간'을 형성해 서로 유기적 관계를 맺고 있다. 그 결과 1차원의 시간과 3차원의 공간이 따로 존재하지 않으며 이들이 하나로 합쳐진 '4차원 시공간'을 형성한다.

광속이 상수로서 절대적이므로 시간과 공간은 운동 상태에 따라 달라진다. 고전역학에서는 눈에 보이는 현상과 절대적인 시간 및 공간을 유지하기 위해 상대적인 운동에 따라 물리 방정식과 광속이 변하였다. 상대성이론에서는 그렇지 않다. 움직이는 좌표계에서 시간은 느려지고 진행 방향의 길이는 짧아진다. 시간이 느려진다는 것을 정확히 말하자면, 1초의 간격이 길어진다는 뜻이다. 즉, 시간 팽창이다. 정지해 있는 사람이 봤을 때 움직이는 좌표계 속에서의 모든 것은 느리게 진행된다. 시간이 팽창하는 정도는 속도의 함수로 주어지며 광속에 가까울수록 그 효과는 매우 커진다. 우리 일상생활 중 자동차나 비행기의 속도는 광속에 비교해볼 때 매우 느리며, 따라서 시간 팽창의 효과는 매우 미미하다.

이러한 효과는 아인슈타인 이후 100여 년이 지나며 많은 검증을 거쳤고 현재는 부인할 수 없는 사실로서 인정받고 있다. 예를 들어 소립자 중 뮤온이라는 입자가 있다. 전자와 모든 물리적 성질이 비슷하며, 질량은 전자의 200배 정도이고, 이 입자의 수명은 약 백만 분의 2초에 해당한다. 뮤온은 우주에서 날아온 입자들에 의해 지구 대기의 상층부에서 만들어진다.

고전역학의 관점에서 보면 광속에 가깝게 날아간다 해도 수명이 백만 분의 2초이므로 비행 거리는 겨우 600여 미터에 불과하다. 많은 수의 뮤온이 대기의 상층부에서 만들어지더라도 대부분은 금세 다른 입자들로 붕괴해 버리기 때문에 지표면까지 도달하는 뮤온의 수는 극히 적다. 그러나 실제 실험에서는 예상보다 훨씬 많은 수의 뮤온이 지표 근처에서 검출된다. 그 이유는 광속에 가까운 속도로 비행하는 뮤온의 시간이 늦게 가기 때문이다. 즉, 지표면에 가만히 있는 우리에게는 이미 백만 분의 2초가 지났더라도 비행 중인 뮤온의 시계에서는 고작 천만 분의 2초가 지났을 수도 있다. 결과적으로 실제의 뮤온은 고전역학에서 예상하는 것보다 훨씬 더 먼 거리를 날아갈 수 있다.

그런데 비행 중인 뮤온의 관점에서는 어떨까? 뮤온과 함께 움직이는 좌표계에서 뮤온은 정지해 있고 지면이 뮤온을 향해 빠른 속력으로 다가오고 있다. 이 좌표계에서 뮤온의 시간은 팽창하지 않는다. 백만 분의 2초의 수명을 살 뿐이다. 다만 뮤온과 지면 사이의 길이가 수축한다. 그 결과 뮤온은 짧은 생을 살면서도 지면 가까이에 더 많이 도달할 수 있다.

지구 대기의 상층부에서 만들어진 뮤온이 지표면 가까이 도달할 수 있다는 결과는 같다. 그러나 지구 표면에 정지한 좌표계와 뮤온과 함께 움직이는 좌표계에서 그 과정은 전혀 다르다. 이처럼 상대성이론에서는 눈에 보이는 현상이 좌표계에 따라 얼마든지 다를 수 있다.

이처럼 시공간은 절대적인 것이 아니며 환경에 따라 다르다. 속도에 따라 다르고, 중력 크기에 따라 다르다. 우주는 138억 년의 역사를 가지고 있지만, 과학의 역사는 수백 년에 지나지 않는다. 객관적으로 볼 때 우주는, 과거에도 그랬고, 현재도 그러하며, 미래에도 그럴 것이다. 늘 같다. 문제는 이 드넓은 우주의 지구라는 행성에 호기심을 가지고 세상을 알아가려는 인류가 나타나, 과학적 탐구를 지속한다는 것이다.

즉, 우주의 객관적 현상은 항상 같으나 관찰자에게 보이는 주관적 현상은 매우 다르다. 예를 들어, 과거 우리 조상들의 천동설은 어찌 보면 당연하다. 아침에 해가 뜨면 하루가 시작된다. 해가 동쪽에서 떠서 서쪽으로 지는 것을 매일 눈으로 본다. 그러므로 주관적으로는 지금도 천동설이 맞다. 우주가 문제가 아니고 우리가 문제이다. 지구는 원래부터 태양 주위를 돌고 있었다. 우리가 그 사실을 늦게 알게 된 것뿐이다. 시간과 공간에 대해서도 마찬가지이다. 시공간은 원래부터 절대적이지 않은 대상이었으나 우리가 그 사실을 아인슈타인 이후 늦게 알게 된 것이다. 과학적 사고에 있어 주관과 객관의 엄밀한 구분이 중요하다고 생각되는 이유이다.

■ 아인슈타인의 우주

이처럼 우리는 상대성이론의 의미에 따라 우주 시공간을 이전과는 다른 시각으로 생각해 볼 수 있다.

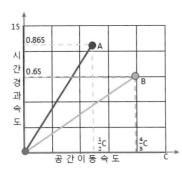

[그림 9] 정지한 대상의 시간 흐름을 1초라고 할 때, 광속의 1/2로 이동하는 경우(A) 0.86초의 시간이 흐르고, 광속의 4/5로 이동하는 경우(B) 0.6초의 시간이 흐른다. 이는 직각삼각형의 피타고라스 정리로 계산할 수 있다.

뮤온의 경우에서처럼, 빠른 속도로 공간 방향 이동을 하는 대상의 시간은 정지 관찰자보다 느리게 흐른다. [그림 9]에서 광속의 1/2로 이동하는 대상의 경우(A) 외부 관찰자보다 적은 약 86%의 시간이 흐른다. 외부 관찰자의 시계가 100초 흐를 때 이동하는 대상의 시계는 약 86초가 흐른다. 매우 큰 에너지가 추가되어 광속의 4/5까지 가속되어 공간을 이동한다고 할 때(B) 이동 중인 대상의 시간은 정지 관찰자의 60%가 흐른다.

[그림 9]의 붉은색 실선과 푸른색 실선은 길이가 같다. 원점에서 1S까지의 거리나 C까지의 거리도 같다. 모두 5칸으로 표현되어 있으며 빛의 속도로 같은 크기이다. 이는 우주의 모든 존재가 빛의 속도로 시공간을 이동하기 때문이다. 붉은색 실선이나 푸른색 실선의 길

이도 모두 5칸에 해당하며 피타고라스의 정리를 적용하여 X축의 공간이동속도에 따른 Y축의 시간 경과 속도를 구할 수 있다.

아인슈타인에 따르면 우주의 모든 물질은 빛의 속도로 이동하며, 이는 빅뱅 시점부터 시작된 현상이다. 그러므로 광속이란 우주의 근원적 그 무엇이다. 우리는 이 절대 속도를 바꿀 수 없으며 방향만 조절할 수 있다. 시간 방향으로만 이동할 수도, 공간 방향으로만 이동할 수도 있지만 대부분은 이 둘이 적절히 섞인 이동을 한다. 우리가 집에서 TV를 시청하며 가만히 앉아 있는 경우([그림 10]의 A) 우리는 시간 방향으로만 빛의 속도로 이동한다. 우주선을 타고 이동하는 경우 공간 방향으로의 속도가 커지므로 시간 방향으로의 속도는 감소한다. 빛(광자)은 광속으로 공간을 이동하므로([그림 10]의 C) 광자의 시간 경과 속도는 0이라고 볼 수 있다.

시공간에 대하여 조금 더 생각해 보자. 0차원의 양자인 크기가 없는 한 점이 시간의 흐름에 따라서 공간을 이동하게 되면 1차원의 선이 된다. 1차원의 선이 같은 방식으로 이동하게 되면 2차원의 면이 된다. 2차원의 면이 같은 방식으로 이동하면 3차원의 입체가 된다. [그림 10]은 2차원의 사각형이 시간의 흐름에 따라 공간을 이동하면 사각기둥이 만들어짐을 표현하였다. 이처럼 시간이란 이전의 대상에 하나의 차원을 더해 주는 역할을 한다. 시간만 있거나 공간만 있으면 의미가 없다. 시간의 흐름을 따라 공간을 이동할 수 있어야 한다. 우리는 3차원 공간에서 살고 있고, 우리가 사는 공간도 이와 같으며, [그림 11]에 표현된 것처럼 시간은 새로운 하나의 추가 차원을 제공한다.

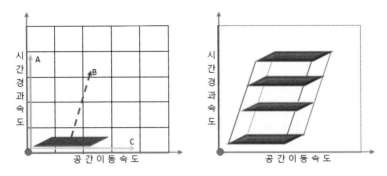

[그림 10] 좌측 이차원의 사각형이 B의 화살표 방향으로 공간을 이동하면, 우측 삼차원의 입체인 사각기둥이 만들어진다. 시간은 이처럼 대상에 하나의 차원을 더해주는 역할을 한다.

[그림 11] 삼차원의 대상이 시간의 흐름에 따라 공간을 이동하는 경우, 새로운 차원이 하나 더해지는 것과 같다. 그러므로 우리는 공간 3차원 + 시간 1차원의 4차원 시공간에서 살아가고 있다.

상대성이론은 이러한 시공간 개념을 내포하고 있다. 특수상대성이론으로부터 도출된 $E=mc^2$라는 수식도 이러한 시공간 개념에서 출발하며, 이 수식을 기반으로 만들어진 것이 원자폭탄이다. 원자폭탄은 2차 세계대전 중 개발되어 최초로 실전 사용되었으며 이는 상대성이론이 옳다는 하나의 강력한 증거로서 작용한다. $E=mc^2$는 질량과 에너지가 등가라는 개념을 담고 있으며, 질량 보존과 에너지 보존을 포괄하고 있다.

일상의 예를 생각해 보자. 한 달 100만 원의 월급을 받는 회사원이 있다고 하자. 회사라는 공간에서 일하며 1년이라는 시간이 흐르면 그는 1,200만 원을 벌 수 있다. 물가상승률이 1년에 1%이고 은행 저축 시 이자가 없으며 영원히 근무할 수 있다고 가정하고, 이 회사원이 벌 수 있는 총수입을 현재가치로 계산해 보면 약 12억 2천만 원 정도에 해당한다.

질량을 가진 물질에 있어 시공간은 이와 비슷하다. 회사원에게 1년간의 회사 생활이라는 시공간이 1,200만 원이라는 가치가 있는 것처럼, 물질에 있어 시공간이란 그 물질의 에너지 저장 창고로서 작용한다. $E=mc^2$라는 수식은 그 질량이 할 수 있는 일을, 적용될 수 있는 시간 또는 공간 전체에 대하여 적분한 결과로서 도출된다. 즉, 회사원이 영원히 벌 수 있는 돈을 현재가치로 환산하여 모두 합친 것과 비슷하다.

질량과 에너지의 관계도 이와 같다. 질량이 시공간의 흐름에 따라 일을 하며, 이 일을 모두 합하면 원래의 에너지가 된다. [그림 10]에서 거꾸로 우측에서 좌측으로 변화한다고 생각해 보자. 시간의 1차원이 사라지며 사각기둥은 사각형이 되고, 이에 따라 삼차원 사각기둥에 존재했을 에너지가 이차원 사각형으로 농축된다. 이처럼 사라진 차원에 존재했을 농축된 에너지가, 차원이 사라지는 순간 분출한다. 핵폭탄은 이 원리에 의한다고 볼 수 있다. 즉, 우라늄(U_{235})의 핵분열 시 사라지는 작은 양의 질량이 다시 양자역학적 결맞음의 상태로 환원되고, 존재할 수 있는 시공간의 차원이 사라지며, 동시에 에너지화한 것이다. 이 에너지는 주로 전자기파(빛)의 형태로 나타나 일순간 폭발적 힘을 발휘한다.

우리가 일상적으로 사용하는 빛이라는 말과 과학적 의미의 빛은 다르다. 일상 언어로서 빛은 가시광선을 뜻하며 이는 실제 과학적 빛의 작은 영역에 불과하다. 실제의 빛은 마이크로파, 적외선, 가시광선, 자외선, 엑스선, 감마선 등 모든 파장의 전자기파를 포함하고 있다. 그러므로 과학적 의미의 빛은 전자기파를 의미한다.

원자폭탄에서 발전한 것이 수소폭탄이다. 이는 수소가 헬륨으로 바뀌는 핵융합 반응 시 사라지는 질량이 에너지로 바뀌는 원리에 기반하며, 원자폭탄의 약 100배 위력을 발휘한다. 태양의 빛은 이 핵융합 반응으로 발생한다. 태양은 지금까지 약 50억 년 동안 핵융합 반응을 하고 있으며, 이는 앞으로도 약 50억 년 더 진행될 예정이다. 이로 인해 발생하는 빛(전자기파) 중 일부분이 지구까지의 먼 거리를 이동하고, 태양의 이런 에너지는 우리 몸을 포함하여 우리가 사용하는 지구 에너지 대부분의 근원이 된다.

원자폭탄의 파괴력은 빛 대부분 파장의 에너지가 동시에 뿜어져 나오며 발생한다. 즉, $E=mc^2$가 $F=mc^2$로 변화한다. 영향력을 발휘할 수 있는 공간에서 시간의 흐름에 따라 힘으로 작용할 에너지(E)가, 그 시공간이 사라지며 일순간 힘(F)으로서 분출되기 때문이다.

이는 작은 태양이 도시 수백 미터의 상공에 순간 존재했다가 사라지는 것과 같다. 수 킬로미터 이내의 지역은 순간적 고열로 인해 다 타 버린다. 조금 더 먼 거리에 있더라도 화상을 입는다. 순간적 고열이 발생하며 대기가 증발한다. 이로 인해 버섯구름이 만들어지고, 이에 따른 지표의 진공 영역으로 주변의 공기가 급속도로 모여들며 13

만 파스칼 이상의 거대한 공기 폭풍이 발생한다. 이 폭풍으로 인해 내진 설계가 되어 있지 않은 대부분의 건물이 붕괴한다. 감마선 등 고에너지 파장의 빛으로 인해 방사능에도 피폭된다. 수일에서 수주를 지나며 방사능 낙진의 피해도 보게 된다. 이 모든 피해는 일순간 대량으로 발생한 전자기파인 빛으로 인해 발생한다. 즉, 이는 수많은 광자로 인한 피해이다.

최초의 핵무기는 2차 세계대전 중 미국의 맨해튼 프로젝트에 의해 개발되었다. 1945년 8월 일본의 두 도시에 원자폭탄이 투하되었고 도시 건물의 절반 이상이 파괴되었으며 수십만 명의 사망자가 발생하였다. 8월 15일 일본은 연합군에 무조건 항복을 선언하였으며 세계대전은 종결되었다. 이에 따라 일본 식민지들은 자유를 얻게 되었고 여기에는 대한민국도 포함된다. 지금도 우리는 매년 8월 15일을 광복절로 지정하여 이를 기념하고 있다.

이처럼 원자폭탄은 질량이 에너지, 즉 빛(광자)으로 모두 변화되며 위력을 발휘한다. 이제 광자(photon)의 입장으로도 생각해 보자.

광자의 입장에서는 빛의 속도로 움직이므로 시간이 정지되어 있다고 해도 크게 문제는 없으며, 이동 중의 여러 장면은 동시에 한 점에 존재할 것이다. 이는 광자뿐만이 아니라 글루온이나 중력자 등의 질량이 없는 대상 모두에 해당한다. 즉, 이들에게 시공간은 없는 것과 같으며 우리 우주는 지금도 빅뱅 이전의 특이점 상태이다. 우리 입장으로는 도시 수백 미터 상공에서 원자폭탄이 폭발한 것이지만, 폭발 시 광자의 입장으로는 전체 우주가 지금도 한 특이점에 있고, 모든 대상이 결맞음 상태로 존재하며, 그곳에 자신의 모습을 드러낸 것일 수 있다.

■ 광속과 시공간

아인슈타인에 따르면 광속은 '우주의 근원적 무엇'이다. 이후 100여 년의 시간이 흐르며 많은 과학적 발전이 있었고 상대성이론의 증거도 다수 발견되었다. 요즘의 연구자들은 광속을 '우주의 초기 디폴트값'으로 이해한다. 즉, 광속이 우주의 시작과 절대적인 연관성을 가진다는 생각이다.

빛의 속도에 대하여 조금 더 생각해 보자. 엄청난 에너지로 가속하여 광속의 99.5%로 이동할 수 있는 우주선이 있다고 해 보자. 이는 초속 약 298.289㎞에 해당한다. 이 우주선을 타고 10광년 떨어진 별까지 이동한다고 할 때 지구에 있는 사람들은 당연히 그 별까지 10년 남짓 걸릴 것으로 예측한다. 그러나 우주선 탑승자들의 입장은 다르다. [그림 9]의 피타고라스 정리로 계산해 보면 이들의 시간은 약 10배 느려진다. 지구 사람들의 시계가 10시간 갈 동안 우주선의 시계는 약 1시간을 지난다.

그럼 탑승자들의 입장으로 별까지 거리는 얼마나 될까? 지구에서 보는 것처럼 10광년일까? 그렇지 않다. 우리는 속도=거리/시간임을 잘 알고 있고, 앞에서 우리는 우주의 모든 대상이 시공간에서 빛의 속도로 이동함을 알아보았다. 그런데 광속은 상수이다. 이를 유지하려면 상대적 시간이 1/10로 변화하였으므로 별까지의 거리도 1/10로 변화해야 한다. 실제의 수식을 계산해 보면 이런 결과가 나온다. 탑승자들이 광속의 99.5%로 이동하며 별까지의 거리를 다시 측정해 보면, 지구에서 실시한 측정값의 1/10인 1광년의 거리가 나온다. 그러므로 지구에서의 입장으로는 우주선이 왕복하려면 20년 남짓 시간이 걸릴 것이며 이때 환영식을 준비하면 된다. 그러나 탑승자들의 입장은 다르다. 별까지의 왕복 여행에 2년 남짓 걸리므로 부담이 크지 않으며, 귀환 후 부쩍 늙어 버린 동료들을 만나게 될 것이다.

우리는 앞에서 영화 '인터스텔라'에서처럼 블랙홀 인근 장소에서는 시간이 느리게 흐름을 알아보았다. 그럼 추가적인 의문이 생긴다. 중력에 의한 시간지연과 속도에 의한 시간지연은 대체 무슨 관계가 있을까 하는 궁금증이다.

이를 위해 먼저 일반상대성이론의 토대가 되는 '등가원리'를 알아보자. 우리는 지구 중력으로 인해 지표면의 모든 물체에 $9.8m/s^2$의 중력가속도가 작용함을 알고 있으며 이를 g로 표현한다. 한편 우주 공간을 이동하는 우주선이 있으며 이 우주선의 가속도를 a라고 해보자. a가 점차 증가하여 $9.8m/s^2$가 되면 이 수치는 g와 같다. 이 경우 a와 g는 전혀 구분되지 않고, 물리적으로 완벽히 같다는 것이 등가원리이다.

앞에서 우리는 광속의 99.5%로 이동하는 우주선을 생각해 보았다. 이 경우 지구에서보다 시간이 1/10로 감소하고 별까지의 관측 거리도 1/10로 감소하였다. 즉, 지구 대비 시간과 공간이 모두 1/10로 감소하였다. 그런데 문제는 상당한 질량을 가진 우주선을 광속의 99.5%까지 가속하기까지는 매우 큰 에너지가 필요하다는 것이다. $E=mc^2$이므로 우주선을 광속의 99.5%로 가속하는 데 필요한 에너지를 질량으로 환산할 수 있다. 즉, 우주선은 그 질량만큼 더 무거워져 있다.

과학자들에 의하면 이 우주선에 아무리 많은 에너지를 추가해도 광속에 이르게 할 수는 없다. 우주선의 질량이 점점 더 커져 가속하는 데 드는 에너지가 무한대로 늘어나기 때문이다. 우주의 모든 질량을 E=mc²에 의해 에너지로 변환하여 투여해도 역시 광속에는 못 미친다. 그 우주선의 질량이 있기 때문이다. 그 우주선을 분해해서 운전대만 남겨 두고 다 에너지화한다고 해도 역시 못 미친다. 아직 운전대가 남아 있다. 이곳에서는 0에 가깝겠지만 여전히 시간은 흐르고 있고 공간도 존재한다.

위의 등가원리는 'a와 g가 근본적으로 같은 물리량'이라는 뜻이며, 그러므로 극단을 가정해도 같아야 한다. 매우 큰 에너지가 투입된 우주선의 질량은 매우 커진다. 이는 그 영향 등에 있어 질량이 매우 큰 블랙홀과 근본적으로 차이가 없다.

우주선의 예는 a를 중심으로 생각한 것이며, 등가원리를 고려하여 이제 g의 맥락으로 생각해 보자. 이 우주선과 비슷한 상황의 지역으로 블랙홀 인근을 생각해 볼 수 있다. 지구 중력의 최소 수십만 배 이상 되는 지역일 것이다. 이 특정 지역에서 블랙홀의 중력으로 인한 영향이 아까의 우주선과 같을 수 있다. 그곳에서는 우주선에서 그랬던 것처럼 시간도 공간도 1/10로 감소한다.

이 블랙홀의 중심 지역에서는 시간이 매우 느리게 흐르고 있을 것이며 공간도 매우 작게 관찰될 것이다. 그러나 여전히 시간은 흐르고 있으며 대상과의 거리도 존재한다. 이 블랙홀이 다른 블랙홀뿐만 아니라 우주의 모든 질량과 에너지를 흡수했다고 해 보자. 중력은 거의 무한대가 될 것이며 시공간도 0에 가깝게 수렴해 있겠지만, 여전히 시간은 흐르고 공간도 존재한다. 이 광경을 구경하고 있는 내가 아직 남아 있다.

그럼 운전대나 나를 포함한 우주의 모든 질량과 에너지가 그 블랙홀에 흡수되고, 그 결과 그곳의 시공간이 0에 가깝게 수렴해 빅뱅 이전의 특이점처럼 먼지보다 작은 한 점이 되었다고 하면 어떨까? 그럼 시간과 공간이 사라질까? 알 수 없다. 그러나 이런 사고 과정을 통해 시간과 공간의 본질에 대해 조금 더 이해할 수 있다.

빅뱅과
시공간 추론

이 부분은 사실상 빅뱅 초기 플랑크 시대와 그 이전에 해당하므로 과학자들로부터 인정받는 정설은 없다. 그러나 우리는 여전히 궁금하므로, 지금까지의 과학적 사실을 토대로 추론해 보려고 한다. 그러려면 먼저 빅뱅에 대한 끈 이론의 설명을 상기해 볼 필요가 있다.

끈 이론 연구자들은 세상을 최소 10차원의 시공간으로 본다. 이들은 우리에게 익숙한 4차원의 시공간과 여분의 6차원을 이야기한다. 4차원과 여분 6차원이 원래는 비슷한 크기였는데, 알 수 없는 어떤 이유로 어느 순간 4차원의 시공간이 6개 여분의 차원보다 커지게 되었고, 이것이 빅뱅이며 우주의 시작이라고 이야기한다.

M 이론에서는 조금 다르다. 일부 M 이론 연구자들은 빅뱅이 세상의 시작이 아니라고 주장한다. 그 이전부터 우주는 영원히 존재해 왔으며, 고차원 우주의 거대한 막 위에 우리의 우주가 존재한다고 여긴

다. 우리 우주가 속한 막이 있고 고차원을 떠다니는 다른 막이 있으며, 이 둘이 서로 충돌할 수도 있는데 그것이 바로 빅뱅이라고 이야기한다. 빅뱅은 평행우주에 속한 두 개의 막이 서로 충돌하여 발생한 결과이며, 이러한 평행우주끼리의 충돌은 일상적인 일이라는 것이다.

이러한 끈 이론은 아직 물리학의 정설이 아니다. 그러나 이 이론은 빅뱅이나 빅뱅 이전에 대해서 가장 근접한 설명을 할 수 있는 이론이다. 그러므로 향후 정설이 될 수 있는 유력한 후보 이론으로 여겨지며, 다수의 학자가 이 분야 연구에 매진하고 있다. 경쟁 이론으로 루프 양자 중력 이론 등이 있다.

■ 외부기원 시공간 추론

빅뱅을 일으킨 에너지가 내부기원인지, 아니면 외부에서 비롯된 것인지 우리는 알 수 없다. 우리는 이를 각각 구분해서 추론해 보려고 한다. 먼저 외부기원을 생각해 보자.

M 이론은 외부기원을 주장하고 있으며 우리는 이를 좀 더 일반적인 야구공에 비유해 볼 수 있다. 정지한 야구공을 배트로 힘껏 친다고 해 보자. "땅" 소리와 함께 야구공이 날아갈 것이고 충돌 부위의 배트는 조금 뜨거워질 것이다. 야구공을 가격한 에너지 중 일부는 소리에너지와 열에너지로 전환되어 인근으로 퍼져 사라지며, 이는 이후의 야구공과 무관하다. 정지한 야구공을 움직이게 한 에너지는 야구공에 내포되어 이후 야구공의 회전과 이동 거리 등을 결정한다.

우리는 우주를 이 야구공처럼 생각해 볼 수 있다. 야구공을 배트로 가격한 에너지가 빅뱅에서는 기원을 알 수 없는 촉발에너지에 해당한다. 야구공에서 소리에너지와 열에너지가 주변으로 사라진 것처럼, 빅뱅에서도 주변으로 사라지며 시공간으로 유입되지 못하는 에너지가 존재한다. 야구공에 부여된 에너지가 야구공의 회전과 이동 거리를 결정하듯이, 빅뱅 시 시작된 시공간에 유입된 촉발에너지는 이후 우주의 진행과 변화를 결정한다. 이는 다음과 같이 정리해 볼 수 있다.

① 빅뱅은 외부의 촉발에너지에 의해 발생하였다.
② 이 에너지로 시공간이 시작되었다.
③ 시작된 시공간으로 촉발에너지 대부분이 유입되었다.
④ 촉발에너지가 이후 우주의 진행과 변화를 주로 결정한다.
⑤ 광속은 촉발에너지와 절대적 연관성을 가진다.

이렇게 가정해 보면 위의 상황이 어느 정도 이해된다. 운전대마저 에너지화해서 우주의 모든 에너지로 가속된다면 광속에 도달할 수 있을까? 그렇게 되면 시간과 공간은 사라질까? 알 수 없다. 우주의 모든 질량과 에너지가 하나의 블랙홀로 흡수되고 이 블랙홀이 플랑크 크기의 한 특이점으로 축소하며 관찰하고 있는 나 자신마저도 에너지화해서 그 특이점으로 가면 시간과 공간은 사라질까? 답은 같다. 알 수 없다.

왜 그런가? 우주의 모든 에너지가 100% 특이점에 모였다고 해도 이는 빅뱅 시 유입된 에너지에 해당할 뿐이며 이를 넘어설 수는 없다. 이 에너지와 같은 값을 가지는 상황에서 시간과 공간이 사라질지를 판단할 수 있는 근거는 없다. 그러므로 알 수 없다.

■ 내부기원 시공간 추론

이제 빅뱅이 내부적으로 발생하였을 경우를 추론해 보자. 끈 이론에서는 어느 순간 4차원 시공간이 6개 여분 차원보다 커지게 되었고 이것이 빅뱅이라고 이야기한다. 이는 전자레인지로 만드는 팝콘에 비유해 볼 수 있다. 일단 보고 싶은 영화를 선택한다. 근처 마트에서 편리하게 준비된 팝콘용 옥수수 제품을 산다. 봉지째 전자레인지에 넣는다. 약 3분 정도 돌린다. 이제 영화를 감상하며 봉지를 뜯고 맛있게 먹으면 된다.

전자레인지에 들어간 옥수수는 가열되며 조금씩 부풀고 뒤틀리다가 어느 순간 "팡" 하고 폭발하며 팝콘으로 변신할 것이다. 팝콘의 경우 외부에서 열이 가해진다. 그러나 빅뱅의 경우 외부는 없으며 내부 구성 요소들 사이의 기존 결속력이나 관성의 변화를 가정한다. 부풀고 뒤틀리는 동안은 빅뱅의 특이점 상태라고 생각할 수 있다. 어느 순간 평형이 깨지며 시공간이 시작되고 우주가 팽창한다.

외부기원의 M 이론에서는 외부와 충돌이 있기 전 특이점의 구성 요소로서 11개의 차원을 가정한다. 이들의 구조나 상호작용은 크게 의미가 없다. 그러나 내부기원에서는 다르다. 내부의 구성 요소들로 이루어진 구조가 중요하다. 이들의 상대적 크기는 바뀔 수 있으며, 따라서 내부가 안정되기도 또는 요동치기도 한다. 어느 순간 균형이 깨지며 역치 이상의 변화가 생긴다. 이것이 빅뱅의 시작이다.

외부기원에서 역치는 그다지 중요하지 않다. 그러나 내부기원의 역치는 큰 의미가 있다. 이는 팝콘이 튀겨지는 순간의 에너지양이다. 이 역치 이상에서 시공간이 시작된다. 팝콘은 역치의 에너지에서 튀겨진다. 이후의 추가적 가열은 별 의미가 없다. 튀겨진 팝콘 온도를 높일 뿐이다. 팝콘은 외부의 전자레인지에서 에너지가 공급되었으나 내부기원에서는 외부가 없음을 가정한다. 내부의 균형이 붕괴하고 이 변화가 역치를 넘어서며 시공간이 시작된다. 이런 과정을 거치며 빅뱅을 유발한 에너지를 내부 촉발에너지라고 해 보자. 이는 외부기원의 외부 촉발에너지와 같다. 즉, 시작된 우주의 전체 에너지를 의미한다. 이는 시공간을 발생시키며, 광속이나 우주 진행 속도와 절대적 연관성을 가진다. 이를 정리하면 다음과 같다.

① 특이점 내부에 근원을 알 수 없는 에너지가 있었다.
② 이 내부 촉발에너지로 시공간이 시작되었다.
③ 시작된 시공간으로 촉발에너지 대부분이 유입되었다.
④ 촉발에너지가 이후 우주의 진행과 변화를 주로 결정한다.
⑤ 광속은 촉발에너지와 절대적 연관성을 가진다.

이 추론에서 우리는 특이점에 외부가 없음을 가정하였다. 내부에 결속의 에너지와 팽창의 에너지가 서로 대립하고 있었고, 어느 순간 팽창의 에너지가 역치를 넘어서며 빅뱅이 발생했다고 추정하였다. 그렇다면 이 내부 에너지들이 어디에서 기원했는지에 대한 추가적 설명이 필요하다. 그런데 외부가 없다고 가정하였으므로 이를 추론하기가 어렵다. 특이점의 결맞음 상태에서 우리 우주만 있었을 것이라는 가

정도 불합리하다. 이는 확률적 분포를 만족하려는 우주의 속성에 부합하지 않는다. 즉, 다른 우주도 얼마든지 존재했을 수 있다. 그러므로 다수의 과학자가 다중 우주를 고려하며 빅뱅의 외부기원 가능성을 생각한다. 그러나 아직 이를 확신할 증거는 없다. 과학의 합리성 안에서 추론해 볼 수 있을 뿐이다.

내부기원의 다른 문제도 있다. 끈 이론을 고려하면 특이점은 플랑크 크기의 결맞음 중첩과 얽힘의 상태이며, 10개 이상의 차원으로 구성되어 있다. 시공간은 크기와 방향을 가지는 벡터이다. 그런데 플랑크 크기 이하는 여기에 해당하지 않는다. 즉 시공간 존재 이전의 상태이며, 따라서 이는 수학적 연산의 대상이 아니다. 그러므로 특이점은 스칼라로 여기는 것이 합리적이며, 개념적으로는 그래프의 원점에 해당한다.

우리는 광자나 전자의 예에서, 작은 타 입자와의 상호작용으로도 쉽게 결어긋남으로 변화됨을 알아보았다. 그런데 특이점은 전자보다 훨씬 더 작은 플랑크 크기이며, 결어긋남으로의 이행에 그리 많은 에너지가 필요할 것 같지 않다. 그러므로 결맞음의 동시성을 고려한다고 해도, 매우 거대한 촉발에너지를 내부에 상시로 가지고 있을 확률은 거의 없다고 볼 수 있다. 즉, 특이점 내부에 빅뱅을 유발할 정도의 거대 에너지가 상시로 존재할 수 있다고 여기는 것은 매우 비합리적이다. 지금까지의 이런 이유로 볼 때, 내부기원 가능성은 미미하며 외부기원으로 빅뱅이 발생했을 가능성이 매우 커 보인다. 그러나 이것도 추론일 뿐이다. 우리는 우주가 존재하는 이유가 궁금하며, 이의 가장 개연성 있는 시나리오를 알고 싶다. 그러므로 합리적 추론은 의미가 있다. 그러나 추론은 어디까지나 추론일 뿐이다. 과학적 주장에는 관측 증거가 필요한데, 특이점의 추론에는 이러한 관측이 있을 수 없다. 이 한계를 인지하는 것이 필요할 수 있다.

2019년 UC 버클리대학교 물리학 교수인 리처드 A 뮬러의 저서 『나우 시간의 물리학』이 출간되었다. 학자들은 뮬러의 이론이 상대성 이론과 양자역학에 완벽히 부합한다고 평가하고 있다. 뮬러에 따르면 시간과 공간이 밀접하게 연관되어 있다. 아니, 사실 동등하다. 동전의 양면과 같아서 서로 떼어낼 수 없다는 것이다. 공간이 늘어나면 시간도 늘어나고, 반대로 공간이 줄어들면 시간도 줄어든다. 우리는 이를 앞에서 우주선이나 블랙홀의 예로 알아보았다.

그에 따르면 빅뱅으로 인해 시작된 우주의 팽창이 새로운 공간을 계속 만들어 내고 있으며, 이는 지금도 지속되고 있다. 그런데 공간과 시간이 동전의 양면처럼 서로 얽혀 있다. 그럼 시간은? 시간도 공간과 함께 매 순간 새로 만들어지고 있다는 것이다. 즉, 우리가 당연히 여기는 내일이나 내년이 사실 당연한 것이 아니라는 것이다. 빅뱅 이후 공간이 계속 새로 생겨온 것처럼, 시간도 계속 새로 생겨나고 있다는 것이다. 그가 옳다면 우리는 생겨나서 고정된 시간을 '과거', 새로 생겨날 시간을 '미래'로 부른다고 할 수 있다.

■ 시간이란?

시공간에 대하여 우리는 지금까지 상당한 내용을 알아보았고, 이제 시간을 중심으로 생각해 볼 필요가 있다. 먼저 역사적, 과학적 사실들을 알아보고, 이후 이를 바탕으로 한 추론을 이어 가 보려고 한다. 앞에서 우리는 우주의 외부기원과 내부기원의 두 가지 추론을 살펴보았다. 그런데 이는 빅뱅 특이점 또는 그 이전의 상황이다. 즉, 시간과 공간이 존재하지 않았을 조건이다. 그런데 이를 시공간이 있는 것으로 가정해도 되는지 의문이 들 수 있다. 이런 의문도 어느 정도 생각해 볼 필요가 있다.

조선 전기 시서와 음률에 뛰어났던 기녀 황진이는 임을 기다리며 다음과 같은 시를 남겼다.

동짓달 기나긴 밤 한 허리를 베어 내어
춘풍 이불 아래 서리서리 넣었다가
정든 임 오신 밤에 굽이굽이 펴리라

멋진 글이다. 긴 겨울밤 시간을 뭉텅 베어 내어 잘 간직하고 있다가 임이 오신 밤에 그 긴 시간을 꺼내어 펴고 싶다는 것이다. 시간을 자유자재로 오리고 붙이고 한다는 생각이다. '정서를 이리 멋지게 표현할 수 있다니!' 하는 감탄이 절로 나온다. 또한 시간에 대한 우리 조상들의 감각도 엿볼 수 있는 좋은 작품이다.

논어의 자한 편에는 다음과 같은 글이 있다.

子在川上, 曰: 逝者如斯夫 不舍晝夜.

공자께서 시냇가에 서 계시다가 말씀하시기를,
가는 것이 이와 같구나. 밤낮으로 그침이 없도다.

天地之化, 往者過, 來者續,
천지의 조화는 가는 것은 지나가고 오는 것이 이어져,

無一息之停, 乃道體之本然也.
한순간도 멈추질 않으니 이게 바로 도체(道體)의 본연이다.

然其可指而易見者, 莫如川流.
그러나 가리켜 쉽게 볼 수 있는 것은 시냇물 흐름만 한 게 없다.

故於此發以示人,
그러니 여기에서 시작하여 사람에게 보여 주었으니,

欲學者時時省察, 而無毫髮之間斷也.
배우려 하는 자는 늘 성찰하여 잠깐이라도 쉼이 없도록 하라.

그야말로 공자님 말씀이다. 시냇물을 보면서도 배움을 강조하고 있다. 이 글에서 우리가 주목하고 싶은 부분은 시간에 대한 관념이다. 세상은 한순간도 멈추지 않으며 이것이 본질이라는 것이다. 지금 보이는 시냇물이 어제의 그 시냇물이 아니며, 시간의 흐름에 따라 늘 변화해 나간다는 것이다. 이는 불교의 근본 교의를 나타내는 3법인 중 제행무상과도 일맥상통한다.

18세기 말 독일 철학자 이마누엘 칸트는 그의 명저 『순수이성비판』에서 인간의 인지 형식이자 한계인 범주(category)에 대하여 설명하였다. 시간과 공간에 대하여도 언급하였으며, 칸트는 이를 '다른 존재들이 활동하는 무대로서의 선험적 형식'이라고 하였다. 시간이나 공간이란, 범주로서 인식되기 이전에 범주가 존재할 수 있는 기본 틀이라는 것이다. '길에 고양이가 걸어가고 있다'를 인지하려면 우리는 기본적으로 길이라는 공간을 상상하고, 시간의 흐름에 따라 걸어감을 인지하고 기억한다는 뜻이다.

과학이 발달하며 시간도 과학의 범주에서 해석하려는 노력이 있었다. 뉴턴은 시간이 절대적이라고 인식하였으나 동시대의 경쟁자인 라이프니츠는 시간이 단지 변화와 운동의 척도일 뿐이라고 생각하였다. 라이프니츠에 따르면 시간은 다른 존재들에 의해 저절로 생기는 대상이다. 19세기까지 이러한 시간에 대한 논쟁에 과학적 답변을 해 줄 수 있는 사람은 없었다. 과학의 방정식들이 과거와 미래를 구분하지 않았기 때문이다. 19세기 말 클라우지우스와 볼츠만이 등장하며 최초로 시간을 과학적으로 이해할 가능성이 시작되었다.

이는 이들이 제시한 열역학의 엔트로피 개념으로부터 비롯된다. 열역학 제2 법칙에 따르면 '우주 전체의 엔트로피(entropy)는 항상 증가'한다. 이제 물리학에서 처음으로 과거와 미래를 구분할 수 있는 방정식이 등장하였다. 100여 년 전 아인슈타인과 동시대 인물인 영국의 천문학자 아서 에딩턴은 독자적 우주론은 제안하였으며 시간에 대하여도 언급하였다. 그는 엔트로피와 시간이 연관되어 있으며, 우주 전체의 엔트로피가 증가하기 때문에 시간이 흐른다고 주장하였다. 즉, 엔트로피가 원인이고 시간의 흐름은 결과라는 것이다.

이탈리아의 물리학자로 루프 양자 중력 분야의 주요 연구자인 카를로 로벨리는 최근 그의 저서 『만약 시간이 존재하지 않는다면』에서 같은 주장을 하였다. 루프 양자 이론에서는 시간이나 공간도 하나의 양자로서 취급하며 그 방정식에 시간 변수(t)는 존재하지 않는다. 즉, 이 방정식에서 시공간이라는 양자는 시간 속에서 살지 않는다. 에딩턴과 마찬가지로 그는 시간이 흐르는 이유를 엔트로피로 설명하였다. 전체 우주의 엔트로피는 항상 증가한다. 그러므로 시간이 흐른다는 것이다.

그러나 이러한 주장은 틀렸을 가능성이 크다. 물리학자들에 의하면 힉스장이 존재하는 한 엔트로피 시간 가설은 성립할 수 없다. 빅뱅 초 힉스장에 의한 질량 부여의 이전 시간대가 있었다. 그 시간대에서도 시간은 흘렀을 것이며, 엔트로피 시간 가설은 이를 전혀 설명할 수 없다. 엔트로피는 기본적으로 질량의 존재를 전제하기 때문이다. 심지어 국소적으로 엔트로피가 감소하여도 그곳의 시간 흐름에는 변화가 없다. 이 가설이 옳다면 그곳의 엔트로피가 감소하였으므로 시간이 거꾸로 흐르거나 느리게 흐르는 등 뭔가 변화가 나타나야 한다. 그러나 그런 변화는 발생하지 않는다.

예를 들어 온도가 내려가며 물이 얼음으로 언다고 해 보자. 열을 주변으로 발산하며 우주 전체의 엔트로피는 증가하였으나 H_2O 분자들의 엔트로피는 감소하였다. 즉, 국소적으로 엔트로피가 감소한 것이다. 이 경우 H_2O 분자들의 시간이 느리게 흐르거나 거꾸로 흐른다는 증거는 어디에도 없다.

엔트로피 시간 가설에 대하여 다수의 과학자는 인과가 바뀌었다고 이야기한다. 엔트로피가 증가하여 시간이 흐르는 것이 아니라, 시간이 흐르므로 엔트로피가 증가한다는 것이다. 영국의 이론물리학자 폴 디렉(Paul Adrien Maurice Dirac, 1902~1984)은 시간을 거슬러 존재하는 반물질에 대하여 제시하였다. 양전자는 질량 등 모든 물리적 성질이 전자와 같으며 전하만 반대인 입자를 말한다. 과학자들은 빅뱅 초 쌍소멸로 사라지기 전, 입자와 반입자들이 거의 같은 양으로 존재했었다고 이야기한다. 이 반입자들의 시간은 거꾸로 흐른다. 미래에서 과거로 흐른다. 그러나 이러한 반물질들도 시간의 흐름에 따라 엔트로피는 증가한다고 학자들은 여긴다. 즉, 시간이 거꾸로 흘러도 엔트로피는 증가한다. 그러므로 에딩턴이나 카를로 로벨리의 주장은 틀렸을 가능성이 매우 크다. 거꾸로, 시간이 흐르면 엔트로피가 증가한다는 인과의 표현도 정확하지 않을 수 있다. 절대다수의 과학자에 따르면, 결론적으로 그들은 다음의 문장에 대체로 공감한다. '닫힌계(closed system)로서 어떤 시공간이 존재한다면, 그곳의 총 엔트로피는 항상 증가한다.'

사람들은 시간의 본질에 대해 늘 궁금해 하며 이를 설명해 보려고 시도하였다. 스위스의 이론물리학자인 발터 리츠(Walther Ritz)는 시간이 빛과 연관되어 있다고 여겼다. 빛을 기술하는 방정식을 보고 그는 빛이 시간의 전후를 구분할 수 있다고 여겼다. 이 주제로 당시 취리히의 동료 학생이었던 아인슈타인과 논쟁을 벌이기도 하였다. 리츠는 빛과 시간의 인과관계를 주장하였으나, 아인슈타인은 이에 반대하였다.

1945년 리처드 파인만은 빛이 시간에 대하여 대칭임을 증명하였다. 빛이 과거와 미래를 구분하지는 않는다는 것이다. 이로써 이 주제에 대해 아인슈타인의 생각이 옳았음이 증명되었다. 즉, 빛과 시간의 흐름은 인과관계가 성립하지 않는다.

블랙홀은 아인슈타인의 일반상대성이론을 통해 처음으로 그 존재가 예측되었으며 천문관측을 통해 1964년 처음 발견되었다. 백조자리 X-1이다. 블랙홀은 빛을 포함한 모든 물체가 들어갈 수는 있어도 나올 수는 없다. 명확한 방향성이 있다. 사람들은 이 블랙홀과 시간이 뭔가 연관이 있을 수 있다고 생각하였다. 그러나 이를 관측할 수는 없었다. 블랙홀로 떨어지는 물체를 외부에서 관찰하면 상대성이론의 시간지연 현상으로 인하여 그 물체가 블랙홀에 도달하는 것을 결코 관찰할 수 없기 때문이었다. 게다가 위의 빛을 표현하는 방정식처럼 블랙홀을 기술하는 방정식 또한 시간에 대하여 대칭임을 발견하였다. 블랙홀도 시간의 흐름과 연관되었을 가능성이 없다는 것이다. 엔트로피도 빛도 블랙홀도 시간의 원인이라고 보이지는 않는다. 그럼 다른 방법이 없을까? 이제 상대성이론과 양자역학으로 조금 더 생각해 보자.

앞에서 알아보았듯이 상대성이론에서 시공간은 속도에 따라, 질량에 따라 변화한다. 우리는 빛, 광속, 시공간 등을 알아보았다. 우주의 모든 대상은 광속으로 나아간다. 대부분 시간과 공간 방향이 적절히 섞여 이동한다. 모두 광속이다. 광속은 우주의 진행 속도를 의미한다. 우주 모든 에너지를 쏟아부어도 광속에 근접할 뿐 광속에 다다를 수 없다. 모든 에너지가 한 점에 모여도 그곳의 시공간은 0에 근접할 뿐 사라지지 않는다. 이는 시공간을 만든 에너지가 우주 모든 에너지의 합보다 크다는 의미일 수 있다. 우리는 이런 사실과 가정하에 빅뱅을 외부기원과 내부기원의 두 가지로 추론해 보았다. 빅뱅 시 촉발에너지가 시공간을 유발했고, 이 시공간이 진행하는 속도가 광속이며, 이 초기에너지가 시작된 시공간에 유입되어 이후 우주 모든 물질과 에너지의 기원이 되었음도 추론해 보았다.

우주는 지금도 팽창을 지속하고 있다. 학자들은 한때 그 원인으로 암흑에너지를 고려하기도 하였으나, 현재의 다수 과학자는 '알 수 없는 스칼라장(scalar field)'이 우주 팽창의 원인이라고 생각한다. 이는 '빅뱅 초 특이점 상태에서 촉발에너지로 인해 시공간이 시작되었고 그 팽창은 지금도 지속되고 있다'라는 우리의 가정에 부합한다. 즉, 특이점에 초기에너지가 적용되던 바로 그 순간이 '알 수 없는 스칼라장'의 출현 시점이었을 수 있다.

이 가정은 뮬러의 이론과도 일맥상통한다. 뮬러에 따르면 시간과 공간은 밀접하게 연관되어 있고 동전의 양면처럼 서로 떼어낼 수 없다. 공간이 늘어나며 시간도 늘어나고, 시간이 줄어들며 공간도 줄어든다. 우주는 지금도 팽창하며 새로운 시공간을 만들어 내고 있다. 이런 뮬러의 이론은 우리의 추론과 일치한다. 즉, 초기에너지와 함께 시공간이 시작되었고 그 시작의 관성으로 인해 현재도 우주는 팽창하며 새로운 공간과 시간을 만들어 내고 있다.

우리가 모르는 어떤 에너지가 존재하여 이를 저지하기 전까지 시공간은 계속 팽창한다. 이는 마치 마찰력 0인 얼음 위에서 달려가는 스케이트 선수와 같다. 초기 힘의 관성에 의해 이 선수는 가만히 있어도 영원히 앞으로 나아간다. 누군가 붙잡아 주거나 얼음 상태가 나빠져 마찰력이 생기면 비로소 정지할 수 있다. 우주에 이런 마찰력 역할의 에너지가 존재하는지, 현재의 우리가 알 수는 없다.

상대성이론에 뮬러의 이론을 연결해 시간을 중심으로 요약해 보자. 시간은 빅뱅에서 시작되어 지금까지 만들어졌고 지금도 새 시간이 만들어지고 있다. 전체적인 시공간은 빛의 속도로 생겨나며, 시간이 생겨나는 속도는 대상의 질량이나 이동속도에 따라 다르다. 가벼운 질량이나 느린 이동속도에서는 시공간이 빨리 생긴다. 그러므로 우주 은하단 사이의 허공에서 새로운 공간이 매우 빠르게 생겨나며 우주가 팽창한다. 우주 팽창의 대부분이 이러한 장소들 때문이다. 그곳의 시간도 매우 빠르게 흐르나, 그곳 입장으로는 광속이다.

무거운 질량이나 빠른 이동속도에서는 시공간이 천천히 생긴다. 그러므로 별들이 밀집한 곳이나 블랙홀 인근에서는 새로운 공간이 매우 느리게 생겨난다. 이들은 우주 팽창에 별로 기여하지 못한다. 그곳의 시간은 매우 느리게 흐르나, 그곳 입장으로는 역시 광속이다. 이런 상황은 특별한 변수가 없는 한 지속된다. 그러므로 시간이란 마치 파도와 같다고 볼 수 있다. 바닷물은 그 자리에 있지만 바람 등에 의해 파도가 만들어지고, 그 날카로운 날이 해변 쪽으로 이동한다. 그 날카로운 날이 새로 생기는 시간의 최전선, 즉 현재에 해당하며 이는 근본적으로 빅뱅 시 촉발에너지로부터 비롯된다.

이제 양자역학의 시간에 대해 생각해 보자. 우리는 앞에서 결맞음과 결어긋남을 알아보았다. 광자, 전자, 풀러렌 등의 대상이 다른 입자와의 상호작용 전에는 결맞음 상태로 중첩과 동시성을 나타내지만, 상호작용의 순간 결어긋남 상태가 되어 중첩과 동시성이 깨지며 고정된 입자로 변화한다. 이는 대상의 소속이 미시세계에서 거시세계로 변경된 것이며, 시공간에 들어와 인과관계의 한 요소가 되었다는 의미이다. 즉, 대상에게서 시간이 시작된 것이다. 과학자들은 이런 변화를 자발적 대칭 깨짐의 한 종류로 보고 있다.

양자역학적 대칭의 붕괴인 이 결어긋남은 언제 처음 발생했을까? 빅뱅 후 약 10^{-12}초 정도에 이르면 약 전자기 대칭 붕괴가 나타나며 질량을 가진 입자들이 출현한다. 많은 실험에서 질량을 가진 입자의 결어긋남이 확인되었으므로, 우리는 빅뱅 후 10^{-12}초 이후에는 확실히 이 현상이 발생한다고 가정해 볼 수 있다. 그러나 질량의 보유가 이 현상의 전제조건인지는 알 수 없다. 특이점에서 약 전자기 대칭 붕괴 시점까지, 질량이 없었으나 시간은 진행되었다. 또한 우리는 질량이 없는 광자에서도 이 현상이 발생함을 이중슬릿 실험을 통해 확인하였다. 그러므로 질량이 없어도 의미 있는 크기 이상의 에너지 덩어리라면, 그곳에 결어긋남 현상이 발생할 수 있다고 여기는 것이 합리적이다.

빅뱅의 특이점으로부터 10^{-43}초에서 10^{-35}초의 시기를 우리는 대통일 시대라고 부른다. 이는 매우 짧은 기간이다. 그러나 이는 우리 사람의 관점이다. 10^{-35}초가 되어야 10^{-19}m 정도의 크기로 팽창하며, 그래 봐야 원자의 1/10억 크기이다. 즉, 극도의 고에너지가 극도로 작은 공간에 밀집되어 있는 것이며 상대성이론에 따르면 질량이 클수록 그곳의 시간은 느리게 흐른다. 이는 빅뱅 초기 그곳의 1초가 현재 우리의 10억 년에 해당할 수도 있음을 의미한다.

광자, 전자, 풀러렌 등의 대상이 다른 입자와 상호작용하는 순간 결맞음에서 결어긋남으로 상태가 변화한다. 결맞음이란 중첩의 상태이며, 이는 동시에 여러 곳에 존재함을 의미한다. 즉, 동시성이다. [그림 12] 첫 번째 칸의 그림은 전자가 한 개인 수소 원자모형이며, 원자핵과 전자구름으로 이루어져 있다. 한 개의 전자는 원자핵으로부터 적당한 거리의 일정 영역에 존재한다. 이는 마치 수박 껍질과 비슷하다. 원자핵은 수박의 중심부에 위치하며, 전자는 수박 껍질 부위에 불연속적이고 확률적으로 존재한다. 결맞음 상태이므로 동시에 여러 곳에 존재한다. 그러므로 현대물리학에서는 이를 전자구름으로 표현한다.

2~29번째의 칸은 고전적 관점의 표현이며, 전자가 특정 시점에 한 특정 장소에만 있다. 즉, 동시성이 사라진 결어긋남 상태로서 전자는

시간의 흐름에 따라 각각 다른 곳에 존재하게 될 것이다. 일례로 주사위를 한두 번 던지면 특정 숫자가 나오지만, 반복해서 무한히 던지면 결국 1~6의 모든 수는 1/6의 확률로 나오게 된다. 마찬가지로 전자도 결국 있을 수 있는 모든 공간에 확률에 맞게 존재할 것이다. 매 순간 투명한 필름의 사진을 찍는다고 해 보자. 원자핵과 전자가 보이는 사진이다. 매우 긴 시간 동안 찍어서 이를 겹쳐 보면 어떨까? 마지막 30번째 칸의 그림이 이를 표현하고 있다. 이는 첫 번째 칸의 전자구름과 같은 모습을 하고 있다.

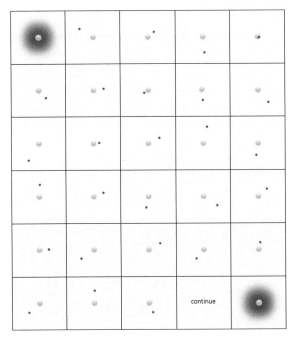

[그림 12] 첫 번째 칸의 그림은 수소 원자의 원자핵과 전자구름이 표현된 현대의 원자모형이다. 2~29칸의 그림은 전자가 시간에 따라 특정 시간에 특정 장소에 위치하는 고전적 표현이다. 마지막 칸의 그림은 매우 긴 시간 동안의 전자 위치를 모두 합한 것이며, 결국 첫 번째 칸의 원자모형과 같다.

결어긋남이란 이전의 동시성이 사라지고, 시공간에 들어와 거시세계의 질서에 편입됨을 의미한다. 즉, 대상에게 시간이 시작된 것이다. 그런데 무한에 가까운 긴 시간을 고려하고 그동안의 이동을 모두 합해 겹쳐서 보게 되면, 결국 이전 결맞음 상태의 그림이 된다. 이는 대칭성 붕괴나 결어긋남 현상이 무엇인지에 대한 의미 있는 힌트를 제공한다.

어린 시절을 시골에서 보냈던 사람들은 아마도 원두막을 기억할 것이다. 뜨거운 여름날 시원한 원두막에서 먹었던 맛있는 수박이나 참외의 기억은 잊기 어렵다.

밭에 있는 수박을 따서 원두막으로 가져온다. 그런데 아이가 많이 먹을 욕심에 큰 수박을 가져오다 그만 놓쳐 버린다. 하필이면 단단한 땅이다. 수박이 땅에 떨어져 박살이 난다. 아이는 당황하면서도 깨진 수박의 모습이 신기하다. 그냥 깨진 것 가져다가 먹을까 잠시 고민한다. 그런데 수박은 밭에 많이 있다. 옆에 있는 조금 작은 수박을 골라 조심스레 원두막으로 가져간다.

우리는 대칭성 붕괴나 결어긋남이 이 깨진 수박과 비슷하다고 생각해 볼 수 있다. 박살 난 수박의 내용물들이 여기저기 흩어져 있다. 수박이 깨지기 전에는 그 안에 뭐가 들어 있는지 알 수 없다. 깨져야 비로소 그 안에 빨간 속살과 검고 작은 수박씨가 있음을 안다. 껍질이 생각보다 두껍다는 사실도 깨진 이후에나 알 수 있다.

흩어져 있는 내용물을 하나도 빼놓지 않고 모두 모을 수 있다면 이는 깨지기 전의 수박과 동등하다. 다만 구형이냐 아니냐의 차이가 있을 뿐이다. 그런데 이 차이가 너무 크다. 아이가 아무리 노력해도 깨진 수박 조각을 맞추어 이전의 구형으로 되돌릴 수는 없다.

결맞음은 깨지기 전의 수박이라고 볼 수 있다. 동시성을 가지고 있으며 그 안에 내용물을 포함하고 있다. 결어긋남은 깨진 수박이다. 내용물이 튀어나와 산산이 흩어진다. 수박의 입장으로 볼 때 자신이 깨진 이유는 아이의 욕심과 손힘의 부족이다. 이는 자신 이외의 요인, 즉 외부의 환경적 요인이다.

이는 광자나 전자 등의 양자에서도 같다. 결맞음 상태의 양자가 결어긋남으로 이행되는 이유는 타 입자와의 상호작용이다. 즉, 외부의 환경적 요인이다. 한번 깨진 수박이 원래의 구형으로 되돌아갈 수 없듯이, 한번 결어긋남 상태로 이행된 양자가 다시 이전의 결맞음 상태로 되돌아가기는 매우 어렵다.

수박의 내용물이 빨간 속살과 작은 수박씨라면, 결맞음 상태의 내용물은 시공간과 확률충족의 방향성이다. 수박이 깨지며 내용물이 드러나듯, 양자에서도 결맞음이 깨지며 내용물이 드러난다. 전에는 모든 시간이 동시에 존재했었지만, 이제는 깨져 흩뿌려진다. 즉, 시간이 시작되어 흐르기 시작한다. 이제 입자성을 가지게 된 양자는 시간의 흐름에 따라 공간을 이동하며, 그 이동은 엔트로피 증가의 방향성을 가진다. 그러므로 오랜 시간을 고려해 보면, 양자는 결국 본래의 확률을 충족시키는 방향으로 나아간다. 위의 주사위 예에서 보듯이 한두 번 던지면 특정 숫자가 나오겠지만, 무수히 반복되면 1~6의 수는 1/6씩의 확률로 나오게 된다. 입자도 같다. 무수히 많은 시간 동안 무수히 이동하지만 결국 양자역학 파동함수의 확률에 맞게 위치하게 된다. 이를 합쳐 동시에 표현하면 이는 마치 예시인 [그림 12] 마지막 칸의 전자구름과 같다.

요약하면 다음과 같다.

① 외부의 환경 요인에 의해 결어긋남으로 변화한다.

② 내용물인 시공간과 확률충족의 방향성이 시작된다.

③ 입자는 파동함수의 확률을 충족하는 방향으로 움직인다.

④ 무한에 가까운 시공간 + 확률충족의 방향성 ≈ 동시성이다.

결어긋남에 따라 시간이 시작되어 진행한다. 입자는 엔트로피 증가의 방향성을 가지고 이동하며, 확률이 낮은 곳에는 간혹, 높은 곳에는 자주 위치한다. 따라서 무한대에 가까운 시공간 동안 이 확률충족의 방향성이 지속되었을 때, 그동안의 변화를 모두 합치면 이는 처음의 결맞음 동시성 상태와 같다. 이는 시간의 본질이 무엇인지에 대한 우리의 궁금증을 해결할 매우 큰 단서가 될 수 있다.

즉, 시간은 결맞음 중첩의 동시성에서 기원하며 환경 요인에 의해 빅뱅의 특이점이 결어긋남으로 이행함에 따라 이 동시성이 시간의 진행과 확률충족의 방향성이라는 두 가지로 분리되어 발현했다고 우리는 추정해 볼 수 있다.

개념적으로 볼 때 이는 수학에서의 미분과 적분 관계와 같다. 결맞음은 적분 상태이며, 결어긋남은 이것이 가루가 되어 뿌려진 미분 상태와 같다. 우리는 앞에서 상대성이론의 힘과 에너지 관계도 이와 같음을 알아보았다. 에너지란 대상의 해당하는 모든 공간 또는 시간에 대해 가해지는 힘을 적분한 값이다. 그러므로 $E=mc^2$이다. 이 에너지(E)가 가루로 부수어져 시공간에 흩뿌려진 것이 힘(F)이다. 즉, 미분과 적분의 관계이다. 거시세계를 설명하는 상대성이론과 미시세계를 설명하는 양자역학이 모두 미적분 관계를 보인다. 무언가 더 있을 것 같지 않은가? 이를 조금 더 추론해 보자.

■ 빅뱅이란?

　우리는 길이에 대해 1m, 2m라고 말한다. 이는 1차원 선을 뜻한다. 2차원 면적은 1m², 2m²라고 말한다. 3차원 입체는 1m³, 2m³라고 말한다. 이는 차원이 더해질 때마다 이전의 차원에 곱하기가 하나씩 추가된 결과이며, 그러므로 지수 ¹, ², ³은 차원을 의미한다.

　간단한 미분을 한번 해 보자. $y=x^3$의 경우, 미분하면 $y'=3x^2$ 된다. 즉, 한 차례 미분을 하면 하나의 차원이 감소한다. 우리는 상대성이론의 힘과 에너지 관계, 그리고 양자역학의 시간과 동시성 관계도 이와 연관해서 추론해 볼 수 있다.

　[그림 11]에서 우리는 3차원의 입체(달리는 사람)가 시간의 흐름에 따라 움직이면, 우리가 상상하기 어려운 4차원의 무엇이 됨을 알아보았다. 그러므로 과학자들은 우리가 4차원 시공간에서 살고 있다고 말한다. 시간을 매우 잘게 부수어 매 순간 공간에 적용된 힘을 모두 합하면 에너지가 된다. 전에 우리는 시간이나 공간도 플랑크 단위의 기본 모듈이 있음을 알아보았다. 이론적으로 한 단위의 플랑크시간 동안은 의미가 없으며, 이는 정지해 있는 것과 같다. 그러므로 이 순간은 3차원이다. 이는 [그림 11]에서 달리는 사람의 한순간과 같다. 그 순간은 멈추어져 있으며 3차원의 입체만 있을 뿐이다. 그러므로 힘이 작용하는 매 순간은 3차원이다. 매 순간들이 더해져 시간이 흐르며 3차원은 4차원으로 변화한다.

　상대성이론에서 힘을 적분하면 에너지가 되고, 에너지를 미분하면 힘이 된다. 매 순간 적용되는 힘(F)이 3차원이므로, 시(공)간이 흐르며 적용된 힘을 모두 합하면 4차원의 에너지(E)가 된다. 이를 양자역학의 현상으로 볼 때, 시간을 적분하면 동시성이 되고, 동시성을 미분하면 시간이 된다고 생각할 수 있다. 매 순간의 시간은 멈추어 있는 것과 같다. 그러므로 이 순간은 입자와 입자가 위치한 공간이 존재하는 3차원이다. 매 순간이 연결되어 시간이 흐르고, 그동안의 변화를 모두 적분하면 이는 결맞음의 4차원과 같다.

공간만 있는 4차원과 시간 1차원 + 공간 3차원은 다르다. 상대성 이론과 양자역학의 의미에 따르면, 세상은 4차원의 근원 공간에서 시간 1차원 + 공간 3차원의 4차원으로 변화하였다. 이를 조금 더 생각해 보자.

우리는 이전에 끈 이론과 여기에서 발전한 초끈 이론을 알아보았다. 초끈 이론에서는 우주를 10차원 이상의 존재로 여긴다. 만약 이 이론이 옳다면, 그래서 10차원을 고려한다면, 조금 더 추론이 쉬워진다. 초끈 이론에서는 우리에게 익숙한 4차원과 여분의 6차원을 이야기한다. 4차원과 여분의 6차원이 원래는 비슷한 플랑크 크기였는데, '알 수 없는 이유'로 어느 순간 4차원이 6개 여분 차원보다 커지게 되었고, 이것이 빅뱅이며 우주의 시작이라고 말한다.

우리는 앞에서 빅뱅의 외부기원과 내부기원 두 가지를 추론해 보았다. 이는 거대한 초기 촉발에너지에 의해 시작되었고, 이 에너지가 적용된 순간 4차원이 여분의 6차원보다 커지며 빅뱅이 시작되었다고 보면 큰 무리 없이 연결된다. '알 수 없는 이유'가 '초기에너지'였다고 추론해 보는 것이다. 4차원이 여분의 6차원보다 커졌다는 것은 초기 에너지가 적용된 부위가 달랐음을 의미하며, 주로 4차원 부위에 에너지가 가해졌다고 우리는 생각해 볼 수 있다.

대장간에서 철을 두드려 칼을 만든다고 해 보자. 뜨거우므로 대장장이는 손잡이를 잡고 칼을 풀무 불에 넣어 빨갛게 달군다. 이를 끄집어내어 망치로 두드리며 모양을 잡을 것이다. 달구어진 부분은 그렇지 않은 부분과 다른 성질을 가진다. 색깔은 빨갛고 매우 뜨거우며 원자들 사이의 결합이 느슨하므로 망치로 두드리면 비교적 쉽게 모양이 바뀔 수 있다. 빅뱅 시 초기에너지가 적용된 곳은 주로 이 달구어진 부분이며 이는 4차원 부위에 해당한다. 여분의 6차원은 주로 손잡이 쪽 달구어지지 않은 부분에 해당한다.

초기에너지가 적용되기 이전의 특이점에는 공간이 없다. 3차원 공간이라고 하려면 x, y, z축의 방향이 있어야 한다. 방향이 있다는 것은 벡터임을 의미한다. 특이점은 모든 축이 한 원점에 모여 있는 것과 같다. 공간을 만들 씨앗인 차원만이 존재하는 세상이다. 그러므로 이곳은 스칼라의 세상이다. 초끈 이론에 따르면 이곳에는 10개의 차원이 있었다. 초기에너지가 적용되기 전에는 4개 차원과 6개 차원 사이에 구분이 없었다. 모두 비슷한 플랑크 크기의 스칼라이다. 이제 초기에너지가 임의의 4차원 부위에 주로 적용되었고, 이로 인해 변화가 시작된다.

다시 대장간으로 돌아가 보자. 대장장이는 망치질을 한참 한 후, 칼을 식히려고 물에 담근다. 그런데 급하게 담그는 바람에 그만 칼에 금이 가고 만다. 균열은 주로 급격한 온도 변화가 있는 경계 부위에서 발생한다. 균열이 발생하는 순간을 촬영하여 매우 느린 영상으로 다시 보면, 맨 처음 한 곳에서 시작된 작은 틈이 온도 차이가 큰 경계 부위를 따라 이동하며 갈라짐이 진행되는 모습을 볼 수 있다.

빅뱅에서도 같다. 초기에너지는 이후 우주의 모든 질량과 에너지를 만들 정도로 매우 거대하다. 초기에너지에 의해 4차원과 6차원 스칼라의 경계에 있는 하나의 차원에 균열이 생긴다. 두 덩어리를 연결하는 위치에 있는 4차원에 속한 한 개 차원이다. 연결 부위에 균열이 생겼으므로 두 덩어리 사이의 구속력이 약해진다. 3개의 차원은 이제 자유롭게 팽창을 시작한다. 벡터인 3차원 공간이 시작되는 순간이다. 연결 부위의 1개 차원은 시간으로 변화한다. 이는 마치 대장간에서 촬영된 균열의 진행 영상과 같다. 시작된 시간은 팽창하는 3차원 공간과 한 몸이 되어 이동한다. 즉, 시공간이 팽창한다. 6개 차원은 여전히 방향이 없는 스칼라이므로 벡터인 시간이 적용될 여지가 없다. 반면, 3차원의 공간 + 1차원의 시간은 계속 팽창한다. 이러한 팽창은 우리가 알지 못하는, 제동력 역할을 하는 제3의 무엇이 있기 전까지 지속된다. 우리는 이런 제3의 무엇을 알지 못하며, 그러므로 우주는 영원히 팽창할 것으로 일단 가정해 볼 수 있다.

그렇다면 시간이란 빅뱅의 초기에너지로 인한 차원 덩어리 균열의 경계 부위로부터 기원한다. 3개의 스칼라 차원이 초기에너지에 의해 벡터로 변화하여 팽창하게 되므로, 이 균열의 경계 부위도 당연히 길어지고 팽창하게 된다. 팽창하는 벡터는 현재 우리의 3차원 공간이며, 균열의 경계 부위는 우리가 느끼는 시간이다.

그런데 팽창하는 벡터와 균열은 서로 동반될 수밖에 없다. 즉, 시공간은 동전의 양면과 같이 서로 떼어낼 수 없으며, 그 팽창은 지금도 지속되고 있다. 대장간의 칼로 보자면 우리 우주는 지금도 균열의 갈라짐이 진행 중인 것이다.

■ 현재의 지구와 4차원 시공간은 전체 우주의 부분집합이다!

앞에서 우리는 수박이나 대장간의 예 등을 사용하여 추론하였다. 하지만 이는 빅뱅 특이점을 포함하는 상황이다. 즉, 시간과 공간이 존재하지 않았을 조건이다. 그런데 시공간이 있는 것처럼 상상해서 추론해도 될까 하는 의문이 들 수 있다. 이에 대해 생각해 보자.

[그림 12] 2~29번째 칸의 그림은 모두 첫 칸의 그림에 속해 있다. 일종의 부분집합이다. 따라서 임의의 15번째 칸 그림으로 첫 칸을 상상해 볼 수 있다. 그러나 15번째 칸의 그림만 가지고 전체 전자구름의 분포를 알 수는 없다. 그래도 원자핵과 전자의 존재나 특정 시점에서의 둘 사이 거리는 알 수 있다. 부분집합이므로 부분의 정보만을 알 수 있다. 그러나 이 정보만으로도 상당한 의미가 있다.

첫 칸의 그림은 동시성을 나타낸다. 하지만 우리의 뇌는 중첩 동시성의 상태를 상상할 수 없다. 그래도 시공간이 특정된 임의의 15번째 칸은 상상할 수 있다. 이런 임의의 상태들이 확률적 분포로 위치하고, 이들이 포개져 있는 모습도 상상할 수 있다. 그러면 아마도 실제 중첩 상태에 가까운 모습일 것이다. 직접 상상할 수 없으므로 우회적 방법을 취하는 것이다. [그림 12]의 마지막 칸이 첫 칸과 완전히 같을 수는 없겠지만 매우 유사한 모습일 것이다. 즉, 3차원에서 4차원의 공간을 어느 정도는 상상할 수 있는 것이다.

초끈 이론으로 볼 때 초기에너지 적용 이전 특이점은 10차원 스칼라이다. 우리는 4차원 공간도 상상할 수 없다. 하물며 공간이 없는 10차원의 스칼라는 도저히 상상이 안 된다. 따라서 우리가 할 수 있는 것은 [그림 12]에서처럼 우회적 방법을 선택하는 것이다.

이차원인 면에서 크기를 구하려면 가로 × 세로를 하면 된다. 삼차원인 입체에서 크기를 구하려면 가로 × 세로 × 높이를 하면 된다. 우리는 이 해가 둘 다 옳다는 것을 알고 있다. 우리는 3차원 공간에서 살고 있다. 시간도 흐른다. 우리는 이를 상상할 수 있다. 그 환경 속에서 관찰되는 사실들을 모으고, 원리를 추론하고, 수식을 세우고, 방정식을 계산한다. 삼차원의 크기는 이차원 크기에 높이를 곱해 주면 된다. 이러한 이차원과 삼차원 간의 관계를 추가적인 차원으로 확장해서 생각해 볼 수 있다. 사차원 시공간의 크기는 삼차원 크기 × 시간이 될 것이다. 5차원의 크기는 여기에 추가적 변수가 포함될 것이다. 6, 7, 8, 9, 10차원 크기도 같은 방식이다. 그래서 10차원의 방정식이 세워지고 해가 구해진다. 이 해가 참일까?

우리는 [그림 12] 마지막 칸의 그림이 첫 칸 그림과 매우 유사함을 알고 있다. 같은 방식으로 10차원 방정식의 해도 참에 가까울 가능성이 크다. 우리는 10차원의 스칼라를 상상할 수 없다. 우리가 사는 시공간의 사실들을 바탕으로 수식을 세워 계산하는 것이 최선이다. 그 결과 도출된 10차원 방정식의 해를 직접 상상할 수 있는 사람은 없다. 그러나 수식의 해가 제시하는 내용은 사실일 가능성이 크다. 그러므로 과학자들은 초끈 이론이 사실일 가능성이 크다고 여긴다.

이러한 방정식의 시작은 우리가 사는 4차원 시공간이다. 그러므로 10차원 특이점을 4차원 시공간처럼 상상해 보는 것은 의미가 있다. 그런데 사실 사람의 능력으로는 이럴 수밖에 없다. 막 이론에 따르면 2차원의 막, 3차원의 입체, 고차원의 덩어리가 가능하다. 이것이 옳고 실제 세상이 11차원이더라도, 우리 뇌는 4차원 시공간 이하의 상상만이 가능하다. 이런 한계에도 불구하고, 우리는 우리가 할 수 있는 상상을 해 볼 수 있다. 다만 이것이 모든 상황에 적용된다고 생각해선 안 된다. 이는 전체 우주의 부분집합에 해당한다.

조금 다른 각도에서 생각해 보자. 100여 년 전 아인슈타인은 죽기 전까지도 우주의 모든 힘을 설명할 대통일이론을 연구하였다. 이는 이후의 과학자들에게서도 시도되었고, 1960년대 GSW 모형에 따라 약력과 전자기력이 성공적으로 통합되었다. 이후 강력에 대한 이론이 추가되었고, 과학자들은 이를 표준모형이라고 부른다. 지난 수십여 년 동안 표준모형은 다양한 실험적 검증을 통해 가장 믿을 만한 이론적 체계로서 인정받고 있다.

현대의 과학자들은 모든 것의 이론(Theory of Everything, ToE)을 알아내기 위해 노력하고 있다. 이는 전자기력, 약력, 강력, 중력의 자연계 4가지 힘이 모두 합쳐진 가상의 이론이다. [그림 13]은 이런 통합의 과정을 표현하고 있다.

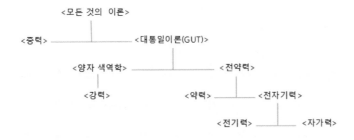

[그림 13] 물리학 이론의 통합 과정

'모든 것의 이론'의 후보에는 초끈 이론과 루프 양자 중력 이론 등이 있다. 과학자들은 이들 중 초끈 이론에 무게를 두고 있다. 무한대의 문제를 해결하면서 중력자를 예측할 수 있기 때문이다. 그런데 사실 초끈 이론과 루프 양자 중력 이론은 서로 모순되지 않는다고 과학자들은 이야기한다. 둘 다 맞을 수도 있다는 말이며 같은 내용의 다른 측면일 수도 있다는 것이다.

17세기 뉴턴의 만유인력은 참이다. 당시 환경에서 이를 벗어나는 증거를 찾기는 어렵다. 그러나 만유인력의 원리로 시공간 휘어짐이나 중력파를 설명할 수는 없다. 이들은 상대성이론으로 설명되어야 한다. 즉, 20세기의 상대성이론은 만유인력을 포괄하는 한 단계 더 상위의 원리이다. 고전적 환경이라면 상대성이론과 만유인력의 해는 같다. 이는 하위 원리가 상위 원리에 내포되어 있음을 의미한다.

[그림 13]을 생각해 보자. 우리는 통합된 전자기력의 방정식으로 전기력과 자기력을 모두 설명할 수 있고, 전약력으로 전자기력과 약력을 모두 설명할 수 있으며, 대통일이론으로 강력과 전약력을 모두 설명할 수 있다. 즉, 상위의 원리는 하위의 원리를 내포하고 있다. '모든 것의 이론'은 이 모두를 설명할 수 있다. 이는 우주의 4가지 힘을 모두 포괄하는 방정식을 의미한다. 뒤집어 이야기하면, 우주의 모든 대상은 '모든 것의 이론'에 따라 변화해 나간다.

그런데 이는 빅뱅 이후에 대한 것이다. 그럼 빅뱅 이전은 어떨까? 단정할 수는 없으나 빅뱅에도 그것을 가능하게 한, 더 근원적인 무엇이 있었다고 생각하는 것이 합리적이다. 이렇게 빅뱅 이전을 고려한다면 '모든 것의 이론'을 포괄하는 '정말 모든 것의 이론'이 있다고 생각할 수 있다. 이런 상황을 고려해도 결국은 같다. 상위 원리는 하위 원리를 포함하고 있으므로, '정말 모든 것의 이론'은 이하의 모든 힘과 원리를 포함하고 있을 것이다.

이로부터 분화되어 우주를 움직이는 4 힘을 생각해 보자. 강력과 약력은 소립자들의 관계를 규정하는 힘이다. 우리는 거시세계에 살고 있으며 일상생활 대부분이 전자기력의 영향을 받고 있다. 우리가 손으로 컵을 잡을 수 있는 이유는 컵 표면 전자와 우리 손 표면 전자가 서로 밀어내기 때문이다. 밀어내지 않는다면 구별되지 않으며, 우리 손과 컵의 원자가 서로 섞여 컵을 잡을 수 없게 된다.

배트의 가격에 의해 날아가는 야구공의 힘, 팝콘이 튀겨지는 힘, 수박이 깨지는 힘, 가열된 철 조각이 냉각 시 갈라지는 힘은 근본적으로 전자기력과 중력의 합작품이다. 전자기력이 주연이고 중력은 조연이다. 별이나 은하 등 천체의 움직임에서는 중력이 압도적으로 중요하다. 중력 단독 주연이고 나머지는 모두 엑스트라이다.

이제 [그림 13]으로 돌아가 보자. 이러한 '모든 것의 이론'이 발견된다면 우리는 이 방정식으로 우주의 모든 현상을 설명할 수 있다. 야구공, 팝콘, 수박, 철 조각 등에서의 현상도 당연히 이 수식으로 설명할 수 있다. 이는 이 방정식의 원리에 따라 야구공, 팝콘, 수박, 철 조각 등이 변화해 나감을 의미한다.

요약하자면 시공간이 존재하지 않는 빅뱅 특이점에 '모든 것의 이론'이 내재하고 있고, 이 원리는 그곳에서도 적용되어 작동하며, 빅뱅 이후의 모든 대상은 근본적으로 이 원리와 힘에 따라 변화해 나간다고 할 수 있다. 이는 빅뱅 특이점의 어떤 부위에 야구 배트로 가격한 것과 유사한 에너지가 적용된다면 야구공이 날아가는 것과 유사한 현상이 발생할 수 있으며, 그 확률이 매우 높음을 의미한다. 그렇다면 막 이론 막 충돌의 빅뱅이나, 우리의 시나리오인 배트에 가격되어 날아가는 야구공과 유사한 외부기원의 빅뱅은 충분히 가능한 상상일 수 있다. 팝콘, 수박, 철 조각 등에서도 같다. 특이점에서 유사한 상황이라면, 현재 우리가 경험하는 팝콘, 수박, 철 조각 등에서 발생하는 현상과 유사한 변화가 발생할 확률이 매우 높다고 할 수 있다.

그러므로 우리는 어느 정도 자유롭게 비슷한 상황을 상상해 볼 수 있다. 그러나 이를 모두 옳다고 여겨서는 안 된다. 우리는 아직 대통일이론(GUT)도 확정하지 못하고 있다. 하물며 '모든 것의 이론'은 요원하다. 위의 예처럼 우리는 우리가 할 수 있는 상상을 하며 이해하면 된다. 그러나 특이점은 시공간이 존재하지 않는 세상이므로, 우리의 상상과 전체적으로 같을 수는 없음을 고려해야 한다.

과일가게에는 철 따라 다른 과일이 진열되어 있다. 여름철에 가면 수박과 참외 등의 과일이 많다. 뭘 살까 고민한다. 아저씨는 수박에 칼을 찔러 작은 삼각뿔 모양의 수박을 잘라낸다. 맛있다며 먹어보라고 한다. 먹어보면 맛있다. 우리 가게는 싱싱한 과일만 들여 온다며 홍보한다. 그 수박보다 더 맛있어 보이는 다른 수박을 사서 집에 가져온다. 쪼개서 먹어보면 아까 그 수박보다 맛이 없다. 에잇! 하는 생각이 든다. 지금 생각해도 과일가게 아저씨는 어찌 그리 맛있는 수박을 잘 고르는지, 그 비결이 궁금하다.

여기에서 우리는 수박을 우리가 알 수 없는 상위의 차원으로 생각해 볼 수 있다. 초끈 이론의 10차원이라고 해 보자. 전체 수박이 10차원이라면 삼각뿔 모양의 맛보기 수박은 우리의 4차원 시공간이다. 우리가 사는 4차원 시공간은 전체 10차원의 부분집합이다. 마찬가지로 4차원 시공간에 적용되는 원리도 10차원에서 적용되는 원리의 부분집합이다. 즉, 10차원에서 작용하는 원리 속에 4차원에서 작용하는 원리가 포함되어 있다. 그러므로 수박의 맛보기 조각으로 전체 수박을 추정할 수 있는 것처럼, 4차원 시공간의 원리로 전체 10차원의 원리를 추정해 볼 수 있다. 이는 [그림 14]의 집합 개념으로도 표현할 수 있다.

우주의 팽창을 설명하기 위해 과학자들은 풍선에 그림을 그리거나 동전을 붙인다. 풍선을 불며 우주가 팽창할 때 은하들 사이의 거리가 멀어짐을 설명한다. 그런데 우주의 팽창이 풍선의 팽창과 실제로 같을까? 그렇지 않을 것이다. 하지만 우리가 상상할 수 있는 이런 방식의 이해가 최선이다. 다만 팽창하는 풍선을 보며, 실제 우주의 팽창이 이런 방식이지만 이와 똑같지는 않음을 인식하면 된다. 이는 빅뱅의 특이점에 대해서도 같다. 우리의 상상이 특이점에서의 실제 모습과 전체적으로 같을 수는 없음을 고려하는 것이 필요하다.

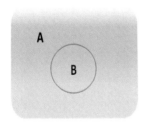

[그림 14] A는 전체집합인 10차원의 우주, B는 부분집합인 4차원 시공간의 우주를 나타낸다. A의 모든 원리가 B에서 작용하지는 않는다. B의 여집합이 있기 때문이다. 그러나 B의 원리는 모두 A에서 작용한다. B가 A의 부분집합이기 때문이다. 그러므로 4차원 시공간에서의 원리는 모두 10차원에서도 작용한다.

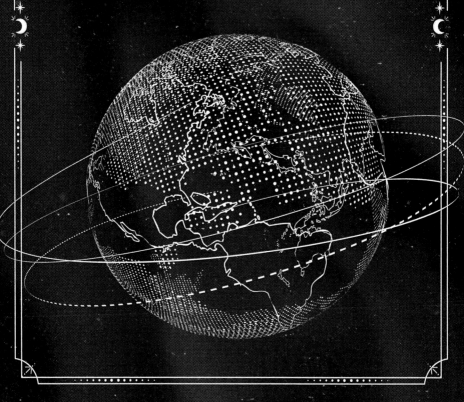

제 4 장

과학적 사실의 의미

근본 4 힘

　빅뱅 이후의 우주는 자연계의 근본 4가지 힘으로 움직이고 변화한다. 빅뱅 당시 힘이 나타난 순서대로 중력, 강력, 약력, 전자기력이다. 약력과 전자기력은 한 힘에서 분리되어 동시에 시작되었다.

　중력은 질량이 있는 물체 사이에 작용하는 힘이다. 즉, 물체가 지구로 떨어지게 만드는, 우리에게 가장 친숙한 힘이다. 뉴턴은 중력을 만유인력으로 확장하였고, 아인슈타인은 이 힘을 상대성이론으로 일반화하였다.

　강력은 쿼크에 작용하는 결합력으로 이들이 양성자나 중성자로 존재하게 하는 힘이다. 또한 양성자나 중성자들의 반발력을 제압하고 이들이 모여 하나의 원자핵을 이루도록 해 주는 힘이다.

　약력은 베타붕괴를 일으키는 자연스러운 힘이다. 음의 베타붕괴는 중성자가 전자와 전자 반중성미자를 방출하며 양성자로 바뀌는 현상이다. 반대의 현상은 고립된 양성자에서 스스로 일어날 수 없다. 이 힘은 중력보다 강하지만 전자기력보다는 약하다.

전자기력은 전기력과 자기력을 함께 일컫는 말이다. 전기력과 자기력이 하나의 힘이라는 사실은 19세기 패러데이의 전자기 유도현상으로 입증되었다. 전자기력은 전하(electric charge)로 인하여 발생한다. 전하는 중력의 질량과 유사하다. 전자기력은 중력과 마찬가지로 거시세계의 힘이며 이론적으로 무한대의 거리에까지 영향을 미친다.

우리가 알고 있는 힘은 대부분 이 네 가지 힘으로부터 유래한다. 가벼운 물체를 물에 뜨게 하는 부력은 기본적으로 중력으로부터 비롯된다. 물체를 밀거나 당길 때의 마찰력, 줄을 당길 때의 장력 등은 기본적으로 전자기력으로부터 유래한다. 강력과 약력은 원자보다 작은 미시세계에서 작용하는 힘이다. 중력과 전자기력은 주로 원자보다 큰 거시세계에서 작용하는 힘이다. 우리 일상생활 중 대부분의 현상은 중력과 전자기력의 합작으로 발생한다. 배트에 가격된 야구공이 날아가는 이유는 중력과 전자기력 때문이다. 힘의 크기는 강력 > 전자기력 > 약력 > 중력 순이며, 과학자들은 중력이 다른 힘에 비해 매우 작은 이유를 연구하고 있다.

엔트로피
(entropy)

■ **열역학의 엔트로피**

산업혁명은 18세기 중순 영국에서 먼저 시작되었다. 제임스 와트
가 개량한 증기기관은 면직물의 대량 생산을 가능하게 했으며 사람
들은 이를 산업혁명의 시작으로 여긴다. 섬유 산업과 철강 산업에서
의 기술적 혁신도 중요했지만, 무엇보다도 증기기관으로 대표되는 열
기관의 등장이 중요했다. 이러한 열기관의 효율을 극대화하는 것이
당시로서는 매우 중요한 일이었다. 이런 시대적 흐름과 함께 열역학이
본격적으로 태동하고 발전할 수 있었다. 열역학은 독일의 물리학자
클라우지우스(Rudolf Julius Emanuel Clausius, 1822~1888)의 '기체 운동
이론'으로부터 본격적으로 시작되었다. 이는 기체를 입자들의 집합으
로 보고 각 입자의 운동을 종합하여 온도와 압력 등 거시적 속성을

이해하려는 이론이다.

현대의 열역학은 다음의 4가지 법칙으로 요약할 수 있다.

① 열역학 제0 법칙: 계 A와 계 B가 다른 계 C와 각각 열평형을 이루었다면, A와 B도 열평형을 이룬다. 즉, 한 물체 C와 각각 열평형 상태에 있는 두 물체 A와 B는 서로 열평형 상태에 있다. A는 내 컵 속의 물, B는 친구 컵 속의 물, C는 온도계로 생각해 볼 수 있다. 온도계로 재 본다. 내 컵 속의 물이나 친구 컵 속의 물이 모두 50도일 때 컵 속 물을 서로 섞으면 곧바로 열평형을 이룬다. 모든 물체에는 온도라는 특성이 있고 두 물체가 열평형 상태에 있다면 둘의 온도는 같다. 이때 두 물체를 접촉하여 열평형이 이루어졌는지를 굳이 알아볼 필요는 없다. 그냥 온도를 재 보면 된다. 당연하지만 가장 기본이 되므로 제0 법칙이다.

② 열역학 제1 법칙: 어떤 고립계의 총 내부 에너지는 일정하다. 즉, 에너지 보존의 법칙이다. 우주를 외부가 없는 하나의 고립계로 볼 때, 우주의 전체 에너지는 항상 같으며 변화하지 않는다. 고립되어 있지 않은 계가 있을 때, 이 계의 내부 에너지 변화는, 외부에서 이 계에 가해진 일과 이 계가 외부에 한 일 사이의 차와 같다.

③ 열역학 제2 법칙: 어떤 열역학적 고립계에서 엔트로피 변화는 항상 0보다 크거나 같다는 법칙이다. 우주를 하나의 고립계로 볼 때 우주의 총 엔트로피는 항상 증가한다. 별이나 은하 등 구성물들이 움직이며 엔트로피를 증가시킨다. 정지해 있는 경우가 없다. 천체가 정지해 있다고 해도 지구에 사는 사람들이 끊

임없이 활동하며 주변의 엔트로피를 증가시킨다. 그러므로 우주의 전체 엔트로피는 항상 증가한다. 나중에 근본적으로 같은 것임이 밝혀졌지만, 역사적으로 볼 때 열역학적 엔트로피와 통계 역학적 엔트로피의 개념은 다소 다르다. 열역학에서의 엔트로피는 소실되는 열을 의미한다. 어떤 열기관에 100이라는 열이 가해질 때 실제로 일로 전환되는 것이 60이라면, 나머지 40은 주변으로 사라져 소실된다. 이 쓸모없어진 40이 열역학적 엔트로피에 해당한다. 제2 법칙에 따라 이런 열기관 계의 엔트로피는 항상 증가하므로, 소실되는 열은 항상 발생한다. 그러므로 100% 열효율을 가지는 열기관은 존재할 수 없다.

④ 열역학 제3 법칙: 섭씨 영하 273도, 즉 절대 온도 0도에서 평형 상태에 있는 모든 순수한 물질의 엔트로피는 0이라는 법칙이다. 그런데 자연계에 절대 0도는 존재할 수 없다. 다만 0에 수렴할 뿐이다. 그러므로 '엔트로피는 절대영도에 가까워질수록 변화량이 0에 수렴하며, 절대영도에서는 완전한 결정 상태의 엔트로피 0이 된다'가 조금 더 정확한 표현이다. 절대 0도가 되면 엔트로피는 0이 된다. 따라서 절대영도를 기준으로 다른 온도에서의 엔트로피값을 구할 수 있다. 이 법칙은 엔트로피값의 측정을 위한 현실적 필요에 따라 만들어졌다.

이 분야의 핵심적 개념으로 엔탈피, 엔트로피, 깁스 자유에너지를 들 수 있다. 먼저 엔탈피를 살펴보자. 엔탈피(enthalpy)는 energy(에너지) + thalpe(열)의 합성어이다. 엔탈피는 기본적으로 그 물질이 가진 고유한 에너지를 의미한다. 그러나 이의 절대적 값을 알아낼 방법은 없다. 우회적으로 물리적, 화학적 반응에서의 에너지 변화로 기술한다. 화학반응에는 반응열, 연소열, 증발열 등 많은 열이 있다. 이러한 열은 물리적, 화학적 반응이 일어날 때 계가 흡수하거나 방출하는 에너지를 의미한다. 이와 같은 에너지 변화를 엔탈피의 변화라고 부르고 이를 ΔH로 표현한다. 엔탈피는 엔트로피와 함께 물질계의 안정성, 변화방향, 화학 평형의 위치와 이동을 결정하는 핵심 요소이다.

자연에서의 변화는 부피(V)가 일정한 상태보다는 압력(P)이 일정한 상태, 즉 대기압 아래에서 일어나는 경우가 많다. 상온에서 물의 자발적 증발, 얼음의 융해, 연료의 연소 등이 그 예에 해당한다. 이러한 정압 과정은 엔탈피 측면으로 볼 때 다른 상황과는 다르다. 엔탈피 변화(ΔH)가 계에서 흡수 또는 방출한 열량(Q)과 같기 때문이다. 그러므로 이런 환경에서는 엔탈피를 에너지와 같은 개념으로 사용하기도 한다.

물리적, 화학적 반응계와 주위가 교환하는 에너지를 직접적으로 측정할 수는 없다. 대신 반응이 진행되는 동안의 온도 변화를 측정하여 엔탈피의 변화(ΔH)를 구할 수 있다. 엔탈피 변화는 다음의 식으로 구할 수 있다.

$$\Delta H = m \times s \times \Delta T$$

여기에서 보통 m은 반응물의 질량, s는 생성물의 비열, ΔT는 반응 전후의 온도 차이를 의미한다. 비열은 단위 질량의 어떤 물질 온도를 단위 온도만큼 올리는 데 필요한 열량을 의미한다. 그러므로 joule/

g·K 단위를 가진다. 질량이 g 단위, 온도가 K 단위이므로 ΔH는 joule, 즉 에너지 단위가 된다. 엔탈피(ΔH)는 발열 반응에서 감소(-)하고, 흡열 반응에서 증가(+)한다. 자연에서 자발적 반응은 대체로 계의 엔탈피가 감소하는 방향으로 일어난다. 즉, 발열 반응이 많으며 이런 경우 반응 후의 물질은 더 안정된다. 그러나 자발적 과정에 엔탈피만 필요한 것은 아니다. 추가 변수가 필요하다.

이제 엔트로피에 대해 알아보자. 엔트로피(entropy)는 energy(에너지) + trope(변화)의 합성어이다. 즉, 에너지의 변화를 의미한다. 이전의 연구를 바탕으로 클라우지우스는 1865년 열역학 제2 법칙을 발표하며 엔트로피 개념을 도입하였다. 열은 뜨거운 곳에서 차가운 곳으로 흐른다. 그 반대는 불가능하다. 클라우지우스는 이처럼 열이 한 방향으로 흐르는 상황을 측정하는 양으로서 엔트로피(S)의 개념을 새로 도입하였다. 엔트로피는 기본적으로 자동차 엔진에서 발생한 열처럼, 일로 변환될 수 없는 쓸모 없어진 에너지를 의미한다.

엔탈피(H)에서처럼, 고전적 열역학에서 엔트로피(S)의 절대적 값은 정의할 수 없다. 대신 그 상대적 변화 ΔS를 정의한다. 열적 평형을 이루어 온도가 T인 계에 열 ΔQ가 가해졌다고 해 보자. 엔트로피는 다음과 같이 정의된다.

$$\Delta S = \Delta Q / T$$

그러므로 엔트로피의 단위는 Joule/K이다. 이 식으로 엔트로피의 변화를 기술할 수 있다. 어떤 계의 온도 T가 높으면 이미 분자들이 활발히 움직이고 있어서 추가적 열에 의한 엔트로피의 증가 효과는 상대적으로 작다. 따라서 온도가 낮을수록 열을 가했을 때 엔트로피가 더 크게 변화한다. 자연에서 물리적, 화학적 변화는 엔트로피 증가 방향으로 진행하며, 대체로 자발적 반응의 엔트로피는 증가한다. 그러나 모든 반응이 엔트로피 증가 방향으로 진행되는 것은 아니다. 이 방향으로만 진행한다면, 세상의 모든 고체나 액체는 기체가 되어야 마땅하다. 그러나 이런 일은 발생하지 않는다. 실제로는 앞에서 알아본 엔탈피도 함께 고려되어야 한다. 이제 자발적 과정에서 엔탈피와 엔트로피의 관계를 알아보자.

미국의 물리학자 깁스(Josiah Willard Gibbs, 1839~1903)는 실용적 태도를 보였으며, 실제적 일을 할 수 있는 에너지를 정의하였다. 이를 깁스 자유에너지 또는 깁스 에너지라 부른다. 우리는 조금 더 간단한 깁스 에너지로 부르려 한다. 열역학적 자유에너지란 어떤 계(system)의 내부 에너지 중에서 실제의 일로 변환 가능한 에너지를 의미한다. 깁스 에너지는 '일정한 온도와 압력'이 유지되는 계에서 일로 변환될 수 있는 열역학적 자유에너지를 의미한다. 발열 반응의 경우 그 계가 가지는 깁스 에너지가 감소하고, 반대로 흡열 반응의 경우 증가한다. 일반적으로 계의 변화는 깁스 에너지가 감소하는 방향으로 진행하며, 열평형의 상태는 이것이 극소가 될 때 실현된다. 깁스 에너지 변화(ΔG)는 다음의 수식으로 정의된다.

$$\Delta G = \Delta H - T \Delta S$$

ΔH는 엔탈피 변화량, T는 기준온도, ΔS는 엔트로피 변화량을 의미한다. 우리는 깁스 에너지를 통해 변화의 자발성을 알아볼 수 있다. 자연에서 자발적 물리 화학적 변화는 실제로 일을 할 수 있는 에너지를 의미하는 이 깁스 에너지가 감소하는 방향으로 진행한다. G가 감소하도록, 즉 ΔG < 0이 되도록 진행한다.

지금까지 우리는 자발적 반응의 경우, 엔탈피가 감소(-)하는 방향으로, 또한 엔트로피가 증가(+)하는 방향으로 진행됨을 알아보았다. 그런데 실제의 자연은 조금 복잡하다. 발열 반응의 경우 대체로 엔탈피가 감소(-)한다. 하지만 엔트로피도 함께 감소(-)한다. 반대로 흡열 반응의 경우 대체로 엔탈피가 증가(+)한다. 하지만 엔트로피도 함께 증가(+)한다. 이런 경우 자발적 반응의 발생 여부를 파악하기는 쉽지 않다. 이 경우 ΔG가 매우 유용한다. 위의 식에 의해 엔탈피와 엔트로피가 함께 고려된 깁스 에너지(ΔG)가 음수(-)를 보이면 그 계에서의 반응은 자발적이다.

예를 들어 보자. 어떤 반응의 계에서 ΔH가 -20, T가 3, ΔS가 -5인 경우 ΔG는 -5이므로 이 경우 자발적 반응이 발생한다. 그러나 ΔS가 -10인 경우, ΔG는 +10이 되므로 자발적 반응은 발생하지 않는다. 위의 식에서 중요한 변수는 기준온도 T이다. ΔH가 -20, ΔS가 -5인 경우, T가 6이라면 ΔG는 +10이 되므로 자발적 반응은 일어나지 않는다. 위 수식으로 알 수 있듯이 엔탈피가 증가(+)하고 엔트로피도 증가(+)하는 경우, 자발적 반응은 높은 온도에서 발생한다. 반대로 엔탈피가 감소(-)하고 엔트로피도 감소(-)하는 경우, 자발적 반응은 낮은 온도에서 발생한다.

이처럼 자발적 반응은 엔탈피와 엔트로피 그리고 온도에 의해 결정된다. ΔG가 0인 지점은 변곡점이다. ΔG가 (-)에서는 자발적 반응이 발생하지만, (+)로 변화하면 자발적 반응은 발생하지 않는다. 한편 위 식에 의해 $\Delta G = 0$이 되는 순간의 온도 $T = \Delta H/\Delta S$로 기술할 수 있다. 즉, 엔탈피와 엔트로피 변화의 비율이다. 이 온도가 기준온도이자 평형온도가 된다. 물(H_2O)의 경우 이 온도는 1,752 K로 섭씨 약 1,500도에 해당한다. 이 이상의 온도에서 물은 수소와 산소 분자로 분리되어 존재한다. 이는 빅뱅 후 우주가 약 1,500도 이하로 식으며 비로소 수증기 분자가 출현할 수 있었음을 의미한다.

이를 한번 상상해 보자. 빅뱅 후 우주가 식으며 약 1,500도가 된다. 그동안 수소와 산소 분자들은 주위로 열을 빼앗겼으며 이에 따라 이들의 엔탈피와 엔트로피도 감소해 왔다. 역치인 약 1,500도 이하의 온도가 되며 이제 이들 분자가 결합하여 물 분자를 만든다. 전자기력에 의해 매개된 이 화학반응의 원인은 엔탈피와 엔트로피의 감소이다. 이들의 엔탈피와 엔트로피가 감소한 이유는 시공간이 팽창하며 우주의 평균온도가 낮아졌기 때문이다.

우리는 앞에서 자연 준칙(Natural Dogma, ND)에 대하여 가정해 보았다. 빅뱅에서 현재까지의 모든 변화가 자발적 대칭 깨짐과 연관이 있고 그 과정은 자연적이며 그 결과 새로운 무엇과 그 무엇의 성질이 출현한다는 원리이다. 즉, 빅뱅으로 시공간이 시작되어 흐르며, 온도와 밀도 등의 환경이 변화하고, 그 변화의 정도가 역치를 넘어서며, 자발적 대칭 깨짐이 발생하고, 그 결과 새로운 무엇과 그 무엇의 성질이 출현하게 된다는 것이다.

수소와 산소에 의해 물 분자가 만들어지는 과정도 이와 무관하지 않을 것이다. 우주의 평균온도가 내려가는 환경으로 인하여 수소와 산소 분자의 엔탈피와 엔트로피가 감소하였고, 역치인 약 1,500도, 즉 깁스 에너지 0에 도달하자 자발적 대칭 깨짐이 발생하였으며 그 결과 이전에 없던 새로운 물질인 물 분자가 생겨났다. 이 물 분자는 이전의 수소나 산소 분자들과는 매우 다른 물리적, 화학적 성질을 보인다.

열역학의 깁스 에너지는 엔탈피와 엔트로피의 균형과 조화를 의미한다고 할 수 있다. 위 수식에서 살펴보았듯이 무언가 물리 화학적 변화가 나타나려면 깁스 에너지가 0보다 작아야 한다. 그러려면 엔탈피는 작아져야 좋고, 엔트로피는 커져야 좋다. 자연에서 엔탈피가 감소하는 물질은 더 안정되며, 엔트로피가 증가하는 물질은 더 무질서하고 자유스러워진다.

이는 마치 사회생활의 인간관계와 닮아 있다. 일례로 혼인 관계를 생각해 보자. 미혼의 젊은이들은 자유롭다. 어느 정도 경제적 여유까지 있으면 더 좋다. 하고 싶은 여러 일을 해 볼 수 있고, 다양한 경험을 쌓을 수도 있다. 시간이나 타인들로부터의 구속도 크게 받지 않는다. 그러나 불안정하다. 다양한 가능성이 있고, 여러 활동을 할 수 있으나, 어느 길이 좋을지 늘 고민이다. 혼인 관계에서도 같다. 다양한 혼인 후보자를 만나 보고 사귀어 볼 수 있으나 결혼을 할지 말지, 또 누구와 할지 결정하기는 쉽지 않다. 즉, 자유롭지만 불안정하다. 물질로 치면 엔탈피도 높고 엔트로피도 높다.

결혼 이후에는 다르다. 대체로 안정된다. 하지만 자유가 감소한다. 배우자를 결정했으니 복잡하게 생각할 일이 많이 감소한다. 선택지가 적어지니 더 마음이 편하고 미래를 좀 더 확실히 그릴 수 있다. 그러나 자유는 감소한다. 결혼 전에는 내 마음대로 늦게 귀가할 수 있었다. 그러나 결혼 후에는 다르다. 나를 기다리는 배우자가 있으므로 더 일찍 귀가하게 된다. TV 채널도 협의해서 결정해야 한다. 내가 하고 싶지 않은 일도 상대가 좋아하면 기꺼이 같이해 주기도 한다. 그렇게 자유의 감소를 즐겁게 감수하고 생활하기도 하지만, 내 자유가 희생되는 것이 싫을 수도 있다.

결혼으로 얻는 안정의 크기가 100이라고 해 보자. 그런데 잃는 자유가 150이라면 이 결혼은 성립하기 어렵다. 그런데 감소하는 자유가 50 정도라면 결혼이 더 좋다. 안정이 증가해도 만족감이 커지고, 자유가 증가해도 만족감은 커진다. 증가(+)하는 안정과 감소(-)하는 자유를 합쳐 (+)라면, 전체적 만족감은 결혼으로 인해 이전보다 더 커질 것이다. 이를 의인화해 보자. 빅뱅 후 어느 날 생겨난 수소와 산소가 약 1,500도에서 결혼하였다. 이전의 높은 자유와 낮은 안정을 버리고 다소 낮은 자유와 높은 안정을 선택하였다. 이는 이들의 자발적 행동이었다. 이들은 같이 붙어 다니는 것이 너무 좋은 모양이다. 이들을 떼어 놓는 것은 쉬운 일이 아니다. 1,500도 이상이 될 때까지 이들에게 에너지를 가해 주어야 한다.

사회에도 이와 닮은 현상이 많이 있다. 대표적으로 정치적 이념의 대립을 들 수 있다. 시대와 상황에 따라 다르겠지만 민주주의가 잘 정착된 나라에서는 대체로 보수당과 진보당이 대립하는 정치 지형을 보여 준다. 보수당은 보통 자유를 중요시한다. 이는 물질계의 엔트로피 증가를 닮아 있다. 진보당은 보통 평등을 중요시한다. 평등에 대한 지향은 사회의 안정과 연결되며 이는 물질계의 엔탈피 감소를 닮아 있다고 할 수 있다. 즉, 이런 대립은 자유와 안정의 비율에 대한 대립이라고 볼 수 있다.

권력은 선거를 통한 다수 시민의 집단지성이 결정한다. 시민들이 자유의 필요성을 느낀다면 자유를 중시하는 지도자와 집단이 선택된다. 자유가 지나쳐서 폐해가 나타나면 사람들은 안정의 필요성을 느낀다. 그럼 역시 선거를 통해 평등을 중시하는 지도자와 집단이 선택된다. 평등이 지나쳐 그 폐해가 나타나면 사람들은 다시 자유의 필요성을 느낀다. 그럼 다시 선거를 통해 자유를 중시하는 지도자와 집단이 선택된다. 선거의 변수는 매우 많으며 사람들의 욕구도 다양하다. 그중 핵심이라고 할 수 있는 자유와 안정의 측면으로 볼 때, 이러한 순환이 있다고 우리는 생각해 볼 수 있다.

우리는 열역학의 깁스 에너지에 대해 생각해 봤으며, 우리 생활의 결혼이나 정치제도 등과 닮은 점이 있음을 알아보았다. 그러나 물질과 다르게 우리의 마음이나 사회에는 매우 다양하고 많은 요인이 존재한다. 물질처럼 몇 가지 원리로 설명할 수 없다. 그러므로 결혼이나 정치제도 등을 단순히 엔트로피와 엔탈피, 자유와 안정으로만 설명하고 이해해서는 안 된다. 사람은 그리 단순하지 않다. 그러나 닮은 점을 생각해 보고 이를 기반으로 변화를 예측해 보며 선택의 참고 사항으로 여기는 것은 그리 큰 문제가 되지 않는다. 그 이유에 대해서는 이후에 다시 생각해 보려고 한다. 이제 엔트로피에 대해 조금 더 알아보자.

■ 통계 역학의 엔트로피

엔트로피는 열역학적 계의 핵심 요소 중 하나이지만, 온도는 평형 상태에 있는 계에서만 정의되는 값이므로 이러한 엔트로피의 열역학적 정의는 오직 평형 상태에 있는 계에서만 성립한다. 반면 통계 역학적 엔트로피의 정의는 모든 계에 적용된다. 따라서 엔트로피의 근본적 개념으로는 통계 역학적 정의를 꼽을 수 있다.

고전적 열역학 개념을 발전시켜 엔트로피의 본질적 모습을 발견한 사람은 루트비히 볼츠만(Ludwig Eduard Boltzmann, 1844~1906)이다. 그는 이전의 통계 역학적 방법을 사용하여 엔트로피가 확률적 현상임을 밝혀냈다. 즉, 열역학적 엔트로피와 통계 역학적 엔트로피가 본질상 같은 것이며 엔트로피란 결국 확률적 현상이라는 것이다. 이로써 이제 엔트로피는 변화뿐만 아니라 절대적 값을 정의할 수 있게 되었다. 볼츠만에 의해 엔트로피는 다음의 수식으로 다시 정의되었다. 이 수식은 그 중요성에 대한 평가와 볼츠만의 업적을 기리는 측면에서 오스트리아 빈에 있는 그의 묘비에 적혀 있다.

$$S = k \log W$$

k는 상수이고, W는 계의 어떤 거시 상태를 취할 수 있게 만드는 미시 상태의 수를 의미한다. 이 값에 로그를 적용한다.

볼츠만에 의하면, 미시 계의 수학적 경우의 수가 거시 계의 행동을 결정한다. 그런데 우리가 미시 계의 그 수를 일일이 다 셀 수는 없다. 우리는 이를 거시 계의 온도, 압력 등으로 파악할 수밖에 없다. 미시 계의 모든 운동은 가역적이지만, 이것이 거시 계로 떠오르면 비가역적 현상으로 바뀔 수 있다.

활발한 고온의 공기 입자와 움직임이 미미한 저온의 공기 입자가 만나게 되면, 자발적으로 서로 섞인다. 이러한 수학적 경우의 수가 압도적으로 많기 때문이다. 조금 지나면 양쪽의 온도가 같아진다. 원래 한쪽은 뜨겁고 반대쪽은 차가웠는데, 조금 지나고 보니 양쪽의 온도가 같아진다. 즉, 거시 계에서 보면 열이 고온에서 저온으로 비가역적으로 이동한 것이다. 그러나 미시 계 각각의 입자 입장에서는 다르다. 각자 자유롭게 가역적으로 움직였을 뿐이다.

이런 차이를 만든 이유는 과정에 있다. 각 입자는 자유롭고 가역적으로 움직였으나, 그 결과 계의 전체 엔트로피는 증가하였다. 이를 거시 계에서 보면 열이 한쪽으로 흐르는 비가역적 현상으로 관찰된다. 이는 마치 [그림 12]의 원자모형에서와 같다. 2~29번째 칸의 전자는 각각 자유롭게 위치한다. 그러나 이 위치를 모두 합치면 결국 첫 칸의 전자구름이 된다. 즉, 확률적 분포를 만족하게 된다.

이처럼 '부분'과 '전체'는 다르다. '부분'에서는 자유롭고 가역적으로 움직이지만, '전체'로는 한 방향으로 나아간다. 확률적 분포를 만족시키는 방향이다. 엔트로피는 결국 확률의 현상이다. 높은 확률을 가진 사건은 시간의 흐름에 따라 더 자주 일어난다. 그러므로 열이 고온에서 저온으로 흐르는 현상은 결국 확률적 분포를 만족하려는 자연의 근본적 경향성, 즉 본성이라고 생각해 볼 수 있다.

[그림 15]는 통계 역학적 엔트로피의 예시이다. 임의의 기체 입자를 가정해 보자. 위쪽 그림에서 A 공간에 100개의 입자가 있다. B 공간에는 입자가 없다. B 공간 위주로 볼 때, 이러한 거시 상태를 만드는 미시 상태는 위쪽 그림 하나밖에 없다. A 공간 내부 입자들의 분포는 무시한다고 가정할 때, 아래쪽 그림에서 이러한 거시 상태를 만드는 미시 상태는 100개이다. A 공간 100개의 입자 중 임의의 입자가 B 공

간으로 이동할 수 있기 때문이다. 1번 입자가 이동할 수도, 15번 입자가 이동할 수도 있다. 따라서 경우의 수는 100개이다. B 공간의 어느 위치로 이동했는지는 무시한다고 가정한다. 그것까지 고려하는 경우 미시 상태의 수는 매우 더 커진다.

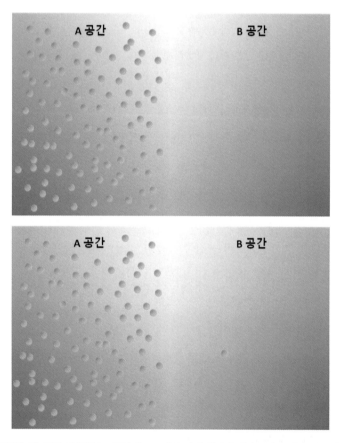

[그림 15] 위쪽 그림에서 A 공간에 100개의 기체 입자가 있다. B에는 없다. B 공간 위주로 생각해 볼 때, 이러한 거시 상태를 만드는 미시 상태의 수는 1개이다. 아래쪽 그림에서 이러한 거시 상태를 만드는 미시 상태의 수는 100개이다. A 공간 100개의 입자 중 임의의 입자가 B 공간으로 이동할 수 있기 때문이다.

B 공간으로 2개의 입자가 이동하는 경우는 어떨까? 100개 중 임의의 한 개가 갈 수 있고, 이후 남은 99개 중 임의의 한 개가 갈 수 있으므로, 100 × 99개의 경우의 수가 있다. B 공간으로 3개의 입자가 이동하는 경우는 같은 방식으로 100 × 99 × 98개의 경우가 있다. 가장 많은 경우의 수를 가지는 분포는 양쪽에 50개씩 분포하는 경우이다. 이는 100 × 99 × 98 × ⋯ × 51이며, 계산기로 계산해야 하는 매우 큰 값이다. 즉, B 공간에 입자가 하나도 없거나 한두 개 있는 것보다 고르게 양쪽에 50여 개씩 분포해 있을 경우의 수가 압도적으로 많다.

[그림 15]처럼 두 곳이 만나고 어느 정도 시간이 흐르면 입자는 전체 공간에 걸쳐 자발적으로 고르게 분포하게 된다. 볼츠만에 의하면 엔트로피 S = k log W로 구할 수 있다. W는 미시 상태의 수(경우의 수)를 의미한다. [그림 15] 위쪽 그림의 경우의 수는 1이다. 자연로그 ln1 = 0이므로 S = 0이다. 즉, 우리의 가정대로, 그리고 B 공간 위주로 생각해 볼 때 [그림 15] 위쪽 그림의 엔트로피는 0이다. 아래쪽 그림의 경우의 수는 100이므로 S = 약 4.6k이다. B 공간으로 입자들이 이동하며 전체 계의 엔트로피가 점점 더 증가한다. 엔트로피는 입자들이 양쪽에 골고루 50개씩 분포할 때 최대가 된다.

그런데 이는 입자가 100개에 불과한 매우 간단한 예시이며, 우리는 단순화를 위해 추가적 가정도 하였다. 그러나 실제의 자연은 다르다. 우리는 B 공간 위주로 보았으나, 실제로는 두 곳 다 고려해야 한다. 실제로는 입자 수도 매우 많다. 예를 들어 수소 1g에는 아보가드로 수 수소 원자 약 6 × 10^{23}개가 존재한다. 입자 각각의 위치도 고려해야 한다. 이 위치는 아보가드로 수보다 더 많다. 그러므로 실제 미시 상태의 수는 위 예시보다 매우 더 크며, [그림 15]와 유사한 경우 양쪽에 고르게 분포하는 방향으로 변화하는 것이 매우 당연하다. 실제의 이 확률은 거역할 수 없을 정도로 높다.

이는 시간의 함수이다. 즉, 시간이 흘러야 이런 진행이 발생할 수 있고 앞에서 알아본 것처럼 우주의 총 엔트로피는 항상 증가한다. 한편 수학적 확률은 '해당 경우의 수 / 총 경우의 수'이며, 그러므로 세상의 고립계인 모든 대상은 경우(상태)의 수가 많은 방향으로, 즉 확률이 높아지는 방향으로 자발적으로 항상 변해 간다. 이런 이유로 우주의 총 엔트로피는 항상 증가한다. 우리는 이를 자연의 근본적 지향성, 즉 본성으로 생각해 볼 수 있다.

우리는 앞에서 시간이나 공간도 플랑크 단위의 모듈로 이루어져 있음을 알아보았다. 이런 플랑크 단위의 시공간이 연결되어 흐르며, 이 환경에서 거시세계가 존재할 수 있다. 이곳에서 변해 가는 각각의 시공간 모듈에 확률이 적용된다. [그림 15]의 양쪽에 50개씩 입자가 있는 상황이 가장 확률이 높다. 그러나 이 상황에 도달하기까지는 어느 정도 시공간이 필요하다. 옆의 타 입자와 충돌하는 등 인과의 과정을 거치며 서서히 B 공간으로 이동한다. 즉, 매 시공간의 단면에 존재하는 입자들의 분포는 높은 확률의 모습으로 점차 변해가며, 충분히 시간이 흐르면 결국 가장 높은 확률적 분포의 모습에 도달하게 된다. 이는 필연적 과정이다. 그러므로 [그림 15]의 입자들은 결국 양쪽에 고르게 분포되며, 이를 되돌리기는 매우 어렵다.

이는 엔트로피가 하나의 거시 상태에 대응하는 다수의 미시 상태의 수를 의미하고, 특별한 제한이 없다면 우주 모든 대상의 엔트로피는 시간 흐름에 따라 항상 증가하기 때문이다. 일례로 잉크 한 방울을 물에 떨어뜨려 보자. 조금 지나고 나면 전체 물에 골고루 섞인다. 이 상태가 가장 편안하다. 이 물을 담고 있는 컵도 같다. 멀쩡한 컵의 엔트로피보다는 깨진 컵의 엔트로피가 훨씬 더 크다. 미시 상태의 수가 깨진 컵에서 훨씬 더 많기 때문이다.

잉크나 컵 등에서의 이러한 엔트로피를 우리 생활 속의 용어로 바꾸어 보면 '무질서한 정도'로 표현될 수 있다. 잉크가 한쪽에만 모여 있는 것은 부자연스럽다. 물에 골고루 퍼져 있는 것이 편안하며, 이는 미시 상태의 수가 많은 상황으로 변화하는 것이다. 우리는 물에 잉크가 퍼지는 과정을 보며 더 무질서해진다고 느낀다. 컵도 같다. 깨진 컵을 보며 우리는 더 무질서해졌다고 느낀다.

바쁘게 생활하다 어느 날 어질러져 있는 방 안을 보며 무질서해졌다고 느낀다. 이를 정리하고 청소하려면 시간과 에너지가 들어간다. 책상의 커피 자국을 지우려면 반복해서 닦아야 한다. 즉, 엎지를 때보다 훨씬 더 많은 수고를 해야 한다. 이는 자발적 과정인 엔트로피 증가를 되돌리려면 훨씬 더 많은 에너지가 필요함을 의미한다.

많은 사람이 '이 드넓은 우주에 생명체가 정말 우리밖에 없을까?' 하는 의문을 이야기한다. 외계인이 나오는 영화도 심심치 않게 상영된다. 그러나 지금까지 외계인 존재의 공식 증거는 없다. 이 광활한 우주에 오로지 지구에만 생명체가 존재한다. 생명체 존재 가능성이 있는 행성이 다수 관측되었지만, 아직 그 실제적 증거는 없다.

엔트로피로 볼 때 이런 생명체들은 우주의 다른 대상들과는 다른, 다소 특이한 존재들이다. 이 고도로 조직화된 존재는 자신의 질서 정연함을 유지하기 위해 필연적으로 외부를 무질서하게 만든다. 예를 들어 우리는 보통 하루 3회의 식사를 한다. 우리가 섭취한 음식은 신체 각 세포의 에너지원으로 사용되나, 우리의 신체는 섭취한 음식을 100% 사용하지 못한다. 이는 100% 효율의 열기관이 없는 것과 같은 이유 때문이며, 그러므로 필연적으로 주위의 엔트로피를 증가시킨다. 즉, 생명체는 주위를 이용해 더 질서 정연해지며 자신의 엔트로피를 감소시키지만 이보다 더 크게 주위를 무질서하게 만들며 엔트로피를 증가시킨다. 이에 따라 생명체와 주위를 합친 전체의 엔트로피가 증가하며 열역학 제2 법칙이 보존된다. 슈뢰딩거는 이를 '생명체는 음의 엔트로피를 먹고 산다'라고 표현하였다.

그러므로 엔트로피는 확률분포를 만족하려는 우주의 본질적 속성일 수 있다. 이는 되면 좋고, 안 되면 할 수 없는 그런 것이 아니다. 필연의 과정이며, 지향성을 가지고 있고, 그러므로 일종의 힘이나 의지로 나타난다. 삼투현상이 대표적이다. 이는 우리에게 익숙하다. 그러나 보편적 우주의 현상은 아니다. 이 드넓은 우주에 오직 지구에만 생명체가 존재하며, 삼투는 주로 이런 생명체와 관련하여 나타나는 현상이다. 이런 이유 등으로 우리는 삼투현상을 우주의 근본 4 힘과는 다른 좀 더 근원적인 무엇으로 생각해 볼 수 있다.

[그림 16]은 삼투현상을 설명하고 있다. 가운데에 반투막이 설치되어 있다. 물(작은 입자)은 이를 통과할 수 있으나 큰 입자는 통과할 수 없다. 좌측에는 저농도의 용액이, 우측에는 고농도의 용액이 있다. 시간이 지남에 따라 자발적으로 물 분자는 우측으로 이동한다. 저농도 용액의 부피는 점차 감소하고, 고농도 용액의 부피는 점차 증가한다. 일정한 시간이 지나면 우측 그림의 평형에 도달한다.

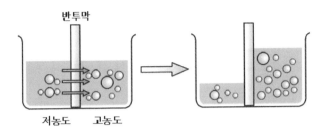

반투막

저농도　고농도

[그림 16] 삼투현상: 용기 안에 반투막이 설치되어 있고 좌측에는 저농도, 우측에는 고농도의 용액이 있다. 반투막으로 물 분자는 통과할 수 있으나 큰 입자는 통과할 수 없다. 시간이 지남에 따라 물 분자는 자발적으로 우측으로 이동하여 우측의 그림처럼 된다. 이때 작용하는 힘을 삼투압이라고 한다. 이 힘은 우측 그림 좌우 용액의 높이 차이에 해당한다.

저농도와 고농도 용액 모두 위쪽 표면에 대기압(1기압)이 작용하고 있다. [그림 16]의 우측 그림은 양쪽 용액의 높이가 다르다. 우측의 고농도 용액은 표면에 작용하는 대기압에도 불구하고 위로 올라가 있다. 이는 물 분자가 좌측의 저농도에서 우측의 고농도 쪽으로 이동하려는 자발적 지향성 때문에 발생한다. 이 높이 차이가 삼투압에 해당하며, 이는 다음의 수식으로 구할 수 있다.

$$\pi = MRT$$

π는 삼투압, M은 몰농도, R은 기체상수, T는 절대 온도이다. 그런데 R과 T는 상수이다. 그러므로 삼투압은 대체로 몰농도에 의해 결정된다. 즉, [그림 16] 분리막 좌우 용액의 농도 차이에 의해 삼투압이 결정된다. 농도 차이가 클수록 물 분자가 이동하려는 지향성이 증가

한다. 이는 정지해 있을 수도, 이동할 수도 있는 것이 아니다. 필연적으로 이동한다. 즉, 지향성이자 힘이다.

이 삼투현상의 원인은 무엇일까? 큰 입자를 설탕 분자라고 해 보자. 물 분자들은 전자기적 결합으로 설탕을 둘러싸며 이를 수화하고 있다. 그런데 농도가 높을수록 녹아 있는 설탕 분자의 수가 많으며 이를 둘러싸는 데 소진되는 물 분자의 수도 많아야 한다. 따라서 자유로운 물 분자의 수가 감소하며, 이들이 반투막에 충돌하는 평균적 횟수가 감소한다. 즉, 반투막에 미치는 압력이 감소한다. 반투막에서 물 분자는 충돌하기도 하고 통과하기도 한다. 평균적으로 저농도에서 고농도로 50개의 물 분자가 통과한다면, 고농도에서 저농도로는 30개밖에 통과하지 못한다. 반투막에 미치는 물 분자의 압력 차이 때문이다. 시간이 지남에 따라 저농도 쪽의 물 분자 수는 감소하고, 고농도 쪽의 수는 증가한다.

물 분자의 입장으로는 다소 다르다. 용액의 농도가 낮은 것은 상대적으로 물의 농도가 높은 것을 의미한다. 따라서 물 분자의 입장으로 볼 때 삼투란 물의 농도가 높은 곳에서 낮은 곳으로 막을 통해 확산하는 현상이다. 즉, '엔트로피 증가 지향성'에 따르는 현상이며 수학적으로 보면 삼투 이전보다 이후인 평형 상태의 경우의 수가 압도적으로 많다. 이는 앞의 [그림 15]와 비슷한 상황이다.

이들의 의사소통 방식은 압력, 즉 충돌이다. 상호 충돌하며 삼투가 진행되고, 평형 상태에 도달하면 전체적 충돌 횟수가 비슷해진다. 물 분자들은 상호 충돌하며 자유롭게 움직인다. 그런데 그 결과로 저농도 용액(고농도 물 분자)에서 고농도 용액(저농도 물 분자)으로 물 분자가 이동한다. 이의 근본 원인은 확률적 분포를 만족하려는 우주의 본성,

즉 '엔트로피 증가 지향성'이라고 생각해 볼 수 있다.

바람이 부는 이유도 같다. 바람은 지표면의 고기압에서 저기압으로 공기 입자들이 이동하는 현상이다. 지표면 저기압의 공기는 상대적으로 온도가 높다. 이는 공기 입자들의 운동이 활발함을 의미한다. 서로 부딪치는 횟수도 늘어난다. 그 결과 공기가 위쪽의 상공으로 상승하고, 이에 따라 저기압 지표면의 공기 입자 수가 감소한다. 즉, 밀도가 감소한다. 이로 인해 지표면 고기압에 있던 공기 입자들이 지표면 저기압 쪽으로 이동한다. 빈 곳을 채우러 가는 것이다. 이제 바람이 불기 시작한다.

바람의 원인도 표면적으로 공기 입자들의 물리적 충돌이지만, 근본적으로는 자연의 '엔트로피 증가 지향성'이다. 이는 다시 [그림 15]로 생각해 볼 수 있다. A 공간은 지표면 고기압 지역에 해당하고, B 공간은 지표면 저기압 지역에 해당한다. 두 곳을 함께 고려해 보면 공기 입자가 양쪽에 고르게 분포하는 경우의 수가 가장 많으며 이때 엔트로피는 최대가 된다. 공기 입자들은 자유롭게 움직인다. 하지만 전체의 평균적 결과는 고기압에서 저기압으로의 이동이다. 이것이 바람이 발생하는 원인이다.

■ 정보의 엔트로피

이제 다소 다른 내용의 엔트로피에 대해 알아보자. 정보의 엔트로피이다. 정보 이론은 미국의 수학자이자 컴퓨터 과학자인 클로드 엘우드 섀넌(Claud Elwood Shannon, 1916~2001)에 의해 시작되었다. 이는 최대한 많은 데이터를 매체에 저장하거나 채널을 통해 통신하기 위해 데이터를 정량화하는 응용 수학의 한 분야이다. 데이터의 단위인 정보 엔트로피는 저장 또는 통신에 사용되는 평균적인 '비트 수'로 보통 표현된다. 간단한 섀넌의 엔트로피 $S = \log_2 2^n$이다. 확률이 1/2로 같은 동전 던지기를 생각해 보자. 2개의 동전을 던지면 앞면앞면, 앞면뒷면, 뒷면앞면, 뒷면뒷면으로 2^2, 즉 4가지 결과가 발생할 수 있고 엔트로피는 2비트가 된다. 3개의 동전을 던지면 2^3, 즉 8가지 결과가 발생할 수 있고 엔트로피는 3비트가 된다.

정보 엔트로피는 경우의 수가 많아질수록 증가하고, 경우의 수가 적어질수록 감소한다. 주사위와 동전 던지기를 생각해 보자. 주사위 던지기의 경우의 수는 6으로, 동전 던지기의 경우의 수 2보다 많다. 즉, 주사위 던지기는 동전 던지기보다 더 큰 엔트로피를 가진다. 이처럼 정보 엔트로피는 어떤 상태에서의 불확실성, 또는 이와 동등한 의미의 평균 정보량을 의미한다. 경우의 수가 많을수록 어떤 정보인지가 불확실하고, 사람들은 이를 '정보가 많다' 또는 '엔트로피가 높다'라고 표현한다. 이는 정보량이 곧 불확실성의 정도임을 의미하며, 따라서 정보 엔트로피가 높을수록 불확실성도 높고, 거꾸로 불확실성이 낮은 게일수록 정보 엔트로피도 낮을 수 있다.

앞에서 우리는 열역학적 엔트로피와 통계 역학적 엔트로피가 본질상 같은 것임을 알아보았다. 또한 섀넌의 수식은 열역학적 엔트로피의 수식과 매우 유사하며, 이 때문에 정보 이론에 '엔트로피'라는 용어가 도입되어 사용되고 있다. 이처럼 자연의 열역학, 통계 역학, 그리고 정보의 엔트로피는 서로 닮아 있다.

■ 4 힘과 엔트로피

이처럼 엔트로피는 자연의 근원적 원리라고 볼 수 있다. 우리는 이 단원의 초반부에서 우주의 근본 4가지 힘을 알아보았다. 이 4 힘은 빅뱅 초 차례대로 분화하여 시작되었고, 이후 우주의 모든 힘은 이 4 힘으로부터 파생되었다. 과학자들은 4가지 힘이 '근원 한 가지 힘'으로 부터 분화되었다고 생각하며 이 한 가지 힘을 알아내기 위해 애쓰고 있다. 즉, 모든 것의 이론(ToE)이다. 그럼 빅뱅 특이점 이전에는 '근원 한 가지 힘'만 있었을까? 그 한 가지 힘은 또 어디에서 비롯되었을까 하는 의문이 들 수 있다.

삼투현상이나 바람의 예에서 알아보았듯이 엔트로피는 지향성이 자 힘이다. 그러나 그 이전에 확률적 분포를 만족하려는, 너무도 당연 한 자연의 근본 원리로도 볼 수 있다. 예를 들어 동전을 무수히 던지 면 앞면이 나올 확률과 뒷면이 나올 확률은 거의 같다. 그러므로 우 리는 이 원리가 시공간이 존재하지 않았을 빅뱅 특이점 이전에도 존 재했음을 가정해 볼 수 있다. 그러나 빅뱅 이전에도 이 원리가 존재했 다는 증거는 어디에도 없다. 앞으로도 이 가정을 증명할 가능성은 그 리 크지 않아 보인다.

우리는 과학의 한계를 잘 알고 있다. 빅뱅 특이점 이전 상황에 대 한 증거가 있을 가능성은 희박하다. 하지만 우리는 궁금하며, 증명될 수 없더라도 합리적 시나리오가 있다면 이를 알고 싶다. 우리는 엔트 로피가 빅뱅 특이점 이전부터 존재했을 원리라고 가정한다. 이 가정 하에 빅뱅 이후 출현한 우주 4가지 힘과의 연관 가능성을 추론해 보 려 한다. 우리는 우주 4가지 힘을 발생시킨 '근원 한 가지 힘'이 엔트로피가 아닐까 추정한다. 이는 어디까지가 추론이다. 이 정도로 평가하는 것이 필요하다. 그러나 이는 합리적 추론이다. 이러한 추론을 통해 우리는 세상을 조금 더 잘 이해하게 될 수 있다.

중력과
엔트로피

먼저 중력과 엔트로피의 연관 가능성을 생각해 보자. 어떤 과학자들은 중력이 엔트로피의 일종일 수 있다고 이야기한다. 우리의 추론도 이 가능성을 제시한다.

중력은 질량이 있는 물체 사이에 작용하는 힘이다. 뉴턴은 질량을 가진 모든 물체가 서로 당기는 힘이 있다고 생각했고 이를 만유인력이라고 하였다. 아인슈타인은 이를 상대성이론으로 더 일반화하였다. 아인슈타인에 따르면 질량을 가진 모든 물체는 시공간을 휘게 한다. 그러므로 그곳의 시간은 느려지고 공간은 작아진다. 중력이 작은 곳에서 10시간이 흐를 동안, 중력이 큰 곳에서는 1시간이 흐른다. 중력이 작은 곳에서 관찰한 외부 은하까지의 거리가 10광년이라면, 중력이 큰 곳에서는 1광년이다. 그러므로 광속은 어느 곳에서나 같다.

앞의 [그림 8]을 다시 살펴보자. 중력에 의한 시공간 휘어짐을 표현하고 있다. 움푹 들어간 모습이 마치 선물로 사탕을 잔뜩 받아 늘어난 아이의 바지 주머니 같다. 우리의 질문은 '시공간 휘어짐이 왜 발생하는가?'이다. 초끈 이론에 따르면 우주는 10차원으로 이루어져 있다. [그림 8]은 추가적 차원의 존재 가능성을 제시하며, 이는 초끈 이론이나 막 이론을 지지하는 간접 증거가 될 수 있다.

우리는 앞에서 삼투현상이나 바람이 부는 이유 등에 대하여 알아보았다. 근본적 원인은 자연의 엔트로피 증가 지향성 때문이었다. 그렇다면 중력도 그 근본 원인이 같지 않을까 하는 추론을 해 볼 수 있다. 질량은 고농도의 에너지 덩어리이다. 그런데 빅뱅 과정에서 주로 3차원 공간 쪽으로만 유입되었다. 여분 6차원에는 에너지가 거의 없다. 그렇다면 [그림 15]에서처럼 각 차원으로 에너지가 균등하게 분포하려는 자연의 지향성이 발휘될 것이다. 즉, 엔트로피 증가의 지향성이다. 그런데 생겨난 시공간으로 인해 여분의 차원 쪽으로는 질량이 이동하지 못한다. 여분의 6차원에는 시공간이 없기 때문이다. 시공간이 마치 경계의 막처럼 작용하는 것이다.

만약 시공간이 찢어질 수 있다면 에너지 덩어리인 질량은 여분의 6차원 쪽으로 이동할 수 있다. 그러나 우리는 이런 일이 발생할 수 있는지 알 수 없으며 이런 현상을 관찰할 수도 없다. 보통은 큰 질량의 물체가 있는 더 휘어진 시공간 쪽으로 질량이 작은 물체가 이동한다. 물론 질량이 큰 물체도 상대 쪽으로 조금은 이동한다.

이런 결과는 질량이 있는 물체가 서로 당기는 힘이 있는 것처럼 보이게 한다. 언뜻 보면 이는 우주의 엔트로피 증가 지향성에 반하는 것으로 보인다. 지표면 공기 입자들은 고르게 분포한다. 공기 입자가 적은 저기압이 있으면, 고기압의 조밀한 공기 입자들이 저기압 쪽으로 이동한다. 이것이 당연한 엔트로피의 지향성이다. 우주 공간은 매우 넓다. 별이나 은하들이 공기 입자들처럼 움직인다면, 이들은 넓은 우주 공간에 골고루 퍼져 있어야 한다. 그러나 실제로는 그렇지 않다. 질량이 있는 물질들이 서로 가까워지며 질량이 큰 곳의 질량이 더 커진다. 블랙홀 등이 그 예이다. 이들은 언뜻 자연의 엔트로피 증가 지향성에 반하는 것처럼 보인다. 그러나 초끈 이론이 옳다면 이는 자연의 엔트로피 증가 지향성 때문에 발생하는 현상이라고 볼 수도 있다. 이 지향성에 따라 에너지(질량)가 각 차원으로 고르게 분포하려 한다. 그러나 생겨난 시공간이 이를 막고 있다. 여분의 차원 쪽에서는 당기는 힘이, 3차원 공간 쪽에서는 미는 힘이 작용한다. 그러나 삼투압의 반투막처럼, 생겨난 시공간 때문에 에너지(질량)는 여분의 차원 쪽으로 이동할 수 없다. 대신 그 힘으로 인해 3차원 공간이 여분의 차원 쪽으로 휘어진다. 이는 마치 사탕이 잔뜩 들어 있는 아이의 바지 주머니 속과 같다.

이처럼 자연의 엔트로피 증가 지향성은 상황에 따라 모습을 바꿀 수도 있다. 그 근본적 지향성이 같지만, 표현되는 모습은 반대일 수 있다. 공기 입자들에서는 서로 밀쳐 떨어져 있으려는 것으로 보일 수 있고, 질량을 가진 물체들은 서로 당겨 합쳐지려는 것으로 보일 수 있다. 그러나 이들의 근본적인 원인은 같다고 볼 수 있다. 즉, 자연의 엔트로피 증가 지향성이다.

과학은 엄밀하며 실제적 관측이나 증거가 중요하다. 그러므로 과학적 정설이 되기는 매우 힘들다. 그러나 우리는 정설이 아니더라도 좀 더 실제에 가까울 수 있는 시나리오를 알고 싶다. 엔트로피와 4가지 힘을 연결하여 설명하는 과학의 정설은 없다. 우리는 중력의 근원

이 엔트로피일 수 있음을 추론해 보았다. 나머지 3가지 힘도 엔트로
피와 관련이 있을 수 있다. 이에 대한 추가 추론이 필요하다. 그러나
이들은 추론이며, 실제적 관측이나 증거가 없다. 그러므로 어느 정도
이들의 이런 한계를 고려하는 것은 늘 필요할 수 있다.

강력과
엔트로피

이제 강력과 엔트로피의 관계를 생각해 보자. 강력은 쿼크에 작용하는 결합력으로, 이들을 양성자나 중성자로 구성하는 힘이다. 또한 양성자나 중성자들의 전자기적 반발력을 제압하고 이들을 모아 하나의 원자핵이 구성되도록 해 주는 힘이다. 중력과 전자기력은 역제곱 법칙에 따라 거리가 멀어질수록 약해진다. 강력은 다르다. 수 펨토미터(10^{-15}m)의 작용 거리 이내에서 입자들은 강력의 영향을 받아 마치 고무줄로 연결된 것처럼 행동한다. 거리가 멀어질수록 오히려 힘이 강해지지만, 수 펨토미터의 작용 범위를 벗어나는 순간 마치 끊어진 고무줄처럼 강력은 급감한다. 그러므로 이론적으로 중력이나 전자기력은 무한대의 공간에까지 힘이 미치지만, 강력의 범위는 수 펨토미터 이내이다.

강력은 4가지 힘 중 가장 세다. 강력을 1이라고 했을 때, 전자기력은 약 1/100, 약력은 약 $1/10^{13}$, 중력은 약 $1/10^{38}$에 해당한다. 이 힘은 전자기력의 100배, 약력의 10조 배에 달한다. 강력은 극단적 환경에서 중요하다. 현재 우주에 존재하는 수소와 헬륨의 원자핵은 대부분 빅뱅 후 약 20분 이내에 만들어졌다. 더 무거운 원소들은 이후 별의 내부나 초신성의 폭발 등 극단적 환경에서 만들어진다. 강력은 이러한 극단적 환경에서 힘을 발휘한다. 그러나 우리의 일상생활과는 전혀 관계가 없다. 만약 입자물리학이 발전하지 않았다면 인류는 지금도 강력의 존재를 모르고 있었을 것이다.

강력은 기본적으로 쿼크에 작용하는 힘이다. 쿼크는 스핀과 전하를 가진다. 기본전하의 1/2, 1/3, 2/3 등 분수값 전하를 가진다. 전하와 스핀을 가지고 있으므로 전기력과 자기력을 가진다. 즉, 쿼크는 물질의 가장 기본이 되는 에너지이자 입자이며 태생적으로 전자기력을 가진다. 강력은 이러한 태생적 전자기력 보유 입자인 쿼크에 주로 작용하는 힘이다.

하나의 양성자나 중성자는 몇 개의 쿼크로 구성되어 있다. 3개의 쿼크로 이루어진 양성자를 생각해 보자. 각각의 쿼크들은 원래부터 전자기력을 가지고 있다. 그런데 전자기력은 이론상 무한대의 거리까지 힘을 발휘한다. 강력의 부재를 가정해 볼 때, 각 쿼크는 전자기적 반발력으로 인하여 상당한 공간을 점유하고 있을 것이다. 3개이므로 3배 공간이다. 앞에서 알아본 것처럼 강력은 전자기력보다 약 100배 강하다. 전자기적 반발력은 서로 가까워질수록 커진다. 그러므로 평소 같은 전하의 쿼크들은 서로 떨어져 넓은 공간을 점유하고 있을 것이다. 강력은 이러한 반발력을 이기고 이들을 평소보다 대략 100배 더 가까운 공간으로 모으는 힘이다. 그러므로 강력의 작용으로 인하여 쿼크들의 공간 점유는 대폭 감소한다. 그러나 이를 정확히 계산하여 수치로 제시하기는 힘들다. 결과적으로 쿼크들이 독립적으로 존재했을 때보다, 이들이 모여 양성자나 중성자로 존재할 때 평균적 공간 점유가 감소한다. 즉 자유로운 공간이 더 많아지며, 이는 엔트로피 증가 잠재력의 상승을 의미한다. 이들 양성자와 중성자들이 강력의 영향으로 작은 공간에 갇히게 되며 원자핵이 만들어진다. 이 과정이나 결과도 같다고 볼 수 있다. 즉, 이전보다 자유로운 공간이 더 많아진다. 결국 원자핵의 공간(위치) 점유 경우의 수는, 독립된 쿼크들로 존재했던 시절 각 쿼크의 공간 점유 경우의 수를 모두 합친 것보다 훨씬 더 커진다.

엔트로피란 거시 상태에 대응하는 미시 상태의 수이다. 즉, 고정된 의미의 거시 상태를 가정한다. 엔트로피 증가란 하나의 고정된 거시 상태의 조건에서, 정해진 미시 구성 입자들이 가장 높은 확률적 분포의 방향으로 변화하려는 지향성을 의미한다.

그러나 실제 자연의 거시 상태가 항상 고정된 것은 아니다. 변화할 수 있다. [그림 15]에서 전체 공간을 더 크게 가정할 수도 있고, 미시적 입자들의 크기나 성질을 다르게 가정할 수도 있다. 그러면 엔트로피는 달라진다. 입자의 크기를 더 작게 가정하는 경우, 입자의 수가 같더라도 점유될 수 있는 공간(위치)의 수가 증가한다. 결과적으로 엔트로피가 증가할 수 있는 잠재력이 상승한다. 원자핵은 물리적으로 쿼크보다 크다. 그러나 그 힘이 미치는 거리는 쿼크들의 합보다 훨씬 작다. 따라서 원자핵으로 존재하는 경우 평균적으로 더 적은 공간을 점유한다. 이는 마치 [그림 15]에서 미시적 입자들의 크기가 작아진 것과 같다. 결과적으로 입자들이 점유할 수 있는 공간(위치)의 수가 늘어난다. 이것이 직접적으로 엔트로피를 증가시킬 수는 없다. 그러나 이로 인해 엔트로피가 증가할 수 있는 잠재력이 상승한다.

[그림 15]를 다시 생각해 보자. A 공간의 입자들은 B 공간으로 이동하려는 엔트로피의 지향성을 가진다. 그러나 이것이 전부는 아니다. 반대 방향, 즉 A 공간의 좌측 벽을 뚫고 이동하려는 힘도 가진다. 벽에 가하는 압력이다. 이것이 성공하는 경우 거시 상태가 변화한다. A 공간 자체가 더 커진다. 결과적으로 입자들이 점유할 수 있는 위치의 수가 증가한다. 입자들은 벽에 항상 이런 압력을 가하고 있다. 즉, 거시 상태를 변화시켜 엔트로피가 증가할 수 있는 잠재력을 상승시키려는 힘이다. 이 힘은 계가 엔트로피 증가 지향성을 가지고 있으므로 존재할 수 있다. 즉, A 공간 입자들이 B 공간에 가하는 압력이 '엔트로피 증가 지향성'이고, 좌측 벽에 가하는 압력이 '엔트로피 증가 잠재력 상승 지향성'이다. 둘 다 A 공간 입자들의 압력이 원인이다. 그러므로 기본적으로 이 두 힘은 같으며, 모두 자연의 '엔트로피 원리'로부터 비롯되었다고 볼 수 있다.

물질계의 엔트로피가 사회의 자유에 비유될 수 있음을 우리는 앞에서 알아보았다. 수백 년 전까지만 해도 대부분 나라는 왕정국가였다. 사람들은 이 환경에서 살아갔으며 자신들의 자유가 증진되기를 희망하였다. 즉, 왕정이라는 고정된 거시 상태에서 개개인의 자유 증진이라는 미시 상태 변화를 지향하였다. 자유는 엔트로피에 비유되므로, 이는 자연의 엔트로피 증가 원리에 부합한다. 그러나 이것이 전부는 아니다. 왕정이라는 제도가 자유를 제한하고 있음을 사람들이 알기 시작한다. 이런 사람들이 늘어나고 격변을 거치며 왕정 제도가 사라지고 민주주의가 새롭게 시작된다. 즉, 거시 상태가 변화한다. 왕정에서는 개인의 자유 증진에 한계가 있었다. 민주주의로 거시 상태가 변화하며 각 사람의 자유가 증진될 수 있는 잠재력이 상승한다. 이는 [그림 15]에서 입자들에 의해 좌측 벽에 가해지는 압력과 같은 맥락이다. 이처럼 미시 상태에 작용하는 힘은 그 바탕이 되는 거시 상태에도 또한 작용한다. 이에 따라 거시의 상태가 변화하며 강력에서처럼 엔트로피가 증가할 수 있는 잠재력이 상승한다.

고정된 거시 상태에서 미시 상태가 변화하는 원인은 자연의 '엔트로피 증가 지향성'이다. 즉, 경우의 수가 많은 상황으로 미시 상태가 변화해 나간다. 위 예에서처럼 거시 상태 자체가 변화하는 원인도 같다고 볼 수 있다. 즉, '엔트로피 증가 잠재력을 상승'시키려는 자연의 '엔트로피 증가 지향성'이다.

■ 강력의 기원

엔트로피란 거시 상태에 대응하는 미시 상태의 수이다. 즉, 고정된 의미의 거시 상태를 가정한다. 우리는 거시 상태가 비교적 고정된 세상에서 살고 있으며 이에 익숙하다. 빅뱅 초기와 같은 우주적 거시 상태 변화의 경험이 없다. 그러므로 이 낯선 지향성을 고려하기 힘들다. 이 지향성을 고려하기 어려운 또 다른 이유가 있다. 수학적 접근이 어렵다는 것이다. [그림 16]의 삼투압은 용액의 높이 차이를 측정하면 간단히 해결된다. 그러나 거시 상태의 변화를 계산하는 것은 매우 어렵다. 변수가 상당히 많으며 또 이를 실험적으로 검증하기도 힘들다. 가장 큰 이유는 우리가 이런 현상을 경험적으로 관찰해 본 적이 거의 없다는 것이다.

그렇다고 자연에 이런 지향성이 없다고 할 수는 없다. 우리는 자라면서 물체를 가까이 둔다고 해서 두 물체가 붙어 버리는 광경을 본 적이 없다. 그러므로 자석을 처음 본 아이는 매우 놀라워한다. 자기력을 처음 목격한 것이다. 아이가 자석을 본 적이 없다고 해서 자연에 자기력이 없었던 것이 아니다. 삼투현상도 같다. 삼투현상을 처음 본 아이들은 매우 재미있어 하고 신기해 한다. 즉, 우리가 경험한 적이 없다고 해서 그 원리가 없다고 할 수는 없다. 이제 '엔트로피 증가 지향성'과 '엔트로피 증가 잠재력 상승 지향성'을 조금 더 살펴보자.

빛은 직진한다. 엄밀히 말하면 직진이라기보다는 최단 경로이다. 이를 '최소시간의 원리'라고 한다. 1657년 프랑스의 수학자 페르마는 이 원리를 발표하며 밀도가 다른 매질에서 빛이 굴절하거나 반사함을 증명하였다. 이 원리를 아우르는 원리가 있다. 아일랜드의 수학자 해밀턴에 의해 1834년 제시된 '최소작용의 원리'이다. '운동하는 입자들로 이루어진 어떤 계가 따를 수 있는 수많은 경로 중 실제로 자연이 선택하는 경로는 작용(action)을 최소화하는 경로이다'라는 것이다. 이를 양자역학의 확률 수식으로 계산하여도 같은 결과를 보인다. 즉, 빛이 직진하는 확률이 압도적으로 높다. 이는 직진하는 경우의 수가 압도적으로 많음을 의미한다. 그러므로 빛이 직진하는 근본 이유는 자연의 본성인 '엔트로피 원리'이다. 자연은 효율성을 따른다. 최소시간을 사용하려고 한다. 이러한 효율 경향의 근본 이유는 '엔트로피 원리'라고 할 수 있다.

지구는 둥글고 태양도 둥글다. 원자도 둥글다. 물방울도 둥글다. 자연은 자발적으로 둥근 모양을 만든다. 이러한 현상의 원인도 같다.

물방울의 예를 살펴보자. 물방울의 표면에는 표면장력이 작용한다. 이는 물 분자들 상호 간의 전자기적 인력에 기인한다. 이 표면장력 덕분에 소금쟁이는 물 위에 떠 있을 수 있다. 소금쟁이의 발힘은 물 분자의 인력보다 작다. 그러므로 물에 빠지지 않는다. 표면장력이란 '액체의 표면이 스스로 수축하여 되도록 작은 면적을 취하려는 힘'을 의미한다. 즉, 최소의 공간을 점유하려 하는 힘이다. 그러므로 물방울은 둥근 모양을 보인다.

이는 빛의 직진성과 닮아 있다. '최소작용의 원리'이다. 유능한 과학자가 공간적 분포에 이 원리를 적용하여 확률의 수식을 만들 수 있다면 아마도 그 결과는 같을 것이다. 상대성이론에 의하면 시간이나 공간은 하나의 물리적 대상이며 동전의 양면처럼 서로 떼어낼 수 없다. 그러므로 최소시간의 원리로 빛이 직진한다면, 공간상의 분포도 최소로 하려고 할 것이 자명하다. 즉, 빛의 직진처럼 직접적으로 증명할 수는 없지만 표면장력이라는 최소 공간을 점유하려는 힘도 가상의 수식에서 둥근 표면의 확률이 압도적으로 높을 가능성이 매우 크다. 가장 적은 수의 물 분자로 만들 수 있는 표면이 구의 형태이기 때문이다. 그렇다면 표면장력의 원인도 자연의 '엔트로피 원리'로부터 비롯된 이 '효율 지향성'이라고 볼 수 있다.

물방울이 최소한의 공간을 점유하면 여분의 공간이 증가한다. 그러므로 거꾸로 공간의 입장으로 보면 표면장력은 점유될 수 있는 공간의 수를 늘리려는 힘이다. 엔트로피는 입자가 위치하는 경우의 수를 의미한다. 입자의 수가 같더라도 위치할 수 있는 공간의 수가 많아진다면 엔트로피 증가 잠재력은 상승한다. 따라서 공간의 입장으로 보아도 표면장력의 원인은 '엔트로피 증가 잠재력 상승 지향성', 즉 '효율 지향성'일 수 있다. 강력에서도 같다. 강력으로 인하여 점유될 수 있는 공간의 수가 많아지며 엔트로피 증가 잠재력이 상승한다. 이는 자연의 효율 경향이 원인이었다. 그러므로 강력의 원인도 자연의 '엔트로피 원리'로부터 비롯된 '효율 지향성'이라고 볼 수 있다.

자연은 효율성을 따른다. 이러한 효율 경향의 근본 원인은 엔트로피 원리이다. 그러나 언뜻 보면 별 관련이 없어 보이는 경우가 많다. 지구나 태양이 둥근 경우가 그렇다. 우리는 둥근 태양에 익숙하다. 이는 중력의 관점에서 해석해도 충분하다. 중력이 큰 곳으로 입자들이 이동하므로 태양의 중심으로부터 입자들이 일정한 거리 내에 존재하게 될 것이다. 그러므로 태양은 둥글다. 우리는 앞에서 중력이 엔트로피 지향성의 일종일 수 있음을 알아보았다. 그렇게 본다면 태양이나 지구가 둥근 근원적 원인도 엔트로피이다. 이들은 일관된 자연 원리의 연장선에 있다. 물방울에서는 표면장력으로, 태양에서는 중력으로 표현되고 있지만 그 근본 원인은 자연의 '엔트로피 원리'라고 볼 수 있다.

많은 과학자가 대체로 끈 이론이나 루프 양자 중력 이론을 통해 빅뱅 이전을 설명할 수 있기를 기대한다. 이 두 이론은 모두 시공간이 플랑크 크기의 기본 모듈로 이루어져 있다고 여긴다. 특히 루프 양자 중력 이론에서는 공간을 양자화하여 생각하며, 공간 자체를 플랑크 크기의 불연속적 덩어리의 집합으로 여긴다. 그렇다면 이 공간 양자들도 자연의 본성인 엔트로피 원리와 무관하기 어렵다. 우리는 자연의 엔트로피 원리가 시공간이 존재하지 않았을 빅뱅 이전부터 작용하고 있었음을 가정하고 있다. 공간은 빅뱅으로 인하여 시작되었다. 그렇다면 공간 양자들도 자연의 엔트로피 원리에 따른다고 보는 것이 타당하다. 즉, 공간 양자들도 확률적 분포를 만족하려 하며 경우의 수가 많은 상황으로 변화하려는 지향성을 가진다고 생각해 볼 수 있다.

[그림 15]를 다시 살펴보자. 계는 엔트로피 증가 지향성에 따라 위 그림에서 아래 그림으로 변화한다. 나중에는 양쪽 공간에 50개 정도씩 고르게 입자가 분포하게 된다. 이는 입자 입장으로 바라본 것이다. 거꾸로 공간 입장으로 보아도 같다. 자신의 공간(위치)에 비교적 고르게 입자를 분포시키는 방향으로 변화한다. 나중에는 양쪽 공간에 50개 정도씩 고르게 입자가 분포하게 된다. 우리는 입자 위주로 바라보는 시각에 익숙해져 있다. 그렇게 자연의 엔트로피 원리를 바라본다. 그러나 공간 양자의 입장으로 보아도 같다. 같은 과정과 결과를 보인다. 즉 입자의 입장으로 바라보아도, 공간(위치)의 입장으로 바라보아도, 자연은 '엔트로피 증가의 지향성'을 보인다.

시공간이 없었을 특이점에서도 자연의 확률분포 경향은 있었을 것으로 우리를 추정한다. 즉, 자연의 '엔트로피 원리'이다. 4가지 힘은 빅뱅 이후 출현하였다. 그러므로 빅뱅 이전에 어떤 원리나 힘이 존재했는지 우리가 알 수는 없다. 10차원 스칼라들 사이에 반발력이 존재했을 수도 있다. 시공간의 원형에 해당하는 어떤 존재나 상태가 존재했을 수도 있다. 우리가 모르는 원리나 힘이 있었을 수도 있다. 그러나 우리는 이들을 전혀 알 수 없다. 이들의 관측 증거나 과학 방정식도 존재하지 않는다. 과학 방정식은 현재 우리 우주에서 일어나는 현상을 근거로 하기 때문이다. 그래도 우리는 빅뱅 이전 '엔트로피 원리'를 추정한다. 물론 이 추정의 증거도 없다. 그러나 간접 증거는 있다. 시간이 별 의미 없는 양자 중첩이나 공간이 별 의미 없는 양자 얽힘이 양자역학의 확률 방정식에 의해 표현될 수 있다. 이는 시공간이 없어도 확률적 분포는 만족할 수 있다는 간접 증거일 수 있다. 엔트로피는 자연에 존재하는 지향성이자 힘이다. 그러나 그 이전에 확률적 분포를 만족하려는 경향성이다. 그러므로 이 경향성은 시공간을 넘어 존재할 가능성이 크다고 볼 수 있다. 이런 이유로 우리는 빅뱅 이전의 세상에서도 '엔트로피 원리'가 존재했을 것으로 추정한다. 엔트로피는 특이점에서도 존재했다고 우리가 가정할 수 있는 거의 유일한 원리이다.

다시 강력과 엔트로피의 관계로 돌아와 보자. 언뜻 보면 강력은 쿼크들의 엔트로피를 감소시킨다. 작은 공간 안에 이들을 가두기 때문이다. 그래서 강력을 엔트로피에 반하는 힘으로 여길 수 있다. 그러나 실상은 반대이다. 쿼크들로 존재하는 것보다, 강력에 따른 원자핵으로 존재하는 것이 더 작은 평균적 공간을 점유한다. 결과적으로 입자들이 점유할 수 있는 공간의 수가 증가한다. 이것이 직접적으로 엔트로피를 증가시킬 수는 없다. 그러나 이로 인해 엔트로피가 증가할 수 있는 잠재력이 상승한다. 표면적으로 감소하는 엔트로피를 훨씬 넘어서는 엔트로피 증가 잠재력의 상승이다. 결국 강력으로 인해 우주의 엔트로피는 더 효율적으로 증가한다. 그러므로 우리는 강력을 '엔트로피 원리의 연장으로 인한 힘'으로 볼 수 있다.

우리는 빅뱅 이전의 자연에 '엔트로피 원리'가 있음을 가정하였다. 빅뱅 이전 특이점은 시공간이 없는 확률적 분포의 결맞음 세상이다. 빅뱅으로 시공간이 시작되며 최소의 시간과 공간이라는 효율성이 중요해진다. 그러므로 효율성 힘의 일종인 '엔트로피 증가 잠재력 상승 지향성'은 시공간 시작 이후 '엔트로피 원리'로부터 분리 또는 파생되어 발생했다고 볼 수 있다. 강력은 이 '효율 지향 힘'의 일종이며, 이 힘의 작용에 따라 여유 공간의 수가 늘어나고, 엔트로피가 증가할 수 있는 잠재력이 상승한다.

'엔트로피 증가 잠재력 상승'은 거시 상태의 변화가 중요하다. 그런데 우리는 거시 상태가 비교적 고정된 세상에 살고 있다. 우주적 거시 상태 변화의 경험이 없다. 그러므로 이 낯선 지향성을 상상하기는 힘들다. 그런데 강력은 거시 상태가 극단적으로 변화하는 환경에서 표현된 힘이다. 빅뱅 초기 환경을 생각해 보자. 빅뱅 후 10^{-6}초, 우주 온도 10^{13}K, 플랑크 크기의 우주가 태양계 크기로 팽창하며, 극단적인 거시 상태의 변화를 보인다. 이 무렵 쿼크들이 결합하여 양성자나 중성자를 만들기 시작한다.

쿼크를 의인화하여 생각해 보자. 10^{-32}초에 태어난 쿼크는, 대부분 동료를 사라지게 만든 쌍소멸 과정도 운 좋게 피했다. 그동안은 너무 비좁아서 옆 쿼크와의 반발력이 철저히 무시되었다. 반발력을 충분히 실현하며 거리를 두고 싶었다. 그런데 공간이 마구마구 팽창한다. 이제 좀 살 것 같다. 옆 쿼크와 거리가 멀어지기 시작한다. 그런데 이게 무슨 일인가? 어느 정도 멀어지니, 더는 멀어질 수 없다. 반발력을 실현하며 멀어지려 하면, 옆 쿼크와 나 사이에 고무줄이라도 연결된 양 몸이 거꾸로 쏠린다. 마음에 안 들지만 어쩔 도리가 없다. 내 반발력에 따르면 멀리 100 정도 떨어져 있어야 속이 시원하겠는데, 고무줄 같은 힘 때문에 1 정도밖에 못 벗어난다. 그래도 전에 0.1 거리에 있을 때보다는 한결 낫다. 하지만 내 반발력이 무시당해 기분이 좋지는 않다.

그런데 이게 웬일인가? 불만이 많았는데, 지내고 보니 이점이 더 많다. 탈출 시도 포기 후 나는 바로 옆의 쿼크 두 개, 그리고 조금 떨어진 곳의 쿼크 몇 개와 같이 다니고 있다. 나는 내가 있는 곳이 지겹다. 새로운 곳에 가 보고 싶다. 그래서 옆 쿼크와 자리를 바꾸는 장난을 자주 한다. 다른 곳으로 가려면 우리는 함께 이동할 수밖에 없다. 이 지긋지긋한 고무줄 같은 힘 때문이다. 그런데 지금 있는 곳이 지겨워서 다른 곳으로 이동하려고 할 때 매우 큰 이점이 있다. 이전 같으면 다른 쿼크들의 반발력 때문에 갈 수 있는 위치가 몇 개 없었다. 그런데 나뿐만이 아니라 다른 쿼크들도 모두 이 고무줄 같은 힘에 갇힌 모양이다. 모두 몇 개씩 모여 덩어리로 다닌다. 그러다 보니 반발력이 느껴지지 않는 공간이 제법 많아졌다. 전보다 여행할 수 있는 선택지가 매우 많아진 것이다. 참 신기한 세상이다. 나의 자유가 제한당해 기분이 나빴는데, 결과적으로 이 고무줄 같은 힘 때문에 자유가 더 증진되었다. 옆의 쿼크들도 모두 만족이다. 결과적으로 우리 동네에 있는 쿼크들 전체의 자유가 증진되었다. 조금 전에도 여행지에서 10^{-12}초 동안이나 놀다 왔다. 그런데 옆 쿼크와 조금 더 멀리 있었으면 하는 내 반발력은 어쩔 수 없다. 그래도 전체적으로 이점이 훨씬 더 많으니 이해해 볼 생각이다.

어느 쿼크의 이런 독백처럼 자유로운 위치가 많아지며 쿼크들의 여행지가 증가하였다. 즉, 고무줄 같은 강력의 출현으로 인하여 엔트로피 증가 잠재력이 상승하였다. 이는 자연의 자발적 과정이었다. 자발적 과정이란 자연 지향성의 실현일 것이다. 그러므로 강력은 자연 지향성의 결과라고 볼 수 있다.

자연의 '엔트로피 증가 지향성'은 비교적 쉽게 이해할 수 있다. 그러나 엔트로피 증가 잠재력을 상승시키는 '효율 지향성'은 여전히 낯설다. 더구나 위치할 수 있는 공간을 늘리려는 자발적 지향성이 자연에 있다는 것을 공감하기는 어려울 수 있다. 이에 대해 조금 더 생각해 보자.

우리는 빛의 직진과 표면장력의 예를 살펴보았다. 이들은 자연의 엔트로피 원리가 원인이었다. 이 원인에 의해 대상은 효율 경향을 지닐 수 있게 된다. 즉, 최소의 시간과 공간 그리고 최소의 작용을 지향한다. 이러한 효율 지향성은 우리 마음이나 사회에도 적용된다. 어떤 일을 할 때 우리 마음은 최소의 시간과 노력을 들여 최대의 결과를 내고 싶어 한다. 서울에서 대전으로 가는데 아무 이유 없이 인천을 경유하는 사람은 없다. 사회적으로도 같다. 최소요소의 투입으로 최대의 결과를 내고 싶어 한다.

나의 마음이나 타인 그리고 사회도 결국 자연의 일부분이다. 그러므로 변화의 원리가 서로 닮아 있다. 그런데 이 효율 경향은 엔트로피 원리가 원인이었다. 우리는 [그림 14]를 통해, 맛보기 수박 조각으로 전체를 추정할 수 있듯이, 현재 시공간의 원리로 빅뱅 특이점의 원리를 추정할 수 있음을 생각해 보았다. 현재 우리가 경험하는 원리가 빅뱅 특이점에도 존재한다고 보는 것이다. 그러므로 우리는 빅뱅 이전 특이점에서도 '엔트로피 원리'의 부분으로서 '엔트로피 증가 지향성'과 그 연장인 '효율 지향성'이 잠재되어 있다고 생각해 볼 수 있다.

빅뱅이 발생하고 시공간이 시작됨에 따라, '엔트로피 원리'에 잠재되어 있던 이 두 가지 지향성이 발현되어 작용하기 시작한다. 먼저 '엔트로피 증가 지향성'이 명확해지며 인과의 세상 속에서 하나의 힘으로 작용하기 시작한다. 잇따라 발현되는 효율 지향성은 시작된 시공간의 주인공이다. 이 지향성은 이후 우주 모든 구성 요소들 사이의 관계를 규정하며 '효율 지향 힘'으로 나타난다. 이는 시간과 공간 그리고 작용(action)을 최소화하려는 힘이다.

앞에서 알아보았듯이 중력은 엔트로피 증가 지향성의 하나로 생각할 수도 있고, 효율 지향 힘의 일종으로 생각할 수도 있다. 한편 강력, 약력, 전자기력은 모두 효율 지향 힘에 속한다고 할 수 있다. 그렇다면 우리는 우주 근본 4 힘이 모두 이 '효율 지향 힘'으로부터 비롯된다고 생각해 볼 수 있다.

이를 다시 정리해 보자. 시공간이 시작됨에 따라, 빅뱅 이전부터 존재하던 '엔트로피 원리(Entropy Principle, EP)'로부터 '엔트로피 증가 지향성(Entropy Increasing Inclination, EII)'과 '효율 지향 힘(Efficiency Inclined Force, EIF)'이 파생되어 발현한다. 이후의 우주에서 EP는 확률의 원리로서, EII는 물리적, 화학적 의미의 엔트로피로서, EIF는 중력, 강력, 약력, 전자기력의 근본 4 힘 등으로서 작용한다고 우리는 추론해 볼 수 있다.

이 힘의 일종인 강력 덕분에 쿼크들은 공간을 최소화할 수 있었고, 그 결과 엔트로피 증가 잠재력이 상승하였으며, 우주는 가장 효율적으로 엔트로피를 실현할 수 있었다. 이런 '효율 지향 힘'들이 훗날 표면장력으로 물방울에, 그리고 중력으로 천체에 적용되며 이들이 둥근 모양을 가지게 해 주었을 것이다. 따라서 빅뱅 이후의 우주는 '엔트로피 증가 지향성'과 '효율 지향 힘' 그리고 이로부터 '파생된 힘들'의 구분, 대립, 균형, 조화 속에서 진행된다고 볼 수 있다.

우리는 '엔트로피 원리'가 강력의 근본 원인일 가능성을 생각해 보고 있다. 그런데 증거가 없는 가정들을 고려하였다. 빅뱅 이전부터 이 원리가 존재했음을 가정하였다. 그러나 이에 대한 증거나 수식이 없다. 강력에 의한 거리 감소도 정확한 수치를 제시하지 못하였다. 공간 증가도 정확한 수치가 없다. 공간 양자도 그야말로 이론에 불과하다. 강력과 표면장력이 근본적으로 같은 것임을 추정하였으나 역시 추정일 뿐이다. 우리 가정이 틀릴 가능성의 지점이 한두 곳이 아니다. 그러므로 우리의 추정이 꼭 옳다고 주장할 수는 없다.

하지만 우리의 추정이 틀렸다는 증거도 없다. 빅뱅 이전이나 빅뱅의 이유 또는 우주 탄생의 원인 등에 대한 질문은 과학자들에게 금기에 해당한다. 과학은 엄밀성의 학문이며 관측의 증거를 요구한다. 그러므로 최고의 석학일수록 답변을 꺼린다. 이 부분에 대한 우주 분야 석학들의 조심스러운 답변은 다음과 같다. "우주 탄생은 양자역학적 확률적 사건이다." "빅뱅은 맞는 것 같으나 그 원인은 알 수 없다." "우주배경복사 이전은 관측이 안 되므로 알 수 없고, 그러므로 그 이전의 이야기는 모두 시나리오에 불과하다."

미래에, 빅뱅 이전에 대하여 정확히 알게 되는 날이 올까? 인류의 호기심과 노력에 비추어 볼 때 언젠가 그런 날이 올 것이다. 현재 가장 유력한 가설인 끈 이론에 의해 밝혀질 수도 있다. 루프 양자 중력 이론도 강력한 후보이다. 새로운 과학적 증거가 발견되어 새로운 정설이 등장할 수도 있다. 우리는 초끈 이론을 포함한 현재까지의 과학적 결과들을 바탕으로 추론하고 있다. 우리는 자연의 '엔트로피 원리'가 모든 힘의 근원이라고 추정한다. 그러나 이 추정의 증거나 수학적 방정식은 없다. 합리적 가능성뿐이다. 양자역학과 엔트로피는 경우의 수와 확률의 수식을 바탕으로 한다. 그러므로 양자역학 속에서 엔트로피의 수식이 확장될 여지가 있다. 이렇게 확장된 엔트로피의 수식과 끈 이론의 발달에 따라 언젠가는 우리의 추론이 수학적으로 증명될 수도 있지 않을까 하는 상상을 해 본다.

거미줄에 맺힌 이슬

전자기력과
엔트로피

　전자기력은 전기력과 자기력을 함께 일컫는 말이다. 이 힘은 대체로 거시세계의 힘이며 이론적으로 무한대의 거리에까지 미친다. 이 힘은 ⊕나 ⊖의 전하(electric charge)로 인하여 발생한다. 전하는 중력의 질량처럼 힘을 유발하는 원천이다. 일상생활에서 자주 관찰되므로 대체로 거시세계의 힘이라고 할 수 있지만, 꼭 그렇지는 않다. 페르미온 입자인 쿼크나 렙톤도 전하가 있기 때문이다.

　⊕전하를 가진 두 입자는 서로 밀어낸다. ⊖전하를 가진 두 입자도 마찬가지이다. 척력이 작용한다. ⊕전하를 가진 입자와 ⊖전하를 가진 입자는 서로 당기는 힘이 작용한다. 인력이다. 페르미온은 전자기력을 가지는 가장 작은 입자이다. [그림 2] 표준모형을 다시 살펴보자. 보손 입자의 전하는 대체로 0이며 스핀은 대체로 1이다. 즉, 정수이다. 페르미온 입자는 다르다. 쿼크의 경우 1의 기본전하 대비 2/3

또는 -1/3의 전하를 가진다. 스핀은 모두 1/2을 보인다. 렙톤의 경우 -1 또는 0의 전하와 1/2의 스핀을 가진다. 보손 입자는 정수의 전하와 스핀을 가진다. 따라서 이들은 상대적으로 안정하다. 페르미온 입자는 다르다. 분수의 전하와 스핀을 가진다. 이들은 같은 전하를 밀어내고 반대 전하를 끌어당긴다. 이는 마치 자신의 불완전성을 채워 줄 보완적 입자와 결합하려는 움직임처럼 보인다.

화학반응으로 비유해 보면 페르미온은 반응성이 큰 입자이다. 즉, 불안정하며 반응을 통해 더 안정되려는 지향성을 가지고 있다고 볼 수 있다. 이런 큰 반응성의 이유는 무엇일까?

우주 4가지 힘에 대한 물리학의 정설은 [그림 2] 표준모형으로 설명된다. 페르미온 입자의 조합으로 물질이 구성된다. 4가지 힘은 이 물질들을 통해 나타난다. 힘이란 이를 매개하는 보손 입자들의 교환을 의미한다. 강력은 글루온 입자의 교환을 통해 나타난다. 전자기력은 광자의 교환이며, 약력은 W나 Z입자의 교환이다. 중력은 표준모형에 아직 제시되지 않은 중력자의 교환에 의해 나타난다. 광자나 W, Z 입자는 독립적으로 존재할 수 있지만, 글루온은 강입자 등의 내부에만 존재한다. 그러므로 강력의 작용 범위는 매우 제한적이다. 쿼크는 색 전하를 가지며 단독으로 존재하지 못한다. 쿼크 3중 상태에서처럼 색 전하 양자수의 총합이 무색이 되는 상태로만 존재할 수 있다.

전자기력은 광자에 의해 매개된다. 즉, 광자를 서로 교환하고 있는 상태가 힘이 작용하는 순간이다. 그런데 문제는, 서로 같은 전하를 가진 입자는 밀어내고 다른 전하를 가진 입자는 당긴다는 것이다. 표준모형이 힘은 설명할 수 있지만, 이 현상을 설명하기는 어렵다. 우리는 우주 4가지 힘이 엔트로피와 연관되었을 가능성을 추정하고 있다. 이에 대하여 조금 더 생각해 보자.

우리는 본래부터 존재하던 '엔트로피 원리'가 빅뱅 후 '엔트로피 증가 지향성'과 '효율 지향 힘'으로 파생되어 시작하였다고 추정하고 있다. ⊕전하를 가진 입자와 ⊖전하를 가진 입자가 30의 거리만큼 떨어져 있다고 해 보자. 표준모형에 의해 광자를 주고받으며 힘이 작용하고 있다. 이 과정에는 시간과 공간이 소요된다. 그런데 자연에는 시간, 공간을 최소화하려는 지향성이 있다. 서로 다른 전하를 가지고 있고, 광자의 교환이 서로의 부족함을 채워 주며, 이 과정에는 효율 지향성이 적용된다. 최소의 시간, 공간을 위해서는 가까이 다가가는 것이 최선이다. 이에 따라 인력이 작용하며 서로 간의 거리가 10으로 줄었다고 해 보자. 광자가 이동하는 시간, 공간이 1/3로 감소한다. 더 빠르고 효율적으로 광자를 교환할 수 있다. 즉, 서로 다른 전하를 가진 입자에 인력이 발생하는 이유는 자연의 효율 지향성 때문이다. 자연의 '엔트로피 원리'가 '효율 지향 힘'의 일종인 '전자기력'으로 모습을 바꾸어 작용했다고 볼 수 있다.

같은 전하를 가진 입자에 척력이 작용하는 이유도 같다. 서로 같은 전하를 가지고 있고, 광자 교환이 서로의 부족함을 악화시키므로, 이 과정에 크기는 같지만 반대인 힘이 적용된다. 척력이다. 동그란 자석 구슬 수십 개를 상자 안에 임의로 두었다고 해 보자. 같은 극끼리의 척력으로 잠시 멀어지거나 튕겨 나가는 자석도 있겠지만 곧바로 이들 자석은 한 덩어리가 된다. 누군가 와서 상자를 움직이기 전까지 이들은 서로 붙어 있다. 즉, 척력이 작용하는 시간은 매우 짧고 인력인 작용하는 시간은 매우 길다. 그러므로 척력은 인력을 위한 보조의 힘일 수 있다. 척력으로 상대 자석의 방향을 바꾸어 놓아야 인력이 작용하여 붙을 수 있다. 결합 시 작용한 자기적 인력은 누가 와서 떼어내지 않는 한 자발적으로 지속된다. 전기력에서도 같다. 같은 전하를 가진 입자를 밀어내야 다른 전하를 가진 입자와 수월하게 결합할 수 있다. 같은 전하를 가진 입자들 사이에 아무 힘도 작용하지 않는 것보다, 인력과 같은 크기의 척력이 작용하는 것이 다른 전하를 가진 입자와의 인력을 가장 빠르고 효율적으로 현실화하는 방법일 수 있다. 즉, 인력이나 척력 모두 자연의 효율 지향성에 따른 힘이라고 볼 수 있다.

우리는 중력에 대하여 10개의 차원으로 고르게 질량이 분포하려는 엔트로피 증가 지향성에 따른 힘으로도 생각해 보았다. 한편 표준모형에 의하면 중력은 힘 매개보손인 중력자를 주고받으며 발생한다. 우리는 이 역시 전자기력과 같은 과정으로 생각해 볼 수 있다. 자연은 효율 지향성을 가진다. 즉 최소의 시간과 공간을 사용하려 하며, 중력자를 주고받을 때 서로 간의 거리를 좁히는 것이 이를 실현하는 가장 좋은 방법이다. 그러므로 중력이라는 인력이 발생하여 두 물체 사이의 거리를 줄이려 한다. 약력과 강력도 매개 입자를 주고받으므로 같은 방식으로 생각해 볼 수 있다. 결국 이들 4 힘 모두 자연의 효율 경향성에 따른 '효율 지향 힘'의 일종으로 볼 수 있다. 이 힘은 빅뱅 이전부터 존재했을 엔트로피 원리로부터 비롯된다.

그러나 이런 해석만으로는 충분치 않다. 애초에 쿼크나 렙톤, 원자핵이나 전자 등에 전하가 왜 존재하는지에 대한 의문이 있다. 아니, 전하가 도대체 무엇인지 궁금하다. 과학적 증거는 없으나 이에 대해 조금 더 생각해 보자.

빅뱅 이전을 설명할 수 있는 과학적 추론은 현재 끈 이론이 거의 유일하다. 초끈 이론은 10차원 특이점을 가정한다. 이 스칼라 10차원 덩어리에 거대 초기에너지가 가해졌다고 보는 것이다. 초기에너지가 적용되어 빅뱅이 발생하며 시공간이 시작된다. 시작된 4차원 시공간 속으로 에너지가 유입된다. 이 에너지 중 일부가 힉스장에 의해 질량으로 변화한다. 우리는 앞에서 이 과정을 명동 거리에 나타난 유명 연예인의 비유로 알아보았다. 명동 거리의 대칭성이 깨지며, 인파가 몰려 있는 연예인 쪽으로 이동 시 큰 저항을 느끼게 된다. 이 저항이 곧 질량이다.

우리는 자연에 '엔트로피 원리'가 있음을 알고 있다. '엔트로피 원리' 입장으로 보면 힉스장을 통해 새로 발생한 '질량을 가진 입자'라는 녀석은 결함이 많다. 이 녀석 때문에 명동 거리를 오가는 사람들이 옆길로 이동하며 시간을 지체하게 된다. 즉, 자연의 '효율 지향성'을 저해한다. 엔트로피 원리로 생각해 보면, 힉스장은 이처럼 자연의 효율 지향성을 저해하는 에너지 덩어리들을 걸러내는 장치이다. 힉스장을 통해 걸러진 결함 많은 에너지 덩어리들은 질량의 입자로 변화한다. 에너지의 상태로 지속 시 이 결함으로 인해 자연의 엔트로피 증가는 영속적으로 저해된다. 한편, 힉스장에 의해 선별된 질량을 가진 입자들은 이후 강력, 약력, 전자기력 등의 '효율 지향 힘'에 의해 자신들의 결함을 보완하는 과정을 거친다.

빅뱅 초기 급 팽창기 직후 힉스장이 출현하며 이런 과정이 진행되었다. 이 시기에 힉스장이 출현한 원인도 자연의 '효율 지향성' 때문이라고 볼 수 있다. 결함 많은 에너지 덩어리들이 이 시기에 걸러지는 것이 최선의 효율이었을 것이다. 힉스장 출현 자체를 하나의 대칭성 깨짐으로 볼 수도 있다. 자연의 '효율 지향성' 내부에 잠재되어 있던 '힉스장에 의한 질량 부여의 성질'이 급팽창 직후 나타난 것이다. 이 새로운 대칭 깨짐이 발생하며, 자연의 '엔트로피 원리'에 의해 힉스장의 출현 확률이 급증했다고 볼 수 있다. 그 결과 잠재되어 있던 힉스장이 출현하여 에너지 덩어리에 질량을 부여한다.

결함이 많아 질량으로 변화한 이 입자를 통칭하여 페르미온이라고 할 수 있다. 페르미온 입자는 보통 분수의 전하와 스핀을 가진다. 이 페르미온 입자가 이후 원자, 분자, 물질을 만든다. 우리가 살아가는, 눈에 보이는 세상은 모두 이 페르미온 입자로 구성되어 있다. 한편 '엔트로피 원리' 입장으로 볼 때 엔트로피 증가를 저해하지 않고 결함이 없는 에너지 덩어리들은 굳이 거시세계의 일원이 될 이유가 없다. 우주의 총 에너지 중 암흑에너지가 73%, 암흑물질이 23%, 우리가 관측할 수 있는 보통의 물질은 약 4%에 불과하다고 한다. 현재까지 누구도 정확히 알 수는 없지만, 혹여 우리가 모르는 암흑물질 등이 결함이 없어 거시세계로 넘어오지 않은 이 에너지 덩어리들일 수도 있다.

어린 시절 딱지치기나 구슬치기를 안 해 본 사람은 거의 없을 것이다. 친구들과 놀고 집에 돌아와서 바지 주머니 속의 구슬이나 딱지를 작은 상자 안에 넣어 둔다. 재미로 상자를 흔들어 본다. 구슬 상자는 두세 번만 흔들어도 구슬의 위치가 모두 바뀌어 있다. 즉, 엔트로피가 빠르게 실현된다. 그러나 딱지 상자는 다르다. 10번을 흔들어도 앞면은 앞면끼리, 뒷면은 뒷면끼리 뭉쳐 있다. 흐트러져 있기는 하지만 앞뒤 면이 고르게 섞이지는 않는다. 즉, 딱지는 엔트로피가 잘 실현되지 않는다. 힉스장에 의해 걸러져 질량이 부여된 에너지 덩어리들은 이 딱지와 같다고 할 수 있다. 엔트로피가 잘 실현되려면 구슬처럼 동글동글하게 되어야 한다. 질량이 부여된 이 딱지와 같은 입자는 이후 강력, 전자기력 등 '효율 지향 힘'에 의해 구슬과 같은 입자로 변화하는 과정을 거치게 된다.

당구대에 당구공이 놓여 있다고 해 보자. 정상적으로 동글동글하고 잘 닦인 당구공은 자연스럽게 잘 굴러가서 편안한 위치에 멈추어 정지할 수 있다. 즉, 엔트로피 증가를 효율적으로 실현할 수 있다.

그런데 당구공이 깨져 있다고 생각해 보자. 조금 굴러가다가 깨진 부위가 바닥을 긁으며 멈추어 버린다. 즉, 효율적으로 엔트로피가 실현되기 어렵다. 효율성이란 최소의 시간과 공간을 사용하여 확률적 분포, 즉 경우의 수를 만족하려는 경향성을 말한다.

페르미온 입자는 이 깨진 당구공과 같다. 깨진 부위를 수선하지 않고는 제대로 굴러갈 수 없다. 그런데 자연에는 효율 지향성이 있다. 당구로 비유하면 임의로 당구공이 잘 굴러가게 하려는 지향성이다. 깨진 부위를 수선하려면, 크기에 맞는 다른 에너지 조각으로 채우는 것이 최선이다. 그런데 자연에서 꼭 맞는 조각을 찾기란 쉽지 않다. 이들도 다양한 크기와 모양의 확률적 분포를 하고 있을 것이기 때문이다. 일단 일정 부위를 메우고, 부족한 부위는 조금 있다가 다른 조각으로 메우는 방식일 것이다.

강력은 쿼크들에서 한두 번 작용한다. 그런데 전자기력은 다르다. 이는 쿼크나 렙톤에서, 이들이 모인 양성자나 원자핵에서, 이들이 모인 원자나 분자에서 나타난다. 작용이 누적되며 점점 더 큰 물질이 되어 갈수록 결함 부위는 점점 더 적어진다. 분자 이상의 크기가 되면 외부에 대하여 전기적으로 거의 중성인 입자도 다수 나타난다. 좀 더 커진 거시세계의 작은 모래알은 전자기적 인력이나 척력으로 옆의 다른 모래알에 영향을 주지 못한다. 따라서 어찌 보면 우주에 거시세계가 출현할 수 있게 된 것은 전자기력 때문이다. 미시세계의 입자들이 자신의 결함을 보완하기 위해 타 입자와 전자기적 결합을 지속하려 하고, 그 결과로 점점 더 큰 물질들이 출현한 덕분이다.

'전하'란 에너지인 파동 덩어리의 '결합'을 의미한다. 모자란 결합이냐, 과도한 결합이냐에 따라 ⊕또는 ⊖로 표현될 수 있다. 이 거칠고 결합 많은 파동 덩어리들은 자신의 결함을 채워 줄 다른 파동 덩어리와 결합하려는 지향성을 가진다. 이 지향성이 전자기력이다. 당구공으로 비유하자면 깨진 부위가 전하에 해당한다. 깨진 부위가 ⊕라면, 수선 조각은 ⊖로 표현될 수 있다. 자연에는 이 깨진 부위를 자발적으로 수선하려는 지향성인 전자기력이 있다. 이렇게 결함을 채우려는 이유는 자연의 효율 지향성 때문이다. 자연은 최소의 시간과 공간을 사용하여 확률적 분포, 즉 경우의 수를 만족하려 한다. 그런데 깨진 당구공의 예에서처럼, 결함이 있으면 효율적으로 이를 실현할 수 없다. 그러므로 자발적으로 이를 고치려는 지향성이 나타난다. 즉, 전자기력이다. 다른 예를 생각해 보자.

어떤 마을에 앉은뱅이와 소경이 살고 있었다. 이들은 다른 사람들처럼 자유롭지 못하므로, 하고 싶은 일을 제대로 수행하기 어렵고, 따라서 많은 부분에서 다른 사람들의 도움이 필요하다. 이 마을에 어느 날 서커스단이 공연을 왔다. 마을 사람들이 모두 구경하겠다고 난리다. 앉은뱅이와 소경도 공연장에 가고 싶다. 그러나 장애 때문에 어렵다. 이들이 공연장에 가는 방법이 없을까? 소경이 앉은뱅이를 업고 가면 된다.

소경이 앉은뱅이를 업음으로써 이들은 더 자유로워진다. 공연장뿐 아니라 어디든 갈 수 있다. 전에는 시장에 갈 엄두도 내지 못했으나 이제 반나절이면 다녀올 수 있다. 두 사람이 협조만 잘 된다면 일상생활도 훨씬 더 편리하게 할 수 있다. 시간, 돈, 노력, 공간을 아낄 수 있다. 전보다 훨씬 더 효율적으로 생활할 수 있으며 그 결과로 이들의 자유는 증진될 것이다. 이는 전하로 인한 전자기력과 같다. $\oplus$와 $\ominus$전하의 결합은, 소경이 앉은뱅이를 업은 것으로 비유된다. 자연의 엔트로피는 사회의 자유에 비유될 수 있고, 소경과 앉은뱅이의 협력으로 이들의 효율성과 자유는 증진된다.

자연에서의 원리와 사회에서의 원리는 이처럼 서로 닮아 있다. 더 온전해지려 한다. 그러나 결코 완벽하게 온전해질 수는 없는 것 같다. 개인이나 사회도 점점 더 발전하지만 아주 완벽한 사람이나 사회는 있을 수 없다. 자연계의 물질도 같다. 거시세계의 물질도 다른 물질과 반응성을 보이며 지속적인 변화를 나타낸다. 외부에 대하여 전기적 중성인 거시세계의 물질들에는 이제 중력의 영향이 중요해진다. 작은 모래알들은 오랜 세월을 거치며 지각의 압력이나 열의 영향으로 커다란 바위가 되기도 한다. 물질이나 사회 등 자연의 구성물들이 이처럼 더 온전해지려고 하는 이유는 자연의 효율 지향성 때문이다. 더 온전해져야 효율성이 커지고, 그래야 자연의 엔트로피 원리에 더 부합하기 때문이다.

위의 강력에 대한 부분에서 우리는 빅뱅 특이점의 '엔트로피 원리'가 빅뱅 후 '엔트로피 증가 지향성'과 '효율 지향 힘'으로 파생되어 나타났고, '우주 4 힘'과 그 '파생 힘'들은 '효율 지향 힘'으로부터 비롯되었을 가능성을 알아보았다. 이제 이들의 관계를 생각해 보자.

먼저 결맞음에 대하여 다시 생각해 보자. 결맞음은 시간과 공간이 별 의미 없는 양자 중첩과 얽힘의 미시 세상이다. 결어긋남은 시간이 흐르며 인과의 규칙에 따라 공간상 변화해 나가는 거시 세상이다. 결맞음에서 결어긋남으로의 변화는 관측에 따라 발생한다. 관측이란 대상에 광자, 전자 등 타 입자가 충돌 또는 상호작용함을 의미한다. 이러한 상호작용으로 인해 대상은 비로소 결어긋남의 거시 세상으로 이행한다. 충돌 또는 상호작용이란, 관측의 대상과 광자 사이에 '힘'이 작용했음을 의미한다. 주로 전자기적 반발력일 것이다. 즉, 광자가 대상에 충돌하며 반사되어 우리 눈까지 도달한다. 본다고 하는 것은 우리 눈의 시신경이 이 광자를 인지하는 것이다.

미시의 결맞음에서 거시의 결어긋남으로 이행하는 이유는 충돌, 즉 '힘' 때문이다. 원인은 '힘'이다. 충돌이란 빅뱅으로 인하여 탄생한 대상이 최초로 외부를 인지하는 사건이다. 대상에게 있어 지금까지 시간이나 공간은 없는 것과 같았다. 최초로 외부를 인지하며 잠재되어 있던 내부의 지향성이 드러난다. 대칭성 깨짐의 순간이며, 잠재되어 있던 자연의 '엔트로피 원리'가 '효율 지향 힘'으로 분화되어 나타나는 순간이다.

역치 이상의 충돌로 인해 결어긋남으로 이행된 입자가 다시 이전의 결맞음으로 되돌아가는 것은 거의 불가능하다. 원자폭탄의 경우 핵분열 과정에서 소실되는 미량의 질량이 동시에 에너지로 전환되며 엄청난 위력을 발휘한다. 질량이 한순간 모두 에너지로 변화한다. 이는 결어긋남 거시세계의 질량이 결맞음 미시세계의 에너지로 변화되었다고 볼 수 있다. 그러나 이는 매우 인위적이고 드문 경우이다. 수소 원자의 경우 원자핵과 전자 사이에 전자기적 '힘'이 작용하고 있다. 힘이 작용하므로 원자핵이나 전자는 인과의 결어긋남 세계로 이행되어야 한다. 그런데 원자의 전자는 결맞음 확률분포를 보인다. 이는 왜 그럴까?

60개의 탄소로 구성된 풀러렌을 생각해 보자. 각각의 탄소 원자들이 서로 힘을 주고받으며 상호작용한다. 그럼 탄소 원자 하나하나가 입자로서 작용할 것이고, 따라서 전체 풀러렌이 입자로서 작용해야 하는 게 아닐까 하는 생각을 할 수 있다. 그러나 실제는 그렇지 않다. 그 이유는 하나의 풀러렌 안에서 각각의 탄소 원자들이 상호작용하지만, 그 정보가 내부에서만 공유되기 때문이다. 즉, 풀러렌 자체가 고립계로서 외부와 상호작용하지 않으므로 결맞음의 중첩 상태가 유지된다. 수소 원자도 이처럼 생각해 볼 수 있다. 고립계로서 원자핵과 전자 사이의 정보가 내부에서만 공유되므로 결맞음 상태가 유지된다. 외부 입자와의 충돌은 이런 환경의 붕괴를 의미한다. 고립계가 붕괴하고 외부로 정보가 공유된다. 즉, 충돌로 인하여 외부와 힘을 교환한 것이다. 원자나 풀러렌을 포함한 모든 대상은 이 경우 결맞음이 깨지고 결어긋남으로 이행한다.

변화의 원인은 '힘', 즉 '전자기력'이다. 결맞음은 확률적 분포와 동시성의 세계이다. 이 세계에서 힘은 큰 의미가 없다. 힘은 인과의 세계에서 의미를 지니며, 원인과 결과를 매개한다. 모든 종류의 결과는 힘의 작용 때문이다. 그러므로 '힘'은 거시세계에 속하는 구성물이라고 볼 수 있다. 충돌은 힘이 작용하는 순간이다. 대상과 광자의 '힘', 즉 '전자기적 반발력'으로 충돌이 발생한다.

일상의 예를 생각해 보자. 우리는 아플 때 병원에 가서 X-ray 검사를 하기도 한다. X선이 우리 몸을 투과한다. 그러나 우리는 이를 충돌로 느끼지 못한다. 병원 직원이 다 찍었다고 해야 끝난 줄 알게 된다. 사진을 보면 뼈 부분이 하얗게 보인다. X선이 뼈와 충돌하였겠으나, 우리는 이를 인지할 수 없다. 그러므로 우리는 X선에 대한 별다른 느낌이나 기억을 가지지 못한다.

반대의 경우를 생각해 보자. 우리는 보통 칭찬, 환영, 즐거움 등 긍정적 정서를 표현하며 박수를 친다. 박수를 치려면 두 손바닥이 마주쳐 충돌해야 한다. 우리는 이때의 손바닥 느낌을 잘 알고 있다. 박수를 신나게 치고 나면 손바닥에서 열이 나기도 한다. 우리는 박수에 대한 생생한 느낌이 있으며 이를 기억하고 있다. 이는 두 손바닥이 마주친 결과이다. 충돌의 순간 항상 무언가 크고 작은 '변화'가 나타난다. 두 손바닥을 마주치면 '소리'가 난다. 손바닥도 뜨거워진다. 이는 잔잔한 날씨에서 우리가 공기의 존재를 느끼기 어려운 경우와 같다. 바람이 불어 공기의 입자들이 우리 피부에 충돌할 때 비로소 우리는 공기의 존재를 느끼게 된다.

우리는 앞에서 자연의 모듈성을 살펴보았다. 자연은 기본 모듈의 반복으로 되어 있으며, 세계가 존재하려면 구분되거나 대립하는 최소 2개의 무엇이 필요함을 알아보았다. 하나의 모듈만 있다면 세상은 만들어지지 않는다. 두 개 이상의 모듈이 존재해서 상호작용할 수 있어야 한다. 상호작용이란 힘을 의미한다. 그러므로 두 번째의 모듈은 무언가 새로운 시작을 의미한다.

빅뱅 시 탄생하여 그동안 홀로 존재해 왔던 대상은 사실 존재하지 않는 것과 같다. 의인화해서 생각해 보자면, 자기 자신이 존재하고 있는지도 모른다. 자신의 존재는 타 존재를 통해 확인될 수 있다. 그런데 타 존재가 하나도 없다. 자신의 내부에 전자기력이 잠재해 있는지도 알지 못한다. 타 대상을 통해 힘이 발휘된 적이 없기 때문이다. 자신의 질량과 전하도 모른다. 스핀도 모른다. 가만히 정지해 있는지 또는 회전하고 있는지도 알 수 없다. 기준으로 삼을 상대가 없기 때문이다. 대상은 결맞음 상태로 존재한다. 대상에게 시간이나 공간은 별 의미가 없다.

그런데 돌연 광자가 나타나 대상과 충돌한다. 홀로 존재하는 것을 가만히 서 있는 것으로 비유한다면, 충돌은 첫걸음의 시작과 같다. 의인화하여 대상 입장으로 볼 때 충돌은 일생일대의 큰 사건이다. 생애 처음으로 타 존재와 상호작용하며 외부를 인지하게 된다. 더하여 자신의 성질과 존재를 인지하게 된다. 대칭성 깨짐의 순간이다. 이처럼 충돌의 순간에는 항상 무언가 새로운 변화가 나타난다.

광자는 전자기력을 매개한다. 광자로 인하여 최초로 대상에 잠재되어 있던 전자기력이 발휘된다. 그동안 '원리' 또는 '지향성'으로 대상의 내부에 잠재되어 있었지만, 광자로 인하여 대상이 외부와 상호작용하게 되며 최초로 '힘'이 된 것이다. 자연의 '엔트로피 원리'가 '효율 지향 힘'으로 파생되어 나타나는 순간이다. '힘'의 출현은 대상이 입자로 변화하여 거시세계의 인과 흐름에 편입됨을 의미한다. 외부는 이미 오래전 빅뱅으로 시공간이 시작되었고 인과의 흐름에 따라 변화하고 있었으나, 대상의 입장으로는 지금까지도 빅뱅 이전과 같았다. 결맞음의 확률적 분포를 하고 있었으며 시공간은 없는 것과 같았다. 그러나 충돌로 인하여 내부의 지향성이 '힘'으로 변화하며 모든 것이 달라졌다.

결맞음 상태에서 '힘'은 큰 의미가 없다. 시공간을 넘어선 확률적 분포의 환경이기 때문이다. 시공간이 시작되어 흐를 때 비로소 힘이 의미를 갖게 된다. 아니, 시공간이 발생하였으므로 힘이 시작되었다고 생각해도 크게 틀리지는 않을 것이다. 힘은 상호작용의 관계를 의미하며, 원인과 결과를 매개하는 것이 힘이기 때문이다.

[그림 17] 공기의 대류현상을 살펴보자. 태양열에 의해 뜨거워진 지표면에 상승기류가 발생하며 공기 밀도가 낮아진다. 공기 밀도가 낮아지므로 해당 부위 지표면에 저기압이 발생한다. 공기 밀도가 높은 지표면 고기압에서 지표면 저기압으로 바람이 분다. 공기 입자들의 이동으로 고기압 지표면의 공기 밀도가 낮아지므로 고기압 상공의 공기가 고기압 지표면으로 이동한다. 즉, 하강기류가 발생한다. 고기압 상공은 저기압 상공으로부터 이동한 공기 입자들로 채워진다. 이렇게 반시계 방향으로 공기 입자들이 이동한다. 공기 입자들은 이런 방식으로 이동하며 열을 전달한다.

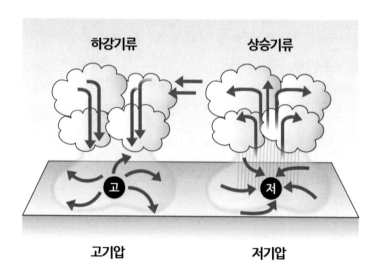

[그림 17] 공기의 대류현상: 태양열에 의해 뜨거워진 지표면의 공기 온도가 올라가며 분자운동이 활발해진다. 따라서 상승기류가 발생하며 밀도가 낮아진다. 공기의 밀도가 낮아지므로 지표면에는 저기압이 발생한다. 공기 밀도가 높은 지표면 고기압에서 지표면 저기압으로 공기가 이동한다. 즉, 바람이 분다.

최초의 원인은 태양으로부터의 에너지이다. 저기압 상공에서 상승 기류가 발생한다. 이 원인은 뜨거워지고 활발해진 공기 입자들이 타 공기 입자들과 더 자주 충돌하게 되었기 때문이다. 물리적 충돌은 입자 간 전자기적 반발력에 기인한다. 이제 저기압 지표면 공기 밀도가 낮아진다. '엔트로피 증가 지향성'에 의해 지표면 고기압 공기 입자들이 저기압 쪽으로 이동한다. 이동의 표면적 원인은 공기 입자들의 물리적 충돌이다. 이는 시간이 지남에 따라 힘이 적용되며 진행되는 인과의 흐름이다. 태양으로부터의 열이라는 '원인'이 있었고, '엔트로피 증가 지향성'이 있었으므로, 바람이라는 '결과'가 발생하였다. '엔트로피 증가 지향성'은 빅뱅 이전의 '엔트로피 원리'로부터 비롯되었으며, 이후의 거시세계에서 하나의 힘으로서 작용한다.

　이 바람이 또 다른 변화의 원인이 되기도 한다. 바람으로 인하여 건물의 지붕이 날아갈 수도 있다. 이는 건물이 지붕을 잡아주는 힘보다 바람의 힘이 셌기 때문이다. 저기압과 고기압의 차이가 클수록 바람이 더 세며, 이의 근본적 이유는 자연의 '효율 지향성'이다. 센 바람이나 약한 바람이나 모두 환경에 맞는 최대 효율의 결과이다. 효율 지향성이 없다면 기압 차이가 크다고 해서 굳이 센 바람이 불 이유가 없다. 오히려 기압 차이가 작은 곳에서 센 바람이 불 수도 있다. 이는 빛이 직진하는 이유와도 같다. 직진하려는 성질이 없으면 가까이에서 출발한 광자가 꼭 나에게 먼저 오라는 법이 없고, 그러면 우리는 눈에 보이는 사물들을 신뢰할 수 없게 된다. 즉, 경사나 차이가 큰 경우 힘이 더 빠르게 작용하고 급격한 결과가 발생하며, 그 이유는 자연의 '효율 지향 힘' 때문이라고 볼 수 있다.

　요약해 보자. 바람의 표면적 이유는 공기 입자들의 물리적 충돌이지만 근본적 원인은 자연의 '엔트로피 증가 지향성'이며, 기압 차의 크기에 따라 그 속도가 달라지는 이유는 '효율 지향 힘' 때문이다. 이처럼 이들 힘은 서로 조화를 이루며 거시 세상의 인과를 매개한다. 이들은 모두 자연의 '엔트로피 원리'로부터 비롯되었다.

결어긋남으로 거시세계에 편입된 입자는 이제 인과의 규칙에 따라 변화한다. 한번 드러난 입자의 전자기력은 같은 전하는 밀어내고 다른 전하는 끌어당기며 무한의 시간 동안 그 힘을 발휘한다. 이 새 입자는 향후 무수한 타 입자를 만나 상호작용하게 될 것이다. 자신의 힘과 타 입자들 힘의 크기와 방향에 따라 벡터의 합이 결정된다. 이 합력에 따라 결과가 발생한다. 거시세계는 인과의 연속이다. 그 결과가 나온 이유는 그 원인이 있었고 그 힘이 작용했기 때문이다. 그러므로 우리는 과학의 방정식을 사용하여 결과를 예측할 수 있다. 변화 이전의 요인들과 변화에 작용된 힘들을 모두 정확히 알 수 있다면 예측과 다른 결과가 나올 수 없다. 그러므로 거시세계에서 우연이란 있을 수 없다고 볼 수 있다.

왜 그런지, 결맞음에서 결어긋남으로 이행하는 과정을 통해 살펴보자. 결맞음 상태의 대상이 외부 입자와 충돌하며 관측된다. 약한 충돌의 경우 결맞음도 결어긋남도 아닌 중간 임의의 상태로 변화한다. 과학자들에 의하면 이런 상태의 경우 다시 이전의 결맞음 상태로 돌아갈 수 있다. 하지만 충돌이 역치 이상의 강도로 진행되어 확실히 결어긋남 상태로 이행된 입자가, 다시 이전의 결맞음 상태로 돌아가기란 거의 불가능하다. 즉, 이러한 결 변화의 대칭 깨짐 과정도 확률적 분포를 따른다. 강하게 충돌하는 경우 결어긋남 거시세계로 이행할 확률이 압도적으로 높아진다고 볼 수 있다.

이러한 결 변화는 무수히 많은 대상에서 무수히 발생한다. 원자핵, 원자, 분자에서 발생한다. 대상의 크기가 커지며 이들은 점점 더 확고한 결어긋남 거시세계의 일원으로 변화한다. 이런 결어긋남 입자들로 구성된 거시세계에 양자 중첩이나 얽힘은 이제 거의 존재하지 않으며, 거시세계의 대상들은 인과의 규칙에 따라 변화한다.

　　우리는 거시세계에서 살고 있다. 공기 입자 하나하나, 물 분자 하나하나, 공기 중 작은 먼지 하나도 모두 확고한 결어긋남 세상의 일원이다. 이들은 무수히 타 입자들과 상호작용하며, 따라서 이들이 결맞음 상태일 확률은 0에 가깝다. 우리 몸은 쉽 없이 수많은 공기 입자, 먼지 입자, 땅, 물체 등과 충돌하며 상호작용한다. 거시세계에서 양자 중첩이 일어나지 말라는 법은 없다. 그러나 그 확률은 압도적으로 낮다. 확실한 결어긋남의 입자들이 끊임없이 타 입자와 상호작용하기 때문이다. 따라서 우리는 인과의 거시세계에는 양자 세계의 중첩과 얽힘이 존재하지 않는다고 생각해 볼 수 있다.

　　이는 [그림 12]의 전자구름과도 같다. 시간에 따라 위치한 전자를 모두 합하면 처음의 중첩 상태이다. 즉, 동시성의 중첩 상태가 시간 흐름과 인과에 따라 흩뿌려진 것과 같다. 영화의 한 프레임은 보통 24장의 사진으로 이루어져 있다. 즉, 1초 동안 24장의 사진을 연속으로 보여 주는 것이다. 관객들은 이를 동영상으로 인지한다. 2시간짜리 영화 한 편을 생각해 보면 172,800장의 사진을 2시간 동안 연속으로 보여 주는 것이다. 이들은 인과 관계의 시간 순서로 구성되어 있다. 이 17만여 장의 사진을 모두 모아 놓은 상태가 결맞음이며, 인과 관계와 시간 흐름에 따라 2시간 동안 진행되는 것이 결어긋남이라고 볼 수 있다. '슈뢰딩거의 고양이'로 생각해 보자면, 우리는 상자를 열어 고양이가 죽었는지 살아 있는지 결정된 이후의 세상에서 살고 있다. 즉, 우리가 사는 세상에서는 죽은 고양이와 산 고양이가 동시에 존재할 수 없다. 이처럼 거시세계는 인과의 세상이다. 그러므로 우연은 있을 수 없다고 할 수 있다.

우리는 전자기력이 자연의 '엔트로피 원리'와 여기에서 비롯된 '효율 지향 힘' 때문임을 알아보았다. 이에 따라 파동의 에너지 덩어리들은 탄생 시부터 자신의 결함을 채우려는 지향성을 가지고 있다. 대상이 입자와 충돌하며 잠재되어 있던 이 지향성이 최초로 '힘', 즉 '전자기력'으로 나타난다. 이 지향성을 만족하려면 시간과 공간의 흐름이 필요하다. 결맞음의 상태로만 존재한다면 결함이 채워지기 어렵다. 그러므로 대상은 광자 등과 충돌하며 시공간 흐름에 따른 인과의 거시세계로 이행한다. 이 충돌의 순간은 중대한 변곡점이며, 대칭성 깨짐의 순간이다. 이 변화의 근본 원인도 자연의 '엔트로피 원리'이다. 즉, 충돌로 인해서 환경이 급변하는 그 순간 미시 상태 경우의 수가 급변하며, 결맞음 상태의 확률이 급감하고, 결어긋남 상태의 확률이 급증한다. 그러므로 광자와 충돌한 대상은 필연적인 확률로 거시의 결어긋남으로 이행한다.

동전을 던질 때 앞면이 나올 확률과 뒷면이 나올 확률은 1/2로 같다. 그러나 이는 보통 동전의 경우이다. 외력에 의해 구조가 변화하며 찌그러진 동전의 확률은 같지 않다. 앞면이 나올 확률이 4/5, 뒷면이 나올 확률이 1/5일 수 있다. 결어긋남의 순간도 같다. 이는 외력이 작용한 순간이다. 우리가 이를 정확히 알고 계산할 수는 없지만, 확률이 변함을 가정할 수는 있다. 우리는 자연의 모든 자발적 변화가 대체로 엔트로피 증가 방향으로 진행됨을 가정하고 있다. 그런데 충돌의 순간 대상은 결어긋남으로 이행하며 입자로 변화한다. 이는 자발적 과정이다. 그러므로 그 순간 찌그러진 동전처럼 확률이 바뀐다고 볼 수 있다. 즉, 결맞음 상태의 확률이 급감하고 결어긋남 상태의 확률이 급증한다.

이런 가정은 우주 최초의 변화인 빅뱅에도 대입해 볼 수 있다. 빅뱅 이전의 특이점에는 '10차원 스칼라 덩어리'와 '엔트로피 원리'가 있었다. 여기에 외력이 가해졌다. 거대 '초기에너지'이다. 이 초기에너지로 인하여 빅뱅이 시작되었다. 이 초기에너지는 동전에 가해진 외력과 같다. 이는 특이점 상태로 존속할 확률과 시공간 시작 확률의 급격한 변화를 초래할 수 있다. 즉, 10개의 스칼라 차원 중 거대 초기에너지가 유입된 4개 차원에서 시공간이 시작될 확률이 급증했다고 볼 수 있다. 확률 급증 이외에, 초기에너지가 가해졌다고 해서 시공간이 시작될 특별한 이유가 없기 때문이다. 이렇게 가정한다면 빅뱅을 설명할 수 있다. 즉, 빅뱅이 발생하며 시공간이 시작된 이유도 자연의 '엔트로피 원리' 때문이라고 볼 수 있다.

초기에너지가 가해져 시공간이 발생할 확률이 급증한다. 이에 따라 시작된 시공간에도 당연히 확률적 분포를 만족하려는 속성이 적용된다. 초기에너지가 적용되기 전에는 시간과 공간이 없는 평형의 결맞음 상태이므로 효율 지향성이 별 의미가 없다. 이는 보통의 동전이 앞뒤 1/2씩 같은 확률을 가지는 것과 같다. 그런데 초기에너지라는 외력이 가해져 변화가 발생하였다. 시공간이 시작된 것이다. 이는 이전에 없던 새로운 구조이다. 시간과 공간이 발생해 흐르기 시작했으므로, 최소의 시간과 공간이라는 '효율성'이 중요해지고, 환경이 변했으므로 확률의 원리도 그 환경에 맞게 변화한다. 즉, 자연의 '엔트로피 원리'가 시공간 시작이라는 구조적 환경 변화에 따라 '효율 지향 힘'으로 변화되어 나타난다. 이는 시작된 시공간에서 최소의 시간과 공간을 사용해 가장 효율적으로 엔트로피를 증가시키려는 지향성이자 힘이다. 우주 4가지 힘은 모두 이 '효율 지향 힘'에 속한다고 할 수 있다.

앞에서 우리는 중력이나 강력과 같은 '효율 지향 힘'들이 표면적으로 볼 때 자연의 엔트로피 증가 지향성에 반하는 것으로 보일 수 있으나, 실제로는 최소의 시간과 공간을 사용하며 자연의 엔트로피 증가 잠재력을 상승시킴을 알아보았다. 이는 전자기력에서도 같다. 전자기적 결합으로 인해서 대상들이 더 온전해지며, 최소의 시간과 공간을 사용하므로 자연의 엔트로피 증가 잠재력이 상승한다.

우리는 앞에서 우주의 모든 대상이 모듈성을 가짐을 알아보았다. 이는 지향성이나 힘에서도 같다. 일방적 한 가지 힘만 존재한다면 이 세상은 이루어질 수 없다. 이 힘과 구별되는 대립의 힘이 최소 하나 이상 존재해야 한다. 홀로 존재하던 결맞음 상태의 대상이 외부 광자를 충돌로써 인지한다. 이에 따라 결어긋남의 새로운 세상이 시작된다. 두 번째 모듈이 외부로서 존재하며 첫 번째 모듈과 구분되거나 대립할 때 비로소 새로운 시작이 가능하다. 힘도 마찬가지이다. 이는 줄다리기 게임에 비유될 수 있다. 한쪽으로 가해지는 힘만 있다면 우주는 영원히 그 방향으로만 진행한다. 그러나 반대의 힘이 존재한다면 상황이 달라진다. 두 힘의 대립과 균형 속에서 우주 역사가 진행된다. 빅뱅 이후의 세상에서 이 힘들은 자연의 '엔트로피 원리'와 이로부터 파생된 '엔트로피 증가 지향성'과 '효율 지향 힘'이다. 파생된 이 두 힘을 따로 생각해 보자.

빅뱅 직후 시작된 '엔트로피 증가 지향성'은 지금도 일관되게 작용하고 있다. 이 힘으로 인해 산과 들에서 바람이 불고 있으며, 생명체의 몸에서는 삼투압이 작용하고 있다. 물질은 엔트로피 증가 방향으로 자발적으로 변화하며, 사회는 점점 더 다양해진다. 이 힘은 쓸모없는 에너지가 증가하는 방향으로, 높은 경우의 수를 실현하는 방향으로, 무질서가 증가하는 방향으로 작용한다.

'효율 지향 힘'도 시공간의 시작과 함께 나타난다. 이 힘은 빅뱅 초기에 중력, 강력, 전자기력, 약력으로 각 구조나 환경에 맞는 힘으로 분화하며 시작되었다. 지금도 블랙홀의 중력은 질량의 물질을 흡수하고 있고, 입자들은 강력으로 묶여 있으며, 전선에는 전기가 흐르고 있고, 쇠붙이는 자석에 달라붙는다. 이 힘들은, 시간, 공간, 작용을 최소화하려 한다. 이런 성질로 인하여 국소적으로 낮은 경우의 수를 실현하려는 지향성을 가지며, 대상에 질서를 부여하여 대상을 더 조직화한다. 따라서 대상들에서 이 힘은 종종 '엔트로피 증가 지향성'에 반대되는 힘으로써 작용한다. 그 결과, 표면적으로 볼 때 이들은 '엔트로피 증가 지향성'에 반하는 힘으로 보일 수 있다.

하나의 동전을 무수히 던지면 앞뒤 면이 나올 확률이 1/2로 같다. 무수히 많은 동전을 동시에 뿌릴 때도 같다. 앞면이 보이는 동전이 절반, 뒷면을 보이는 동전이 절반일 것이다. 무한의 시간 동안 던져 보든, 무한의 공간에 뿌려 보든 결과는 같다. 이처럼 '엔트로피 원리'는 시공간을 넘어서 존재하며 인과와 무관하다. 그러므로 첫 번째에 앞면이 나왔다고 해서, 두 번째에는 뒷면이 나온다는 보장이 없다. 두 번째 던지는 경우도 확률은 똑같이 1/2씩이다. 자연의 '엔트로피 원리'는 이처럼 빅뱅 이전이나 지금이나 한결같다. 이는 '엔트로피 원리'만이 작용한 상황이며, 우리는 이런 수학적 확률을 고려하며 일상을 살아간다.

그러나 빅뱅 후 우리가 살아가는 거시세계는 그리 단순하지 않다. 시간이 흐르며 '엔트로피 증가 지향성'과 '효율 지향 힘'들의 대립과 균형에 따라 인과의 과정이 진행된다. 따라서 이전의 결과가 이후의 과정에 영향을 미치며, 이후의 확률이 이전의 확률과 같을 수 없다. 이런 인과를 이어 가며 대상은 점차 확률분포를 만족하는 방향으로 변화하며, 이는 자연의 '엔트로피 원리'에 부합한다.

일례로 삼투는 근본적으로 '엔트로피 증가 지향성'에 의한 현상이지만 그 과정은 입자들의 충돌, 즉 전자기적 힘으로 이루어진다. 한 단계 한 단계 인과의 흐름에 따라 변화가 나타나며, 각 시간과 위치에 따라 경우의 수와 확률이 변화한다. 어느 정도 시간이 흐르면 고농도 쪽 용액의 높이가 올라간 것을 관찰할 수 있다. [그림 17]의 바람도 같다. 근본적으로는 '엔트로피 증가 지향성'이 원인이지만 그 과정은 공기 입자들의 평균적 충돌, 즉 전자기적 반발력에 의해 이루어지며 이 반발력은 '효율 지향 힘'의 일종이다.

이처럼 빅뱅 이후의 우주는 '엔트로피 증가 지향성'과 '효율 지향 힘'의 구분과 대립 그리고 균형과 조화 속에서 진행된다. 우주 4 힘은 '효율 지향 힘'에서 비롯되었으며, 표면적으로 볼 때 엔트로피 증가에 대립하는 힘으로 나타난다. 그러므로 이 4 힘을 엔트로피와 구별되게 표현할 수 있다. 간단히, '4 힘'이다.

이 '효율 지향 힘'은 우주 시공간이 팽창하고 온도와 밀도가 낮아지며 변화하는 환경에 따라 다른 모습으로 표현된다. 쿼크들은 초기에 출현한 가장 센 힘인 강력으로 묶여 있다. 원자핵과 전자기적 상호작용하는 전자의 양자적 위치도 4가지 규칙의 힘으로 정해진다. 주 양자수, 자기양자수, 스핀 양자수, 각 양자수이다. 원자나 분자의 전 자기적 결합도 단순하지 않으며 파생되는 힘의 종류도 다양하다. 구 조나 상황에 맞게 공유결합, 이온결합, 금속결합, 배위결합, 수소결합, 판데르발스결합 등을 보인다. 이처럼 4 힘은 환경과 구조에 따라 다 른 모습을 보인다.

이 힘들은 또한 시간적 선후에 따라, 또는 입자 크기에 따라, 또는 더 근원적이냐 덜 근원적이냐에 따라 위계(hierarchy)를 형성한다. 주 양자수는 공유결합보다 더 먼저이고 근원적이며 작은 입자에 작용한 다. 즉 더 하위 위계에 해당하며, 보통 하위 위계에서 작용하는 힘이 더 세다. 그러므로 주양자수의 전자기력은 공유결합의 힘보다 더 세 다. 입자들이 다양해진다. 다양한 입자들의 다양한 위계에서 이런 힘 들의 대립과 균형이 지속된다. 힘의 작용에 따라 입자들은 다른 입자 들과 결합하기도 하고 이별하기도 하며 길고 긴 인과의 이야기를 이 어 간다. 이로 인해 물질들은 점점 더 복잡하고 다양한 모습을 가지 게 된다. 이는 [그림 7]의 프랙탈 도형과 닮아 있다.

우리는 앞에서 화학적 변화와 깁스 에너지에 대해서도 알아보았 다. $\Delta G = \Delta H - T\Delta S$로 표현될 수 있으며, 분자들은 깁스 에너지가 음수가 되도록 자발적으로 변화한다. 따라서 1,500도 이상의 온도에 서는 수소와 산소 분자로 존재하지만, 이 온도 이하에서는 이들이 물 분자로 결합한다. 위 수식에 따라 분자들은 엔탈피가 낮아지는 방향 으로, '열역학적 엔트로피'가 증가하는 방향으로 변화하려 한다. '열역 학적 엔트로피'는 '통계 역학적 엔트로피'와 일맥상통하므로, 우리는 이를 자연의 '엔트로피 증가 지향성'의 일종으로 생각해 볼 수 있다.

'엔탈피가 낮아지려는 지향성'은, 자연의 '효율 지향 힘'의 일종으로 또한 생각해 볼 수 있다. 이를 조금 더 추정해 보자.

엔탈피가 낮아지려는 지향성은 강력과 비교해 볼 수 있다. 강력은 쿼크들의 엔트로피 증가 지향성을 압도하고 이들을 작은 공간에 가두는 힘이다. 이는 자연의 엔트로피 증가 잠재력을 상승시킨다. 그 결과 자연의 엔트로피는 더 효율적으로 증가할 수 있다. 분자들에서도 같다. 엔탈피는 분자의 내부 에너지를 의미한다. 이 내부 에너지를 감소시켜 더 안정된 상태로 이행하면, 더 작고 단단해지며 자신으로 인한 공간 점유를 감소시킬 수 있다. 결과적으로 여분의 공간이 확보된다. 그러므로 이 지향성을 제2의 강력으로 생각해 볼 수도 있다. 강력을 만든 자연의 '효율 지향 힘'이 분자에서도 나타난 것이다. 강력은 전자기력의 약 100배에 해당하므로 매우 많은 공간을 확보할 수 있다. 그러나 분자의 이 지향성으로 인한 효과는 강력에 비해 매우 작다. 따라서 분자에서 엔탈피 감소로 인해 확보될 수 있는 여분의 공간은 그리 많지 않을 수도 있다.

엔탈피 감소 지향성은 자연의 효율 지향에 따라 전하를 가진 입자들이 자신의 결함을 채워 더 온전해지려는 경향성과 맥을 같이한다. 당구공의 깨진 부분을 메우려는 지향성이다. 우주 온도가 내려가며 1,500도 가까이 된다. 수소 분자와 산소 분자의 엔트로피가 감소한다. 엔탈피 감소 속도보다 엔트로피 감소 속도가 더 크다. 1,500도가 되자 깁스 에너지 0이 된다. 이제 수소와 산소 분자는 결합하여 물 분자로 변신하려 한다. 각각 2개의 원자로 구성된 수소와 산소 분자가 만나 3개의 원자로 구성된 물 분자를 만든다. 원자 2개로 구성된 분자와 3개로 구성된 분자는 다르다. 3개 원자로 구성된 물 분자는 공간적 결합을 통해 더 많은 결함을 채울 수 있다. 그러므로 엔탈피 감소, 즉 분자 내부 에너지 감소의 지향성은 결함을 채우기 위한 타 입자에 대한 욕구와 연관된다고 볼 수도 있다.

엔탈피가 감소한다는 말은 분자 내부 에너지가 외부로 방출된다는 의미이다. 이제 필요 없어진 여분의 에너지가 외부로 방출되며 분자는 이전보다 더 안정해진다. 그러므로 전체적으로 엔탈피 감소는 여분 공간의 확보 + 결합 충족 + 외부 엔트로피 증가로 볼 수 있다. 분자들은 이처럼 엔탈피 감소와 엔트로피 증가의 지향성을 가지고 있으며, 이들은 모두 자연의 '엔트로피 원리'로부터 비롯된다. 이를 운동경기에 비유해 보자. 자연의 '엔트로피 원리'는, '효율 지향 힘'의 후예인 엔탈피 팀의 선수로도 뛰고, '엔트로피 증가 지향성'의 지도를 받은 열역학적 엔트로피 팀의 선수로도 뛴다. 또한 심판이기도 하다. 이 두 팀의 구분, 대립, 균형, 조화에 따라 분자들이 지속 존재할지 아니면 변화될지가 결정된다.

약력과
엔트로피

약력은 베타붕괴를 일으키는 자연스러운 힘이다. '음의 베타붕괴'
는 중성자가 전자와 전자 반중성미자를 방출하며 양성자로 바뀌는
현상이다. 반대의 현상은 고립된 양성자에서 자발적으로 일어날 수
없다. 이 힘은 중력보다 강하지만 전자기력보다 약하다. '음의 베타붕
괴'는 자발적 과정으로, 전자와 비슷하나 전하가 0인 전자중성미자에
서 전하가 +1인 W^+가 방출되어 중성자로 이동하면 전자중성미자는
전하가 -1인 전자로 바뀌고, 업 쿼크 하나와 다운 쿼크 둘로 이루어진
중성자는 업 쿼크 2개와 다운 쿼크 하나로 이루어진 양성자가 된다.
즉 전하가 -1/3인 다운 쿼크 하나가 전하가 +1인 W^+을 수용하여 전
하가 +2/3인 업 쿼크로 변화한다. 이 과정을 거치며 전자와 전자 반
중성미자가 외부로 방출된다. 쿼크 입장으로 보면, 하나의 다운 쿼크
가 전하 -1인 W^-를 방출하며 업 쿼크로 바뀌는 과정이다. 여기서 방

출된 W⁻는 곧 붕괴하여 전자와 반중성미자가 된다. 그 결과로 양성자 6개, 중성자 8개인 탄소 원자핵은 양성자 7개, 중성자 7개인 질소 원자핵으로 변한다. 불안정한 동위원소인 ^{14}C가 안정된 질소로 '음의 베타붕괴'하는 데 약 5,730년의 반감기를 가진다. 이를 이용해 고고학자들은 얼마나 오래된 유물인지 알아낼 수 있다. 유물의 잔존 ^{14}C 농도를 측정하는 탄소연대측정법이다.

약력은 쿼크나 전자 등 미시세계 소립자 사이에 작용하는 힘이다. W나 Z 매개 입자를 주고받으며 힘이 나타난다. 그 결과 전하가 바뀌고 입자가 변화한다. 이 변화된 입자에는 다른 명칭이 부여된다. 이는 전자기력과 유사하다. 우리는 [그림 13] '물리학 이론의 통합 과정'의 설명에서 전자기력과 약력이 '전약력'으로 통합되었음을 알아보았다. 그러므로 약력과 엔트로피의 관계를 전자기력과 엔트로피의 관계처럼 생각해 볼 수 있다. 즉, 약력도 전자기력처럼 자신의 결함을 채우려는 경향성이라고 볼 수 있다. 자신의 결함을 채울 수 있는 반응은 자발적으로 발생하며, 그 반대의 경우는 거의 발생하지 않는다. 우리는 전자기력에서 이런 경향성이 자연의 '효율 지향 힘' 때문임을 알아보았다. 약력도 같다. 그렇다면 약력도 자연의 '효율 지향 힘'의 일종으로 볼 수 있다.

그런데 약력은 조금 다른 측면이 있다. 자연의 '효율 지향 힘'에 더하여 '엔트로피 증가 지향성'에 따른 힘으로도 볼 여지가 있다는 것이다. '음의 베타붕괴'와 같은 자발적 방사성 붕괴는 불안정한 원자핵에서 발생한다. 미시세계는 작지만 많은 이야기가 진행되는 곳으로, 이야기는 주로 이들에 작용하는 강력, 전자기력, 약력에 의해 전개된다. 이 힘들의 작용에 따라 원자핵의 불안정 정도가 정해진다. 그런데 불안정하여 방사성 붕괴가 진행되는 원자핵은 보통 양성자와 중성자의 비율이 편중되어 있다. 탄소의 경우 양성자와 중성자가 각각 6개인 보통의 원자핵은 안정하므로 방사성 붕괴가 발생하지 않는다. 그러나 양성자 6개 중성자 8개인 ^{14}C는 불안정하므로 방사성 붕괴한다. 원자 번호가 92인 우라늄 ^{235}U 원자핵의 경우 양성자 92개, 중성자 143개로 구성되어 있다. 이들은 불안정하므로 자발적 방사성 붕괴하며, 반감기는 약 7억 년에 해당한다.

이처럼 원자핵 내부 양성자와 중성자 비율이 편중되면 불안정하여 자발적 방사성 붕괴가 발생하는 경향이 있다. 이는 마치 [그림 15]와 같다. A 공간의 입자들이 B 공간으로 이동하려는 '엔트로피 증가 지향성'이다. 시간이 지남에 따라 공기 입자들은 A, B 공간 구분하지 않고 고르게 퍼진다. 원자핵 내부도 이와 같다고 볼 수 있다. 소립자들에 작용하는 약력, 강력, 전자기력에 의해 시간이 흐르며 방사성 붕괴가 진행되고, 양성자와 중성자 비율이 균형되도록 변화한다. 우리는 [그림 15]에서 변화의 표면적 원인은 공기 입자들의 충돌인 전자기적 반발력이지만, 근본 원인은 자연의 '엔트로피 증가 지향성'임을 알아보았다. 원자핵에서도 같다. 변화의 표면적 원인은 소립자들의 약력, 강력, 전자기력이지만 근본 원인은 자연의 '엔트로피 증가 지향성'일 수 있다. 이에 따라 시간이 흐르며 양성자와 중성자의 비율이 균형으로 나아간다.

미국 워싱턴주의 작은 농촌 마을 스텝토의 언덕

빅뱅 시나리오

우리는 지금까지 빅뱅 이전부터 존재했을 엔트로피 원리 등에 대해 알아보았다. 4가지 힘이 이로 인해 발생했을 수 있음도 알아보았다. 이제 이를 정리하며 우주 시작의 시나리오를 생각해 보자.

태초에 '10차원 스칼라'가 있었다. 이들이 왜 존재하는지 알 수는 없다. 10차원인지, 11차원인지, 26차원인지도 정확하지 않다. 이들은 모두 수학적 방정식의 결과이다. 이 10차원 스칼라는 '엔트로피 원리'에 따라 분포하고 있었다. 역시 근원을 알 수 없는 거대 '초기에너지'가 이 10차원에 적용되었다. 막 이론에서는 막 충돌로 설명하였고, 우리는 이를 야구공 비유로 설명하였다. 이 초기에너지가 10차원 스칼라에 적용되기 전까지 엔트로피는 없는 것과 같았다. 표현될 대상이 없었기 때문이다. 에너지가 적용되는 순간 잠재하고 있던 '엔트로피 원리'의 발현이 시작되었다. 즉 우주 시작의 재료는 '10차원 스칼라,' '초기에너지,' 그리고 '엔트로피 원리' 3가지이다. 이들은 빅뱅 이전의 세상에서도 존재했을 대상들이다.

초기에너지가 적용되며 시공간이 시작되었다. 우리는 이를 대장간의 예로 알아보았다. 에너지가 집중된 3개 차원이 팽창하며 공간을 만들기 시작하였고, 에너지 유입이 미미한 다른 차원들은 별 변화가 없었다. 이 뜨겁고 차가운 두 종류 차원 집단 사이에 있던 하나의 차원이 팽창하며 시간이 시작되었다. 공간을 만든 3개 차원과 시간을 만든 1개 차원을 더하여 4차원의 시공간이다. 이 환경 속에서 우주 만물과 힘, 그리고 이들의 인과가 시작되었다.

시공간이 시작되자 우주 4 힘이 차례로 분화 및 출현하였다. 이들은 '엔트로피 원리'로부터 파생된 '효율 지향 힘'의 일종이다. 시간이 흐르며 에너지가 물질로 변화하기 시작하였다. 이 에너지와 물질에 '엔트로피 원리'로부터 분화된 '엔트로피 증가 지향성'과 '4 힘'이 작용한다. 이 힘들의 구분, 대립, 균형, 조화로 인해 시간에 따른 인과, 즉 원리가 결정된다.

시공간이 팽창하며 우주 평균온도가 내려가기 시작한다. 즉, 환경이 변화한다. 역치란 엔트로피 원리로부터 파생된 힘들의 균형이 깨지는 지점을 의미하며, 환경 변화로 인해 역치에 도달하면 새로운 현상이 발생한다. 자발적 대칭 깨짐이다. 그 결과 잠재되어 있던 새로운 무엇과 그 무엇의 성질이 출현한다. 즉, '자연 준칙'에 의해 세상이 변화해 나간다. 자발적 대칭 깨짐의 원인도 근본적으로 볼 때 우주의 '엔트로피 원리'이다. 즉, 그 역치에서 새롭게 변화하는 확률이 압도적으로 높다. 그러므로 변화는 자발적이다.

빅뱅은 우리가 상상할 수 있는 최초의 대칭 깨짐이라고 할 수 있다. 그 이전의 균형 상태가 붕괴하며 빅뱅이 발생했을 것이기 때문이다. 그런데 이 과정이 자발적이었을까? 우리는 거대 초기에너지가 10차원에 가해지며 빅뱅이 발생했을 것으로 추정하고 있다. 우리는 앞에서 빅뱅의 외부기원과 내부기원을 생각해 보았고, 초기에너지가 외부에서 유래되었을 가능성이 매우 큼을 알아보았다. 그렇다면 이 초기에너지는 빅뱅 이전의 세상에서 흔히 존재하는 다수의 에너지 중 하나로 여기는 것이 합리적이다. 10차원 스칼라도 마찬가지이다. 거대 에너지가 다수 있었다면, 10차원 스칼라도 또한 다수 있었다고 여기는 것이 타당하다.

이것이 옳다면 우리 우주의 빅뱅은 다수의 비슷한 현상 중 하나로 발생한 것이다. 이는 다중우주가 존재한다는 의미가 된다. 즉, 비슷한 차원 스칼라와 외부 에너지들에 의해 다른 우주가 얼마든지 만들어질 수 있다. 과학자들은 빅뱅을 '양자역학의 확률적 사건'으로 여긴다. 즉, 우리 우주의 빅뱅도 확률적 사건의 하나로 볼 수 있다는 것이다. 이는 확률분포를 만족하려는 자연의 '엔트로피 원리'에 부합한다. 그러므로 우리 우주를 만든 근본 원인 한 가지만 꼽으라면, 이는 엔트로피이다. 재료인 10차원 스칼라와 외부 거대 에너지와의 만남도 확률적 현상, 즉 '엔트로피 원리' 때문이다. 그렇다면 빅뱅의 대칭 깨짐도 자발적이다. '엔트로피 원리'에 따라 확률적으로 발생했기 때문이다. 정리하자면 우리에게 빅뱅은 최초의 대칭 깨짐이며, 그 과정은 자발적이었다고 할 수 있다. 조금 더 추론해 보자.

특이점에 초기에너지가 가해지며 빅뱅이 시작되었다. 그런데 에너지가 유입되려면 먼저 시공간이 있어야 한다. 그러므로 4차원 시공간의 시작을 빅뱅 최초의 사건으로 보는 것이 합리적이다. 시공간이 시작되고 거의 동시에 초기에너지가 이곳으로 유입되었을 것이다. 그런데 초기에너지가 가해진다고 해서 꼭 시공간이 발생해야 한다는 법은 없다. 초기에너지가 가해지면 왜 시공간이 시작될까?

대장간의 칼을 다시 생각해 보자. 온도 차이가 극심한 철 부위에 균열이 발생하는 이유는 에너지의 성질 때문이다. 에너지는 고온에서 저온으로 흐른다. 즉, '엔트로피 증가 지향성'이다. 그런데 매질이 되는 철 입자들이 이를 감당하지 못한다. 그러므로 가장 온도 차이가 큰 부위에서 균열이 발생한다. 빅뱅 특이점에서도 이처럼 생각해 볼 수 있다.

거대 초기에너지가 4차원 부위에 적용되었다. 에너지는 고온에서 저온으로 흐른다. 즉, '엔트로피 증가 지향성'이다. 에너지가 6차원 부위로 흐르려 한다. 그런데 매질이 되는 10개 차원 스칼라들이 이를 감당하지 못한다. 그러므로 가장 온도 차이가 큰 부위에서 균열이 발생한다. 이 균열 부위 1개 차원이 팽창하며 시간이 시작된다. 3개의 고에너지 차원은 팽창하며 3차원 공간을 이룬다. 이는 시공간의 흐름에 따른 상상이다. 그런데 아직 시공간이 없는 세상이므로 좀 더 정확히 추정해 보자면, 균열이 발생할 확률이 압도적으로 높은 상태로 동시에 존재한다고 생각해 볼 수 있다.

만약 에너지가 낮은 쪽으로 흐르려 하지 않았다면, 균열이 발생하지 않았고 시공간은 시작될 수 없었다. 즉, '엔트로피 원리'가 없었다면 거대 초기에너지가 한 개 차원으로만 모여 그곳만 매우 뜨거워졌을 수 있다. 에너지가 적용되어도 차원들에 영향을 전혀 미치지 못했을 수도 있다. 아니, 애초 차원들에 에너지가 접근하지 않았을 수도 있다. 그러므로 애초 10차원에 거대 초기에너지가 접근한 이유도 '엔트로피 원리' 때문이라고 볼 수 있다. 즉, 그런 사건이 일어날 확률이 있는 것이다. 그러므로 다른 차원 덩어리들에도 언제든 거대 에너지가 가해져 다른 우주가 발생할 수 있다.

우리는 지금까지 빅뱅 이후 시공간이 계속 생겨나고 있고, 이런 시공간 시작과 팽창의 근본 원인이 특이점에서의 '엔트로피 원리' 때문임을 알아보았다. 이를 조금 더 생각해 보자.

빅뱅 후 거대한 초기에너지는 팽창하는 시공간으로 분산되었다. 그 결과 현재 우주의 평균온도는 섭씨 약 -270℃에 해당하는 3K이다. 이러한 지속적 우주 팽창, 즉 지속적 시공간 발생의 이유를 우리는 다른 곳에서 찾을 수도 있다. 또 다른 '엔트로피 증가 지향성'이다. 특이점 10차원의 균열로 인해 6차원에는 초기에너지가 거의 유입되지 않았다고 가정할 수 있다. 즉, 그들의 평균온도는 0K이다. 그러면 4차원으로 유입된 에너지가 6차원 쪽으로 이동하여 열적 평형을 이루려 할 것이다. 즉, '에너지의 엔트로피 증가 지향성'이다. 그런데 에너지가 '시공간의 막'으로 인하여 6차원 쪽으로 이동하지 못한다. 이는 마치 삼투현상의 반투막과 같다. 그러므로 열적 평형에 도달하는 최적의 방법은, 4차원 쪽의 시공간이 계속 팽창하여 평균온도가 0K에 근접하는 것이다.

우리는 10차원 스칼라에 초기에너지가 가해지는 순간 빅뱅이 발생하며 시공간이 시작되었다고 추정하고 있다. 이는 '엔트로피 원리' 때문이다. 이에 더하여 '에너지의 엔트로피 증가 지향성'도 영향을 주었을 수 있다. 4차원의 에너지가 6차원과 열적 평형을 이루려면 시공간이 발생해 팽창해야 하기 때문이다. 그러므로 초기에너지가 가해지는 순간 시공간이 시작될 확률이 압도적으로 높아진다.

음식을 입에 가져간다. 그런데 매우 뜨겁다. 이 경우 우리는 본능적으로 입을 크게 벌리고 거친 숨을 쉬며, 입으로 지나가는 공기를 통해 음식이 식기를 기다린다. 즉, 입 외부 공간의 공기가 필요하며 시간이 필요하다. 우리는 빅뱅의 시공간을 이에 비유해 볼 수 있다. 갑작스럽게 거대한 초기에너지가 가해지면, 이를 식히기 위해 시공간이 발생해 빠르게 팽창하는 수밖에 없다. 이 추론이 옳다면 우리 우주는 영원히 팽창한다. 아무리 팽창해도 절대 온도 0K가 되지는 않을 것이기 때문이다. 그러나 이를 확신할 수는 없다. [그림 16] 삼투 현상에서 우측 고농도의 용액이 한없이 커지지는 않는다. 균형점에서 멈춘다. 마찬가지로 우리가 모르는 다른 대립이나 균형의 힘이 있다면 우주의 팽창이 멈출 수도 있다.

자연 준칙과
우주의 변화

환경의 변화가 한계에 도달하며 자연의 '엔트로피 증가 지향성'과 '효율 지향 힘' 및 이로부터 파생된 힘들의 균형이 붕괴한다. '엔트로피 원리'에 의해 압도적 확률로 이 역치 지점에서 자발적 대칭 깨짐이 발생한다. 자발적 대칭 깨짐으로 인하여 잠재되어 있었던 새로운 무엇과 그 무엇의 성질이 출현한다. 빅뱅 이후 우주, 생명체, 마음, 사회 등에서의 모든 변화는 이 자발적 대칭 깨짐이 원인이다. 앞에서 우리는 이를 자연 준칙(Natural Dogma)으로 정의하였다.

빅뱅은 우리가 추정할 수 있는 최초의 자발적 대칭 깨짐이다. 10차원의 스칼라가 확률적으로 분포하고 있는 균형 상태에서는 변화가 발생하지 않는다. 거대 초기에너지가 가해지며 변화가 발생한다. '환경의 변화'라는 말은 시간 흐름을 내포하고 있다. 그런데 빅뱅 특이점은 시공간이 존재하지 않았을 상황이다. 그러므로 환경의 변화에 따라 균형이 깨졌다고 말하기는 어렵다. 그런데 우리는 시간이 별 의미 없는 결맞음 중첩 상태를 시간의 흐름에 따라 생각해 볼 수 있음을 [그림 12] 등을 통해 알아보았다. 그렇다면 특이점에 대한 거대 초기에너지의 확률적 적용을 '환경의 변화'로 생각해 볼 수 있고, 따라서 우리는 빅뱅도 환경의 변화에 따른 자발적 대칭 깨짐에 의해, 즉 자연 준칙에 의해 발생했다고 생각해 볼 수 있다.

한편 앞에서 우리는 엔탈피와 엔트로피 변화의 합으로서 깁스 에너지를 알아보았고, 혼인 관계의 안정과 자유를 이에 비유해 생각해 보았다. 그런데 깁스 에너지는 자연의 원리이고, 혼인 관계는 마음의 원리인데, 서로 다른 카테고리의 원리를 이렇게 적용해도 되나 하는 생각이 들 수 있다.

우리는 [그림 14] 등을 통해 맛보기 수박 조각으로 전체 수박을 추측해 볼 수 있는 것처럼, 우리가 살아가는 4차원 시공간의 사건이나 원리를 통해 10차원의 사건이나 원리를 추측해 볼 수 있음을 알아보았다. 또한 빅뱅이나 빅뱅 이후의 모든 변화가 자연 준칙에 의해 진행됨도 알아보았다. 그렇다면 깁스 에너지와 혼인 관계는 모두 '자연 준칙'에 따라 변화한다. 깁스 에너지의 경우 엔트로피와 엔탈피, 즉 '엔트로피 증가 지향성'과 '효율 지향 힘'의 대립과 균형 그리고 그 균형의 붕괴로 분자들의 변화가 진행된다.

자연 준칙에 따라 변화하는 마음의 여러 요소 중 '자유와 안정'은 분자의 엔트로피와 엔탈피를 닮아 있다. 또한 이들의 근원인 '엔트로피 증가 지향성'과 '효율 지향 힘'의 대립과 균형은 자연과 마음의 카테고리를 넘어선 우주 근원적 하위 위계의 원리이다. 그러므로 우리는 혼인 관계를 깁스 에너지에 적용하여 비유해 볼 수 있다. 그러나 깁스 에너지와 다르게 사람의 마음에는 자유와 안정 이외의 다른 다양한 요소들이 있다. 이들을 함께 고려해야 한다. 즉, 자유와 안정이 혼인 관계를 결정하는 모든 요인은 아니다.

이처럼 마음이나 사회 그리고 자연은 서로 닮아 있다. 그 이유는 무엇일까? 조금 더 생각해 보자. 바닥에 놓여 있는 쇠붙이를 자석으로 끌어올린다고 해 보자. 쇠붙이에는 중력이 작용하고 있고 자석에는 전자기력이 작용하고 있다. 자석을 바닥으로 내리다 보면 어느 순간 "찰칵" 쇠붙이가 올라와 자석에 붙는다. 균형이 깨지는 순간이다. "찰칵" 이전에는 쇠붙이에 작용하는 중력이 전자기력보다 크다. "찰칵"의 순간 전자기력이 중력을 극복한다. 이는 자연 준칙에 의한 자발적 대칭 붕괴의 지점이다. 힘들의 균형이 깨지며 변화가 발생하였다. 자석과 쇠붙이의 관계에서 힘들은 매우 간단하다. 중력과 전자기력 2가지 힘이다. 이 두 힘 모두 근본 4 힘의 일종이며, 앞에서 우리는 근본 4 힘이 자연의 '효율 지향 힘'의 일종임을 알아보았다. 즉, 자석과 쇠붙이의 변화는 '효율 지향 힘'에서 파생된 2 힘의 대립과 균형, 그리고 그 균형의 붕괴로 인한 것이다.

우리는 앞에서 자연의 모듈성에 대해 알아보았다. 세계가 존재하기 위해서는 서로 구분되고 대립하는 최소 2 대상이 필요하다. 공을 바닥에 튕기는 경우도 2 힘의 대립으로 가능하다. 지구의 중력과 공을 구성하는 고무의 탄성력이다. 탄성력은 전자기력의 일종이므로 공이 튀는 경우도 결국 중력과 전자기력의 대립과 균형으로 가능해진다. "탕" 하고 공이 튀는 순간이 대칭 깨짐의 시점이다. 이 변화의 경우도 자석과 쇠붙이처럼 '효율 지향 힘'에서 파생된 2 힘의 대립과 균형, 그리고 그 균형의 붕괴로 인한 것이다.

플라스틱 자를 머리카락에 비비면 정전기가 발생하며 머리카락이 플라스틱 자에 달라붙는다. 역시 새로운 변화가 발생한 것이다. 비비는 행위로 인해 플라스틱 자와 머리카락의 전자기력이 변화한다. 이 변화된 전자기력에 의해 정전기 인력이 발생한다. 이 현상은 플라스틱 자와 머리카락의 전자기력으로 발생한다. 즉, 두 물체의 전자기력이 작용한 것이다. 이 변화도 '효율 지향 힘'의 일종인 전자기력들의 균형, 그리고 그 균형의 붕괴로 발생한다.

태양의 나이는 약 46억 년이라고 한다. 수명은 약 109억 년으로, 앞으로도 63억 년은 더 빛을 내며 지구와 우주 공간에 에너지를 공급할 것이다. 태양은 탄생 후 약 109억 년 동안 전체적 균형 상태를 유지한다. 이 기간이 지나면 균형이 무너지며 새로운 상태로 변화한다. 균형이 유지되는 동안 내부에서 작용하는 힘들은 다양하다. 핵융합 에너지의 힘, 자기력의 힘, 중력 수축의 힘, 수소 헬륨 등 밀도차에 의한 힘 등 많은 힘이 시간과 위치에 따라 다르게 발휘되고 있다. 핵융합은 강력, 자기력은 전자기력, 중력 수축은 중력이 주된 원인일 것이다. 이 힘들은 자연의 '효율 지향 힘'의 일종이다. 수소 헬륨 등의 밀도차에 의한 이동은 자연의 '엔트로피 증가 지향성'이 원인일 것이다. 즉, 태양은 다수의 '효율 지향 힘'과 '엔트로피 증가 지향성'의 대립과 균형으로 유지되고 있다. 약 63억 년 후 수명이 다하면 이런 균형이 무너져 대칭 깨짐이 발생하며 적색 거성으로 변화할 것이다.

빅뱅 이후 자연에서는 이처럼 다양한 대상들의 다양한 상황에서 다양한 힘들이 때로는 간단하게 때로는 복잡하게 대립과 균형을 이루고 있으며 이 균형이 깨질 때 자연 준칙에 의해 새로운 상태로 변화해나간다. 빅뱅 후 현재까지 약 138억 년의 시간이 흐르고 있으며, 비교적 최근의 상위 위계는 '4 힘'과 파생 힘들의 대립과 균형으로 작용하는 경우가 많다. 자석과 쇠붙이, 플라스틱 자와 머리카락 등이 그 예일 것이다. 태양처럼 큰 계에서는 많은 힘이 복잡하게 서로 영향을 주고받으며 균형을 유지하고 있다.

그런데 비교적 우주의 초기에 해당하는 근원적 하위 위계의 경우는 조금 다르다. 주로 '엔트로피 증가 지향성'과 '효율 지향 힘'의 대립으로 나타난다. 잔잔한 바다로 존재할 확률이 폭풍이 치는 바다의 확률보다 큰 것처럼, 빅뱅 이전과 같은 평형 상태로 세상이 존재할 확률이 그렇지 않을 확률보다 훨씬 더 큼을 우리는 어렵지 않게 추정해볼 수 있다. 이 평형은 외부 초기에너지에 의해 붕괴하였고, 따라서 빅뱅 이후의 세상에서는 확률적 분포를 만족하려는 엔트로피 원리에 의해 빅뱅 이전처럼 시공간이 없는 상태와 평형을 이루려는 지향성, 즉 시공간을 최소화하려는 '효율 지향 힘'이 출현한다. 이는 거의 동시에 시작된 '엔트로피 증가 지향성'과 대립을 이루며 아직 분화 및 진행이 미미한 초기 우주의 변화를 주도한다.

강력은 쿼크들의 '엔트로피 증가 지향성'을 압도하는 힘이다. 즉, 쿼크들에는 '엔트로피 증가 지향성'이 '효율 지향 힘'의 일종인 강력과 대립하며 균형을 이루고 있다고 볼 수 있다. 전자기력에서도 같다. 입자들의 '엔트로피 증가 지향성'이 '효율 지향 힘'의 일종인 전자기력과 대립하며 균형을 이루고 있다. 우리는 이 책의 후반부에서 생명체, 마음, 사회, 신 등에 대해서 알아볼 것이다. 이러한 최초 생명체나 최초 주관성의 탄생도 마찬가지이다. 미리 조금만 논의하자면, 이들도 '엔트로피 증가 지향성'과 '효율 지향 힘'의 대립과 균형, 그리고 그 균형의 붕괴로부터 발생한다고 볼 수 있다.

이처럼 근원적 하위 위계에서는 대체로 '엔트로피 증가 지향성'과 '효율 지향 힘'이 대립과 균형을 보이며, 이 균형이 무너지는 경우 자연 준칙에 의해 새로운 변화가 발생한다.

식물은 많은 세포로 이루어져 있고, 각 세포에는 세포벽이 있으며, 광합성을 하고, 이동하지 않는다. 동물은 운동성이 있고, 세포벽이 없으며, 타 생물로부터 에너지를 얻는다. 생물은 물질대사를 하고, 환경의 변화를 감지 및 반응하며, 항상성을 유지하려 하고, 자손을 남기며, 성장 및 진화한다. 우리는 생물을 동물과 식물로 구분할 수 있음을 알고 있다. 즉, 생물은 하위 위계이며 동물이나 식물은 상위 위계이다. 식물의 특성인 광합성이 동등 위계인 동물에서 나타나지는 않는다. 이는 식물만의 특성이다. 마찬가지로 운동성은 보통 동물에서만 나타나며 식물에서는 보이지 않는다. 그러나 생물의 특징인 물질대사와 항상성 유지 경향은 동물과 식물 모두에서 나타난다. 이는 힘에서도 같다.

이들의 이런 관계처럼, 주로 '엔트로피 증가 지향성'과 '효율 지향 힘'의 대립과 균형을 보이는 근원적 하위 위계의 경우 그 특성이 이 하위 위계와 연관된 이후의 상위 위계에서도 존재하며 출현한다고 볼 수 있다.

이 책의 후반부에서 좀 더 자세히 논의하겠지만, 우리의 마음도 '엔트로피 증가 지향성'과 '효율 지향 힘'의 대립과 균형, 그리고 그 균형의 붕괴로부터 시작되었다고 볼 수 있다. 즉, 근원적 하위 위계의 특성이 있다. 따라서 우리 마음에는 '엔트로피 증가 지향성'과 '효율 지향 힘'의 대립으로 나타나는 몇 가지의 구성물이 존재한다. 자유와 안정은 이 대립의 구성물 중 하나이다. 그러므로 우리는 혼인 관계를 집스 에너지에 적용해서 생각해 볼 수 있다. 근본적으로 같은 내용이기 때문이다. 이처럼 생물의 특성이 동물과 식물의 카테고리를 넘어서듯이, 근원적 하위 위계의 특성은 자연과 사람 그리고 각 사람의 마음이 모여 이루어진 사회의 카테고리를 넘어서 존재한다고 생각해 볼 수 있다.

이제 자발적 대칭 깨짐의 연속을 생각해 보자. 환경 변화에 따라 자발적 대칭 깨짐이 발생하며 이로 인해 잠재되어 있던 새로운 무엇과 그 무엇의 성질이 출현한다. 이런 방식으로 빅뱅 후 우주, 생명체, 마음, 사회가 변화해 나간다. 그런데 출현하기 전 잠재된 그 무엇은 대체 어디에서 왔을까 하는 생각을 할 수 있다. 지갑에 5만 원이 있었다. 그런데 오늘 만 원을 사용했다. 그러면 4만 원이 남아 있어야 한다. 당연하다. 이는 자연에서도 같다. 따라서 질량 에너지 보존의 법칙은 너무 당연하다. 자발적 대칭 깨짐에서도 마찬가지이다. 근거 없이 새로운 무엇이 발생할 수는 없다.

그러므로 자발적 대칭 깨짐으로 인해 우리가 직관적으로 이해할 수 없는 새로운 무엇이 출현했다고 해도, 우리가 이를 이전의 그 무엇으로부터 유래했다고 추정하는 것은 정당하다. 우리는 [그림 12]의 수소 원자모형에서 결어긋남의 전자 위치를 모두 합하면 첫 칸의 결맞음 상태와 같음을 생각해 보았다. 즉, 자발적 대칭 깨짐으로 인해 발생한 새로운 무엇에 해당하는 결어긋남의 전자 분포는 이전의 결맞음 상태로부터 유래하였다.

이는 마치 만 원 지폐 한 장을 십 원 동전 천 개로 교환한 것과 같다. 만약 입자성만 발생하고 시공간상의 이동이 없다면 결맞음 동시성의 상태는 구현될 수 없다. 입자로의 변화와 시간의 흐름에 따른 공간상 이동이 함께 발생해야 이를 구현할 수 있다. 그러므로 이 둘이 동시에 나타난다. 즉, 대칭 깨짐 이전과 이후는 근본적으로 같다. 그런데 한 가지만 나타난다면 대칭 깨짐 이전의 상태와 같을 수 없다. 그러므로 대칭 붕괴 이후에는 보통 2가지 이상의 새로운 무엇이 출현한다. 결맞음 동시성의 대상은 대칭성 붕괴 이후, 입자성과 그 성질인 시공간상 이동의 상보적 2가지로 변화하였다.

원자가 결합하여 분자로 되는 경우도 같다. 분자는 물질의 고유 성질을 가지는 가장 작은 단위 입자이다. 대칭 깨짐에 의해 분자라는 물질과 그 분자의 성질이 출현한다. 결어긋남으로 입자성 + 시공간상의 이동이 출현한 것처럼, 화학적 결합 후 분자 + 고유의 성질이 출현했다고 볼 수 있다. 생체 내에서 아미노산들이 결합하여 단백질이 만들어지는 경우도 같다. 하나의 대칭 깨짐이다. 결합 후 새로운 무엇과 그 무엇의 성질이 출현한다. 일례로 인슐린 단백질은 체내의 혈당을 낮추는 역할을 한다.

나무를 가공해서 책상을 만들었다고 할 때, 우리는 나무와 책상이 같은 것임을 직관적으로 알 수 있다. 이런 물리적 변화와는 다르게 화학적 변화는 보통 같다고 느끼지 못한다. 일례로 종이를 태우면 재가 된다. 그런데 종이와 재가 같다고 느끼는 사람은 아마 거의 없을 것이다. 종이가 불에 타는 것도 하나의 대칭 깨짐이다. 종이 + 산소 + 불은 잠시 후, 재 + 이산화탄소 + 물 + 열(빛)로 변화한다. 이 대칭 깨짐으로 인해 4가지의 새로운 무엇이 출현한다. 직관적으로 우리가 이해할 수는 없지만, 연소 후 발생한 4가지와 그 성질은 근본적으로 연소 전의 상태에 잠재해 있었다고 보는 것이 타당하다. 근거 없이 새로운 무엇이 발생할 수는 없기 때문이다.

빅뱅 후, 자연에서는 이런 수많은 대칭 깨짐을 통해 잠재된 무엇이 발현되어 왔다. 자연의 입장으로는 인과에 의해 예정된 것으로, 이는 당연하며 전혀 새로운 것이 아니다. 그러나 사람의 입장으로는 다르다. 불에 타는 종이는 신기하며 우주의 역사는 흥미진진하다. 이는 대칭 깨짐으로 인해 발생하는 변화가, 이런 경험이 없는 우리에게는 매우 새롭고 낯설기 때문이다.

이처럼 빅뱅 후 우주는 근본적 하위 위계로부터 상위로 한 단계씩 연속적 대칭 깨짐의 과정을 통해 현재에 이르렀다고 볼 수 있다. 각 단계에서마다 이전 단계에 잠재되어 있던 무엇과 그 무엇의 성질이 출현하였다. 이를 거꾸로 생각해 보자. 현재의 모든 것이 한 단계 하위의 균형 상태에 잠재되어 있었을 것이다. 한 단계 하위의 대상과 그 성질은 두 단계 하위에서 비롯되었을 것이다. 이런 방식으로 과거로, 더 근본으로 이동하다 보면 결국 최초의 대칭 깨짐인 빅뱅과 만나게 된다. 즉, 현재와 미래의 모든 대상과 그 성질은 근본적으로 빅뱅에 잠재되어 있었다고 할 수 있다.

이제 변화를 알아보는 방법에 대해 생각해 보자. 빅뱅 후 약 138억 년이 지난 지금 우리가 살아가는 자연 및 사회는 매우 다양한 힘들의 균형과 조화로 변화되어 나간다. 크고 작은 이 변화들은 모두 '자연 준칙'에 의한 대칭 깨짐으로 인해 발생한다. 이런 복잡성으로 인해 대상을 분석하여 미래를 예측하기란 매우 어렵다. 날씨를 예측하기 위해 고가의 슈퍼컴퓨터를 사용해도 기상청의 예보는 틀리는 경우가 다반사이다.

내일 비가 올지 예측한다고 해 보자. 각 지역의 온도, 습도, 기압 분포, 바람, 대기 오염 상태, 구름의 양 등 매우 많은 데이터가 있고 이들은 서로 영향(힘)을 미치며 시간에 따라 변화한다. 내일 비가 올지 말지는 이들 힘의 벡터 합으로 결정된다. 그러므로 비를 오게 하는 힘을 (+), 오지 않게 하는 힘을 (-)로 생각하고 각 지표의 부호와 크기를 계산해 이를 모두 합하면 된다. 다른 예들도 같다.

지구에서 볼 때 태양은 늘 일정하다. 이는 내부의 힘들이 균형을 유지하고 있기 때문일 것이다. 이 힘들을 여러 방법으로 구분해 볼 수 있다. 사람들은 자신에게 의미가 있는 기준으로 구분할 것이다. 간단히 태양을 밝게 하는 힘과 어둡게 하는 힘으로 구분해 볼 수 있다. 지구에 사는 우리 입장으로 이 부분은 매우 중요하다. 우리의 생존과 연관되어 있기 때문이다.

힘은 크기와 방향을 가지는 벡터이다. 우리는 앞에서 깁스 에너지를 알아보았다. 이는 엔탈피와 엔트로피 2가지 변화만 알면 반응을 예측할 수 있다. 그러나 빅뱅 후 시간이 흐르며 힘이 매우 다양해지므로 깁스 에너지처럼 간단히 계산할 수 없다. 그러므로 하나의 기준을 정하고 이 기준에 따라 힘들의 벡터 합으로 변화를 예측해 보는 것이 대안이 될 수 있다. 태양의 경우 밝게 하는 힘이 (+), 어둡게 하는 힘이 (-)인 기준을 생각하고 핵융합 에너지의 힘, 중력 수축의 힘, 수소 헬륨 등 밀도차에 의한 힘 등의 각 힘을 여기에 대입해 볼 수 있다. 과학자들에 따르면 태양은 지금부터 약 7~9억 년 후 매우 밝아지며, 이로 인해 지구 온도가 올라가 대부분 생명체가 사라지게 된다고 한다. 향후 약 48억 년 후에는 표면온도 5,848K까지 올라 정점을 찍고 밝기는 현재의 약 1.7배가 된다. 이때 지구의 기압은 지금의 150배에 이르고 온도는 약 500도로 매우 뜨거워져 마치 현재의 금성과 같은 상태가 된다.

이제 마음이나 사회의 변화에 대해 알아보자. 같은 방식이다. 내일 아침 출근할 때 지하철을 탈지 말지 결정한다고 해 보자. 빠른 출근 시간, 지하철의 편리함, 이동 중 시간 사용 등은 지하철을 선택하는 데 (+) 요인으로 작용할 것이다. 지하철의 혼잡함, 지하철역까지의 보행 등은 (-) 요인으로 작용하여 지하철보다 승용차를 선호하게 할 것이다. 이처럼 다양한 요인(힘)들이 복합적으로 작용한다. 빠르고 정확한 출근 시간이 중요한 사람들은 수많은 (-) 요인에도 불구하고 대부분 지하철을 선호할 것이다. 내일 아침 우리의 행동은 대체로 이 요인들의 부호와 크기의 총합으로 결정된다.

수많은 사람으로 이루어진 사회는 매우 다양하고 복잡하다. 수백만 명 이상이 참여하는 주식시장을 생각해 보자. 시시각각 주가의 변화도 대칭 깨짐의 연속으로 볼 수 있다. 주가를 형성하는 매우 다양한 요인들이 있지만, 그 본질은 매수세와 매도세의 힘겨루기일 것이다. 경제가 성장하고 있을지, 산업의 변화는 어떨지, 투자하려는 기업의 매출과 이익은 어떨지, 믿을 만한 경영자인지, 예정된 매도 수량은 없는지, 저평가된 회사인지, 그래프 모양은 어떤지 등 고려 사항이 상당히 많다. 주가의 예측에서 기준은 '매수의 힘'과 '매도의 힘'이다. 매수세는 (+), 매도세는 (-)인 기준을 세우고, 각 요인을 부호와 숫자로 표시할 수 있다. 성장의 초기이며 향후 주식시장에 유입될 돈이 많다고 예상되면 (+)9로, 장기 저성장이 예상되면 (-)3으로 표시할 수 있다. 믿을 만한 경영자라면 (+)5로, 그렇지 않다면 (-)5로 표시할 수 있다. 의미 있다고 여겨지는 요인들에 이처럼 부호와 점수를 매기고 이를 모두 합한다. 그 결과 점수가 높은 시점에 점수가 높은 기업이나 대상에 투자하면 된다. 반대로 점수가 낮은 시점이나 기업은 매도의 대상이 된다.

그런데 우리가 모든 정보를 정확히 알 수는 없다. 그러므로 매긴 점수가 틀릴 수 있음을 항시 고려하는 것이 필요하다. 앞에서 우리는 현재와 미래의 모든 대상이 근본적으로 빅뱅에 잠재되어 있음을 알아보았다. 주가에서도 같다. 1년 후 그 기업의 주가는 현재에 잠재되어 있으며, 근본적으로는 빅뱅 시 내재하고 있다고 볼 수 있다. 즉, 우리가 주가를 움직이는 모든 변수를 정확히 알고 이를 계산할 수 있다면 1년 후의 주가를 정확히 예측할 수 있다. 그러나 이는 근본적으로 불가능하다. 우리는 우리가 알 수 있는 정보를 최대한 정확하고 객관적으로 분석하려 할 뿐이다. 나의 한계를 인지하고, 주가가 예상대로 흘러가지 않을 때는 어딘가 분석이 틀린 것이니, 먼저 매도 후 이를 재분석하며 내 입장을 다시 결정하면 된다.

우리는 날씨, 태양, 지하철, 주식 등을 통해 자연의 대칭 깨짐에 의한 변화를 예측하는 방법을 생각해 보았다. 즉, 어떤 기준을 세우고 그 기준의 (+) 요인과 (-) 요인을 수치화한 뒤 이를 모두 합하면 된다. 이는 매우 효율적이다. 복잡하고 다양한 요인들로 인해 예측 불가능한 것처럼 보이는 대상도, 중요도 순서로 요인들을 정리한 후 각 요인을 수치화하면 윤곽이 보이며 예측 가능성이 생긴다. 이런 작업은 복잡한 요인들을 분해해서 이를 모듈화하는 것이다. 앞에서 우리는 자연의 모듈성을 알아보았으며, 근본적으로 자연이 모듈로써 구성되었으므로 우리의 이 방법이 유효한 것일 수도 있다.

자석과 쇠붙이, 플라스틱 자와 머리카락의 작용처럼 우리가 일상 주변에서 자주 관찰할 수 있는 대상의 변화는 주로 '효율 지향 힘'의 일종인 4 힘이나 그 파생 힘들의 대립과 균형에 의해 나타난다. 그러나 근본적이고 중요한 변화는 다르다. 주로 '엔트로피 증가 지향성'과 '효율 지향 힘'의 대립과 균형, 그리고 그 균형의 붕괴로 변화가 나타난다. 이 경우의 예측도 같다. 한 힘을 (+), 반대 힘을 (-)로 하고 힘의 크기를 수치화하면 된다.

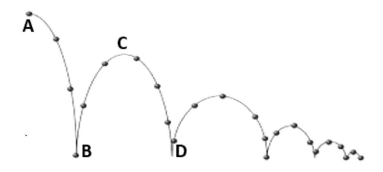

[그림 18] 땅에 떨어뜨린 농구공의 궤적을 표현하고 있다. 처음 바닥에 닿을 때 가장 큰 바운스를 보이며 이후 점차 작아진다.

[그림 18]은 바닥에 떨어뜨린 농구공의 궤적을 표현하고 있다. 손에 들고 있던 농구공을 놓으면 땅에 떨어진다. 바닥에 공이 닿으며 튀어 오르지만 처음 높이까지 도달하지는 못한다. 다시 떨어진다. 이것이 반복되며 튀어 오르는 높이가 점차 감소하다가 어느 순간부터는 튀어 오르지 않고 바닥을 구르다가 정지한다.

공에는 여러 종류가 있다. 골프공이나 탱탱볼은 내부에 공기를 주입하지 않는다. 우리는 앞에서 공의 바운스가 중력과 공의 탄성력에 의해 발생함을 알아보았다. 골프공이나 탱탱볼의 경우 탄성력은 주로 공 내부의 구조물인 고무 성분에 기인하며, 고무의 탄성력은 전자기력으로부터 비롯된다. 그러므로 이 공들의 바운스는 지구 중력과 공전자기력의 대립과 균형, 그리고 그 균형의 붕괴 때문이라고 볼 수 있다. 농구공이나 축구공은 다르다. 공 내부에 공기를 주입해야 한다. 바람 빠진 공으로는 게임을 할 수 없다. 농구공의 탄성력은 주로 이 공기 때문에 발생한다. 내부 공기들의 '엔트로피 증가 지향성'으로 인해 공기 입자들이 공 내부 벽에 끊임없이 충돌한다. 이 평균적 충돌로 농구공의 탄성력이 가능해진다. 그러므로 농구공의 바운스는 '효율 지향 힘'의 일종인 지구의 중력과 공 내부 공기 입자들의 '엔트로피 증가 지향성'의 대립과 균형, 그리고 이 균형의 붕괴로 인해 발생한다고 할 수 있다.

농구공의 바운스 과정을 천천히 생각해 보자. A 지점에서 손으로 공을 잡고 있다. 중력과 손의 힘이 균형을 이루고 있다. 잡고 있던 공을 놓는다. 시간이 흐르며 공이 B 지점으로 낙하한다. 이 시간 동안 공에 작용하는 힘은 중력이 거의 유일하다. B에 도달하는 순간 그동안의 관성이 붕괴하며 대칭 깨짐이 발생한다. 공의 바닥 면이 땅에 닿기 전까지 공에 작용하는 힘은 중력이 유일하였다. 바닥 면이 땅에 닿는 순간 내재해 있던 힘이 나타나기 시작한다. 한편 농구공 속 공기들 입장으로는 갑자기 외부에서 누르는 압력이 발생한다. 중력가속도, 질량, 그리고 낙하 거리에 의한 힘으로 인하여 발생한 압력이다. 순간적으로 땅과 맞닿은 농구공의 바닥 면이 눌리며 평평해진다. 농구공 내부의 부피가 감소하며 공기 입자들의 밀도가 높아진다. 내부 공기압의 상승과 함께 엔트로피 증가 지향의 힘이 급증하며 중력을 압도한다. 순간적으로 중력에 의한 힘으로 눌렸던 농구공은 이제 중력보다 엔트로피 증가 지향 힘의 영향을 더 받기 시작한다. 농구공이 바운스를 시작한다. 엔트로피 증가 지향성이 중력을 극복하는 순간이며, 균형이 붕괴하며 반대의 힘이 우세해지는 대칭 깨짐의 지점이다. 가만히 정지해 있는 농구공에서 이런 현상이 발생할 수는 없다. 엔트로피 증가 지향 힘의 급증에 따른 공의 이러한 바운스는, 그 이전에 중력에 의해 떨어지던 농구공이 단단한 바닥에 충돌함으로부터 비롯된다.

중력에 의한 위치에너지가 모두 공의 운동에너지로 전환될 수는 없다. 에너지 보존의 법칙과 자연의 엔트로피 원리 때문이다. 그러므로 공은 C 높이까지만 튀어 올라간다. B에서 C 지점으로 이동하는 동안 농구공에는 공기 입자들의 '엔트로피 증가 지향성'으로부터 비롯된 탄성력과 중력이 함께 작용한다. 탄성력이 중력보다 우세한 동안 바운스를 보인다. 이는 관성과 균형의 시간이다. C는 이 두 힘이 같아지는 지점이다. 이제 다시 균형이 깨지며 중력이 우세해지기 시작한다. 잠시 후 공에는 A 지점에서 낙하할 때처럼 거의 중력만이 작용한다. 공이 D 지점으로 낙하한다. 같은 과정을 반복하며 자연의 엔트로피 증가 지향성에 따라 쓸모 있는 에너지가 점차 적어지고, 공의 바운스 높이가 낮아지며 얼마 후 정지한다.

이 변화도 대칭성 깨짐의 과정이며, 그러므로 위의 다른 예들처럼 바운스 높이를 예측해 볼 수 있다. 한 힘을 (+), 반대의 힘을 (-)로 하고, 기여 요인을 수치화하여 합하면 된다. 우리의 일상 환경에서 중력에 영향을 미치는 요인들은 특정되어 있다. 즉, 상수인 중력가속도, 농구공의 질량, 낙하 거리를 알면 된다. 이들로부터의 수식을 통해 수치를 알 수 있다. 반대의 힘은 농구공의 탄성력이다. 이는 공 내부의 공기압, 공의 재질 등으로부터 알아낼 수 있다.

열역학적 엔트로피의 개념으로 볼 때, A 높이와 C 높이의 차이에 해당하는 만큼 유용한 에너지가 감소하였으며 이는 마찰 시의 열에너지, 소리에너지 등으로 변화하여 주변으로 사라진다. 이러한 대칭 깨짐은 보통 한 번으로 끝나지 않는다. 균형이 유지되고 있는 계에서도, 그 내부에서는 크고 작은 대칭 깨짐이 지속된다. 지구에서 볼 때, 태양은 앞으로도 약 63억 년 동안 큰 변화 없이 빛을 내며 주변에 에너지를 공급할 것이다. 즉, 균형이 유지되는 것으로 보인다. 그러나 실제의 내부는 그렇지 않다. 힘들의 작용에 따라 끊임없이 대칭이 붕괴하고, 이는 흑점이나 태양풍 등의 변화로 관찰된다.

사람들의 마음이나 이들로 이루어진 사회도 같다. 사회는 사람들의 갈등, 대화, 타협 등의 과정을 통해 변화해 나간다. 이는 근본적으로 각 사람의 마음에서 비롯된 힘들의 충돌이다. 주식시장이 대표적이다. 끊임없이 매수와 매도의 힘들이 충돌한다. 이 힘은 각 사람의 마음에서 비롯된다. 주식시장의 변화 과정도 태양에서와 같다. 전체 계로서 균형이 지속되고 있는 것으로 보여도, 내부 부분의 계에서는 대칭 깨짐으로 인한 변화가 지속된다. 전체인 종합주가지수의 시간 흐름에 따른 변화도 같다. 경제가 호전되어 장기적인 주가 상승을 보인다고 해도, 일직선으로 상승하는 경우는 거의 발생하지 않는다. 대체로 작은 상승과 하락의 파동을 반복하며 상승한다.

빅뱅 후의 우주는 한시도 정지해 있는 경우가 없다. 시간 흐름에 따라 늘 변화해 나간다. 따라서 힘의 균형도 시간에 따라 변화한다. 이 과정은 마치 위의 농구공 바운스에서와 같다. (+)힘이 우세한 구간에서 균형이 유지된다고 할 때, 시간이 지남에 따라 필연적으로 두 힘의 크기가 비슷해지는 시점이 도래한다. 이때 여전히 (+)힘이 발휘될 여력이 있는지 판단해 보면 된다. (+)힘이 소진되고 (-)힘이 우세해지는 순간이 대칭 깨짐의 지점이다. 이때 변화가 나타난다. 즉, 시간에 따른 대칭 깨짐의 연속은 [그림 18] 농구공의 바운스처럼 진행된다. 자연, 마음, 사회는 이런 방식으로 변화해 나간다.

호주 블루 마운틴의 세 자매

제 5 장

우주의 크기

주관과
객관

어린 시절 하늘을 보며 저 끝으로 계속 가면 뭐가 나올까, 우주는 끝이 있을까 하는 궁금증을 대부분 가져 보았을 것이다. 이는 종종 우주와 나의 존재 이유에 관한 질문과 연결되어 정신적 성장의 자양분이 되기도 한다. 이제 이 우주의 크기 문제를 생각해 보자. 과학자들에 의하면 지구의 주소는 다음과 같다. '우리 우주 - 관측 가능한 우주 - 라니아케아 초은하단 - 처녀자리 초은하단 - 국부 은하단 - 우리 은하 - 오리온자리 팔 - 태양계 - 지구.'

이처럼 우주는 광활하다. 빛은 절대 속도인 초속 약 30만㎞로 이동한다. 그러므로 지금 우리가 보고 있는 태양의 빛은 약 8분 전 태양에서 출발하였다. 그럴 일은 없겠지만, 태양이 갑자기 사라져 버린다고 해도 우리는 8분 동안 이를 알아차릴 수 없다. 우주는 너무나 광활하다. 우리가 일상에서 사용하는 미터나 킬로미터를 단위로 사용할 수 없다. 숫자가 너무 커지기 때문이다. 그래서 우주의 거리는 보통 광년 단위를 사용한다. 즉, 빛이 1년 동안 간 거리를 단위로 하는 것이다. 1광년은 약 10조 킬로미터에 해당한다. 우리 은하에서 가장 가까운 안드로메다은하는 지구로부터 약 250만 광년 떨어져 있다. 빛의 속도로 250만 년 동안 가야 도착할 수 있다.

우리는 주로 빛을 통해 천체를 관찰한다. 지금 우리가 보고 있는 태양은 약 8분 전 태양의 모습이다. 천문대에서 고가의 장비로 관찰한, 250만 광년 떨어진 안드로메다은하의 모습도 같다. 250만 년 전의 모습이다. 100억 광년 떨어진 천체를 관찰할 때도 마찬가지이다. 우리가 보고 있는 이미지는 그 천체의 현재 이미지가 아니다. 100억 년 전의 모습이다. 실제 그곳의 현재 모습은 우리 은하 주변과 크게 다르지 않을 것이다. 그곳에서도 시간이 흘렀을 것이기 때문이다. 과학자들에 따르면 우주의 나이는 약 138억 년에 해당한다. 그러므로 우리가 관찰할 수 있는 가장 먼 대상은 이론적으로 약 138억 광년 떨어진 천체이다. 즉, 빅뱅 조금 후의 빛이 138억 년 동안 이동해서 지금 우리 망원경에 포착되는 것이다. 그런데 여기에는 고려해야 할 다른 요인들이 있다.

관측 가능한 우주(observable universe)란 우리의 관측 기술이 최고조에 달했을 때 관측할 수 있는 최대 우주를 의미한다. 이는 절대 138억 광년을 넘어설 수 없다. 빅뱅이 약 138억 년 전에 시작되었기 때문이다. 그럼 우주는 138억 광년 크기일까? 그렇지 않다. 138억 년 동안 우주의 공간이 팽창했기 때문이다. 우주의 모든 대상은 광속을 넘어설 수 없다. 그러므로 광속은 절대 속도이다. 그러나 공간 팽창 속도는 예외이다. 이는 우주의 구성 물질이 아니고 공간 그 자체이므로 광속의 제한에 해당하지 않는다. 얼마든지 광속보다 빠를 수 있다. 좀 더 정확히 말하자면 새로운 공간이 생겨나는 속도이며, 이는 광속의 제한을 받지 않을 것이다. 새로운 공간은 은하단 사이 에너지 밀도가 희박한 곳에서 주로 생겨난다. 우주는 광활하며 이런 공간은 매우 많다. 즉, 여기저기에서 공간들이 새로 생겨난다. 광속을 넘어 새로 생겨나는 이러한 공간들로 인해 지구에까지 절대 도달할 수 없는 빛이나 중력파가 존재하게 된다. 이는 시간이 지날수록 증가한다. 예를 들어 10년 전에는 관측할 수 있었던 천체를 지금은 관측할 수 없는 경우가 발생한다. 천문학자들에 의하면, 이런 현상이 진행된 먼 훗날에는 우리 은하 주변의 천체만을 관측할 수 있게 된다고 한다.

우주 크기를 추정하려면 이 공간 팽창을 생각해야 한다. 이를 고려해 추정해 볼 때 실제 우주의 크기는 최소 400억 광년 이상이라고 과학자들은 말한다. 다른 부분도 잠시 생각해 보자. 앞 초반부에서 알아보았듯이 우주에 빛이 출현한 시기는 빅뱅 후 약 38만 년경이다. 수소나 헬륨의 원자핵이 전자와 결합하며 생겨난 빛, 즉 우주배경복사가 우주 최초의 관측 가능한 빛이다. 빛을 이용한 천문학은 절대 이 이전을 관측할 수 없다. 그러므로 좀 더 엄밀히 말하자면 우리가 관측할 수 있는 최대는 약 138억 - 38만 광년이다.

이처럼 우주의 크기를 알 수 있다면, 우리가 그 끝에 가 볼 수도 있지 않을까 하는 생각이 들 수 있다. 그런데 이는 그리 간단치 않다. 과학자들은 이를 풍선 위의 개미처럼 3차원 표면 위에 사는 2차원의 존재로 비유하여 설명한다. 지구 표면에 사는 우리가 좋은 예이다. 위나 아래로 이동할 수 없다면, 우리의 이동은 2차원이다. 즉, 동서남북이 전부이다. 우리의 위치는 위도와 경도 2가지 좌표로 특정된다. 예를 들어 독도의 위치는 동경 131도, 북위 37도이다. 걸어서 세계여행을 한다고 해 보자. 우리가 평생 걷는다고 해도 끝은 나타나지 않는다. 어쩌다 운이 좋으면 다시 출발점으로 돌아올 수도 있다. 우주도 이와 같다는 것이다. 차원을 높여 생각해 볼 때 우리 우주는, 5차원 표면 위에 존재하는 4차원 시공간이다. 5차원 이상의 입장으로 보면 풍선처럼 정해진 크기이겠지만, 우리 입장으로 볼 때 우주의 공간적 끝은 존재하지 않는다. 무한히 사는 어떤 사람이, 무한한 에너지의 우주선을 타고, 무한히 이동한다고 해도 끝은 결코 발견할 수 없다. 운이 좋으면 출발 지점으로 돌아올 수도 있겠지만, 오랜 시간이 지났으므로 그곳이 출발점인지도 알 수 없다.

그러므로 우주여행은 세상의 끝을 알아보는 좋은 방법이 아니다. 우주 끝을 파악하려면 결국 시공간을 이해해야 한다. 우리는 아인슈타인의 상대성이론을 통해 시간과 공간이 동전의 양면처럼 서로 분리될 수 없음을 잘 알고 있으며, 따라서 공간의 끝에 가 보려는 것은 결국 시간의 끝에 가 보려는 것과 같은 것일 수 있다. 이는 시공간의 한계를 넘어, 공간이나 시간이 존재하지 않는 곳으로 가 보고 싶다는 말과 같다. 즉, 5차원의 표면인 4차원 시공간에서 살아가는 우리가 비행기를 타고 그 표면을 벗어나 보고 싶다는 이야기와 같다.

우주 끝에 가 보고 싶다는 것은 결국 시공간이 존재하지 않는 곳으로 이동해 보고 싶다는 의미가 된다. 그런데 이동이란 속도의 의미를 내재하고 있고, 속도는 시간 흐름에 따른 공간상의 변화를 의미한다. 그러므로 시공간 밖으로 이동한다는 말은 애초에 논리적으로 모순이다. 즉, 4차원 시공간에서 살아가고 있는 우리가 시공간을 넘어서는 실제적 방법은 없다. 그러나 아이디어가 없는 것은 아니다. 실제로 이를 구현할 수는 없겠지만, 시공간을 넘어설 방법 두 가지 정도를 상상해 볼 수는 있다. 2015년의 영화 '앤트맨'을 보면 사람의 크기가 계속 작아져 원자보다 작아지기도 한다. 이를 계속 진행해서 무한히 작아질 수 있다면 시공간을 넘어설 수 있다. 계속 작아지다 보면 결국 플랑크 크기에 도달하게 될 것이고, 그러면 시공간이 의미 없는, 즉 시공간을 넘어선 상태에 진입할 수 있을 것이다. 두 번째의 방법은 과거로 이동하는 타임머신이다. 앤트맨이 공간적 방법이라면 타임머신은 시간적 방법이다. 타임머신을 타고 과거로, 더 과거로 이동한다. 결국 빅뱅의 시점에 도달할 것이고 여기에서 한 단계 더 거슬러 올라가면 특이점 상태, 즉 시공간이 의미 없는, 시공간을 넘어선 상태에 도달할 수 있을 것이다. 독자분들이 어안이 벙벙할 듯하다. 터무니없지만 상황에 대한 이해를 위한 상상이므로 그러려니 하고 가볍게 넘겨 주시기를 기대한다.

푸앵카레(Jules Henri Poincare, 1854~1912)는 '최후의 만능 과학자'로 불리는 프랑스의 수학자이자 물리학자이다. 1904년 논문에서 그는 "모든 경계가 없는 단일 연결 콤팩트 3차원 다양체는 3차원 구면과 위상동형이다"라는 푸앵카레 추측을 제시하였다. 이는 수학계의 '밀레니엄 난제 7가지' 중 하나로, 오랜 기간 학자들의 도전이 있었으며, 이 추측이 제시된 이래 100여 년이 지난 2003년, 러시아의 저명한 수학자 그리고리 페렐만에 의해 마침내 증명되었다. 이는 밀레니엄 난제 중 최초의 증명이었다. 그러므로 이제는 추측이 아닌 푸앵카레 정리 또는 페렐만의 정리로 불린다.

"경계가 없는 모든 단일 연결 콤팩트 3차원 다양체는 3차원 구면과 위상동형이다"라는 말은 상당히 어렵다. 과학자들은 이를 우주에 적용하며 다음과 같이 표현한다. "경계가 없고 유한한 3차원 우주에서, 만약 모든 고리를 끌어당겨 한 점으로 모을 수 있다면 이 우주는 '3차원 구'와 같다."

평평한 종이 위에 원을 그렸다고 해 보자. 원 위에서 살아가는 존재가 있다고 할 때 그는 1차원의 존재이다. 종이는 평면 2차원이지만, 원 위에서 앞과 뒤로만 이동할 수 있으므로 그는 1차원 세상에서 살고 있다고 할 수 있다. 그러므로 이는 '1차원 구'의 세계이다. 공 모양의 구 표면에서 살아가는 경우도 같다. 공은 3차원이지만 그 표면에서 살아가는 존재에게는 동서남북 2차원이다. 위와 아래가 없다. 그러므로 이곳은 '2차원 구'의 세계이다. 이는 지구 표면 위에서 살아가는 우리와 매우 흡사하다. 걸어서 세계여행을 한다고 할 때, 평생을 걸어도 땅끝이나 세상의 경계는 발견할 수 없다. 바다를 건너면 또 다른 땅이 나타난다. 그러므로 2차원의 존재에게 세상은, 경계는 없지만 유한한 2차원의 면이다. 다만 우리가 과학을 통해 지구가 3차원의 둥근 구형임을 알게 되었을 뿐이다.

같은 방식으로 우리는 '3차원 구'의 세계를 생각해 볼 수 있다. 이는 4차원의 표면에 존재한다. 이곳에서는 동서남북과 상하가 존재한다. 그러므로 이곳에서 사는 존재는 x, y, z의 3방향으로 이동할 수 있다. 이곳 역시 1차원, 2차원의 구처럼 경계는 없지만 유한할 것이다. 이는 우리 우주와 같다. 즉, 우주는 4차원의 표면에 존재하는 '3차원의 구'이다. 이는 공간적 좌표만을 고려한 것이므로, 실제로는 시간의 1차원이 추가되어야 한다. 즉, 실제의 우리 우주는 5차원의 표면에 존재하는 '4차원의 시공간'이다.

[그림 19]는 우리 우주에 해당하는 '3차원 구'의 세계를 표현하였

다. 우리는 4차원 표면에 존재하는 '3차원 구'를 상상할 수 없다. 대안은, 차원을 하나 낮추어 3차원 표면에 존재하는 '2차원 구'로 모형화하는 것이다. [그림 19]는 이 모형에 해당한다. 만약 우리가 어떤 끈으로 고리를 만들고, 그 고리 양쪽을 자신 쪽으로 끌어당겨 고리의 크기를 줄여 결국 우리 쪽으로 끈을 모두 회수할 수 있다면 이는 '수축 가능'한 고리라고 할 수 있다. [그림 19] 우측 구형처럼, 구의 표면 둘레를 한 바퀴 감는 매우 긴 끈 고리의 양쪽 끝을 당긴다고 해 보자. 큰 문제 없이 모두 당겨져 끈을 회수할 수 있음을 알 수 있다. 즉, 수축 가능한 고리이다. 좌측 도넛 모양의 경우는 다르다. 고리 양쪽 끝을 당겨도 끈은 당겨지지 않으며 우리는 끈을 회수할 수 없다. 이는 수축 가능한 고리가 아니다.

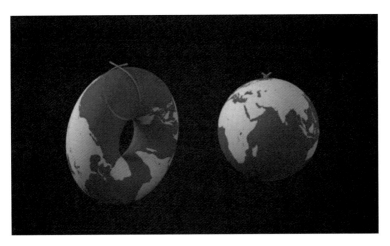

[그림 19] 우측 구형의 경우 끈의 양쪽 끝을 당기면 한곳으로 모아 모든 끈을 회수할 수 있다. 좌측 도넛 모양의 경우 양쪽 끝을 당겨도 끈은 당겨지지 않으며 우리는 끈을 회수할 수 없다.

만약 '3차원 구'인 우리 우주가 [그림 19] 우측처럼 구형이라면 끈을 당겨 모두 회수할 수 있다. 그게 아니고 좌측처럼 도넛 모양이거나 또 다른 제3의 모양이면 끈은 당겨 회수되지 않는다. 찌그러진 모양이건 넓적한 모양이건, 구멍이 없는 한 덩어리일 때 끈은 모두 회수될 수 있다. 위상수학적으로 볼 때 찌그러진 덩어리나 넓적한 덩어리나 공처럼 둥근 구형이나 모두 같다. 대상을 관통하는 구멍이 없기 때문이다. 즉, 이들은 '위상동형'이다.

우리는 '3차원 구'인 우주를 '2차원 구'로 모형화하여 생각해 보고 있다. [그림 19] 2차원 모형에서는 끈을 가지고 그냥 앞으로 직진해서 쭉 걸어가면 된다. 매우 긴 시간 동안 가다 보면 세상의 끝은 발견할 수 없고 결국 처음 출발점에 도착한다. 이때 양쪽 끝의 끈을 당겨 보면 된다. '3차원 구'인 실제 우주에서 어떤 방법으로 이를 실현해 볼 수 있을까? 무한에 가까운 동력의 우주선에, 무한에 가까운 길이의 끈을 달고, 무한에 가까운 시간 동안 앞으로 쭉 직진하다 보면, 언젠가는 처음 출발점에 도착하게 될 것이다. 이때 끈의 양쪽 끝을 당겨 보면 된다. 그러나 이는 어디까지나 상상 속의 실험이며 실제 실현은 불가능하다.

푸앵카레 추측은 그리고리 페렐만에 의해 증명되었다. 즉, "경계가 없고 유한한 3차원 우주에서, 고리의 양 끝 끈을 끌어당겨 한 점으로 끈을 모두 모을 수 있다면, 이 우주는 '3차원 구'와 같다." 이는 증명되었으므로 사실이다. 이제 우리는 우주가 '수축 가능'한 고리에 해당함을 입증하면 된다. 그런데 이의 실제 실험은 불가능하다. 위 무한동력 우주선처럼 상상의 실험이 가능할 뿐이다. 그러나 입증 가능성이 아예 없는 것은 아니다. 과학자들은 이 가능성을 양자역학에서 발견하였다.

　양자역학에 의하면 우주의 모든 물체는 파동의 성질을 지닌다. 이 파동의 이해는 복잡한 편미분방정식을 풀며 진행된다. 편미분방정식을 풀 때 만약 수축 불가능한 고리가 존재하는 우주라면, 좀 더 정확히는 우리가 편미분방정식을 푸는 영역이 그런 공간이라면, 지금까지 보이는 것과는 매우 다른 파동이 보일 것이다. 그런데 현재까지 그런 파동이 관찰된 적이 없다. 즉, 지금까지 파악된 파동은 모두 수축 가능한 끈 고리에 해당한다. 우리는 상상의 무한동력 우주선에 매달린 끈을, 이 양자역학의 파동으로 대체해서 생각해 볼 수 있다. 그렇다면 우리 우주는 '수축 가능'한 끈 고리에 해당한다. 푸앵카레 추측이 페렐만에 의해 증명되었으므로 이 둘을 합하면, '우리 우주는 3차원 구와 위상동형이다'라는 결론에 도달할 수 있다. 즉, 우리 우주는 '구멍이 없는 하나의 덩어리이다'라는 의미이다. 위상동형이므로 찌그러진 모양인지, 넓적한 모양인지, 구형인지, 정확히는 알 수 없다. 그러나 하나의 덩어리일 가능성은 매우 크다.

　즉, 푸앵카레는 우주의 모양을 그려 본 것이며 이는 페렐만에 의해 상당 부분 증명되었다고 우리는 생각해 볼 수 있다. 그러나 우리가 '3차원 구' 우주를 확신할 수는 없다. 이 추측에서는 '경계가 없고 유한한 우주'가 가정되었으며 이는 사실일 가능성이 매우 크다. 하지만 증명된 것은 아니다. 또한, 지금까지 발견된 파동은 모두 수축 가능한 고리에 해당하지만, 미래에도 그렇다는 보장은 없다. 향후 수축 불가능한 고리에 해당하는 파동이 발견된다면 '3차원 구' 우주 이론은 폐기될 수도 있다. 그러므로 '3차원 구' 우주는 사실일 가능성이 매우 크지만 단언할 수는 없는 이론이라고 할 수 있다.

우리 우주가 '3차원 구' 모양이라면 찌그러진 모양일까, 넓적한 모양일까, 공처럼 둥근 모양일까, 아니면 또 다른 모양일까 하는 생각이 들 수 있다. 우리는 앞에서 물방울이나 지구가 둥근 근본 이유가 자연의 '효율 지향 힘'임을 알아보았다. 빅뱅 이전부터 존재했을 '엔트로피 원리'로부터 파생된 힘이다. 우주의 모양에서도 같다. '3차원 구' 우주는 4차원의 표면에 존재한다. 그런데 '엔트로피 원리'로부터 파생된 '효율 지향 힘'은 차원과 무관할 것이므로, 4차원 표면에서도 작용할 것이다. 그러므로 4차원에서 바라본 3차원 공간의 우리 우주는 공처럼 둥근 모양일 가능성이 매우 크다. 이는 마치 3차원 우주 공간에서 바라본 지구의 표면이 공처럼 둥근 2차원 평면인 것과 같다.

다른 힘이 작용하지 않을 때 물방울은 온전히 둥근 모양을 보인다. 나뭇잎 위의 물방울에는 중력이 작용하므로 반구형 모양을 보인다. 수도꼭지에서 떨어지는 물방울에는 중력과 공기의 마찰력이 작용하며 아래는 뭉툭하고 위는 뾰족한 모양이다. 자연의 '엔트로피 원리'로부터 파생된 힘들의 대립과 균형에 의해 발생하는 이러한 모양의 변화는 우주에도 적용해 볼 수 있다. 우주들에도 이 힘들이 작용하고 있을 것이기 때문이다. 앞에서 우리는 다중우주의 존재가 자연스러움을 생각해 보았다. 그러나 우리 우주와 다른 우주 사이에 어떤 상호작용이 존재하는지 우리는 전혀 알 수 없다. 이들 사이에 별다른 상호작용이 없다면 우리 우주는 온전한 구형일 가능성이 크다. 이는 마치 물방울에서와 같다. 우리가 전혀 알 수 없는 다른 힘이 외부에서 우리 우주에 영향을 미치고 있다면 다른 모양을 하고 있을 수도 있다. 그러나 이 경우에도 그 모양은 '3차원 구'와 위상동형일 것이다. 학자들에 의하면 '3차원 구'를 가정할 때 우리 우주는 지름 약 980억 광년의 크기를 가진다.

지금까지 우리는 4차원 표면에 존재하는 '3차원 구'인 우리 우주의 모양에 대해 생각해 보았다. 그러나 이는 공간적 좌표만을 고려한 것이다. 시간 1차원이 추가되어야 한다. 따라서 실제의 우리 우주는 5차원의 표면에 존재하는 '4차원 시공간'이다. 즉, '3차원 구'인 우주 공간과 그 내부의 구성물들이 시간 흐름에 따라 변화해 나간다.

수백 년 그 이전의 우리 조상들에게 천동설은 당연했다. 아침이면 동쪽에서 해가 뜨고 저녁이 되면 서쪽으로 해가 진다. 따라서 우리는 정지해 있고 태양이 움직이는 것이다. 과학의 발달에 따라 현재의 우리는 그 반대임을 정확히 알고 있다. 그러나 현재를 살아가는 우리에게도 주관적으로는 천동설이 옳다. 해가 뜨고 지고, 달이 뜨고 진다고 여기는 것이 정서적으로 더 편안하다. 사람들은 새해 첫날 해돋이를 보기 위해 명소를 방문한다. 시나 소설 등에서는 '석양이 진다'라고 표현한다. '지구가 자전해서 태양 빛이 이제 그곳을 비출 수 없다'라고 표현하지 않는다. 그러나 명백한 사실은 석양이 지는 것이 아니고 지구가 자전하는 것이다. 과학자의 양심을 주장하며 그건 잘못된 표현이니 지구가 자전하는 것으로 바꾸어 달라고 고집하면 매우 이상한 사람 취급을 받게 될 것이다. 즉, 객관적으로는 지구 자전이 맞지만 주관적으로는 석양이 옳다. 이처럼 주관과 객관은 사뭇 다르다.

시간에 대해서도 마찬가지이다. 우리에게 시간과 공간은 정서적으로 매우 다른 구별된 대상이다. 그러나 수학이나 과학의 방정식에서 이들은 각각 하나의 차원 변수로 취급될 수 있으며 이 둘 사이에 그리 큰 차이는 없다. 심지어 아인슈타인에 따르면, 시간과 공간은 동전의 양면 같아서 서로 떼어낼 수 없다. 이 둘을 거의 동격으로 취급하는 것이다. 즉, 주관적으로는 시간과 공간이 전혀 다른 존재이지만 객관적으로는 그리 큰 차이가 없다.

우주를 바라보는 시각도 이와 같다. 객관적으로 볼 때 높은 확률로 우리 우주는 5차원 표면에 존재하는 4차원 시공간이다. 그러므로 5차원 입장으로 볼 때 우주는 경계가 없지만, '유한'한 존재이다. 그러나 주관적으로는 매우 다르다. 우리 뇌는 시간 흐름과 공간적 분포나 변화를 인지하며 세상을 바라본다. 그러므로 주관적으로 볼 때 우주는 '무한'하다. 우주의 공간적 끝을 관찰해 보기 위해 무한동력 우주선을 타고 거의 무한한 시간 동안 여행한다고 해도, 우리는 우주의 공간적 끝을 결코 발견할 수 없다. 그러므로 주관적으로 볼 때 우주는 무한하다. 즉, 주관적으로는 무한한 우주가 옳으며, 객관적으로는 유한한 우주가 맞다. 이처럼 주관과 객관은 매우 다르다.

공간도형
우주

지금까지 우리는 우주의 핵심 내용을 알아보았다. 이제 이에 더하여 그 의미를 생각해 보자. 아인슈타인에 의하면 우주의 시간과 공간은 속도나 질량에 따라 변화한다. 즉, 상대적이다. 또한 시간과 공간은 동전의 양면 같아서 서로 떼어낼 수 없다. 시간이 늘어나면 공간도 늘어나고, 공간이 늘어나면 시간도 늘어난다. 그러므로 절대 속도인 광속은 불변이다. 그에 따르면 과거, 현재, 미래의 구분은 고질적 환상이다. 공간 x, y, z 축처럼 시간도 하나의 차원 변수일 뿐이다. 즉 과거, 현재, 미래가 동시에 존재한다. 이 내용을 내포하는 상대성이론은 거의 증명되었다고 볼 수 있다. 따라서 현대의 많은 과학자는 우주를 종종 식빵에 비유한다. 즉 우주의 시작, 과정, 끝이 마치 한 덩어리의 식빵처럼 모두 동시에 존재한다는 것이다. 현재란 이 식빵의 중간 어느 한 조각이다.

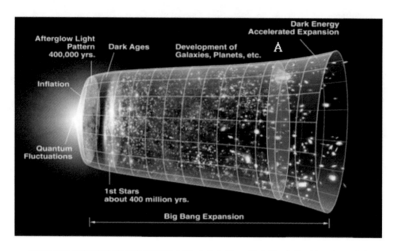

Afterglow Light
Pattern
400,000 yrs.

Dark Ages

Development of
Galaxies, Planets, etc.

Dark Energy
Accelerated Expansion

A

Inflation

Quantum
Fluctuations

1st Stars
about 400 million yrs.

Big Bang Expansion

[그림 20] 빅뱅부터 현재와 미래에 이르기까지 종 모양의 한 입체도형으로 표현되어 있다. 즉, 3차원 공간과 그 구성물들의 시간 흐름에 따른 변화를 모두 합친 모양이다. 그러므로 이는 5차원 입장으로 바라본 4차원 시공간이다. A 단면은 현재 우주에 해당한다.

[그림 20]은 식빵 덩어리 비유와 같다. 식빵 조각들이 이어지며 식빵 덩어리를 구성하듯, 수많은 현재의 단면들이 모여 종 모양의 입체도형을 만든다. A 단면은 현재를 표현하고 있으며, 조금 전 현재의 단면은 이미 과거가 된다. 이 입체도형에는 과거, 현재, 미래가 모두 동시에 존재한다. 즉, 이는 5차원 입장으로 바라본 4차원 시공간이라고 할 수 있다. 빅뱅 이후 우주의 모든 구성물은 인과의 과정을 통해 변화해 나간다. 인과는 자연의 '엔트로피 원리'로부터 비롯된 '엔트로피 증가 지향성'과 '효율 지향 힘', 그리고 그 파생 힘들의 대립과 균형에 의해 매개된다. 그러므로 5차원의 입장으로 볼 때 우주의 과거, 현재, 미래는 모두 고정되어 있다고 할 수 있다. 즉, 미래는 결정되어 있다.

현재란, A 단면이 우주 진행 속도에 따라 결정된 미래로 진행하는 것이다. 이는 마치 작은 창틈으로 집 밖의 풍경을 바라보는 것과 같다. 왼쪽 끝에서 오른쪽 끝까지 머리를 움직이며 본다. 작은 창틈 크기 단면의 풍경만을 볼 수 있다. 5차원 입장으로 볼 때 이것이 4차원 시공간에 사는 우리의 현재에 해당한다.

UC 버클리대학교의 물리학과 교수인 리처드 뮬러는 그의 최근 저서 『나우 시간의 물리학』에서, '빅뱅으로 인해 발생한 우주 팽창이 새로운 공간을 계속 만들고 있다'라고 하였다. 그런데 시간과 공간은 서로 떼어낼 수 없다. 그렇다면 빅뱅으로 인해 발생한 우주 팽창이 새로운 '시간'도 계속 만들고 있다고 볼 수 있다. 그의 이론이 옳다면, 생겨나서 고정된 시간이 과거, 새로 생겨날 시간이 미래이다. 현재란 지금막 생겨나는 시간에 해당한다. 이런 뮬러의 언급은 우리의 추론과 맥을 같이한다. 객관적 5차원 입장으로 보면 새로운 시간과 공간이 준비된 앞 칸으로 A 단면이 한 칸 이동하는 것이며, 4차원 시공간 내부에 존재하는 우리의 주관적 입장으로는 새로운 시공간이 생겨나는 것이다.

앞에서 우리는 우주가 5차원 표면에 존재하는 4차원 시공간, 즉 '3차원 구'일 가능성을 알아보았다. 이해를 위해 [그림 20]으로 표현하였으나, 5차원 입장으로 바라본 실제 우리 우주는 구형일 가능성이 크다. 빅뱅 시는 작은 점, 조금 지나서는 야구공 크기, 이후 태양계 크기, 이후 점점 커지는 구형일 것이다. [그림 20]은 이해를 돕기 위한 표현이며, 5차원 입장으로 볼 때 A 단면의 실제 모습은 그 크기에 해당하는 '3차원 구'일 것이다.

빛은 직진한다. 그 확률이 압도적으로 높기 때문이다. 이는 과학자들에 의해 '최소시간의 원리' 및 이를 포괄하는 '최소작용의 원리'로 설명되었다. 물방울은 표면장력에 의해 둥근 표면을 만들려는 성질을 지닌다. 최소의 면적, 즉 최소의 공간을 가지려는 성질이다. 이 역시 '최소작용의 원리'의 한 예이다. 우리는 이 원리를 주된 기반으로 하여 자연의 '효율 지향 힘'을 추론하였으며, 강력과 전자기력을 이해하였다. 이 '효율 지향 힘'은 자연의 '엔트로피 원리'로부터 비롯되었다. 즉, 빅뱅 후 우주가 효율 지향성을 가질 확률은 압도적으로 높아진다. 우리는 우주 4 힘인 중력, 강력, 약력, 전자기력이 이 '효율 지향 힘'의 일종임을 생각해 보았다. 빅뱅 후 우주의 변화는 주로 이 힘들에 의해 진행된다. 이 힘들은 빛이나 물방울 등에서 최소의 시간과 공간을 사용하려는 지향성과 일맥상통한다.

3차원의 공간에서 바라본 지구, 즉 '2차원 구'가 둥근 구면을 가진 것처럼 4차원의 공간에서 바라본 3차원 우주 공간, 즉 '3차원 구'도 둥근 입체를 가졌음을 우리는 추정해 보았다. 이는 [그림 20]에서 A 단면으로 표현되어 있으나, 실제의 이 단면은 4차원 공간의 표면에 존재하는 '3차원 구'에 해당한다. 이를 'A 입체'라고 해 보자. 이 'A 입체'가 둥근 이유가 뭘까? 물방울의 예에서 우리는 자연의 최소작용 원리, 즉 효율 지향성을 알아보았다. 우리는 이 효율 지향성이 차원을 넘어 적용됨을 가정하였으며, 그렇다면 A 입체가 둥근 이유도 이 효율 지향성 때문임을 추정해 볼 수 있다. 우리는 우주 근본 4 힘이 '효율 지향 힘'의 일종임을 생각해 보았다. 그러므로 A 입체가 둥근 모양을 가지는 원인은 우주의 '효율 지향 힘', 즉 근본 4 힘일 수 있다. 4 힘 중 강력과 약력은 미시세계에 작용하며, 전자기력은 주로 경계 크기의 세계에까지 작용한다. 우주 공간에 거시적으로 작용하는 힘은 중력이다. 즉, 'A 입체'가 둥근 모양을 가지게 해 주는 힘은 주로 '중력'

이라고 생각해 볼 수 있다.

우리가 물방울을 관찰할 때 물방울이 둥근 모양을 보이는 이유가 '효율 지향 힘'의 일종인 표면장력임을 알 수 있는 것처럼, 5차원의 입장으로 볼 때 'A 입체', 즉 '3차원 구'가 둥근 모양을 보이는 주된 이유는 4 힘 중 하나인 중력 때문이다. 5차원의 입장으로 볼 때 우리 우주는 중력으로 인해 최소의 시공간을 가진다. 이는 표면장력 때문에 최소의 표면적을 가지는 물방울에서와 같다. 이처럼 자연과 우주는 효율 지향성을 가진다.

[그림 20]은 A 단면, 즉 'A 입체'의 시간 흐름에 따른 모든 변화를 포함하며, 빅뱅 시점부터의 과거와 현재 그리고 미래를 모두 내부의 내용물로서 담고 있다. 우리는 우주가 5차원 표면에 존재하는 4차원 시공간임을 알아보았다. 5차원에서 [그림 20], 즉 '4차원 시공간 전체'를 보면 무슨 모양일까? 우리는 앞의 [그림 10]과 [그림 11]을 통해 시간을 하나의 공간차원으로 여길 수 있음을 알아보았다. 또한 5차원 입장으로 볼 때 우주의 과거, 현재, 미래는 모두 고정되어 있다. 그렇다면 [그림 20]은 하나의 입체도형이다. 우리는 이를 [그림 20]으로 표현하였으나, 5차원 입장으로 볼 때 이는 하나의 '4차원 공간도형'일 것이다. 우리 뇌는 4차원 도형을 상상할 수 없다. 그러나 5차원 입장으로 볼 때 이 4차원 도형은 구형일 가능성이 크다. 그 이유는 'A 입체'가 구형인 것과 같다. 즉, 자연의 '효율 지향 힘'이 차원을 넘어서 적용되기 때문이다.

빛은 직진한다. 최소시간을 사용하려는 자연의 효율 지향성 때문이다. 기압 차가 높은 곳에서 더 센 바람이 분다. 역시 최소시간을 사용하려는 효율 지향성 때문이다. [그림 20], 즉 '4차원 공간도형'이 구형일 이유는 최소시간을 사용하려는 자연의 이 지향성 때문이다. 우리는 'A 입체'가 둥근 모양을 가지는 주된 이유가 중력임을 알아보았다. 중력은 '효율 지향 힘'의 일종으로, 물방울의 표면장력처럼 'A 입체' 표면을 둥글게 한다. 아인슈타인에 따르면 시간과 공간은 서로 떼어낼 수 없다. 즉, 중력에 의해 우리 우주가 최소 공간을 가진다면 시간도 최소가 될 것이다. 그렇다면 [그림 20], 즉 '4차원 공간도형'이 구형일 이유도 중력 때문이다. 중력은 우리 우주의 공간과 시간을 최소화한다. 그러므로 5차원 입장으로 볼 때 [그림 20], 즉 시간 흐름을 포함한 전체 우주도 구형일 가능성이 크다.

우리 우주는 지금도 팽창을 지속하고 있다. 먼 미래에도 이 팽창이 지속될까? 우주는 무한히 커질까? 이는 빅뱅 이전을 추정하는 것처럼 어려운 문제이다. 과학자들은 이를 판단하는 근거로 중력에 의한 우주 시공간의 곡률을 고려한다. 즉, 빅뱅 시 시작되어 지금도 계속되고 있는 우주의 팽창에너지와 반대 힘인 우주 전체의 중력을 비교하는 것이다. 우주 전체의 중력이 팽창에너지보다 크다면 어느 순간 우주는 팽창을 멈추고 다시 수축하여 한 점으로 된다. 반대로 팽창에너지가 우주 전체 중력보다 크다면 우주는 영원히 팽창한다. 대체로 이 둘의 대소관계에 따라 우주의 운명이 결정된다는 것이다. 과학은 아직 팽창에너지의 원인과 크기를 특정할 수 없으며, 이는 미지의 분야에 해당한다.

그럼 우리 우주의 미래는 어떻게 될까? 누구도 답하기 어려운 이 미지의 분야를 상상해 보자. 우리는 우주가 10개 이상의 공간차원으로 이루어져 있음을 가정하였다. 이곳에 거대 초기에너지가 적용되며 본래부터 존재했을 엔트로피 원리가 발현한다. 이에 따라 에너지가 유입된 4개 스칼라 차원이 거시 시공간으로 변화하며 빅뱅이 시작된다. 에너지가 유입된 3개의 공간차원과 1개의 시간차원은, 에너지 유입이 미미한 나머지 6개의 스칼라 차원과 구분된다. 이 두 종류 차원의 경계에는 우리가 모르는 장벽이 있을 수 있다.

자연의 엔트로피 원리는 [그림 15]처럼 A와 B 두 공간의 밀도를 같게 하려 한다. 초기에너지가 접촉된 순간 차원 간의 장벽 등으로 인해, 4개 차원에서 나머지 6개 차원으로 에너지가 골고루 퍼지게 하는 확률보다 4개 차원에서 빅뱅이 발생하고 시공간이 팽창하여 에너지 밀도를 낮출 확률이 훨씬 더 높았을 수 있다. 그렇다면 우리는 빅뱅과 이후 시공간 팽창이 6개 미시 차원과 4개 거시 차원의 에너지 밀도를 같게 하려는 엔트로피 원리에서 비롯되었음을 추론해 볼 수 있다. 우주의 팽창에너지는 이와 같은 것일 수 있다.

한편 빅뱅 이후 팽창이 진행되고 있는 우주 시공간에는, 빅뱅 이전처럼 미시 차원과 거시 차원의 밀도가 같아지려는 지향성이 여전히 작용한다. 그러므로 4개의 거시 차원에 존재하는 에너지와 질량은 지속해서 6개의 미시 차원으로 건너가 평형을 이루려 한다. 중력이 발현되는 것이다. 이는 스스로 시공간을 최소화하려는 경향성으로 귀결되며, 그러므로 블랙홀처럼 질량이 매우 큰 천체의 시공간은 매우 느려진다. 우주의 축소에너지는 이와 같은 것일 수 있다. 즉, 임의의 외부 거대 촉발에너지에 의해 시공간이 시작되어 팽창하지만 시공간 내부의 질량과 에너지들은 거꾸로 이 시공간을 최소화하여 빅뱅 이전의 평형으로 되돌아가려는 회귀적 경향을 지니게 된다.

이처럼 중력이란 진행되는 시공간에서 에너지와 질량이 6개 미시 차원으로 이동하려는 힘일 수 있다. 그런데 차원 간 장벽 등의 문제로 이들이 미시 차원으로 이동하기란 거의 불가능하다. 이에 따라 [그림 8]의 예처럼 3차원 공간이 천체에 의해 추가 공간차원 쪽으로 휘어지며 시공간의 곡률을 만들고, 이는 질량을 가진 물체들의 인력, 즉 중력으로 이어진다.

우리는 우주의 팽창에너지와 축소에너지를 추론해 보았다. 이들은 모두 자연의 엔트로피 원리에서 기원하지만 서로 대립하는 힘으로 작용하며, 우리 우주의 미래는 이 두 힘의 크기에 따라 결정된다고 볼 수 있다. 그럼 이 두 힘 중 누가 더 셀까?

앞에서 우리는 빅뱅이 임의의 외부 에너지에 의해서 촉발되었음을 생각해 보았다. 이 에너지가 시작된 시공간으로 유입되며 우주 모든 물질의 기원이 되었다. 배트에 의한 충돌 에너지가 소리나 열 등의 에너지로 소실되므로 실제 야구공을 움직이는 에너지는 이보다 더 적은 것처럼, 시공간에 유입된 초기에너지는 빅뱅을 유발한 원래의 촉발에너지보다 더 적을 수 있다. 이 추론이 옳다면, 우리는 우주의 팽창에너지가 축소에너지보다 더 크다고 생각해 볼 수 있다. 그러나 이는 빅뱅 이전의 환경이며, 이 상황에 대해 우리가 파악할 수 있는 과학적 근거는 거의 없다. 따라서 이 추론으로부터 우주의 미래에 대해 어떤 결론을 도출하기는 매우 어렵다고 할 수 있다.

그러므로 우리가 알 수 있는 우주의 밀도나 중력에 대한 지식이 더욱더 중요해질 수 있다. 이처럼 우주에 큰 영향을 미치는 중력은 빅뱅 후 우주의 주인공인 '효율 지향 힘'의 일종이다. 빅뱅 후 우주 구성물들의 관계나 질서는 주로 이들에 의해 결정된다. 이 힘들에 의해 지구가 태양 주위를 공전하므로 계절이 순환하고, 물이 높은 곳에서 낮은 곳으로 흐르며, 핸드폰이나 자동차가 작동하게 된다. 이처럼 우리가 알고 있는 과학적 사실, 원리, 법칙은 주로 이 '효율 지향 힘'으로부터 비롯된다. 이 힘들이 대상 간의 관계를 규정하고 질서를 부여하며 인과를 매개한다. 그러나 대상들 스스로 질서화 및 조직화하기는 어렵다. 본격적인 자발적 질서화와 조직화는 복잡계 및 생명의 탄생과 함께 시작된다.

우리는 '4차원 공간도형' 우주를 추론해 보았으며, 우리의 추론이 옳다면 우주는 고정되어 있고 우주와 우리의 미래는 결정되어 있다. 그럼 자유의지는? 우리의 운명은 결정되어 있고 자유의지는 없는 것인가 하는 의문이 들 수 있다. 이 부분도 한번 생각해 보자.

앞에서 우리는 천동설과 지동설, 시공간 차별성과 동등성, 우주의 무한과 유한의 예로 주관과 객관이 매우 다름을 알아보았다. 이에 더해 재스민을 생각해 보자. 이 향은 재스민 꽃의 인돌(C_8H_7N) 성분으로부터 얻어진다. 그런데 이 인돌 성분은 농도가 낮을 때에는 재스민 향기를 내지만, 농도가 높아지면 암모니아 악취를 낸다. 농도에 따라 사람의 코는 같은 물질을 다르게 인식하는 것이다. 그래서 활짝 핀 어떤 재스민 꽃이 우리 눈을 즐겁게 해 줄 수 있지만, 우리 코를 힘들게 할 수도 있다. 즉, 객관적으로는 인돌 성분이지만 주관적으로는 저농도의 향기, 고농도의 악취이다. 우리는 주관적 삶을 살아가므로 향기는 가까이할 것이고 악취는 멀리할 것이다. 이처럼 주관과 객관은 매우 다르다.

자유의지의 문제도 이와 같다고 볼 수 있다. 객관적 5차원의 입장으로 보면 우주와 우리 미래는 결정되어 있다. 우리가 눈앞의 커피 잔을 바라보는 것처럼, 5차원의 입장으로 볼 때 우리 우주는 그냥 결정된 하나의 '4차원 공간도형'일 것이다. 그러므로 그 구성물인 우리의 자유의지는 없다. 힘들의 상호작용에 의한 인과에 따라 변화되어 가는 객체일 뿐이다. 그러나 우리는 5차원의 존재가 아니다. 미래를 모르며, 3차원의 공간에서 시간 흐름에 따라 살아가는 존재들이다. 이들과는 입장이 매우 다르다.

뜨거운 불꽃이 닿을 때 손을 떼지 않는 사람은 아마 없을 것이다. 우리의 이 행동이 5차원의 입장으로는 그냥 힘들의 상호작용에 의한 결과일 것이다. 그러나 당사자인 우리는 다르다. 큰 고통을 느끼며 즉각적으로 손을 움츠린다. 우리는 우리 생각과 느낌에 따라 판단하고 결정해서 행동한다. 우리의 이 행동도 5차원 입장으로는 뇌세포들에 작용하는 힘이나 원리들의 작용에 의한 결과일 뿐이다. 그러나 당사자인 우리의 입장으로는 그렇지 않다. 각자의 자유의사에 따라 판단하고 행동한다. 즉, 우리의 행동은 자유의지에 따라 결정된다.

5차원의 입장으로 볼 때 우리 우주는 고정된 하나의 '4차원 공간도형'이다. 경계가 없지만 유한하며, 시간도 하나의 공간차원으로 치환된다. 따라서 이는 시간과 공간의 한계를 뛰어넘는 초월적 입장이라고 할 수 있다. 5차원 입장으로 볼 때, 우리 우주는 유한하며, 모든 것이 결정되어 있고, 자유의지는 없다. 그러나 이는 외부의 초월적 시각이다. 우주 내부에서 살아가는 우리 입장은 매우 다르다. 우리는 3차원 공간에서 시간 흐름에 따라 살아간다. 시간이나 공간을 초월할 수 있는 사람은 아무도 없다. 무한동력 우주선을 타고 무한한 시간 동안 우주여행을 해도 우리는 결코 우주 공간의 끝을 발견할 수 없다. 그러므로 우리 입장으로 볼 때 우주는 끝이 없다. 즉, 우주는 무한하다. 이처럼 5차원의 입장과 우리 입장은 매우 다르다.

자유의지의 문제도 같다. 시공간을 초월하는 5차원의 입장으로는,

모든 것이 결정되어 있고 자유의지도 없겠지만, 공간 속에서 시간의 흐름에 따라 살아가는 우리의 입장은 다르다. 과거는 지나갔으므로 결정되었으나 미래는 아직 오지 않았으므로 결정되지 않았다. 우리는 재스민 내음이 잠재한 인돌을 오늘 묽게 만들어 놓지 않는다면 내일 그 향기를 즐길 수 없음을 알고 있다. 즉, 나의 미래는 현재의 내 행동에 따라 변화한다. 그런데 현재의 내 행동은 내가 결정한다. 그러므로 자유의지는 존재한다고 할 수 있다.

이제 [그림 20]을 다시 관찰해 보자. 그 안에는 우주 시작 때부터 현재와 미래에 이르는 모든 시간과 공간이 포함되어 있다. 우주 초기의 소립자부터 별, 은하, 블랙홀 등 우주의 모든 천체도 포함된다. 당연히 태양계와 지구도 포함한다. 지구가 처음 생겼을 때부터 현재의 지구, 그리고 미래의 지구도 포함한다. 인류가 처음 생겼을 때부터, 태어난 나, 현재의 나, 미래의 나, 내 후손들도 모두 포함된다. [그림 20]은 또한 각자의 마음, 사회, 문화, 종교, 법률, 언어, 정치, 경제, 과학 등 모든 것을 포함한다. 그러나 5차원의 시각으로 볼 때 [그림 20]은 하나의 '4차원 공간도형'에 불과하다.

많은 사람이 자신의 자아와 주체성에 대해서 궁금해 한다. 하지만 이를 명쾌하게 정의할 수 있는 사람은 그리 흔치 않다. 그러나 지금 여기에 내가 존재하고 있고, 그러므로 내 주체성이 존재하고 있음을 부정하기는 어렵다. 즉, 뭔지 정확히는 모르겠지만 현재 여기에 내 자아와 주체성이 존재하고 있음은 자명하다고 할 수 있다. 그런데 이 주체성은 나만 가진 것이 아니다. 과거의 우리 조상들, 현재의 우리, 미래의 우리 후손들이 모두 이 자아와 주체성을 가지고 있다. 그러므로 5차원 입장으로 보더라도 [그림 20]은 단순한 공간도형이 아니다. 내부에 수많은 자아와 주체성이 존재하는 구조이다. 이는 객관적 우주가 그 내부의 구성물로서 주관성을 가지고 있음을 의미한다. 우리의 주관적 자아나 주체성이 그 증거일 수 있다.

미국 네바다 사막에서 바라본 우리 은하계

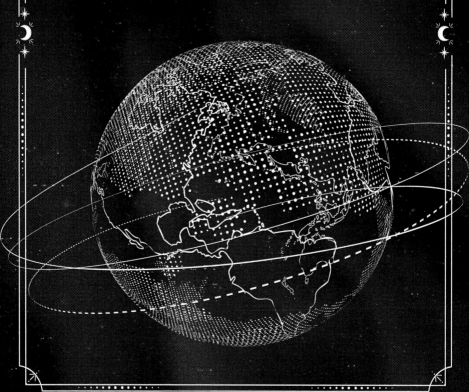

제 6 장

복잡계
(complex system)

부분과 전체

　지금까지 알아보았듯이, 우리는 우주의 모든 변화가 대칭성 깨짐과 연관이 있고, 그 과정은 자발적이라고 생각해 볼 수 있다. 빅뱅과 함께 시간이 발생해 흐르고 공간이 팽창한다. 이는 온도, 밀도 등의 환경 변화를 초래하며, 그 결과로 자발적 대칭 깨짐이 발생하고, 이로 인해 잠재된 새로운 '무엇'과 그 '성질'이 발현된다. 우리는 이를 '자연 준칙(Natural Dogma, ND)'으로 정의하였다. 힉스장에 의해 쿼크는 질량을 가지게 되었고 이는 중력이라는 상호작용의 '성질'을 나타내게 되었다. 결어긋남 이후 파동은 입자로 변화하였고 시간의 흐름에 편입되어 전자기적 상호작용을 하며 서로 구분되는 '성질'을 보이게 되었다. 우주의 평균온도가 점차 낮아짐에 따라 수증기는 섭씨 100도의 환경에서 물로 변화하였고 이전에는 없던 액체의 '성질'이 출현하였다. 이런 변화들은 모두 '자연 준칙'에 의해 발생한다.

우주의 초기 소립자들에 4 힘과 엔트로피 증가 지향성이 적용되며 시간 흐름에 따라 매우 다양하고 많은 입자와 물질들이 출현하게 되었다. 과학자들은 점차 물질을 이루는 118개의 원자를 알게 되었으며, 이는 주기율표로 정리되어 있다. 26개의 알파벳으로 무수한 단어와 문장이 만들어지듯이, 이 118개 원자의 조합으로 수많은 분자나 물질들이 만들어진다. 이 물질들은 상호작용의 힘에 따라 서로 결합하기도 하고 밀어내기도 하며, 오랜 기간 누적된 이 상호작용의 결과 현재의 별과 은하 그리고 태양과 지구가 만들어지게 되었다. 약 45억 년 전 지구 탄생 얼마 후 시작된 생명체도 마찬가지이며, 무수한 진화 과정을 거쳐 탄생한 인류도 마찬가지이다. 이들은 모두 무수히 많은 분자와 다양한 물질들로 구성되어 있다.

사람의 몸은 무수히 많은 세포와 물질로 구성된 하나의 독립된 계(system)라고 할 수 있다. 하나하나의 세포가 구성 요소로서 '부분'을 이루고, 이 부분들이 모여 '전체'인 몸을 만든다. 그런데 '전체'로서의 몸은 세포들의 단순한 집합체가 아니다. 뜨거운 물건이 손에 닿으면 우리는 즉각 손을 움츠린다. 세포들의 단순 집합체라면 이런 일은 발생할 수 없다. 인체의 세포들은 수많은 진화 과정을 통해 고도로 질서화, 조직화되어 있고 다양한 방법으로 서로 정보를 주고받으며 유기적이고 복합적으로 상호작용한다. 뜨거운 물건이 손에 닿으면 이는 손가락에 있는 말단 신경세포의 세포 내외 전위차를 유발하며, 이 전기적 변화는 척수와 대뇌 피질의 감각 신경세포로, 다시 인근의 운동 신경세포로 전달되고, 이어 팔과 손의 근육세포에 전달된다. 그 결과 손을 움츠리는 행동이 나타나며, 이 모든 과정은 순식간에 이루어진다. 이처럼 '전체'인 우리 몸에는 '부분'들인 세포와 물질들의 유기적이고 복합적인 상호작용으로 인하여, 부분들의 단순한 집합에서는 존재할 수 없었던 새로운 '무엇'이 출현한다. 위 예에서 새로운 '무엇'은 '손을 움츠리는 행동'이다.

복잡계(complex system)란 이처럼 수많은 '부분'으로 이루어진 '전체'에서, 각 부분이 다른 부분들과 끊임없이 상호작용하고, 이로 인해 부분들의 단순 집합체와는 다른 새로운 '무엇'이 전체에 나타나는 체계(system)를 말한다. 그러므로 인체는 일종의 복잡계라고 할 수 있다.

우리는 빅뱅 후 우주의 모든 변화가 대칭성 깨짐과 연관이 있음을 알아보았고 이를 '자연 준칙'으로 정의하였다. 땅에 떨어진 농구공의 방향과 속도는 이전과 다르다. 변화한다. 땅에 닿는 순간 농구공의 전자기적 탄성력이 중력을 극복하였기 때문이다. 즉, 대칭성 깨짐이다. 그 결과 농구공의 방향과 속도에 변화가 발생한다. 에너지의 파동이 거시세계의 입자와 충돌하며 결어긋남이 발생한다. 대칭성 깨짐이다. 그 결과 파동이 입자로 변화하고, 이는 거시세계의 시간 흐름에 편입된다. 이 두 예는 모두 두 개 대상의 상호작용으로 인한 대칭 깨짐이다. 즉 농구공과 땅바닥의 상호작용이며, 결맞음 상태의 파동과 거시세계 입자의 상호작용이다.

이에 비해 복잡계에서의 변화는 무수히 많은 구성 요소들 사이의 상호작용으로 인해 발생한다고 볼 수 있다. 농구공에 작용하는 힘의 대칭 깨짐으로 인해, 에너지 파동에 작용하는 힘의 대칭 깨짐으로 인해 변화가 발생한다. 이 변화들은 '자연 준칙'에 의해 발생한다. 복잡계에서도 같다. 복잡계의 구성 요소들은 서로 영향을 주고받는다. 이로 인해 각 부위에서 수많은 대칭 깨짐이 시시각각 발생한다. 전체인 복잡계의 대칭 깨짐으로 인한 변화는, 부분들에서 발생하는 대칭 깨짐으로 인한 변화의 횟수와 강도가 증가하여 이들의 총합이 임계점을 넘어가게 되며 발생한다고 볼 수 있다. 그 결과 부분들의 단순한 집합체에서는 나타날 수 없는 새로운 '무엇'과 그 무엇의 '성질'이 전체인 계(system)에 출현한다.

즉, 복잡계란 무수히 많은 상호작용으로 인해 발생하게 된, 이전에 없던 새로운 상위 위계이며, 변화로 인해 전체로서의 계(system)에 출현하는 새로운 '무엇'은, 이 새로운 상위 위계에 나타나는 자연 준칙의 결과물이라고 볼 수 있다.

일반항 $a_n = n^3 + 1$의 수식을 생각해 보자. n이 2인 경우 a_n은 9이며, n이 3인 경우 a_n은 28이다. 이 수식의 규칙을 자연 준칙이라 비유해 보자. n이 2인 경우를 농구공에 비유하자면, 대칭 깨짐으로 인한 농구공의 변화는 수식의 결과인 9에 해당한다. n이 3인 경우를 복잡계에 비유하자면, 대칭 깨짐으로 인한 '무엇'의 출현은 수식의 결과인 28에 해당한다.

우리는 우주 모든 변화가 자발적 대칭 깨짐에 의해 나타난다고 추론하고 있으며 이를 자연 준칙으로 정의하였다. 그러므로 이는 위 수식의 예처럼 모든 경우에 적용될 수 있다. 농구공의 예처럼 두 개의 대상에 적용되면 그에 합당한 변화인 공의 바운스가 출현하며, 복잡계의 예처럼 임계점을 넘어선 무수히 많은 변화에 적용되면 그에 합당한 변화인 새로운 '무엇'이 출현한다고 생각해 볼 수 있다.

농구공의 예에서와 같은 단순한 계들이 무수히 모여 서로 영향을 주고받으며 복잡계가 시작된다. 이는 마치 도미노 게임과 같다. 수많은 도미노 게임이 동시다발적으로 진행된다. 첫 도미노에서 시작된 힘이 수많은 경로를 거치며 변형되어 다시 첫 도미노에 영향을 미친다.

이처럼 단순한 계들이 모여 복잡계를 이루는 그 자체도 자연 준칙에 의해 발생한다고 볼 수 있다. 즉, 원자들로부터 분자가 만들어지듯이 시간 흐름에 따라 근본적 하위 위계들로부터 상위 위계가 만들어지는 변화도 자연 준칙에 의해 발생하며, 그러므로 상위 위계의 내용물은 근본적으로 하위 위계에 잠재해 있었다고 추론해 볼 수 있다.

앞에서 알아보았듯이 우리의 뇌는 한계를 가지고 있다. 이런 한계로 인해 우리는 결맞음의 동시성을 직관할 수 없으며, 결어긋남으로의 변화를 이해할 수 없다. 마찬가지로, 자연 준칙에 의해 복잡계에서 새로운 '무엇'이 출현하는 과정을 이해하는 것은 사실상 불가능하다. 그러나 대칭 깨짐에 의한 농구공의 바운스나 결어긋남으로 인한 입자의 출현 등이 자연 준칙에 의한 변화임을 생각해 보면, 복잡계의 형성과 전체로서의 계에 출현하는 새롭고 특별한 내용물도 어렵지 않게 그 가능성을 추론해 볼 수 있다.

이제 지금까지의 우리 추론을 다시 한번 정리해 보자. 빅뱅 이전의 세상에는 평형 상태인 10차원 또는 11차원의 스칼라 덩어리와 엔트로피의 원리가 존재하고 있었다. 근원을 알 수 없는 초기에너지가 이 스칼라 차원 덩어리에 적용되며 비로소 우리 우주가 시작되었다. 빅뱅으로 인해 시공간이 시작되었으므로 '엔트로피 증가 지향성'과 '효율 지향 힘'이 파생되어 출현한다. 이 두 힘은 시공간 흐름에 편입된 우주 모든 대상에 적용되는 '엔트로피 원리'의 다른 모습으로 볼 수 있다.

'엔트로피 증가 지향성'은 주로 시간과 연관된다. 근원적으로 존재하던 엔트로피 원리, 즉 '확률의 원리'가 시간이 발생해 흐름에 따라 이에 맞게 변화되어 출현한 것이 '엔트로피 증가 지향성'이라고 할 수 있다. 물리학자들에 의하면, 우주 모든 닫힌계의 엔트로피는 항상 증가한다. 이는 '시간 흐름'을 내포하고 있는 원리이다. 예를 들어 컵에 담긴 물에 떨어진 잉크 방울은 '시간 흐름'에 따라 점점 퍼져 나간다. 결국 잉크 입자들이 가장 확률이 높은 상태로 위치하며 평형을 이룬다. 이는 최대의 엔트로피를 의미한다.

이에 비해 '효율 지향 힘'은 주로 공간과 연관된다. 우리는 앞에서 힉스장이 엔트로피 증가를 저해하는 에너지 덩어리를 걸러 입자로 바꾸어 주는 장치임을 추론해 보았다. 이는 이 결함이 많은 에너지 덩어리들을 포함한 전체 계에서, 좀 더 빠르고 효율적으로 엔트로피를 증가시키기 위한 기초장치이다. 강력의 작용에 따라 쿼크들은 제한된 공간에 갇히게 되며, 그 결과 이들의 점유 공간이 작아지고, 전체 계의 엔트로피는 막힘없이 증가한다. 깨진 당구공을 수리하듯, 전하를 띤 입자들은 반대의 전하 입자들과 결합하며 좀 더 온전해진다. 그 결과 계의 엔트로피는 막힘없이 증가한다. 이후 입자들은 타 입자들과 상호작용을 지속해 나가며 점점 더 온전해진다.

이처럼 원자들이 결합하여 상위 위계인 분자를 만들고, 분자들이 결합하여 더 상위 위계인 물질을 만든다. 이런 방식으로 상위 위계들이 만들어진다. 그 결과 입자들 자체의 엔트로피는 감소하였으나, 전체 계의 엔트로피는 이보다 더 증가하였다. 이는 최소의 시간과 공간을 사용하려는 우주의 근원적 지향성에 의해 강요된다.

외부에서 기원한 임의의 거대 초기에너지가, 궁극적 대칭의 안정된 평형을 이루고 있는 특이점에 적용되며 빅뱅과 시공간이 시작된다. 우리는 이때 출현한 '효율 지향 힘'을, 시작되어 팽창하는 시공간을 최소화하여 빅뱅 이전의 안정된 결맞음 평형 상태로 되돌아가려는 자연의 지향성이라고 생각해 볼 수 있다. 시공간 진행의 우주보다, 빅뱅 이전의 특이점과 같은 결맞음의 우주로 존재할 확률이 훨씬 더 높을 것이기 때문이다. 우주는 스스로 이런 높은 확률의 상태로 변화하려 할 것이고, 이러한 지향성이 빅뱅 직후의 우주에 시간과 공간을 최소화하려는 '효율 지향의 힘'으로 출현했을 수 있다.

결어긋남 이후 거시세계에 편입된 입자들은 주로 중력, 전자기력, 강력, 약력의 4 힘, 즉 효율 지향 힘에 따라 변화해 나간다. 이 힘들에 의해 인과가 매개되며 우주가 진행된다. 이들은 주로 자신들의 엔트로피는 감소할 수 있지만, 전체의 엔트로피는 그 이상으로 증가하는 방향으로 변화한다. 그런데 원자 3개로 존재하는 것보다 분자 1개로 존재하는 것이 더 이 지향성에 부합한다. 그러므로 대체로 입자들은 결합하여 상위 위계를 만들려는 경향성을 가진다. 더, 더 상위 위계가 만들어진다. 이제 그 다양성과 복잡성이 임계점을 넘으며, 비교적 최근의 상위 위계라고 할 수 있는 복잡계가 만들어진다. 의미 있는 복잡계의 발생 조건은, 다양하고 복잡한 구성 요소들의 자연 준칙에 의한 수많은 자발적 대칭 깨짐의 인과이다. 이들은 주로 전자기력에 의해 매개된다. 전자기력은 각 입자나 물질에 따라 매우 다양한 종류와 크기를 보인다. 그러나 강력, 약력, 중력은 그렇지 않다. 비교적 단순하다. 그러므로 이들 3 힘이 복잡계 발생의 보조적 역할을 할 수는 있으나, 주된 힘이 되기는 어렵다. 따라서 복잡계는 주로 전자기력에 의해 발생한다고 할 수 있다.

복잡계는 많은 부위에서의 수많은 대칭 깨짐과 그 인과에 의해 시작된다. 그 결과 전체로서의 계에 이전에 없던 새로운 '무엇'이 출현한다. 복잡계 학자들은 이를 창발(emergence) 현상이라 칭한다. 미국의 이론물리학자이자 노벨상 수상자인 앤더슨(Philip Warren Anderson, 1923~2020)은 이에 대하여, 'More Is Different'로 압축하여 표현하였다. 1972년 사이언스지에 실린 그의 논문에 의하면, '미시적인 구성요소들이 많이 모이면, 각각의 입자에서는 예측할 수 없는 새로운 성질이 창발하며, 집합체의 거시적인 성질에 새로운 구조가 생겨난다.'

복잡계의 이런 창발 현상은 부분들의 자발적 질서화, 조직화에 의해 발생한다고 볼 수 있다. 즉, 자기조직화(self-organization)이다. 이제 부분들에서는 절대 존재할 수 없는 새로운 무엇이 전체로서의 계에 출현한다. 이는 전에 없던 매우 새로운 상위 위계이다. 이로 인해 우주에는 전에 없던 새롭고 신기한 것들이 출현할 수 있게 되었다. 다양한 자연 현상이나 물리적 현상이 가능하게 되었고, 유기물이 출현하게 되었으며, 생명체가 시작되었다. 드넓은 우주 속의 작은 공간을 차지하고 있는 지구에서 발생한 이 생명체는 이후 수십억 년을 지나며 진화를 거듭하였고, 그 결과로 인류가 나타날 수 있었다. 그러므로 복잡계의 탄생은 지구에 인류가 출현할 수 있게 해 준, 매우 중요하고 결정적인 사건이라고 할 수 있다. 다른 각도로 보면, 풍부한 물이나 태양 에너지 등으로 인한 원시지구의 환경이 유기물이나 생명체로 이어질 복잡계가 출현하고 진행되기에 적합했다는 의미이기도 하다.

인류도 출현 이후 수백만 년을 거쳐 진화해 왔으며, 그 결과 현재의 우리가 존재할 수 있게 되었다. 여기에는 우리의 신체뿐만 아니라 마음이나 정신도 포함된다. 진화를 거듭하며 현생인류가 출현하게 되었고, 이들의 공감 능력 등으로 인해 집단이 커지며 사회나 국가가 출현하게 되었다. 사람들은 호기심을 가지고 자연이나 사회를 탐구해 왔으며, 현재에 이르러 학문은 크게 자연과학과 인문학 분야로 구분될 수 있다. 사람들은 이 두 분야를 매우 이질적으로 느낀다. 논리적 연결이 어렵기 때문이다. 일례로 과학자들은 주로 진화론이 옳다고 여기며, 교회나 성당의 성직자들은 주로 창조론이 옳다고 말한다. 이 둘이 가까워지기는 매우 어렵다. 그러나 복잡계의 시각으로 볼 때 이 두 학문 분야는 그리 다르지 않다. 복잡계는 이 두 분야를 자연스럽게 이어 줄 원리를 내포한다. 그러므로 복잡계에 대한 이해는 자연과학과 인문학의 일차적 연결고리가 될 수 있다.

앞에서 우리는 자연의 모듈성에 대해 알아보았다. 객관적 혹은 주관적 세계가 존재하려면 구분되거나 대비되는 최소 2개의 무엇이 필요했다. 레고 블록 조각들처럼 이 단위 모듈들이 모여 대상이나 세계를 구성한다. 컴퓨터 작동을 위한 기본 모듈은 0과 1이다. 글자를 구성하는 기본 모듈은 자음과 모음이며, 자음과 모음을 이루는 기본 모듈은 직선과 곡선이다.

앞에서 우리는 대칭성에 대해서도 알아보았다. 과학의 역사는 대체로 더 하위 위계에 존재하는 더 근원적인 상위 대칭의 발견 과정, 즉 통합의 과정이었다. 코페르니쿠스의 대칭을 통합하며 뉴턴은 과학에 공헌하였으며, 뉴턴의 대칭을 통합하여 더 근원적인 상위 대칭을 발견함으로써 아인슈타인은 과학 발전에 이바지하였다. 대칭성이 있다는 것은 최소 2개의 구분되는 대상이 존재함을 의미한다. 탐구를 통해 이 대상들이 합쳐져 하나가 되면, 이 하나가 된 대상과 대칭을 이루는 상위의 다른 대상이 발견된다. 이런 이유로 물리학자들은 대칭성을 이 세상의 진정한 근본 원리로 여긴다.

이를 시간 흐름에 따라 생각해 보자. 어떤 근원의 상위대상에 환경 변화에 의한 자발적 대칭 깨짐이 발생하며, 최소 2개의 잠재되어 있던 하위대상이 분리되어 발생한다. 우리는 이를 자연 준칙으로 정의하였다. 자연 준칙에 의한 이러한 과정은 외형적 대상에 한정되지 않는다. 자연법칙 그 자체도 이 과정을 따른다. 그러므로 뉴턴의 수식이 지구에서는 옳고 극단적 우주 환경에서는 틀릴 수도 있으나, 아인슈타인의 방정식은 지구나 극단적 우주 환경에서나 모두 옳다.

좀 더 쉬운 예를 생각해 보자. 식사할 때 우리는 음식을 집기 위해 젓가락을 사용한다. 금속이나 나무로 만들어진, 비슷한 길이의 2개 막대기이다. 하나의 젓가락만을 가지고는 제대로 음식을 집을 수 없다. 쌍으로 이루어진, 즉 대칭을 이루는 2개가 필요하다. 한 단계 상위를 생각해 보자. 밥이나 국처럼 젓가락으로 집기 어려운 음식도 있다. 즉, 젓가락으로 해결할 수 없는 대상이다. 이들을 먹기 위해서는 숟가락이 필요하다. 즉, 젓가락에 더하여 숟가락이 있어야 식탁에 있는 모든 종류의 음식을 맛볼 수 있다. 즉, 젓가락과 숟가락은 상위의 대칭을 이룬다. 한 단계 더 상위를 생각해 보자. 이제 숟가락과 젓가락은 음식 섭취 도구로서 한 묶음으로 통일된다. 이 섭취 도구는 대상인 식탁 위의 음식과 대칭을 이룬다. 즉, 섭취 도구와 음식은 새로운 상위 대칭을 이룬다. 마지막으로 한 단계 더 상위를 생각해 보자. 수저와 음식은 이제 준비된 저녁 식사로 묶인다. 이는 이를 먹을 사람을 위해 준비된 것이다. 그러므로 식사할 사람과 준비된 저녁 식사는 새로운 상위의 대칭을 이룬다.

이제 시간 흐름에 따라 다시 생각해 보자. 빅뱅 이전의 특이점에는 10차원 또는 11차원의 스칼라 덩어리와 엔트로피의 원리가 있었다. 여기에 근원 미상의 초기에너지가 가해지며 우주가 시작되었다. 최초의 대칭 깨짐이다. 앞에서 알아보았듯이 대칭 깨짐의 결과 2개 이상의 하위대상이 발생하며, 세계가 존재하기 위해서는 모듈화된 2개 이상의 대상이 필요하다. 최초의 대칭 깨짐인 빅뱅의 결과 2개의 하위대상이 발생한다. 시간과 공간이다. 이곳으로 초기에너지가 유입되며 우주 역사가 시작된다. 시작된 시간에 곧바로 하위대상이 발생한다. 과거와 미래, 그리고 그 경계인 현재이다. 시작된 시간이 다시 멈추어 버리면, 즉 현재만 있다면 시간은 존재하지 않는 것과 같다. 그러므로 시간이 존재하려면 시간이 흐르며 과거와 미래의 대칭이 발생해야 한다. 공간도 마찬가지다. 오른쪽이 있으면 왼쪽이 있어야 한다. 오른쪽만 있는 공간은 있을 수 없다. 그러므로 공간이 존재하기 위해서는 반드시 오른쪽과 왼쪽, 앞과 뒤, 위와 아래의 대칭이 있어야 한다.

이에 따라 이후 수많은 대칭 깨짐의 결과 발생하는 하위대상들은 모두 최소 2개의 대칭 구조를 이루고 있다고 볼 수 있다. 이는 앞에서 알아본 자연의 모듈성과도 일치한다. 모듈성에 따르면, 세계가 존재하기 위해서는 구분되거나 대립하는 최소 2개의 대상이 필요했다. 그러므로 물질이 있었다면 반물질도 있었다. 페르미온이 있으면 보손도 있다. 시간에 대칭인 자연법칙이 있으면 공간에 대칭인 자연법칙도 있다. 낮이 있으면 밤이 있다. 남자가 있으면 여자가 있다. 가장 최근의 이런 대칭과 대칭 깨짐의 예는 앞의 저녁 식사하는 사람의 식탁을 생각해 보면 될 듯하다. 빅뱅 후 현재에 이르는 이 무수한 대칭 깨짐의 연속은 마치 [그림 7] 프랙탈 도형과 같다.

자연 준칙에 의한 우주의 변화에는 위계가 존재하며, 이 순서에 따라 변화가 진행된다. 우주 초기의 근원적 상위 대칭성이 근본 하위 위계를 형성하며 이후 변화의 토대가 된다. 자발적 대칭 깨짐에 의해 새로운 하위 대칭이 발생한다. 이는 이전의 토대 위에 놓이는 한 단계 상위의 위계를 이룬다. 이는 마치 지질학의 지층과 유사하다. 즉, 상위의 대칭이 하위의 위계를 이루며, 하위의 대칭이 상위의 위계를 만든다. 시간의 흐름에 따라 지층이 쌓이듯, 자연은 시간 흐름에 따라 순차적으로 변화한다. 수증기가 갑자기 얼음으로 될 수는 없다. 짧은 시간이라도 반드시 물 상태인 기간이 존재한다. 이처럼 자연은 '위계에 의한 순서'의 성질을 가지고 있다.

지금까지 우리는 자연의 '대칭', '모듈', 그리고 '순서'의 성질을 다시 한번 생각해 보았다. 이 세 가지 성질은 '자연 준칙'과 연관되어 세상의 구조와 변화를 이루는 핵심 원리라고 할 수 있다. 그러므로 이 원리들에 대한 이해는 이로부터 비롯된 복잡계, 이 계의 산물이라고 할 수 있는 유기물이나 생명체의 진화, 사람, 마음, 사회 등의 이해를 위한 중요한 사전 지식일 수 있다.

복잡계의
특징

　이제 지금까지의 연구로 밝혀진 복잡계의 특징에 대해서 알아보자. 학자들에 의하면 복잡계란 '작은 사건처럼 보이는 수많은 변수가 유기적이고 복합적으로 작용하여 큰 영향력을 갖게 되는 체계'이다. 이는 여러 구성 요소로 이루어진 집단에서 각 요소가 다른 요소와 끊임없이 상호작용하는 체계를 말하며, 이 체계는 비선형성, 비가역성, 복합적 상호작용, 불확실성, 확률 등의 지배를 받는다. 1984년 미국의 산타페 연구소(SFI, Santa Fe Institute)에서 본격적 연구를 시작하였으며, 학자들은 매사추세츠 공과대학교의 수학자이자 기상학자인 에드워드 로렌츠(Edward Norton Lorenz, 1917~2008)의 '나비효과'를 이의 전형적 현상으로 생각한다. 어느 한 곳에서 일어난 작은 나비의 날갯짓이 뉴욕에 큰 태풍을 일으킬 수 있다는 이론으로, 이는 초기 조건의 사소한 변화가 전체에 막대한 영향을 미칠 수 있음을 의미한다. 복잡계 이론에 의하면 어느 장소에서 일어난 작은 사건이 그 주변에 있는 다양한 요인에 작용하고, 그것이 복합되어 차츰 큰 영향력을 갖게 됨으로써 멀리 떨어진 곳에서 일어난 사건의 원인이 된다는 것이다.

복잡계 이론은 기본적으로 이 세상의 모든 질서가 몇 개의 이론만으로 설명될 수 없으며 복잡성으로 얽혀 있다는 이론이다. 이 계에서는 수많은 변수가 유기적으로 작용하기 때문에 일대일 대응 방식의 기계론적 과학이 적용되지 않는다. 과학자들은 복잡계를 해석하기 위해 선형이 아닌 비선형적 수학 해석, 절대 작용이 아닌 상호작용, 연속성이 아닌 불연속성, 환원이 아닌 종합을 기본 법칙으로 삼는다. 복잡계 연구를 위한 구체적 수단으로는 카오스, 프랙탈, 퍼지, 카타스트로피 등의 이론이 있다. 복잡계 연구는 1960년대 사이버네틱스(Cybernetics), 1970년대 카타스트로피(Catastrophe), 1980년대 카오스(Chaos)의 연구 과정을 거쳐 1990년대 이후 본격화되었다. 2000년대에 들어서며 복잡계 이론은 물리학 등의 자연과학 분야를 넘어 사회과학 분야로 확장되기 시작하였다.

복잡계는 부분들의 매우 단순한 상호작용으로부터 시작된다. 물질이나 유기물에서 이 상호작용은 주로 원자나 분자의 전자기력이나 그 파생 힘들에 의해 매개된다. 생명체나 인체에서는 하나하나의 세포가 주된 기본 모듈이 되며, 세포나 신체 기관들 사이의 물리적, 화학적, 전기적 상호작용에 따라 변화가 매개된다. 물리, 화학, 전기적 상호작용은 원자나 분자의 전자기력에 그 바탕을 두고 있으므로 이런 힘들도 기본적으로 전자기력으로부터 비롯되었다고 볼 수 있다. 사람들의 의사결정과 이에 따르는 행동은 보통 그 사람의 마음에서 기인한다.

그런데 이러한 마음은 뇌의 활동으로부터 비롯되며, 뇌는 우리 신체 기관의 일종이다. 따라서 객관적으로 볼 때, 우리 마음의 변화도 근본적으로는 물리, 화학, 전기적 상호작용, 즉 전자기력에 의해 매개된다고 할 수 있다.

그러나 각각의 마음은 자신이 주체적 자아를 가지고 있다고 여긴다. 즉, 우리는 모두 주관적 존재들이다. 주관적으로 볼 때, 복잡계인 우리 마음을 이루는 기본 모듈은 하나하나의 기억들이라고 할 수 있다. 포옹할 때의 느낌, 집 안의 풍경, 엄마가 끓여 주신 된장국의 맛과 냄새, 아빠의 표정, 빗소리, 바람 소리 등 출생 후 지금까지 오감을 통해 경험하고 학습하여 뇌에 저장된 하나하나의 작은 기억들이 주관적 복잡계인 우리 마음의 기본 모듈을 이룬다. 즉, 우리의 마음은 뇌의 기억 능력으로부터 시작된다. 자연 준칙에 의한 복잡계의 성질과 진화의 원리로 인해 우리 뇌에 부여된 감정이나 사고의 능력은, 이처럼 모듈화된 기억의 축적과 이들의 조합 및 상호작용에 따라 활성화된다. 활성화된 감정이나 사고의 다양한 조각들은 다시 우리 마음을 이루는 중간 단계의 모듈로서 작동한다. 통일된 자아로서의 주관적 마음은, 이런 단위 모듈들의 복잡한 상호작용에 따라 변화해 나간다.

미국 카네기멜런대학교 사회 경제학 교수로서 10여 년 이상 산타페 연구소(Santa Fe Institute)에서 활동한 바 있는 존 H. 밀러는 그의 저서 『전체를 보는 방법(A Crude Look at the Whole)』을 통해 복잡계의 핵심 원리 10가지를 소개하였다. 우리는 이들 중 더 중요해 보이는 상호작용, 피드백, 이질성, 분자지능, 집단지성, 스케일링, 자기조직화 임계성 등에 대해 생각해 보려고 한다.

피드백은 '반응'을 의미한다. 이는 부분들의 상호작용에 따라 발생하는 인과의 연속이다. 예를 들어, 철수네 집에 고양이가 있다고 해 보자. 고양이가 밖에서 놀다가 다리를 다쳐 들어왔다. 철수는 속이 상한다. 고양이가 안쓰러워 머리를 쓰다듬는다. 고양이는 다소 안정이 된다. 가까운 동물병원을 방문한다. 상처 부위를 꿰매고 주사를 맞는다. 아픈 다리를 또 아프게 하고, 따끔한 주사까지 맞게 하니 고양이 입장에서는 철수가 밉다. 집에 돌아온 철수가 고양이 밥을 제공한다. 몸도 아프고 기분도 상한 고양이가 먹지 않는다. 철수는 고양이가 걱정된다. 한두 시간 흐르자 고양이는 배가 고파진다. 미운 마음도 조금 가라앉는다. 밥을 먹는다. 고양이가 밥을 먹고 잘 노는 것을 확인한 철수는 이제 안심이 된다. 아차! 고양이 때문에 친구와 약속을 깜빡했다. 부랴부랴 약속 장소로 향한다.

상호작용이나 피드백이 복잡계에서만 작용하는 것은 아니다. 이는 빅뱅 후 거시세계의 인과에 편입된 모든 대상에 해당한다. 지금 마시고 있는 커피를 복잡계라고 하기는 어렵다. 그러나 커피 잔 안에서 커피 입자, 물 분자, 설탕 입자들은 끊임없이 '상호작용'하고 있으며 '반응'하고 있다. 이들은 이런 상호작용과 피드백을 통해 우리가 알 수 없는 그들만의 이야기를 써 나가고 있다.

이질성은 '다양성'이라는 조금 더 일반적인 용어로 표현해도 될 듯하다. 복잡계는 부분들의 상호작용으로 인한 복잡성이 임계치를 넘어가게 되며 탄생한다. 당연히 부분들의 다양성이 중요하다. 순수 물 분자만이 존재하는 물웅덩이에서 무언가 새로운 것이 발생하기는 어렵다. 수소, 산소, 탄소, 질소, 인, 황 등 다양한 입자들이 존재할 때, 즉 다양성이 확보될 때 이들의 조합으로 인해 상호작용의 복잡성이 폭증한다. 이를 기반으로 이 물웅덩이에 유기물이나 생명체 등의 복잡계가 발생할 가능성이 시작된다.

다양성은 탄생 이후의 복잡계에서도 중요하다. 예를 들어 생명체의 진화에서, 다양한 지리나 환경에 의해 종의 다양성이 높아진 곳에서 더 우월하고 경쟁력 있는 새로운 종이 탄생할 가능성이 커진다. 기존 생물의 종이 다양할수록, 변화하는 환경에 더 적합한 종이 자연선택될 확률이 높아지기 때문이다. 즉, 선택지가 늘어나는 것이다. 꼭 그렇지는 않겠지만, 대체로 많은 종류의 복잡계 진행 과정에서 더 다양성이 확보된 집단일수록 더 우월하고 경쟁력 있는, 즉 더 효율적인 새로운 무엇이 탄생할 가능성이 커진다.

계곡에 흐르는 물은 누가 알려 주지 않아도 최적의 경로를 찾아 이동하며 강으로 바다로 향한다. 어떤 심심한 과학자가 하나의 물 분자에 꼬리표를 붙이고, 중력과 계곡 바닥의 환경을 조사하여 이 물 분자의 예상 궤적을 계산해 낸다고 해도 이는 실제 물 분자가 이동한 경로와 별다르지 않을 것이다. 중력, 바닥의 마찰력, 그리고 타 물 분자나 주변 환경과 힘의 상호작용에 따른 당연한 일이다. 그러나 어찌 보면 신기하다. 하나의 물 분자에게 마치 사람과 같은 지능이라도 있는 것처럼 보일 수도 있다. 복잡계에서는 이런 느낌이 훨씬 더 커진다. 복잡계는 마치 지능이라도 가진 듯한 변화를 보인다.

존 H. 밀러는 박테리아의 일종인 대장균의 움직임에 주목하였다. 이들은 주화성(Chemotaxis)을 가지고 있다. 주화성이란 외부의 화학적 자극에 따라 생명체가 이동하는 성질을 일컫는다. 대장균들의 세계에 이들의 먹이가 될 수 있는 물질을 한 방울 떨어뜨린다고 해 보자. 시간이 지남에 따라 대장균들이 먹이 쪽으로 이동한다. 반면 대장균에 해를 줄 수 있는 물질을 떨어뜨리면, 대장균들은 이 물질로부터 서서히 멀어진다.

대장균은 단세포 원핵생물이다. 이들에게는 이후의 고등생물에서 관찰되는, 세포핵처럼 막으로 둘러싸인 세포소기관도 신경세포도 뇌도 없다. 그러함에도 불구하고 이들은 자신들에게 유리한 환경으로는 다가가고, 불리한 환경으로부터는 도망칠 수 있다. 매우 신기한 일이다. 이들의 세포벽은 아미노산이 함유된 다당류로 구성되어 있으며, 세포벽 외부 표면에는 나선형의 편모가 여러 개 달려 있다. 이 편모들에 의해 대장균이 이동한다.

외부 화학물질과 가까워져서, 외부 물질의 분자와 대장균 세포벽의 분자가 접촉했다고 해 보자. 접촉한 부위의 양쪽 두 분자는, 이 접촉으로 인해 어느 한쪽 또는 양쪽 모두에서 구조가 변화할 수 있다. 즉, 외부 분자들과의 화학적 반응으로 인해 접촉한 부위의 세포벽 다당류 분자들의 구조가 바뀔 수 있다. 대장균은 일종의 복잡계이므로, 몸을 구성하는 유기물들의 상호작용과 피드백 등의 성질을 내재하고 있다. 그러므로 어느 한 곳 유기물 분자의 의미 있는 구조 변화는, 연관된 인근 유기물들의 피드백 연쇄반응을 유발한다. 이 반응이 나선형 편모들에까지 도달할 수 있다. 그 결과 편모의 분자적 구조가 변화한다. 이제 대장균은 자신에게 유리한 방향으로 이동할 수 있다. 대장균의 몸을 구성하는 각 유기물은 자신이 가진 화학적 특성에 따라 반응하였을 뿐이다. 이것이 전부이다. 그러나 그 결과, 전체 계로서의 대장균은 생존에 유리한 지역으로 이동할 수 있었다. 이는 마치 각 유기물 분자들이 지능이라도 가진 것처럼 보인다. 이런 복잡계의 특성을 밀러는 '분자지능'으로 표현하였다.

계곡에 흐르는 물 분자들은 누가 알려 주지 않아도 최적의 경로를 찾아 강으로 바다로 움직인다. 그렇다고 물 분자들이 지능을 가지고 있는 것은 아니다. 이들의 움직임은 중력, 그리고 주변과의 전자기적 상호작용에 따라 진행된다. 각 물 분자들은 근본 우주 4 힘의 일종인 중력과 전자기력에 충실하다. 그러나 대장균의 예에서는 다르다. 내부 구조물들의 상호작용과 피드백에 따라 복잡계인 대장균이 이동한다. 상호작용과 피드백은 주로 내부 구조물들의 전자기적 상호작용에 의한다. 그 결과로 대장균은 중력을 거슬러 이동할 수 있다. 이는 바닥의 쇠붙이를 당겨 올리는 자석의 전자기력과는 근본적으로 다르다. 자석은 전자기력에 충실하다. 전자기력이 중력보다 강했으므로, 바닥의 쇠붙이가 중력을 거슬러 당겨졌을 뿐이다.

대장균과 같은 복잡계에서는 다르다. 이들은 자신에게 유리하다면 외부의 중력이나 전자기력에 편승할 수도, 거스를 수도 있다. 복잡계 탄생 이전에는 절대 있을 수 없던 일이다. 그렇다면 대장균 등의 복잡계에서 전체인 계를 움직이는 힘은, 이전에는 없던 무언가 새로운 것임을 자연스럽게 가정해 볼 수 있다. 이는 우주 4 힘의 일종인 전자기력의 복잡계 내부 상호작용 네트워크로부터 발생했으나 전자기력이나 중력과는 다른, 새로운 다섯 번째의 힘이다.

밀러는 벌집의 사례도 제시하였다. 추운 겨울이 지나고 봄이 되면 식물들이 꽃을 피우고, 벌들은 이 꽃에서 꿀을 얻는다. 우호적 환경으로 인해 어린 벌의 수가 늘어나며 꿀벌 집단의 개체 수는 빠르게 증가한다. 집단이 커지며 새 여왕벌이 탄생할 때, 기존 여왕벌은 수천 마리의 벌들을 이끌고 벌집을 떠나 인근 굴참나무 가지와 같은 임시의 장소에 수일간 머문다. 즉, 자연분봉이다. 이제 새로운 집을 지어야 한다. 정찰 벌들이 다니며 집 지을 장소를 물색한다. 탐색이 끝난 정찰 벌들은 벌떼가 있는 곳으로 돌아와 8자 춤을 추며 다른 정찰 벌들에게 벌집 후보지의 장소를 알린다. 핵심은 정찰 벌이 춤을 추는 시간이다. 춤추는 시간이 길다는 것은 후보지를 그만큼 좋게 본다는 표시이다. 이를 관찰하던 다른 정찰 벌들이 그 후보지를 방문한다. 이런 방식으로 여러 후보지가 제시된다.

최종 결정은 제시된 여러 후보지 중 한 곳에서 이루어진다. 장소를 탐색하는 정찰 벌들은, 약 20마리의 정족수가 채워졌을 때를 감지하는 능력이 있다. 최종 결정은 이 정족수에 의해 이루어진다. 정족수가 충족된 것을 확인한 특정 후보지의 모든 정찰 벌들은, 벌떼가 있는 곳으로 돌아와 활발히 움직이며 붕붕거리는 특별한 날갯소리를 낸다. 이들의 이런 행동이 벌떼 속 꿀벌들의 날개 근육을 자극한다. 이제 집단의 대이동이 준비되었다. 양봉업자들은 이런 자연분봉의 시기를 잘 가늠하고 있어야 한다. 이런 일이 발생하기 전에 미리 인위적 분봉을 해 주어야 한다. 그렇지 않으면 여왕벌은 벌집 절반 정도의 벌떼를 이끌고 산으로 달아나 버린다.

개개의 벌들은 내재된 능력과 본성에 따라 행동한다. 좋은 후보지를 탐색하고 돌아온 정찰 벌은 내재한 본성에 따라 긴 시간 동안 8자 춤을 춘다. 정찰 벌들은 약 20마리의 정족수를 감지하는 능력을 내재하고 있다. 20여 마리 이상 정찰 벌들의 과잉행동과 붕붕거리는 날갯소리에 따라 집단 속 다른 벌들의 이동 욕구가 고취된다. 즉, 개개의 벌들에는 정찰 벌들의 이런 행동에 대한 반응으로 날개 근육이 자극되는 본성이 내재하고 있다. 그럼 이들의 이런 본성은 어디에서 유래했을까 하는 의문이 들 수 있다. 이는 대장균 예에서의 '분자지능'과 연관되어 있으며, 새로운 '다섯 번째의 힘'과 함께 매우 중요한 주제이므로 지금은 다루지 않고, 다음 장인 '화학적 진화'의 후반부에서 논의해 보기로 하자. 지금은 복잡계의 일반적 특징에 초점을 맞추어 생각해 보자.

꿀벌 집단의 후보지 결정 과정에 여왕벌의 의사는 그리 중요하지 않다. 여왕벌도 집단 속 여러 벌 중 하나일 뿐이다. 결정은 집단 속 꿀벌들에 내재된 본성에 의해 이루어진다. 각각의 꿀벌들이 자신의 본성에 따라 행동한다. 이게 전부이다. 놀랍게도 이런 단순 행동들이 모여 집단 전체의 의사결정이 이루어진다. 이 의사결정으로 인해 꿀벌들은 상대적으로 상당히 유리한 지역과 위치에 자신들의 집을 짓게 된다. 꿀벌 집단을 하나의 복잡계로 생각해 볼 때, 전체로서의 이계는 마치 내부에 '집단지성'이 있는 것처럼 자신에게 유리한 장소를 선택하였다. 그러나 이런 결과는 부분들인 각 꿀벌의 본성에 따른 단순 행동들로부터 비롯되었다. 부분과 전체의 이러한 신기한 관계로 인하여, 복잡계 학자들은 우리의 뇌, 금융시장 등을 포함한 대부분의 복잡계에서 이 꿀벌 집단과 유사한 방식으로 의사결정이 이루어진다고 추정하고 있다.

지구에 최초로 생명체가 탄생한 이후 수많은 진화 과정을 거쳐 현생인류가 출현하였으며, 이후로도 인류는 오랜 기간을 거치며 진화를 거듭하였다. 그러므로 우리의 뇌는 결코 간단히 설명될 수 없다. 인체의 다른 기관들은 현재까지 대부분 밝혀져 있으나, 우리 자신의 뇌는 여전히 상당 부분 미지의 영역이다. 그러함에도 불구하고 복잡계 연구자들에 더하여 뇌 과학자들도 우리의 뇌가 복잡계 방식으로 작동하는 하나의 네트워크일 가능성에 동의한다.

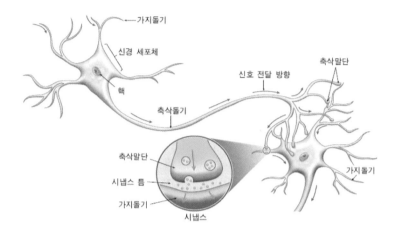

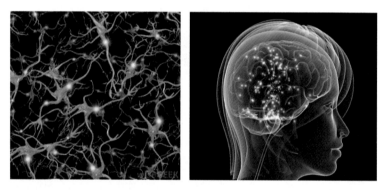

[그림 21] 위쪽의 그림은 신경세포(neuron)를 표현한다. 뉴런들은 시냅스 (synapse) 틈에서 방출되는 신경전달물질들을 통해, 다른 신경세포들에 전기적 신호를 전달한다. 아래 좌측 그림은 뉴런들의 이런 연결을 나타낸 것으로, 푸르게 빛나는 부위가 시냅스이다. 아래 우측 그림은 이런 방식의 뉴런 연결을 통해 전기적으로 활성화된 뉴런들을 나타낸다. 붉게 빛나는 부위가 하나하나의 활성화된 뉴런들이다(시냅스나 뉴런이 실제로 빛을 내지는 않는다).

뇌 과학자들에 의하면, 우리 뇌는 약 천억 개의 신경세포(neuron)들과 이들을 도와주는 수천억 개의 기타 세포들로 이루어져 있다. [그림 21] 위쪽 그림은 시냅스를 통한 두 뉴런의 연결을 표현한다. 하나의 뉴런은 수 개에서 수십 개의 축삭 말단과 수천 개의 가지돌기를 가지고 있다. 뉴런의 전기적 신호는 시냅스 틈(synaptic cleft)에 도달하여 화학적 신호로 바뀐다. 즉, 시냅스 틈으로 신경전달물질들이 분비된다. 지금까지 알려진 신경전달물질은 도파민, 세로토닌을 포함하여 십여 가지가 넘으며, 이들은 보통 각 종류의 아미노산이나 아미노산 유도체의 단독 또는 복합체로 이루어져 있다.

이전 뉴런의 축삭 말단에서 분비된 신경전달물질이, 다음 뉴런의 가지돌기 표면에 존재하는 시냅스의 수용체에 결합한다. 이제 다음 뉴런의 세포막에 전기적 신호(impulse)가 흐르기 시작한다. 전기적 신호는 나트륨과 칼륨 등 전하를 띤 물질들의, 뉴런 세포막 내외의 농도 차이에 따라 발생한다. 농도 차이는 주로 세포막에 박혀 있는 막 단백질들을 통해 만들어진다. 이 단백질이 신경전달물질의 자극에 따라 세포 내외의 전하 물질을 세포막 안팎으로 능동수송한다. 그 결과 세포 내외의 전위가 바뀐다. 평소 세포막 내부는 (-) 전하, 막 외부 표면은 (+) 전하를 띠고 있다. 그런데 특정 시냅스 부위의 막 단백질 능동수송으로 인해 그 부위의 세포막 전하가 뒤바뀐다. 즉 내부가 (+)로, 막 외부 표면이 (-)로 바뀐다. 타 부위와 구별되는 이 특별한 전위를 활동전위(action potential)라고 한다.

뉴런 가지돌기 특정 시냅스 부위에서 시작된 이 활동전위가 주변 부위로 퍼지며 곧 세포막 전체로 확산한다. 이 과정은 수십 분의 일 초 이내의 짧은 시간 내에 모두 이루어진다. 시냅스 틈의 신경전달물질 분비가 충분하지 않거나, 이들과 결합하는 수용체의 수가 부족하거나, 신경전달물질에 거부적인 수용체가 많거나 등의 이유로 전기적 신호가 다음 뉴런에 전달되지 못할 수도 있다. 즉, 모든 전기적 신호가 다음 뉴런에 전달되는 것은 아니다.

[그림 21] 아래 좌측 그림은 뉴런들 사이의 시냅스를 통한 연결을 표현한다. 푸른색으로 빛나는 부위가 시냅스에 해당한다. 그러나 시냅스나 뉴런에서 실제로 빛을 내거나 하지는 않는다. 이는 이해를 돕기 위한 묘사일 뿐이다. 뇌 과학자들에 의하면, 뉴런들 사이에 흐르는 전기를 모두 합하면 전구 하나를 밝힐 수 있는 정도에 해당한다고 한다.

[그림 21] 아래 우측 그림은 시냅스를 통한 신호 전달에 성공하여 활성화된 뉴런들만을 표현한 것이다. 붉게 빛나는 부위가 동시에 활성화된 하나하나의 뉴런들이다. 하나의 활동전위가 한 뉴런의 세포막을 모두 지나가는 데 걸리는 시간은 보통 수십 분의 일 초 이내이다. [그림 21] 아래 우측 그림은 이런 과정을 통해 동시에 활성화된 뉴런들을 나타낸다. 이는 마치 핸드폰의 잠금 패턴처럼 특정 패턴을 만든다. 물론 핸드폰보다는 훨씬 더 복잡하다. 뇌 속 활성화된 뉴런들의 네트워크로 인해 형성된 이 패턴은 시간 흐름에 따라 변화해 나간다. 이 변화는 일 초에도 수십 번 이상 발생한다. 이 객관적 변화들이 모여 우리의 주관적 마음을 만든다.

대체로 도시는 사람들이 밀집되어 있고, 시골은 땅은 넓으나 사는 사람이 적다. 세종시에는 공무원들이 많이 모여 살고 있을 것이며, 연구단지에는 연구원들이 밀집하여 생활하고 있을 것이다. 우리의 뇌도 비슷하다. 시각중추에는 시각 정보의 처리에 특화된 뉴런들이 군집을 이루고 있고, 청각중추에는 청각 정보의 처리에 특화된 뉴런들이 집단을 이루고 있다. 회색질에는 주로 뉴런의 세포체들이 밀집되어 있고, 백색질에는 주로 뉴런의 축삭돌기들이 밀집되어 있다. 뇌 중앙 부위의 뇌실에는 뉴런들이 아예 없다. 이곳에는 뇌를 보호하기 위한 뇌척수액이 흐르고 있다. 이처럼 우리의 뇌도 위치에 따라 뉴런들의 밀집도와 역할이 다르다. 심장, 폐, 위장 등으로 몸의 기능이 분업화되어 있듯이, 뇌의 각 부위도 분업화되어 있으며 각각 특화된 기능을 수행한다.

[그림 21] 아래 우측 그림은 사고(thought)와 연관된 전두엽 부위나 시각중추가 있는 후두엽 부위의 활성이 미미하고, 청각중추가 있는 측두엽 부위 그리고 감정 및 기억과 연관된 해마체 부위가 활성화된 듯 보인다. 그렇다면 이는, 눈을 감고 아무 생각 없이 가사 없는 음악을 들으며 정서적 위안을 느끼는 어떤 사람의 뇌일 수 있다. 이는 시간의 흐름을 전제로 하므로 음악은 시시각각 변화하고, 이 정보를 처리하는 청각중추와 청각중추로부터 유입된 신호를 정서적으로 느끼는 해마체 뉴런들의 활성화 패턴도 시시각각 변화한다. 그러므로 만약 시간이 멈춘다면 우리는 음악을 들을 수도, 정서적 위안을 느낄 수도 없으며, 따라서 우리의 마음이 존재할 수도 없다. 즉, '뇌 뉴런 활성화 패턴의 시간 흐름에 따른 연속적 변화가 우리의 마음이다'라고 해도 크게 틀리지는 않을 것이다.

그렇다면 우리의 마음은 마치 켜져 있는 핸드폰과 같다. 작동하는 동안에는 의식이나 자아가 존재하지만, 깊게 잠이 들면 우리의 의식이나 자아는 대부분 사라진다. 화면을 꺼도 핸드폰은 기지국과 기본적 통신을 지속한다. 그래서 다시 화면을 켤 때 그동안 온 문자나 전화를 확인할 수 있다. 마찬가지로, 잠을 잔다고 하여 우리 뇌의 모든 기능이 멈추는 것은 아니다. 우리의 의식이 사라진 것이며, 이외 대부분의 기본적 기능은 지속된다. 잠에서 깨어나며 우리의 의식과 자아가 다시 활성화된다. 객관적으로는 뇌 뉴런 활성화 패턴의 대대적 변화이며, 주관적으로는 기지개를 켜며 잠에서 깨는 것이다. 그렇다고 우리의 마음과 핸드폰이 똑같은 것은 아니다. 핸드폰에는 객관만이 존재하지만, 우리는 이에 더하여 이의 대칭적 존재라고 할 수 있는 주관도 가지고 있다. 즉, 의식이나 자아를 포함한 우리의 마음이다. 이는 매우 큰 차이이다.

객관적인 '뉴런 활성화 패턴의 연속'이 주관적인 우리의 '마음'이다. 그럼 객관만이 존재하던 빅뱅 이후의 우주에서 어떻게 주관인 우리의 마음이 시작되었을까 하는 의문이 들 수 있다. 이는 매우 중요하고 근본적인 질문이다. 최초의 생명체 탄생 이후 인류는 가장 진화된 동물에 속한다고 할 수 있다. 즉, 현재 우리의 마음은 수많은 진화의 결과물이다. 그렇다면 이를 거슬러 올라가며 우리의 주관적 마음의 기원을 추정해 볼 수 있다. 포유류는 우리보다 더 원시적 마음을 가지고 있을 것이고, 파충류는 포유류보다 더 원시적인 마음을 가지고 있을 것이다. 그러므로 계통적으로 볼 때 우리의 마음과 꿀벌의 본성이 그리 다르지 않으며, 꿀벌의 본성과 대장균의 주관도 그리 다르지 않다. 이렇게 거슬러 올라가다 보면 질문은 결국, 최초의 생명체에서 어떻게 최초의 주관이 시작되었는지로 귀결된다. 이는 매우 중요한 문제이므로, 다음 장인 화학적 진화의 후반부에서 더 생각해 보기로 하고, 지금은 복잡계의 특징에 집중해 보자.

이처럼 주관인 우리의 마음은 객관인 뉴런들의 활성화 네트워크 패턴 변화와 동행한다. 이는 마치 동전의 양면과 같다. 그런데 이런 객관적 뉴런 변화로 인한 주관적 마음의 인식이나 의사결정은 전체적으로 복잡계의 원리에 따른다. 안개가 자욱한 공원에서 산책한다고 해 보자. 저 멀리 누군가가 보인다. 한 발자국씩 걷는다. 어느 정도 가까워짐에 따라 그 사람의 윤곽과 걸음걸이가 보인다. 조금 더 다가가자 그 사람의 얼굴이 확인된다. 익숙한 얼굴의 동네 김 씨 아저씨이다. 가볍게 인사를 하고 지나친다. 상대의 얼굴을 확인하는 순간이 이 과정에서 가장 중요할 것이다. 이는 우리 뇌 후두엽의 시각중추에서 주로 이루어진다. 거리가 가까워짐에 따라 시각중추에서는 이씨 아저씨, 김 씨 아저씨, 박 씨 학생, 정 씨 아줌마, 모르는 사람, 범죄자 가능성 등에 해당하는 뉴런들의 활성화 네트워크 패턴이 동시에 나타난다. 즉, 우리 뇌는 직렬이 아니라 병렬로 작동한다. 이를 주관적 마음이 알아차리기는 힘들다. 높은 불확실성으로 인해 뇌의 부하(burden)가 늘어나고 각성(alertness)이 증가함에 따라, 긴장감이 살짝 높아짐을 느낄 수 있을 뿐이다.

이는 새집 지을 곳을 찾기 위해 다수의 개체가 동시에 여러 장소를 탐색하는 꿀벌들의 행동과 크게 다르지 않다. 이들의 행동도 병렬이다. 꿀벌 집단에서의 장소 결정에는 정족수가 중요하다. 그 장소를 지지하는 20마리 이상 정찰 벌들의 특별한 날갯소리에 따라 꿀벌 집단 전체의 의사결정이 이루어진다. 우리의 뇌에서도 같다. 거리가 더 가까워짐에 따라 성인 남자의 걸음걸이가 보인다. 박 씨 학생, 정 씨 아줌마와 관련된 패턴에 참여하는 뉴런들의 수가 감소한다. 좀 더 가까워지면 다른 사람과 관련된 패턴에 참여하는 뉴런들의 수는 급감하고, 김 씨 아저씨와 관련된 패턴에 참여하는 뉴런들의 수가 급증한다. 이 크기가 임계치를 넘어가는 순간이 우리가 김 씨 아저씨임을 알아차리는 순간이다. 이 임계점 뉴런들의 수가 꿀벌 예에서의 20마리 정족수에 해당한다. 이처럼 우리 뇌의 작동 방식과 꿀벌 집단의 의사결정 방식은 크게 다르지 않다. 둘 다 복잡계의 원리로 작동한다. 오늘 점심에 뭘 먹을까 결정하거나, 미래에 무엇을 할까, 누구와 결혼할까 등 더 복잡해 보이는 인식이나 결정도 대체로 이런 방식으로 이루어진다. 더 많은 부위의 더 많은 뉴런이, 추가적인 경로를 사용하여 더 오랜 기간 참여하므로 더 복잡해 보일 뿐이다.

복잡계 연구자들은 꿀벌 집단이나 우리의 뇌뿐만이 아니라, 경제나 사회도 복잡계의 원리에 의해 움직인다고 이야기한다. 오랜 진화의 결과 출현한 인류는, 사회적 관계의 확대와 함께 경제적 활동도 지속해 왔다. 조개껍데기를 화폐로 사용하기도 하였으며, 물물교환으로 문제를 해결하기도 하였다. 경제학의 아버지로 여겨지는 스코틀랜드의 윤리철학자 애덤 스미스(Adam Smith, 1723~1790)는 우리의 이런 활동을 '경제학'으로 체계화하였으며, 1776년 최초의 체계적 경제학 저서인『국부론』을 발표하였다. 이 책의 핵심은, 국가가 여러 경제 활동에 간섭하지 않는 자유 경쟁 상태에서도 '보이지 않는 손'에 의해 사회의 질서가 유지되고 발전한다는 것이다.

『국부론』 출간에 앞선 1759년, 스미스는 그의 윤리 철학적 관점을 제시한『도덕 감정론』을 저술하였다. 스미스에 의하면 자신의 행동이 타인의 공감을 받을 수 있는지, 타인의 입장으로 자기 자신을 보았을 때 자신의 행동을 인정할 수 있는지의 여부가 사회적 행위의 기준이 된다. 내 마음속의 타인, 즉 '양심'이 행위의 기준이다. 그러므로 이후의 저서인『국부론』에서 강조한 이기적 행동은 질서를 파괴하는 방종을 의미하는 것이 아니며, 어디까지나 이런 객관적 행위 기준에 따른 것이라고 볼 수 있다.

사람들의 이기적 본성에 주목한 그는 시장경제야말로 사는 사람과 파는 사람 모두에게 만족스러운 결과를 낳으며 사회의 자원을 적절하게 배분할 수 있다고 보고, 다음과 같은 유명한 말을 남기기도 하였다. "우리가 저녁 식사를 기대할 수 있는 것은 푸줏간 주인, 술도가 주인, 빵집 주인의 자비심 덕분이 아니라 그들이 자기 이익을 챙기려는 생각 덕분이다. 우리는 그들의 박애심이 아니라 자기애에 호소하며, 우리의 필요가 아니라 그들의 이익을 그들에게 이야기할 뿐이다." 공정한 규칙 안에서 자유롭게 자신의 이익을 추구하다 보면 시장의 적절한 가격 형성이 이루어진다고 그는 강조하였다. 스미스의 이러한 이론은 훗날 정부의 개입을 중요시하는 케인스 학파와 조화를 이루며 현대 경제학의 토대를 이루고 있다.

시장경제에서 가격은 보이지 않는 손, 즉 '수요와 공급'에 의해 결정된다. 빵 가격을 생각해 보자. 빵을 사려는 사람이 많아지면 가격이 올라간다. 올라간 가격에 따라 더 많은 이윤을 남길 수 있으므로 빵 공급량이 많아지면 빵 가격은 자연스럽게 내려간다. 이러한 '효율성'으로 인해 시장경제는 제도로서의 상대적 경쟁력을 가진다. 그러므로 민주화가 진행된 많은 나라에서는 시장경제를 경제 제도의 근간으로 삼는다. 즉, 경제를 움직이는 바탕은 '시장'이다.

어떤 마을의 빵집에서는 하루에 최대 100개의 빵을 만들 수 있다. 준비된 빵은 보통 저녁 8시가 되면 모두 팔린다. 그런데 최근에는 이 시간이 앞당겨진다. 어떤 날은 오후 3시쯤 모두 다 팔리기도 한다. 빵집 주인의 행복한 고민이 시작된다. 주변에 경쟁자도 없는데, 빵을 사려는 사람은 점점 늘어난다. 하루 방문자가 전에는 100명이었으나 최근에는 150명이다. 140명까지는 고민하지 않았다. 이곳 주민들이 변덕이 있을 수 있기 때문이다. 드디어 결심한다. 최근 꾸준하게 하루 150명 이상 방문하고 있으므로, 빵 값을 50% 올려도 100개의 빵을 모두 팔 수 있다는 계산이다. 이제 빵 가격이 50% 올라감을 공고한다. 가격이 오르자 빵을 사려는 방문자가 하루 60명으로 감소한다. 오히려 손해가 났다. 값을 너무 올렸나 하는 생각이 든다. 다시 수정 공고를 내어 애초 가격의 20%만 올리기로 한다. 방문자가 다시 증가한다. 어제 통계를 내 보니 하루 평균 방문자가 102명이다. 딱 적당하다. 이제 빵집 주인은 이전보다 20% 이상 더 돈을 벌 수 있다.

이 마을의 빵 가격은 하루 평균 빵집 방문자 수에 의해 결정된다. 100명 이상은 가격 상승 요인이고, 100명 이하는 가격 하락 요인이다. 방문자 수가 140명까지 증가하지만, 빵집 주인은 가격 인상을 결정하지 않는다. 여러 요인을 고려해 볼 때, 오히려 손해를 볼 수도 있기 때문이다. 평균 방문자 수가 150명을 돌파하자 드디어 가격 인상을 결정한다. 우여곡절을 거쳐 빵 가격은 20% 상승으로 결정되었으며, 마을 사람들은 모두 20% 오른 가격으로 빵을 산다. 이 마을 빵 가격 상승의 임계점은 하루 빵집 방문자 수 150명이다. 150명 이상이면 가격을 올려도 빵을 모두 팔 수 있기 때문이다. 이는 꿀벌 집단의 20과 같다. 특정 장소를 방문하고 특별한 날갯짓을 보이는 정찰 벌의 수가 20마리 이상이 될 때 전체 꿀벌 집단의 의사결정이 이루어진다. 이처럼 꿀벌 집단과 시장의 의사결정 과정은 크게 다르지 않다.

시장경제에서의 가격 결정 구조를 좀 더 명확히 볼 수 있는 곳이 있다. 바로 경매시장이다. 부동산 경매라고 해 보자. 경매 참여자는 각자 마음속으로 생각하는 그 물건의 가격을 제시한다. 가장 높은 가격을 제시한 사람에게 낙찰된다. 이런 방식으로 물건은 그 부동산의 가치를 가장 높게 느끼는 사람의 소유가 된다. 시장경제는 이런 방식으로 움직인다. 그 결과 재화나 용역은 매우 효율적으로 이동한다. 위 빵 가격의 예도 근본적으로 경매와 크게 다르지 않다. 빵은 그 가치를 가격 이상으로 높게 평가하는 사람들에게 돌아간다. 재화나 용역, 주식이나 채권, 부동산, 원자재, 금융상품 등 시장경제의 가격들은 대체로 이와 같은 방식으로 결정된다.

꿀벌 집단에서의 20마리 정찰 벌, 빵집에서의 하루 방문자 수 150명이 임계점이라면 경매의 임계점은 낙찰가격이다. 이 임계점 이하의 가격에서는 아직 그 물건의 가치가 제대로 평가받지 못했으며, 임계점 이상의 가격에서는 그 부동산을 사려는 사람이 아무도 없다.

경매에 참여한 사람들은 모두 마음속에 생각하는 그 물건의 가치를 제시한다. 꿀벌이나 뉴런들이 본성에 따라 움직이듯, 사람들은 각자 자신의 마음에 따라 가격을 제시한다. 이처럼 복잡계의 부분들인 꿀벌, 뉴런, 사람은 각각 자신들의 본성에 따라 행동한다. 이들의 행동이 임계점을 넘어서며 전체인 계의 결정이 이루어진다. 꿀벌 집단은 새로 집 지을 장소를 결정했으며, 뇌는 김 씨 아저씨임을 인식하였고, 경매시장에서는 낙찰가격이 결정되었다. 이 낙찰가격은 종종 인근의 타 부동산 가격이나 은행 대출, 세금 추산 등의 사회적 기준이 되기도 한다. 이처럼 대장균, 꿀벌 집단, 뇌, 빵집, 경매시장 등 우리 자신을 포함한 자연이나 사회의 다양한 집단적 의사결정은 대체로 유사한 과정을 거쳐 이루어진다.

복잡계 내부의
질서

　우리는 앞에서 당구공 등의 예를 통해, 빅뱅 이후 쿼크, 렙톤, 원자, 분자 등에 작용하는 전자기력이 자신의 부족한 부분을 채워 주는 타 입자와 결합하려는 지향성임을 알아보았다. 전자기적 결합을 통해 이들은 조금 더 온전해지며, 이에 따라 자연의 전체 엔트로피는 더 효율적으로 증가한다. 그러므로 전자기력 등 우주 4 힘은 '효율 지향 힘'의 일종이라고 할 수 있다. 4 힘 중 복잡계는 주로 전자기력에 의한다. 자신을 더 온전하게 해 주는 타 입자들과 결합하거나 상호작용하려는 이러한 효율 지향성이 복잡계 탄생의 근본 힘이다. 이 상호작용의 복잡성이 임계치를 넘어가는 순간 복잡계가 시작된다. 탄생 이후의 복잡계에서도 이 효율 지향성은 지속된다. 내부 부분들의 이런 전자기적 상호작용으로 인해 전체로서의 계는 더 조직화, 질서화된다. 그 결과 강력에 갇힌 쿼크들로 이루어진 원자핵에서처럼, 복잡계 내부 부분들의 엔트로피는 감소하지만 우주 전체의 엔트로피는 더 효율적으로 증가한다.

이처럼 복잡계는 스스로 조직화, 질서화하려는 경향성을 가진다. 즉, 자기조직화(self-organization)이다. 그 결과 이전에는 없던 새로운 무엇이 전체로서의 계에 창발한다. 본래부터 존재하던 '엔트로피 원리'로부터 빅뱅 시 파생되어 입자들에 적용되던 전자기력 등의 효율 지향성이, 새롭게 탄생한 상위 위계인 복잡계에, 내용은 같으나 형식은 다른 방식으로 적용된 결과임을 우리는 추정해 볼 수 있다. 과학자들에 의하면 우주의 모든 사물은 근본 4 힘에 따라 움직인다. 그런데 전체로서의 복잡계는 좀 다르다. 복잡계의 원리로부터 발생한 생명체는 4 힘에 크게 구애받지 않는다. 예를 들어, 연어는 흐르는 강물을 거슬러 상류로 이동할 수 있다. 즉, 중력이나 전자기력을 거스를 수 있다. 따라서 생명체 등의 복잡계에는 이전의 하위 위계에는 없는 무언가 다른 힘이 존재한다고 생각해 볼 수 있다.

생명체의 부분들은 주로 전자기력에 의해 상호작용하겠지만, 전체로서의 생명체를 움직이는 힘은 이와 구별된 제5의 힘일 수 있다. 이 제5의 힘은 자연의 효율 지향성으로부터 비롯되었으나, 4 힘과는 다르다. 본래부터 존재하던 '엔트로피 원리'가, 빅뱅으로 인한 시공간 흐름의 환경에 적합하게 서로 대립하는 듯 보일 수 있는 '엔트로피 증가 지향성'과 '효율 지향 힘'으로 파생되어 출현하였음을 우리는 추정해 보았다. 마찬가지로 이 제5의 힘은 이전부터 존재하던 전자기력 등의 효율 지향 힘이 새롭게 탄생한 복잡계인 생명체에 적합하게, 내용은 같으나 형식은 다르게 출현한 것일 수 있다. 이는 마치 큰 그릇에 담겨 있는 물을 컵으로 뜨는 경우와 같다. 내용은 같으나 형식이 변화한다. 물은 이를 담는 용기의 모양에 따라 바뀔 수밖에 없다. 외부에서 볼 때 내용물인 물은 잘 보이지 않고, 형식인 용기의 모양이 주로 관찰될 것이다.

벨기에의 물리학자이자 화학자로서 1977년 노벨상 수상자인 일리야 로마노비치 프리고진(Ilya Romanovich Prigogine, 1917~2003)은 점균류 곰팡이를 관찰하며 자기조직화 이론을 도출해 내었다. 점균류 곰팡이들은 영양분이 모자라게 되면 서로 신호를 보내어 수만 마리가 일제히 요동을 시작하여 한 곳에 모이고, 어떤 수준에 도달하게 되면 그들은 응집 덩어리를 형성하고 하나의 유기체가 되어 기어 다니며 영양을 섭취한다. 이후 환경이 나아지면 다시 흩어져 단세포 생물로 살아간다. 이런 효율적 움직임으로 인해 이들의 집단적 생존 가능성, 즉 진화적 자연 선택의 가능성이 증가한다.

이러한 자기조직화의 성질은 모래 더미에서도 발견된다. 덴마크의 이론물리학자인 퍼 박(Per Bak, 1948~2002)은 1987년 모래 더미 연구를 통해 자기조직화된 임계성(self-organized criticality)이라는 새로운 개념을 발표하였다. 바닥에 모래 입자를 천천히 떨어뜨려 보자. 일정한 경사에 이를 때까지 모래가 계속 쌓이며 경사가 급해지게 되는데, 어느 임계 상태의 경사에 도달하게 되면 더는 경사가 증가하지 않는다. 이 각도를 멈춤각이라고 한다. 이는 각 모래 입자의 특성만으로는 설명할 수 없다. 전체로서의 모래 더미는 자기조직화된 시스템의 특성으로 이 멈춤각을 가진다.

이 상태에서 모래 입자를 계속 떨어뜨려 보자. 대부분의 모래 입자들은 경사면을 타고 흘러내리게 되며, 모래 더미는 큰 문제 없이 그 형태를 유지한다. 그러나 어느 경우 한두 알의 모래 입자에 의해 큰 산사태가 발생할 수도 있다. 이 모래 입자가 경사면을 타고 흘러내리며 다른 모래 입자들에 힘을 가할 수 있다. 이것이 연쇄반응을 일으키며 큰 산사태로 이어진다. 이런 경우는 보통 모래 더미가 멈춤각보다 큰 각도로 쌓여 있는 경우 발생한다. 이처럼 모래 더미가 어떤 경사 이상이 되면 모래 한두 알에 의해서도 무너져 내릴 수 있는데, 이 경계점이 '임계 상태'이다. 이는 질서와 무질서가 혼재된 불안정한 상태임을 의미한다. 복잡계는 이처럼 '스스로 자기조직화된 임계성'을 나타낸다. 한 알의 모래가 그냥 흘러내릴지, 작은 사태를 일으킬지, 큰 사태를 일으킬지는 누구도 알 수 없다.

이는 마치 카오스이론의 나비효과와 같다. 지진도 마찬가지다. 지층의 특정 부위에 가해진 힘에 따라 그냥 조용할지, 작은 지진이 일어날지, 큰 지진이 일어날지 알 수 없다. 그러므로 지진학자들의 부단한 노력에도 불구하고, 아직 지진을 정확히 예측할 방법은 없다. 이런 복잡계의 특성은 지진이나 산불 등의 자연재해, 심근경색 등의 신체 질환, 경제 위기, 폭동, 전쟁과 같은 사회적 재난에 대해서도 새로운 관점을 제시한다. 복잡계 연구자들은 이들이 모두 복잡계의 원리에 따른다고 여기고 있다. 이제 스케일링에 대해 알아보자.

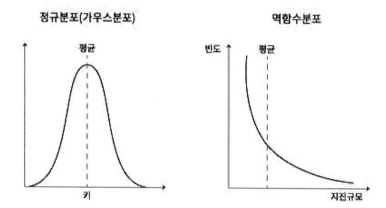

사람의 키 분포와 지진 규모 분포의 비교. 사람의 키는 평균을 중심으로 해서 좌우로 거의 비슷하게 분포하지만, 지진의 규모는 압도적인 다수가 평균 이하 구간에 분포한다.

[그림 22] 좌측은 정규분포를 보이는 사람의 키, 우측은 멱함수 분포를 보이는 지진 의 규모와 빈도이다.

[그림 22]는 정규분포와 멱함수 분포의 차이를 나타내고 있다. 평균 키가 170㎝라고 할 때, 보통 169㎝나 171㎝ 등 170㎝ 평균 인근의 키를 가진 사람이 가장 많으며, 평균을 중심으로 양쪽으로 거의 비슷하게 분포한다. 190㎝의 키는 소수이며, 300㎝ 이상의 키를 가진 사람은 존재하기 어렵다. 즉, 종 모양의 정규분포를 보인다. 이는 한 사람 한 사람의 키를 재고 이를 평균한 것이며, 이들은 서로 연관성이 없고 상호작용하지 않는다. 그러므로 이는 복잡계에 속하지 않는다. 지진은 이와 다르다. 지층의 특정 부위에 가해진 힘은, 그 지형의 구조 등에 따라 인근 부위에 크고 작게 영향을 미친다. 그러므로 이는 복잡계에 해당한다고 할 수 있다.

멱함수(power function)란, 거듭제곱의 지수를 고정하고 밑을 변수로 하는 함수를 말한다. 예를 들어 $y=x^2$, $y=x^3$, $y=x^{2/3}$, $y=x^{-1/2}$ 등이다. 복잡계는 보통 이 멱함수 분포를 보인다. 지수인 2, 3, 2/3, -1/2 등은 대상이나 상황에 따라 다르다. [그림 22] 우측 그림은 지진의 멱함수 분포를 나타낸다. 규모가 큰 지진일수록 매우 작은 발생 빈도를 보이며, 규모가 작아질수록 발생 빈도는 기하급수적으로 증가한다. 그러므로 지진의 압도적 다수가 평균 이하의 규모로 발생한다.

그런데, 복잡계는 왜 이런 멱함수 분포를 보일까 하는 생각이 들수 있다. 연구자들은 이를 네트워크 이론으로 설명한다. 네트워크는 점(node)과 연결선(link)들로 이루어진 집합을 의미한다. 예를 들어 핸드폰의 잠금 패턴을 생각해 보자. 하나하나의 점이 노드에 해당하고, 점들 사이를 긋는 손가락의 경로가 연결선에 해당한다. 각각의 점들이 바둑판처럼 균일하게 분포하고 있으므로, 각 점마다 다른 점에 연결된 확률이 비슷하다고 생각해 볼 수 있다. 이렇게 가정해 본다면, 이는 균일 네트워크에 해당한다. 이러한 균일 네트워크는 보통 멱함수 분포를 보이지 않는다. 각 노드의 분포나 링크의 빈도가 비슷하기 때문이다.

반대의 예로 핸드폰의 통화를 생각해 보자. 편의상, 내가 전화를 걸면 그 신호가 기지국 등을 거치지 않고 상대의 핸드폰에 직접 도달한다고 가정해 보자. 이 경우 각 사람이 노드에 해당하고, 전파 신호의 이동 경로가 링크에 해당한다. 하루 동안 핸드폰 통화의 노드와 링크를 모두 모은다고 해 보자. 농사일로 바쁘며 넓고 한적한 시골 지역에서는 노드나 링크가 적을 것이고, 사람들이 밀집되어 통화가 많은 도시의 특정 지역에서는 노드나 링크가 많을 것이다. 그렇다면 이는 불균일 네트워크에 해당한다. 이런 불균일 네트워크는 대체로 멱함수 분포를 보인다. 각 노드의 분포나 링크의 빈도가 매우 다르기 때문이다.

이처럼 복잡계는 보통 그 내부에 특정한 질서를 가지고 있으며, 이 것은 수학적 함수로 표현할 수 있다. 즉, 스케일링이다. 이는 어떤 복 잡계인지, 또는 그 복잡계가 어떤 상황인지에 따라 다르다. 예를 들 어, 물기가 있는 모래 더미의 멈춤각은 마른 모래 더미보다 더 가파르 다. 대부분의 복잡계는 상호작용이 일정하지 않은 불균일 네트워크에 해당하므로, 멱함수 분포의 스케일링을 보인다. 이는 그동안의 많은 연구자에 의해 상당한 내용이 밝혀져 있다.

생쥐의 수명은 겨우 2~3년 정도에 해당하고, 코끼리는 75년을 살 수 있지만 이들의 평생 심장 박동수는 약 15억 회로 같다. 이들뿐만 이 아니라 대부분 포유동물에서 평생 심장이 뛰는 횟수는 약 15억 회로 같다. 동물의 몸집이 2배로 늘어날 때 대사율은 2배가 아니라 1.75배 증가한다. 즉, 크기가 2배 커질 때마다 에너지는 25%씩 절약 된다. 이러한 스케일링의 법칙은 포유류를 포함하여 조류, 어류, 갑각 류, 세균, 세포, 식물에 이르는 거의 모든 생물 종에 적용된다. 단지 몸집과 대사율뿐만 아니라 성장률, 진화 속도, 유전체 길이, 미토콘 드리아 밀도, 뇌 회색질, 수명, 나무의 키에 이르기까지 모두 이와 유 사한 규칙에 따른다. 이와 같은 현상은 스위스 출신의 생물학자 맥스 클라이버(Max Kleiber, 1893~1976)에 의해 처음 발견되었다.

복잡계 과학의 대부로 불리는 그는 이 스케일링의 법칙을 생물군 을 넘어 전체 생태계, 도시, 기업 등으로 확장하였다. 그에 따르면, 2015년이면 인류의 절반이 도시에 살게 되고, 2050년에는 이 비율이 75%를 넘어선다. 도시가 커질수록 규모의 경제가 작동해, 각종 인프라의 효율성이 증가하기 때문이다. 도시 규모의 변화도 스케일링 법칙에 따른다. 이 경우 지수는 0.85이다. 이는 동물 몸무게와 에너지 효율 관계에서의 지수인 0.75보다는 크며, 기업의 스케일링 법칙 지수인 0.9보다는 작다. 도시 인구가 두 배로 늘어날 때 필요한 도로, 가스관, 전선 등 각종 기반시설의 양은 전 세계 어디에서나 두 배가 아닌 1.85배 증가한다. 도시 인구가 두 배 늘어날 때 수확 체증의 법칙도 작용한다. 특허 수, 총생산(GDP), 임금 등 사회경제적 부산물은 두 배가 아니라 2.15배 증가한다. 이와 함께 범죄 건수, 오염, 독감 환자 수 등 부정적 부산물도 똑같이 2.15배 증가한다. 즉, 전체적으로 볼 때 사람들이 모이는 도시화가 진행되면서 그 사회는 더 효율적으로 변화한다. 거꾸로, 더 효율적이므로 도시화가 진행된다고 볼 수도 있다. 즉, 시골에서 농사를 짓는 것보다는 위험성에도 불구하고 도시에서 일하는 것이 더 적은 노력을 들여 더 많은 성과를 낼 가능성이 크다.

이탈리아 인구의 20%가 전체 부의 80%를 가지고 있다고 주장하는 파레토 법칙은 80대 20 법칙으로 알려져 있으며, 전체 결과의 80%가 전체 원인의 20%에서 일어나는 현상을 말한다. 20%의 고객이 백화점 전체 매출의 80%를 담당한다. 통화한 사람 중 20%와의 통화 시간이 전체 통화 시간의 80%를 차지한다. 전체 주가 상승의 80%는 상승 기간의 20% 동안에 발생한다. 20%의 운전자가 전체 교통위반의 80%를 차지한다. 이와 유사한 많은 예가 있다. 그러나 이를 전체로 일반화하기는 어렵다. 물기 있는 모래 더미에서처럼 어떤 복잡계인지, 그 계의 상황이 어떤지에 따라 이 비율이 바뀔 수 있기 때문이다. 일례로 전 세계의 공항 중 단지 8%가 허브 공항의 역할을 하며 80% 이상의 수송을 담당한다.

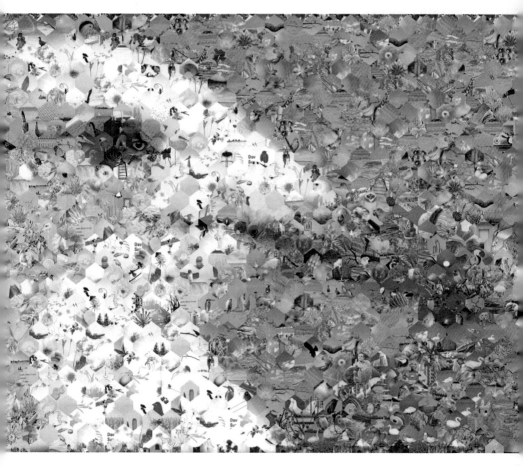

각종 사진을 잘라 만든 육각형 타일들을 모자이크 배열해 표현한 갈매기

제 7 장

화학적 진화

해저 열수구 가설

지구는 약 45억 년 전 태양계의 일부분으로 시작되었다. 초기 5천만 년 내내 핵이 형성되었고 이로 인한 자기장이 시작되었다. 과학자들에 의하면, 바다는 지구 역사 가운데 초기 5억 년 동안 형성되기 시작하였다. 지구가 충분히 냉각되자 물 분자가 응결되어 지구 표면에 떨어지며 바다가 시작되었다. 물은 극성을 가진다. 즉, 다른 원자나 분자와 언제든지 전자기적 상호작용을 할 수 있다. 초기의 바닷물은 대기 중의 이산화탄소와 반응해 칼슘과 탄산마그네슘을 퇴적시켰고 이후 석회암을 이루었다. 최초의 광대한 대륙 위의 암석들은 풍화작용이나 침식작용 등을 겪었고, 소금 등의 용해성 물질들은 바닷물 속으로 녹아들었다.

산소가 풍부한 오늘날 지구의 대기는 수소나 헬륨처럼 가벼운 기체와 기타 휘발성 기체로 이루어진 태초의 대기와는 사뭇 다르다. 과학자들에 의하면, 이 최초의 대기는 태양 형성의 후반부에 태양풍에 의해 날아가 버렸고 보다 안정적인 두 번째 대기로 대체되었으며 이후 지속적 변화를 거듭해 왔다. 뜨거운 초기 지구의 강력한 화산활동으로 인해 엄청난 양의 휘발성 기체가 방출되며 대기를 이루었으며 질소, 이산화탄소, 수증기, 암모니아, 메탄, 그 밖의 소량의 기체들이 이에 해당한다. 이런 초기 지구의 바닷물, 대기, 암석, 기후 등의 다양성과 복잡성은 유기물과 생명체라는 복잡계가 탄생할 확률이 매우 높은 환경이었을 것으로 여겨진다. 이 환경에서 초기의 유기물이 만들어졌으며, 과학자들은 이 유기물들을 기반으로 최초의 생명체가 시작되었을 것으로 생각한다. 최초 생명체가 언제 시작되었을지 특정할 수는 없으나, 약 38억 년 전 대기와 지각 표면이 상대적으로 안정되며 비로소 생명체의 본격적 진화가 시작되었을 것으로 과학자들은 추정한다.

과학자들은 우주의 시작부터 현재에 이르는 길고 긴 우주의 역사를 빅 히스토리(Big History)라고 부른다. 이는 빅뱅, 물질의 탄생, 별의 탄생, 태양계와 지구의 탄생, 생명의 탄생, 인류의 등장, 문명의 출현, 현대 사회까지를 모두 포함하는 개념이다. 이를 빅뱅, 물질의 진화, 별의 진화, 생명의 진화 등 진화의 개념으로 표현하기도 한다. 이 중 생명의 진화는 다시 화학적 진화, 생물학적 진화, 인류의 진화로 구분된다. 우리는 아직 외계의 생명체를 특정하지 못하였으며, 설령 외계 생명체가 존재한다고 해도 물리적 거리나 중력 등의 환경을 고려해 볼 때 지구의 생명체가 외부 천체에서 유래했다고 보는 것은 비합리적이다. 그러므로 과학자들은 대체로 지구의 생명체가 지구 환경에서 자체적으로 발생했을 것으로 추정한다. 우리는 지금까지 빅뱅, 우주, 복잡계 등 많은 과학적 내용을 생각해 보았으며, 이제 이의 산물이라고 할 수 있는 유기물과 생명체에 대해 알아보려 한다. 먼저 화학적 진화에 대해 알아보자.

유기물과 생명체는 복잡계 탄생에 적합한 초기 지구의 환경에 의해 시작되었다고 볼 수 있다. 우리는 아직 외계 생명체를 발견한 적이 없다. 따라서 우리 입장으로는, 초기 지구에서 시작된 생명체가 우주 최초의 생명체이다. 그런데 생물과 무생물은 어떻게 구분할 수 있을까? 어린아이들은 죽은 매미와 산 매미를 어떻게 구별할까? 손으로 만져도 움직이지 않고 그대로 있으며, 툭 건드릴 때 땅으로 떨어지면 죽은 매미이다. 산 매미는 아이들이 근처에 가기만 해도 멀리 날아가 버린다. 맴맴 힘차게 울며, 이유 없이 중력에 의해 땅에 떨어지는 일은 없다. 죽은 매미는 돌이나 흙 같은 무생물과 같아서 중력이나 바람 등에 따라 이리저리 휘둘리지만, 산 매미는 그렇지 않다. 이런 외부의 환경을 이기고 움직이는 주체성을 가지고 있다. 이들은 자신의 본성, 즉 주관성을 가진다. 생명체는 대체로 이 주관성을 가진다. 우리는 초기 지구 환경에서 시작된 생명체를 우주 최초의 생명체라 가정하였다. 또한 생명체는 대체로 주관성을 가진다. 그렇다면 초기 지구에서 시작된 생명체는 이전과 다른 특별한 의미를 지닌다. 즉, 객관만이 존재하던 그동안의 우주 역사에서 최초의 주관이 탄생한 것이다. 이로써 새로운 하위 대칭인 객관과 주관의 역사가 시작된다.

최초의 생명은 어떻게 출현했을까? 진화는 어떻게 시작되었을까? 과학자들은 화학적 진화(chemical evolution)를 통해 이 질문에 대한 답의 단서를 찾을 수 있다고 여긴다. 생물학자들은 초기 지구의 환경에서 화학적 진화를 통해 최초의 생명체가 출현했으며, 이후 생물학적 진화를 거치며 보다 세련된 생명체들이 지구 생태계 곳곳에 출현했을 것으로 생각한다. 화학적 진화에 대해 처음 고민한 사람은 다윈(Charles Robert Darwin, 1809~1882)이다. 그는 『종의 기원』 저술 이후 친구에게 보낸 편지에서, 최초의 생명이 출현했을 것으로 짐작되는 '따뜻한 작은 연못'에 대해 언급하였다.

구소련의 생물학자이자 생화학자인 알렉산드로 이바노비치 오파린(1894~1980)은 다윈 이후 이 분야의 선구자이다. 그는 저서 『생명의 기원』을 통해, 초기 지구에 존재하던 무기물이 유기물로 변화하였고 이들이 결합하며 최초의 원시 생명이 출현했을 것으로 제안하였다. 또한 무기화합물, 유기화합물, 원시 생명체, 고등생물 등으로의 순차적 진화 현상 하나하나가 별개의 것이 아니라, 물질의 진화라는 하나의 동일 과정이 전개될 때 거치는 단계들임을 언급하였다. 그는 이의 핵심이라 할 수 있는 원시 생명체의 기원으로, 여러 유기물이 모인 액체 방울 형태의 무생물인 코아세르베이트(Coacervate)를 제시하였다.

이 가설을 직접 실험으로 입증한 사람이 미국의 화학자이자 생물학자인 밀러(Stanley Lloyd Miller, 1930~2007)이다. 그들은 인공 방전기를 제작하여 암모니아와 수증기 등 원시지구에 다량 존재했을 기체들에 전기 방전을 가하였다. 그 결과 아미노산과 간단한 핵산 염기 등의 합성이 확인되었다. 이는 재현하기가 매우 쉬운 실험이었으며, 이후 과학자들은 조건을 바꿔 가며 여러 실험을 하였고, 아미노산을 비롯한 다양한 생체 분자들을 확인할 수 있었다.

밀러는 2007년 77세를 일기로 사망하였다. 그의 제자이자 오랜 동료인 제프리 베다 교수는 그의 유품을 정리하던 중, 1950년대 실험에서 얻은 물질이 들어 있는 작은 유리병이 담긴 상자를 발견하였다. 연구자들은 최신 분석 장비로 이 물질의 조성을 분석하였으며, 당시 밀러가 확인했던 것보다 더 많은 아미노산 22종과 아민 5종의 유기물 분자가 들어 있음을 확인하고 이를 2008년 사이언스지에 발표하였다. 밀러의 실험이 50여 년이 지난 후 좀 더 정밀하게 검증된 셈이다.

1969년 호주의 빅토리아주 머치슨에 떨어진 운석은 밀러의 실험을 다시 떠올리게 하였다. '머치슨 운석'으로 불리는 이 탄소질 콘드라이트는 지구에 존재하지 않는 암석이다. 그런데 이 운석에 포함된 유기 분자의 조성을 분석하자 놀라운 결과가 나왔다. 다양한 아미노산이 발견되었을 뿐 아니라, 그 조성과 함량 비율이 1953년 밀러의 실험 결과와 상당히 유사하였다. 비록 다른 천체의 산물이기는 하지만, 자연 상태에서 정말 아미노산 여러 종류가 만들어진다는 사실이 처음 확인된 것이다. 유기물은 대부분 타르와 같은 중합체였다. 사슬형 탄화수소와 고리형 탄화수소 외에 지방산, 알코올, 요소, 당, 아인산염 등도 포함되어 있었다. 미국 항공우주국의 과학자들은 이 운석에서 74종의 아미노산을 발견하였다. 그 가운데 6종은 지구 생명체의 단백질에 들어 있는 아미노산이었다. 이후 발견된 많은 운석에서도 다양한 유기물질의 존재가 확인되었다.

2005년 7월 3일, 미국의 우주탐사선 '딥 임팩트'는 372kg 질량의 세탁기 크기 충돌체를 발사하였다. 이 충돌체는 약 24시간 동안 날아가, 7월 4일 오후 2시 52분경 혜성 템펠 1과 충돌하였다. 시속 약 4만 km의 속도로 물체와 충돌한 혜성은 수 톤의 혜성 물질을 우주 공간에 흩뿌렸으며, 미국 항공우주국의 과학자들은 이 증기구름을 분석해 유기 분자들을 발견하였다.

이 물질들은 모두 어디서 왔을까? 과학자들은 이 유기물들이 태양계를 만들었던 성간 구름이나 성간 먼지의 입자들에서 합성되었을 것으로 여긴다. 유기화합물이 혜성이나 운석에 있다면 초기 지구라고 없을 이유가 없다. 즉, 생명 탄생 이전이라도 지구에 아미노산 등의 유기물질이 상당히 있었을 가능성이 크다. 과학자들은 생명의 기원에 필요했던 유기화합물 중 일부는 먼지 입자나 운석, 혜성에 실려 지구에 전해졌으며 나머지는 초기 지구의 환경에서 합성되었을 것으로 보고 있다.

지질학적으로 볼 때 약 40억 년 전부터, 이후 약 1억 5천만 년 동안은 '후기 운석 대충돌기'에 해당한다. 커다란 운석들이 수성, 금성, 화성은 물론 지구와 달을 지속 강타하였다. 이런 환경에서도 유전물질의 재료가 되는 핵 염기가 생겨날 수 있었을까? 언뜻 생각하면, 이 충돌이 지구 표면의 생명체들을 몰살시키거나, 이미 탄생한 생명체의 싹을 잘라버렸을 것으로 보인다.

체코 헤이로프스키 물리화학연구소 스바토플르크 치비시 박사팀은 초기 지구에 풍부하게 존재했을 것이 확실한 포름아미드에 고출력 레이저를 쏴 4,200도의 고온과 매우 높은 압력, 자외선과 X선을 비롯한 여러 방사선을 만들었다. 마치 소행성이나 혜성이 지구를 강타한 듯한 극한의 환경을 만든 것이다. 그리고 이런 조건에서 RNA의 네 가지 핵 염기를 모두 합성하는 데 성공하였으며, 이는 2014년 12월 미국의 국립과학원회보에 발표되었다. 이들의 연구는 운석 대충돌기의 극한 환경이 지구 생명체의 싹을 잘라버린 것이 아니라, 반대로 생명 탄생에 필요한 씨앗을 뿌린 것임을 의미한다.

이는 별과 행성이 생기는 온도와 압력 등의 환경이나, 초기 지구의 극한 환경에서도 유기물이 합성되는 경향성이 있음을 의미한다. 그렇다면 그 이유가 뭘까? 앞에서 우리는 강력과 전자기력 등의 효율 지향 힘에 대해 알아보았다. 쿼크나 원자핵 등이 자신을 보완해서 좀 더 온전해질 수 있는 타 쿼크나 전자와 결합함으로써, 자신들의 내부 엔트로피는 감소하지만 전체 우주의 엔트로피는 그 이상으로 증가할 수 있었다. 빅뱅 이후 물질은 이런 방향으로 변화해 왔다. 다양한 쿼크와 렙톤들이 결합하여 원자를 만들었으며, 이 원자들이 결합하며 분자를 만들었고, 이 분자들이 결합하여 무기물과 유기물을 만들었다. 이는 주어진 환경에서의 자발적 과정이었다. 이런 변화의 근본 원인은 빅뱅 이전부터 존재했을 '엔트로피 원리'이다.

이런 경향성은 무기물에서 유기물이 만들어지는 과정이나, 단순한 유기물에서 복잡한 유기물이 만들어지는 과정, 복잡한 유기물에서 생체물질이 만들어지는 과정에도 적용된다. 자연은 이러한 과정을 통해 결합물의 내부 엔트로피는 감소하지만, 이로 인한 외부의 엔트로피는 그 이상으로 증가하여, 결합 이후의 전체 엔트로피는 이전보다 한층 더 증가하는 방향으로 변화한다. 그러므로 주어진 환경에서 이 과정은 자발적이다.

지표면과 비슷한 환경이라면, 물은 언제나 100도가 되면 끓어 기체인 수증기로 변화한다. 이는 자발적 과정으로, 그 확률은 100%에 가깝다. 물 분자가 고체, 액체, 기체의 3 상태로 있을 수 있다고 해서 150도의 물이 끓어 수증기가 될 확률이 1/3이라고 할 수는 없다. 이는 유기물의 합성이나 화학적 진화에도 적용된다. 주사위를 던져 확률을 계산하는 기계적 방식으로 바라볼 때, 자연에서 아미노산이나 핵 염기가 만들어질 확률은 매우 낮다. 그러나 이는 사실이 아니다. 물질의 변화에 있어 자연은 결코 무작위적이지 않다. 엄밀한 인과의 과정을 거치며, 전체 엔트로피가 증가하는 방향으로 변화하는 경향성을 가진다. 그러므로 150도에서 물이 끓을 확률은 1/3이 아니라 100%에 가깝다. 유기물의 합성이나 화학적 진화에서도 같다. 그 환경이 되면, 그 반응이 필연적으로 발생한다. 즉, 오히려 필연적이다. 아미노산이나 핵 염기도 이런 과정을 거쳐 만들어졌을 것이며, 따라서 화학적 진화를 포함한 진화의 모든 과정은 우연이 아닌 필연이었을 수 있다.

화학적 진화의 확률에 있어 또 다른 문제가 있다. 로또 복권을 생각해 보자. 이 복권의 1등에 당첨될 확률은 약 800만 분의 1이라고 한다. 그런데 1등에 당첨되는 방법이 있다. 800만 번 이상 이 복권을 사면 된다. 화학적 진화에서도 같다. 우연인 매우 낮은 확률의 사건이라도, 오랜 진화 기간을 생각해 보면 필연인 높은 확률의 사건으로 바뀔 수 있다. 즉, 로또 복권에 당첨되는 것이다.

그럼 이렇게 나타난 유기물질로부터 어떻게 생명이 시작되었을까? 생물학자들은 모든 생물을 세균, 고세균, 진핵생물의 3가지 집단으로 구분한다. 우리가 알고 있는 모든 생물은 이 3종류 중 하나이다. 유전자 분석 기술의 발달과 함께, 과학자들은 이 3 집단에서 공통으로 존재하는 유전자 355개를 추출하였다. 이 유전자를 모든 생물 공동 조상의 형질로 추론하는 것은 매우 합리적이다. 이 유전정보는 모든 생물의 공동 조상이 무산소성 생물이었으며, 호열성의 독립 영양체라는 내용 등을 제시하였다. 이는 생물학자들이 생명 탄생의 강력한 후보 장소로 여기고 있는 '해저 열수구' 가설을 뒷받침한다.

심해 열수구 가설은 생명의 기원에 관한 가설 중 현재 과학계에서 가장 유력한 것으로 받아들여지고 있다. 심해 땅속의 마그마로부터 열을 전달받아 300도 가까이 뜨거워진 바닷물인 '열수'가 솟아오르는 곳이 열수구이다. 열수구는 태양 에너지가 닿지 못하는 심해에 위치하며, 높은 수압으로 인해 수백 도의 온도가 되어도 물은 끓지 않는다. 이렇게 온도가 높아진 물은 액체와 기체의 중간 상태인 초임계유체가 되며, 이 상태의 물은 다른 물체를 잘 녹일 수 있으므로 주변의 암석 성분을 녹이게 된다. 이 초임계유체가 해저로 분출되면 저온의 바닷물로 인해 빠르게 식게 되고, 함께 녹아 있던 암석 성분들은 고체로 굳어지게 된다. 이로써 암석 성분이 굴뚝 모양으로 쌓이며, 다공성 암석 기둥이 세워진다. 과학자들은 대류이 형태를 갖추기 시작한 시기를 대략 38억 년 전으로 보고 있다. 원시지구를 고려해볼 때 이런 열수구들이 심해뿐만 아니라 얕은 바다에도 곳곳에 존재했을 것으로 어렵지 않게 추측해 볼 수 있다.

이곳에는 촉매 역할을 할 수 있는 황화철 등의 금속 성분이 풍부히 존재한다. 또한 알칼리성의 열수와 산성의 바닷물이 만나는 지역으로, 산과 염기의 경사가 발생함으로 인해 생명체 에너지 생성의 기본을 이루는 화학 삼투 현상이 늘 존재하는 곳이다. 화학 삼투는 엽록체와 미토콘드리아가 에너지를 생산하는 방식이다. 이곳은 또한 높은 온도가 유지되고 있으므로 화학적 반응이 일어나기 쉽고, 높은 수압이 유지되고 있으므로 자연적인 상태에서는 불가능한 화학적 결합이 가능했을 것으로 보인다. 이곳 다공성 암석의 구멍들은 세포 하나의 크기보다 조금 큰 정도이며, 과학자들은 이곳에 유기물이나 금속 성분, 그리고 지질 성분들이 축적되었고 이들의 상호작용에 따라 원시세포가 출현했을 것으로 여기고 있다.

생명체의 유전정보는 DNA나 RNA 등의 유전물질이 보유하고 있다. 그러나 생명 유지를 위한 활동은 대부분 단백질에 의한다. 일례로, 대장균이 먹이 쪽으로 이동하거나 위험물질로부터 빠져나올 수 있는 이유는 세포벽 외부 표면의 나선형 편모들 덕분이다. 이들은 대부분 단백질로 이루어져 있으며, 이 단백질들의 조화로운 수축과 이완으로 편모가 움직이며 대장균이 이동한다. 그러므로 실제 그 개체에 중요한 것은 단백질이다. 단백질이 만들어지는 과정은 1958년 프랜시스 크릭(Francis Harry Compton Crick, 1916~2004)에 의해 제안되었으며, 이를 센트럴 도그마(Central Dogma)라 부른다.

이는 세포핵 DNA의 유전정보가 mRNA로 전사(transcription)되고, 이 mRNA가 리보솜에 부착되며 단백질이 만들어진다는 것이다. 이후 수많은 연구를 통해 대부분의 생명체가 이 방식으로 유전정보를 전달하고 단백질을 만든다는 것이 밝혀졌으며, 따라서 과학자들은 이를 분자생물학의 중심 원리로 여기게 되었고, 이 과정의 시작인 DNA를 유전정보의 원천으로 생각하게 되었다.

이런 이유 등으로 유전물질의 기원을 DNA로 여기는 사람들이 많았으나 새로운 과학적 발견과 논쟁이 지속되었고, 최근에는 RNA를 생명의 기원으로 추정하는 생물학자들이 점차 늘어나고 있으며 그 근거는 다음과 같다.

① RNA는 유전정보를 가지고 있다.

② RNA를 주형으로 DNA를 만들 수 있다.

③ RNA는 화학 반응을 촉매하는 효소의 기능을 가진다. 즉, 자기 자신을 자를 수 있고, 다른 분자와 결합하여 자신의 신체를 늘일 수 있으며, tRNA는 존재하는 20종 이상의 아미노산과 결합

할 수 있고, RNA 복합체인 리보솜은 tRNA가 가져다 준 아미
노산들을 연결하여 단백질을 만들 수 있다.

RNA(리보핵산, ribonucleic acid)는 오탄당인 리보스를 기반으로, 염
기 + 리보스($C_5H_{10}O_5$) + 인산기(H_3PO_4)의 3가지 단위 유기물로 구성
되어 한 단위의 뉴클레오타이드(nucleotide) 블록을 이루며, 이 블록
들은 인산기를 매개로 결합하며 긴 사슬 모양의 폴리뉴클레오타이드
(polynucleotide)를 만든다. RNA의 염기는 4종류로, 아데닌($C_5H_5N_5$),
구아닌($C_5H_5N_5O$), 우라실($C_4H_4N_2O_2$), 사이토신($C_4H_5N_3O$)이며, 각각
A, G, U, C로 표기된다. 이들의 결합은 무작위적이지 않으며, 아데닌
(A)은 우라실(U)과, 그리고 구아닌(G)은 사이토신(C)과 각각 상보적
결합한다.

그동안의 수많은 논쟁을 거치며, 과학자들의 의견은 대체로 RNA
기원으로 모여지고 있다. 초기 지구에 자연발생적으로 수많은 유기물
과 함께 핵산, 즉 뉴클레오타이드 블록들이 만들어지며 이른바 RNA
세계(RNA world)가 시작되었다. 이들 중 상보적 결합으로 자기 복제
능력을 획득한 뉴클레오타이드 사슬이 출현하였으며, 이들의 긴 결합
으로 인해 폴리뉴클레오타이드가 만들어졌고, 이를 주형으로 DNA
가 만들어졌으며, 이 DNA의 안정성으로 인해 생명의 진화가 가속화
되었다는 것이다. 단백질 또한 tRNA 등의 역할로 볼 때 RNA 이후
만들어졌다고 추정한다.

심해 열수구 가설은 현재 과학계에서 폭넓게 받아들여지고 있는
이론이다. 그런데 이런 열수구 환경은 초기 지구에서 흔히 관찰되는
풍경이었을 수 있다. 원시지구의 핵과 맨틀이 형성되고, 지각은 이 맨

틀의 상부가 식으며 시작되었을 것이기 때문이다. 그러므로 우리는 원시지구에서 현재의 심해 열수구에 해당하는 환경은 매우 흔했을 것으로 어렵지 않게 추정해 볼 수 있다. 당시 이는 얕은 바다에서도 흔하게 관찰되는 광경이었을 것이며, 현재의 심해 열수구에서 다공성 암석 기둥이 관찰된다면 과거의 바다에서는 주로 다공성 현무암이 관찰되었을 수 있다. 화학적 진화의 관점으로 볼 때 이 두 환경은 매우 유사하다.

화학의 관점으로 생명의 기원을 탐구하고 있는 미국의 응용 분자 진화 재단(Foundation for Applied Molecular Evolution) 연구자들은 약 43억 년 전 초기 지구의 환경을 재현해 실험하였다. 이들은 반응을 위한 표면적을 넓히기 위해, 현무암을 매우 잘게 부수어 이를 RNA 뉴클레오타이드 블록들을 담은 용액에 넣어 주었다. 결과는 매우 놀라웠다. 현무암 파편의 표면에서 RNA 블록들이 스스로 반응해 폴리 뉴클레오타이드를 만들었으며, 수개월이 지나자 염기 300개에 이르는 RNA 가닥도 관찰할 수 있었다. 이는 2022년 6월 Astrobiology지에 발표되었다.

이렇게 만들어진 수많은 뉴클레오타이드 사슬 중 대부분은 시간이 지나며 외부의 물리적, 화학적 자극에 따라 분해되었겠지만, 수천만 년에서 수억 년의 오랜 시일을 거치며 이 핵 염기들의 상보적 결합 경향성으로 인해 이 중 일부분은 자신과 같은 후손을 남기는 자기 복제의 능력을 획득했을 수 있다.

LUCA
(Last Universal Common Ancestor)

사람들은 자신의 뿌리에 대해 궁금해 한다. 그래서 역사나 조상들에 대해 알고 싶어 하는지도 모른다. 우리의 조상을 거슬러 올라가다 보면 결국 최초의 인류와 만나게 된다. 과학자들은 이 최초의 사람을 '루시'라는 애칭으로 부른다. 지금 지구상에 사는 사람들은 모두 수백만 년 전 존재했을 가상의 존재인 이 루시의 후손들이다. 그러므로 인류는 모두 사촌 사이이다.

좀 더 거슬러 올라가 보자. 영장류, 포유류, 파충류 등을 거쳐 계속 올라가다 보면 결국 진핵생물에 도달한다. 생물학자들은 모든 생물을 세균, 고세균, 진핵생물의 3가지 집단으로 구분한다. 우리는 이중 최초 진핵생물의 후손들이다. 현재 우리 눈에 관찰되는 대부분 생물은 진핵생물이며, 그러므로 우리와 이들은 사촌 사이이다.

그럼 이 모든 생물의 공동 조상은 누구일까? 과학자들은 이 3가지 집단에 공통으로 존재하는 유전자 355개를 추출하였다. 이 유전자를 가진 존재를 모든 생물의 공동 조상으로 추론하는 것에는 큰 문제가 없어 보인다. 유전자에 의하면 이 존재는 무산소성, 호열성 독립 영양 체였다. 생물학자들은 유기물과 생명체의 경계에 있는 이 가상의 최초 생명체를 '루카(LUCA)'라는 애칭으로 부른다. 이는 모든 세포의 공동 조상을 의미한다. 그렇다면 지구의 모든 생명체는 이 루카를 공동의 조상으로 한 사촌 사이이다.

최초의 생명체에 대한 과학자들의 의견은 점차 RNA로 모여지고 있다. 그동안의 과학적 증거들이 이를 뒷받침한다. 이게 옳다면, 루카는 RNA 기반의 생명체이다. 또한 우리는 앞에서 초기 지구의 바다에, 현재 심해에서 발견되는 열수구와 유사한 환경이 매우 흔하게 존재했을 가능성에 대해 생각해 보았다. 그러므로 생물학자들은 RNA 기반 생명체인 루카가 초기 지구의 흔한 환경인 열수구 인근의 다공성 암석에서 탄생했을 가능성에 주목하고 있으며, 그 시기는 약 38억 년 전으로 추정한다. 이 다공성 암석의 구멍들은 세포 하나보다 조금 큰 정도이며, 이곳에 유기물, 금속 성분, 지질 성분들이 축적되며 루카가 출현했을 것으로 보는 것이다.

자기 복제는 생명과 진화의 핵심 기능이다. 그럼 이 기능은 언제 시작되었을까? 우리는 현무암 파편의 표면에서 수백 가닥의 RNA가 합성될 수 있음을 알아보았다. 그런데 원시의 바다에서 이는 매우 흔한 환경이었다. 그렇다면 원시 바다의 현무암 표면 인근에는 상당히 다양하고 풍부한, 길고 짧은 RNA 가닥들이 존재했을 수 있다. RNA의 염기들은 상보적 결합 경향성을 지닌다. A라는 단일 가닥 일부에 상보적 뉴클레오타이드 블록들이 결합하고, 이 블록들이 길게 연결되며 B라는 상보적 가닥을 만들 수 있다. 외부의 물리적, 화학적 자극에 따라, 또는 촉매 역할을 하는 외부 뉴클레오타이드 가닥 등에 의해 결합해 있던 A와 B가 서로 분리될 수 있다. B는 다시 자신의 상보적 결합 경향성으로 인해 새로운 뉴클레오타이드 블록들과 결합한다. 이 새로운 블록들이 길게 연결되며 하나의 새로운 가닥을 만든다. 이는 A의 특정 부분과 같은 염기서열을 가지는 A_1이다. A_1은 A의 특정 부분과 닮아 있다. 이런 방식으로 A_1, A_2, A_3 등 같은 염기서열을 가진 RNA 가닥들이 만들어질 수 있다.

이런 과정이 수천만 년 이상 반복되었을 것이고, 좀 더 효율적으로 만들어져 잘 부수어지지 않는 가닥들이 '자연 선택'되었을 것이다. 즉, 현재 생명체의 유전과 생식에서 관찰되는 정도의 자기 복제는 아니더라도 뉴클레오타이드 블록 수 개 이상으로 이루어진 가닥부터는 언제든 부분적 자기 복제가 가능했다고 볼 수 있다. 그러나 이는 주체적 복제가 아니다. 자연 원리에 따라 저절로 발생하는 현상이다. 본격적 자기 복제는 이들이 타 유기물 등과 상호작용하여 외부와 구분되는 내부를 이루고, 의미 있는 자기조직화가 이루어진 이후, 즉 복잡계 출현 이후 가능해졌을 것으로 볼 수 있다.

약 38억 년 전, 원시 바다의 열수구 인근 다공성 현무암에서는 이제 무언가 새로운 일이 시작된다. 이전부터 존재해 왔던 핵산, RNA 가닥, 아미노산, 당, 지질 성분, 금속 성분 등이 특정 장소에 농축된다. 이는 호수의 부유물들이 특정 지역에 모이는 이유와 비슷하며, 물의 유체역학적 작용에 따라 발생하는 현상이다. 학자들은 이 유기물들에 인지질 등의 성분이 더해지며 생명이 시작되었다고 여긴다.

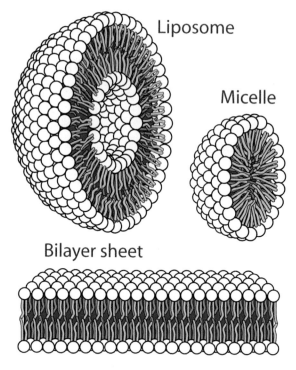

Liposome

Micelle

Bilayer sheet

[그림 23] 물속의 인지질 분자들이 모여 Micelle을 형성하고, 이들이 합쳐지며 Bilayer sheet를 이룬다. Liposome은 이들이 구형을 이루며 만들어진다.

물과 기름은 섞이지 않는다. 즉, 지질 성분은 대체로 물에 녹지 않으며 이들끼리 모이려는 성질을 가진다. 그러므로 인지질처럼 친수성 부분과 소수성 부분을 모두 가진 지질들은 물속에서 서로 모여 덩어리지려는 경향을 보인다. 그 결과 [그림 23]에서처럼 노란색 가지들로 표현된 각 인지질 분자의 소수성 부분이 중심부로 모이고, 흰색 공들로 표시된 친수성 부분이 외부 경계를 이루는 구 형태의 구조가 만들어진다. 즉, 미셀(Micelle)이다. 그런데 물속에서 이들은 이들끼리 모이려는 성질이 있으므로, 다른 미셀과 접촉하면 결합하여 한 덩어리를 이룬다. 합쳐지는 미셀이 늘어나며 마치 샌드위치처럼 미셀 지름의 두께를 가진 이중층 판(Bilayer sheet)이 만들어진다. 점점 판이 넓어지며 흐늘거린다.

앞에서 우리는 자연의 효율 지향성으로 인해 우주의 모든 물질에 표면적을 적게 하려는 힘이 작용함을 알아보았다. 그러므로 다른 힘이 작용하지 않는다면 물방울은 공 모양이다. 인지질 이중층 판에도 이런 힘이 작용한다. 판이 점차 넓어지며 가장자리들의 결합이 시작된다. 일순간에 구 모양이 될 수는 없다. 초기에는 일부 가장자리들만이 결합하여 마치 오목렌즈와 같은 모양이 될 수도.있다. 점차 합쳐지는 미셀들이 늘어나며 구의 형태가 갖추어진다. 충분한 양의 미셀들이 합쳐지면 비로소 인지질 이중층 막에 의해 외부와 구분되는 내부를 가지는 구형이 완성된다. 즉, 리포솜(Liposome)이다. 이 리포솜은 인지질 막을 통해 주변 환경의 물질을 선택적으로 흡수할 수도 있다. 미셀들이 계속 합쳐져 덩어리가 너무 커지면 분리되어 새로운 리포솜 방울이 형성되기도 한다. 생물학자들은 이 리포솜을 세포막의 기원이라고 여기고 있으며, 초기의 리포솜이 유전물질을 포획해 생명체로 진화한 것으로 추측한다.

그럼 어떻게 리포솜이 유전물질을 포획할 수 있었을까? 이에 대한 실험적 연구는 아직 충분치 않은 것 같다. 그러나 우리는 확실한 증거가 없더라도, 가장 가능성이 클 수 있는 시나리오 하나 정도는 알고 싶다. 이제 합리적 상상을 해 보자.

열수구나 마그마 인근의 바닷물은 고온 고압의 알칼리성 초임계수이다. 이렇게 화학 반응성이 증가한 환경에서는 상온에서 녹지 않는 많은 물질이 물에 녹을 수 있다. 우리는 지질 성분이 알칼리성 물에 녹을 수 있음을 알고 있다. 즉, 이곳에서는 지질 성분도 타 유기물들과의 반응성이 증가할 수 있으며, 물에 녹을 수도 있다. 이 물이 인근 보통의 산성 바닷물과 만나며 녹아 있던 물질들이 석출되어 나오거나, 지질 성분들이 응결될 수 있다. 인지질이나 미셀은 이런 과정을 통해 출현했을 수 있다.

이제 이 미셀들이 모이며 인지질 이중층 판이 형성된다. 미셀들이 추가되며 이 흐늘거리는 판의 가장자리들이 결합하여 오목렌즈 모양으로 바뀔 수 있다. 미셀들이 더해지며 이는 반구의 형태, 입구가 열린 주머니 형태로 발전한다. 이제 미셀이 조금만 더 추가되면 온전한 구 형태가 될 수 있다. 그런데 이 과정에는 시간이 걸린다. 하루아침에 미셀에서 리포솜으로 발달하기는 어렵다. RNA 가닥을 포함한 다양한 유기물 등의 물질들은 이 과정에서 리포솜 내부로 유입되었을 가능성이 크다. 조금 더 상상해 보자.

이중층 판의 표면은 주로 극성을 띤 인 성분들로 이루어져 있다. 그러므로 극성을 띤 물 분자와 섞일 수 있다. 그런데 RNA 뉴클레오타이드 블록들은 인산기에 의해 인근의 타 블록들과 연결된다. 즉, 인산기에 의해 매개된다. 이 부분이 중요할 수 있다. 아직 오목렌즈 또는 반구 모양인 인지질 이중층 판 표면 인 성분의 매개로 인해 이곳에 RNA 가닥이 결합할 수 있다. RNA 입장으로 볼 때 이는 다른 뉴클레오타이드 블록들과 결합하는 일상적 방식이다. 이는 마치 해안에 정박하는 배에서 내리는 닻에 비유될 수 있다. 무거운 갈고리 모양의 닻이 내려지면, 파도가 쳐도 배는 조금 흔들거릴 뿐 다른 장소로 이동하지 못한다. 판 표면 인 성분의 끈적끈적한 극성으로 인해 다른 많은 유기물이나 금속 성분들도 결합할 수 있다.

미셀들이 합쳐져 리포솜이 될 때까지는 적지 않은 시간이 걸릴 것이다. 이는 RNA 가닥 등의 유기물이나 금속 성분 등이 달라붙기 충분한 시간이다. 이제 추가적 미셀들이 더 합쳐지며 온전한 구 형태의 리포솜이 만들어진다. 이에 따라 내부에 갇힌 유기물들은 쉽사리 외부로 이동하지 못하며, 인지질 이중층의 경계 막으로 인해 외부의 영향으로부터 비교적 자유롭고 안정적인 내부 환경이 조성된다. 우주의 모든 대상은 시간에 따라 끊임없이 변화한다. 리포솜의 내부도 마찬가지이다. RNA 가닥들, 핵산 조각들, 아미노산이나 작은 단백질 덩어리들, 당이나 지질 성분들, 기타 유기물이나 무기물 분자들, 금속 성분들, 내부 인지질 막 성분들의 물리적, 화학적, 전기적 상호작용의 티격태격이 시작된다.

이런 지속적 상호작용으로 인한 내부의 조직화, 질서화가 진행됨에 따라 리포솜은 점차 생명체로서의 특징을 갖추어 나간다. 생물학자들은 원시세포(Protocell)가 유기물질을 포획한 이 리포솜 형태였을 것으로 여기고 있으며, 이후 이들 중 독립적으로 에너지를 얻을 수 있고 자기 자신을 복제할 수 있는 최초의 세포가 출현했다고 추정하며, 이를 'LUCA'라고 부른다.

최초의 주관
(Common Ancestor of Subjectivity, CAOS)

'진화'라는 말은 본래 다윈으로부터 본격화되어 사용되는 생물학의 용어이다. 그러나 지금은 다른 학문 분야에서도 종종 사용된다. 일례로 물리학에서는 별의 진화, 물질의 진화라는 용어를 사용하며, 인문학 분야에서는 사회 진화, 정치의 진화 등의 용어를 사용한다. 이는 우리가 살아가는 세상이 진화론에 부합하는 면이 있기 때문일 것이다. 예를 들어 돌멩이를 생각해 보자. 산이나 들에는 다양한 크기, 모양, 색깔의 돌멩이가 있다. 조금 더 단단한 것도, 조금 더 무른 것도 있다. 단단한 정도만을 기준으로 한다고 해도, 가장 단단한 돌에서 가장 물러 푸석푸석한 돌까지 다양한 스펙트럼의 돌들이 존재할 것이다. 이처럼 자연에는 다양성이 존재한다. 앞에서 알아보았듯이 이는 자연의 엔트로피 원리로부터 비롯된다.

앞에서 알아보았듯이 우주 거시세계의 모든 대상은 시간이 흐르며 인과에 따라 끊임없이 변해 간다. 그럼 아까 그 돌멩이들은 어떻게 될까? 오랜 시간을 보내며 이들에게는 비, 바람, 온도, 외부 충돌 등 환경으로부터의 끊임없는 도전이 가해진다. 그 결과 일정한 시간이 지난 후, 푸석푸석한 돌은 흙으로 분해되어 형체 없이 사라질 것이며, 단단한 돌멩이는 환경의 끊임없는 도전에도 불구하고 그 형체를 공고히 유지하고 있을 것이다. 즉, 푸석푸석한 돌멩이는 사라지고 단단한 돌멩이만 남은 것이다. 이는 너무나 자연스럽다. 환경은 이런 방식으로 대상을 선택한다. 이는 진화론에서 말하는 환경에 의한 자연 선택과 크게 다르지 않다.

이처럼 '다양성'과 '자연 선택'은 생명의 출현 이전부터 우주에 존재했을 수 있는 원리이다. 생명의 진화는 여기에 자신과 닮은 후손을 남기는 능력이 추가되며 본격화하였고, 이 능력은 생명체의 생식과 유전으로부터 비롯되었다.

이제 조금 엉뚱한 생각을 해 보자. 차를 운전하며 도로를 주행하고 있다고 해 보자. 그런데 내 앞에 빨간색의 자동차가 가고 있다. 나는 그 빨간색 자동차를 보고 있다. 나는 앞의 차를 빨간색으로 인식하고 있다. 뇌 과학자들에 의하면, 이때 내 뇌에서는 마치 핸드폰의 잠금 패턴처럼 전기적, 화학적 신호를 공유한 일부의 뉴런들만이 활성화되는, 특정 네트워크 패턴을 보인다. 즉, 이 '네트워크 패턴'이 '빨간색'이라는 말이다. 파란색 자동차를 인식할 때는 다른 네트워크 패턴이 형성된단다. 이를 일상의 말로 표현해 보자. 우리의 뇌가 수많은 작은 전선들로 얽혀 있고, 이들 중 특정한 네트워크 패턴의 전선들에 전기가 흐르는 것이 곧 빨간 자동차라는 것이다.

이게 말이 되나? 내 기분이 좋아지는 것도, 내 뇌 속의 도파민 분비가 증가하고 특정 뉴런들의 수용체가 이를 화학적으로 수용하며 전기적으로 활성화되어 특정 네트워크 패턴을 띠기 때문이란다. 이 패턴이 변화하는 것이 곧 내 기분이 변하는 거란다. 이게 말이 될까? 이를 이해하고 받아들일 수 있는 사람이 얼마나 될까?

이제 또 다른 엉뚱한 상상을 해 보자. 멀리 안드로메다은하에 수십억 년 이상 거의 영원에 가까운 세월 동안 살아가는, 호기심 풍부한 외계인이 있다고 해 보자. 영원에 가까운 세월을 살며 호기심이 많으므로 '영호'라고 해 보자.

과학자들에 의하면 지구는 약 45억 년 전 시작되었고, 최초 세포인 루카는 약 38억 년 전에서 35억 년 전 사이에 시작되었으며, 이후 무수한 다양성과 자연 선택을 거치며 인류가 출현하였다. 인류 역시 수많은 진화를 거쳐 현재에 이르렀으며, 이는 지금도 진행 중이다.

약 45억 년 전 우주를 여행하던 영호는 우연히 태양계를 지나며 지구의 탄생을 지켜보았다. 매번 봐 오던 거지만 새로운 탄생은 언제나 신비롭다. 그동안의 변화가 궁금했던 영호는 약 38억 년 전 지구를 다시 방문하였고, 어느 바닷속의 수많은 후보와 그들 중 이제 막 생겨난 루카를 관찰할 수 있었다. 세상에는 다양한 대상들이 존재하고, 이들은 시간이 흐르며 변해 간다. 환경에 맞는 대상은 오래 존재할 수 있지만, 그렇지 않은 대상은 잠시 있다가 사라진다. 그래서 99도 환경의 물 분자들은 대부분 응결되어 액체 상태로 존재하지만, 101도가 되면 해체되어 수증기로 존재한다. 101도가 되어도 일부 액체 물 분자들이 존재할 수 있다. 그러나 이들은 환경에 맞지 않으므로 금세 해체되어 수증기로 변화한다. 영호는 자연의 이 다양함과 환경에 의한 선택의 이치를 잘 알고 있다. 그러므로 이전부터 존재해 왔던 유기물 등의 환경 변화에 따른 자발적인 조합에 의해, 루카가 만들어짐을 어렵지 않게 이해할 수 있었다.

이 루카가 만들어지기까지 무수한 다양성과 환경에 의한 자연 선택이 있었을 것이다. 이 단순 원리가 장기간 반복되니 루카와 같이 신기한 물질도 만들어진다. 영호는 신기할 따름이다. 그동안 우주의 많은 별을 여행해 봤지만, 이런 현상은 거의 관찰하지 못했다. 극성을 띠고 있어 반응성이 좋은 액체인 물에 다양한 유기물들이 존재하면, 장기간의 다양성과 자연 선택에 의해 루카와 같은 신기한 물질도 만들어질 수 있구나 하고 생각한다. 그러나 이는 101도의 환경이 되었을 때 액체 물 분자가 수증기로 되는 것과 근본적으로 별 차이가 없다. 영호는 애써 이 신기한 물질은 이해하려 해 본다. 그동안 내가 여행했던 별과 행성에서는 물이 없어서 이 루카와 같은 물질이 만들어질 수 없었겠구나 하고 생각해 본다.

한동안 바빴던 영호는 약 20억 년 전쯤 다시 지구를 방문할 수 있었다. 그런데 이게 웬일인가? 공기부터 달라져 있었다. 산소가 풍부해졌고, 이를 이용하는 수많은 루카가 널려 있었다. 알고 보니 루카는 주변의 유기물들을 사용하여 자신과 닮은 후손을 만들 수 있었다. 후손들은 루카보다 한결 복잡하고 튼튼했다. 이 후손들은 상대의 구조를 해체해서 그 일부분을 자신의 에너지원으로 사용하기도 하였으며, 에너지원이 될 수 있는 쪽으로는 이동하고 자신을 파괴할 수 있는 물질에서는 멀어지는 움직임도 보였다. '역시 다양성과 자연 선택 장기 반복의 결과는 대단해!' 하며 감탄한다.

약 4억 년 전 지구에 도착한 영호는 다시 한번 놀란다. 더 발달한 루카 후손들이 집단을 이루어 서로 협력하며 한 몸으로 존재하고 있었다. 이 식물이나 동물이 바다나 땅 위에 가득하였다. 수백만 년 전 영호는 다시 지구에 다녀왔다. 매우 다양한 크기와 모양의 식물과 동물들이 있었고, 이들 중 영장류라는 동물이 특이했다. 어찌 된 일인지 서로 협력하는 행동을 보이며, 입으로 내는 소리를 통해 의사소통하고 있었다. 자연의 다양성과 자연 선택으로 이런 존재까지 생겨날 수 있다니, 정말 놀라웠다.

최근 다시 지구를 관찰한 영호는 매우 놀라 심각한 의문에 빠졌다. 인류라는 존재 때문이다. 이들은 의성어를 넘어 언어를 사용하고 있었으며 문자를 통해 정보를 전달하고 있었다. 이들은 상당한 지능을 가지고, 우리 외계인 종족처럼 고층 건축물을 만들 수 있었으며, 호기심을 가지고 자연을 탐구하고 있었다. 가장 놀라운 것은 이들의 표정과 언어다. 지난번에는 어떤 어미가 위험을 무릅쓰고 아이를 구출하는 것을 보았다. 어미들 대부분이 그렇게 행동하는 포유류 종이 생존 확률이 높으므로 자연 선택되어 번성하는 것이 진화 원리상 옳다. 그러므로 이들이 그렇게 행동하게끔 진화한 것은 당연하다. 그런데 이는 관찰자의 시각이다. 당사자인 그 어미의 행동 요인은 무엇이었을까? 설마 우리 외계인 종족처럼 모성애라도 있는 것인가? 어미의 행동으로 보아 이들이 모성애를 가졌을 확률이 매우 높아 보인다. 호기심이나 모성애는 마음의 구성물 중 하나이다. 이런 증거들로 볼 때 인간이라는 동물이 우리 외계인들처럼 마음이나 자아 그리고 정신세계를 가진 것이 거의 확실하다.

이게 어찌 된 일인가? 유기물로부터 루카가 만들어지고, 루카의 후손들로부터 동물과 식물이 만들어지는 것까지는 이해한다. 이는 세상 이치인 다양성과 자연 선택에 의한 물질의 변화 과정이다. 그럼 그 결과로 새롭고 신기한 유기물 복합체인 동물이나 식물이 만들어지는 것은 당연하다. 그런데 마음이나 자아는 물질이 아니다. 이건 도대체 어디서 툭 튀어나온 걸까? 영호는 생각 중이다.

이 가상의 외계인 영호의 의문은 매우 당연하고 적절하다. 아마도 영호의 고민은, '물질에서 정신이 생겨날 수 있는가?'일 것이다. 이는 매우 깊고 심각한 고민이다. 지금도 많은 사람이 이 의문을 가지고 있을 것이며, 이 문제 때문에 자연과학과 인문학은 서로 소통하기가 어렵고, 과학과 종교는 서로 이해하기가 힘들다.

문제의 핵심은, '사람의 마음이나 정신이 어디에서 왔는가?'이다. 과학자들은 우리의 신체가 수십억 년 생명 진화의 산물인 것처럼, 마음도 진화의 결과라고 생각한다. 하루아침에 어디서 툭 튀어나온 것이 아니라, 과거로부터 진화했다는 것이다. 우리는 영장류이다. 포유류는 진화 과정상 영장류에 앞선다. 예를 들어 포유류인 강아지나 고양이를 생각해 보자. 현관문에 들어서면 강아지는 꼬리를 흔들며 반가움을 표현하고, 고양이는 다가와 머리를 쓰다듬어 달라며 친밀감을 표현한다. 이는 이들이 사람의 감정보다는 못하겠으나 그래도 어느 정도 감성이 있음을 의미할 수 있다.

정신의학이나 심리학에서는 사람의 마음을 크게 이성과 감정으로 구분한다. 이성은 생각할 수 있는 능력이며, 생각은 주어진 정보를 처리하는 과정이다. 생각의 논리적 연산 결과 우리에게 도움이 되면 받아들여 그 행동을 하고, 해로우면 그 행동을 안 하면 된다. 그런데 이는 우리보다 컴퓨터나 인공지능이 더 잘할 수 있다. 우리는 우리 자신보다 훨씬 더 연산 능력이 좋은 기계를 만들 수 있으며, 그러므로 과학자들은 인간의 이성을 자연스럽게 받아들이고, 진화 과정상 당연히 출현할 수 있음을 이해한다. 문제는 감정이다. 인공지능 기술은 매우 빠르게 발전하고 있으며, 머지않아 엄청난 연산 능력의 기계가 만들어질 수 있다. 과학자들은 고민에 빠진다. 과연 사람처럼 감정을 느낄 수 있는 기계가 만들어질 수 있을까? 그렇다면 이 인공지능은 사람과 별 차이가 없다. 이를 예측해 보려면 먼저 감정의 구조와 기원에 대해 생각해 봐야 한다.

꼭 옳은지는 알 수 없지만, 사람들은 대체로 행복을 중요시한다. 심지어 행복이 인생의 목표라는 사람들도 있다. 그럼 행복은 뭘까? 이에 대한 답변은 사람마다 천차만별이다. 그런데 이를 종합하면 대체로 어떤 결과로 인한 만족스러운 기쁨의 감정이란 의미를 지닌다. 즉, 행복이란 어떤 '감정'의 일종이다. 기계로부터 구별되어 우리를 특별하게 해 주는 '감정'은 전체적으로 대칭적 구조를 가진다. 행복과 불행, 만족과 불만족, 기쁨과 슬픔, 편안과 불안, 사랑과 증오, 용서와 분노, 친밀감과 적대감, 긍정과 부정, 좋음과 싫음 등이 그 예이며, 대체로 GOOD(좋은 느낌)과 BAD(싫은 느낌)의 대칭을 이룬다. 여기에는 인류애나 애국심과 같이 사회에 대한 감정도 있고, 행복이나 불행과 같이 자신에 대한 포괄적 감정도 있으며, 사랑이나 증오와 같이 타인에 대한 감정도 있고, 좋음이나 싫음과 같이 물건이나 음식 등의 대상이나 상황에 대한 감정도 있다.

이처럼 사실상 우리는 살아가며 마주치는 모든 인식된 대상에 감정을 부여한다. 그러므로 마음속에 기억된 각 사람에 다른 색깔의 감정을 덧입히고, 까치나 까마귀의 소리에도 감정이 결부되며, 바람의 촉감이나 빗소리 등에도 어떤 느낌이 동반된다. 이렇게 출생 후 지금까지 오감을 통해 경험하거나 학습된, GOOD 또는 BAD의 크고 작은 다양한 색깔의 감정들이 결부된 대상이나 상황들이 우리의 의식적 또는 무의식적 기억을 형성하며 하나의 주관적 세계를 이룬다. 즉, 우리는 모두 각자 하나의 인식된 내적 세계를 가지고 있다.

이 주관적 세계는 실제의 외부 세계와 같을 수도, 다를 수도 있다. 실제 현실과 매우 다른 내적 세계를 가진 사람은 상당한 어려움에 봉착할 수 있다. 왜곡된 의식적 또는 무의식적 인식으로 인해 불안이나 분노 등 마음의 고통을 겪을 수 있고, 수많은 오해로 인해 대인관계나 사회생활에 어려움이 있을 수도 있다. 이성이나 내 마음속 객관적 타인 등의 도움으로 마음이 성장하며, 이 주관적 세계는 잘 변하지 않는 외부의 객관적 세계를 점점 닮아갈 수 있다. 즉, 마음의 성장이다. 이런 성장한 마음의 소유자는 대체로 마음이 편안하며, 오해하는 일이 적으니 사회생활의 갈등이 줄어들고 원만해진다. 자기 자신과 외부세상을 있는 그대로의 사실에 가깝게 인식할 수 있으므로, 자신의 행동이나 세상의 변화를 좀 더 정확히 파악할 수 있다. 이는 직업적 또는 경제적 성공에 매우 중요한 요인이다. 그러므로 성장한 마음의 사람일수록 사회적 성공의 가능성이 더 크다고 할 수 있다.

그러나 이런 마음의 성장이 그리 쉽지는 않다. 뼈저린 경험과 시행착오가 필요할 수도 있다. 가능한 적은 수의 실패와 시행착오를 통해 큰 공부를 하고 내적 변화를 이루는 것이 좋다. 이를 위해서는 실패의 원인을 외부요인이나 타인에게 돌리지 않는 것이 필요하다. 실패의 요인은 여러 가지일 수 있다. 중요한 것은 자신을 관찰하고 점검하는 태도이다. 이런 습관을 가진 사람은 적은 수의 시행착오를 통해 큰 내적 변화를 이루어 낼 수 있다. 각 사람의 마음은 대체로 이 과정을 통해 성장해 나간다.

독수리는 사람보다 월등한 시력을 가지고 있으며, 사람은 개의 후각이나 고양이의 청력을 능가할 수 없다. 이처럼 타 동물들이 사람보다 뛰어난 오감을 가진 경우가 있다. 그러나 전체적으로 볼 때 이들이 사람의 오감보다 더 다양하게 외부를 인지하지는 못한다. 우리는 시각을 통해 미술 작품을 감상하며 다양하고 풍부한 감정을 느낄 수 있다. 그러나 독수리가 이런 미묘한 감정을 느끼기는 어려울 것이다. 사람은 여러 종류의 음악을 들으며 다양한 감정을 느낀다. 타인의 언어도 청각을 통해 인식하며, 그 내용에 따라 천차만별의 감정을 느낀다. 고양이는 사람의 5배 청력을 가지고 있다고 한다. 그렇다고 해서 고양이가 음악을 감상할 수 있다고 보기는 어렵다.

이런 동물들은 진화 과정상 우리보다 더 과거의 존재이며, 인간은 진화의 첨단에 서 있는 동물이라고 할 수 있다. 진화는 깨진 컵에 비유될 수 있다. 컵이 깨지면 가까운 곳에, 또는 먼 곳에 파편이 튄다. 우리와 고양이는 약 1억 8천만 년 전에 살았을 공동 포유류 조상의 후손들이다. 고양이도 우리도 이 공동 조상으로부터 진화했을 것이다. 고양이가 깨진 곳에서 조금 떨어진 파편이라면, 우리는 가장 멀리까지 날아가 찾기 어려운 파편이다. 즉 우리는 고양이와는 다른 방향으로, 훨씬 더 멀리까지 진화하였다.

대체로 진화가 더 진행된 동물일수록 이들의 주관적 내적 세계는 더 넓다. 우리 마음의 내적 매트릭스에는 외부 환경, 나 자신, 타인, 사회, 인류 공동체, 우주, 신 등이 포함되어 있다. 그러나 고양이의 주관적 세계는 외부 환경, 고양이 자신, 타 고양이 정도일 것이다. 고양이에게 주인은 아마도 우호적 외부 환경이나 정을 붙일 수 있는 타 고양이 중 하나 정도로 인식될 것이다. 어릴 때부터 키워 온 어떤 고양이는 자신을 사람처럼 여길 수도 있다. 내적 왜곡이 있는 고양이이다. 이 고양이는 어느 순간 큰 난관에 봉착할 수도 있다. 더 큰 내적 세계에 따라 인간의 감정은 고양이보다 훨씬 더 풍부하고 다양하다. 고양이가 음악을 감상하거나 영화를 보며 눈물을 흘리기는 매우 어렵다. 이처럼 대체로 더 진화된 생물일수록 더 넓은 주관적 세계와 더 다양하고 풍부한 감정을 가진다.

대체로 과학자들은 포유류와 파충류의 큰 차이점으로 공감 능력을 꼽는다. 뇌 신피질이 추가되어 기억된 감정과 마음속 타자를 가질 수 있는 포유류는 타자의 감정에 공감할 수 있지만, 이 구조물이 미미한 파충류는 타자에 공감하지 못한다는 것이다. 포유류는 대체로 아이를 낳고 젖을 먹여 키운다. 어미는 새끼를 애틋하게 돌보며, 새끼는 어미를 믿고 따른다. 이는 이들에게 공감 능력이 있다는 증거일 수 있다. 파충류는 다르다. 일례로 거북이는 바닷가 어느 안전해 보이는 장소에 작은 구덩이를 파고 알을 낳는다. 산란 후 모래로 덮어 주고 수일가량 알 주변을 지키기도 하지만, 이 정도가 새끼에 대한 보살핌의 전부이다. 향후 물속에서 헤엄치다가 자신이 낳은 알에서 부화한 새끼를 만나도 서로 알아보지 못할 것이다.

우리가 넓은 마음의 매트릭스를 가지고 있고, 고양이가 외부 환경, 고양이 자신, 타 고양이 정도의 주관적 세계를 가진다면, 거북이는 외부 환경과 거북이 자신 정도의 내적 세계를 가진다고 할 수 있다. 공감 능력이 없다고 볼 때, 거북이 마음속에는 타 거북이가 없을 것이기 때문이다. 그렇다면 거북이는 고양이보다 훨씬 작은 주관적 세계를 가지고 있다. 이는 거북이의 감정이 고양이보다 훨씬 더 좁고 빈약할 수 있음을 의미한다.

사람과 고양이와 거북이는 약 3억 년 전에 살았을 공동 파충류 조상의 후손들이다. 깨진 컵에 비유하자면 거북이는 가까운 자리에 떨어진 파편이고, 고양이는 중간 정도에 떨어진 파편이며, 사람은 가장 멀리 떨어진 파편이다. 이처럼 영장류와 포유류, 그리고 파충류는 진화의 방향과 정도가 다르다.

나무들은 보통 1년이 지나면 새로운 나이테를 하나 만든다. 나무를 잘랐을 때 20개의 나이테가 있다면, 이는 대략 20년 된 나무임을 의미한다. 새로운 나이테는 몸체의 가장 바깥쪽에 고리 형태로 만들어진다. 이는 최근 1년 동안 성장한 부분이다. 새로 세포분열하고 성장한 부분이 몸체의 중심부에 있기는 힘들다. 이는 다른 세포들을 모두 바깥으로 밀어내야 하므로 매우 비효율적이다. 만약 이런 구조를 가진 나무가 있었다면 자연 선택되지 못했을 것이다. 자연은 효율 지향성을 가지며 진화도 이 연장선에 있으므로 대체로 더 효율적인 종이 자연 선택된다. 그러므로 나무가 성장하며 새로 출현하는 세포들은 대체로 몸체의 바깥 부위에 위치한다. 이 구조는 자연의 효율 지향성에 부합한다.

과학자들에 의하면 우리 뇌는 크게 3개의 층으로 구성되어 있다. 이는 마치 나무의 나이테와 같다. 뇌의 중심부에는 '파충류의 뇌'가 자리 잡고 있다. 이는 뇌간과 소뇌를 포함하고 있으며 기본적인 생존 기능과 연관되어 있다. 파충류의 뇌를 둘러싸며 '포유류의 뇌'가 존재한다. 이는 편도체, 해마, 시상하부로 구성되며 주로 본능이나 감정 및 단기기억을 관장한다. 이를 둘러싸며 '영장류의 뇌'에 해당하는 대뇌 피질이 존재한다. 이는 우리를 인간답게 해 주는 이성, 언어, 고차원의 사고와 감정 등을 담당한다. 가장 바깥쪽에 주름을 이루며 존재하는 이 대뇌 피질이 전체 뇌 질량의 2/3를 차지한다. 학자들은 이 3층이 진화 과정에서 순차적으로 출현했다고 여긴다.

생물학자들에 의하면 파충류는 약 3억 년 전인 고생대 석탄기에 처음 나타났으며, '파충류의 뇌'는 이보다 앞선 약 5억 년 전 처음 출현하였다. 포유류는 약 1억 8천만 년 전인 중생대 트라이아스기 후기에 처음 나타났으며, '포유류의 뇌'는 이보다 앞선 약 2~3억 년 전 처음 출현하였다. 연구자들에 의하면 영장류는 약 8천 5백만 년 전인 중생대 백악기 이전에 시작되었다. 그렇다면 '영장류의 뇌'는 늦어도 약 1억 년 이전에 처음 출현했다고 볼 수 있다. 종보다 뇌가 앞선 이유는, 이전의 뇌에서 다음 종의 뇌를 일부 가질 수 있기 때문이다. 일례로 파충류도 편도체를 가질 수 있다.

나이테의 가장 바깥 부위는 가장 최근에 만들어진 것이다. 중심으로 갈수록 과거에 만들어진 것이며, 가장 중심부의 나이테는 생애 첫 1년간 만들어졌을 것이다. 과학자들은 사람의 뇌도 같다고 생각한다. 가장 바깥 '영장류의 뇌'가 가장 최근 출현하였으며, 중심으로 갈수록 더 과거에 만들어진 부위이다. 나이테가 하나의 나무에서 개체의 성장에 따라 매년 하나씩 만들어진다면, 뇌의 위계는 개체들의 무수한 탄생과 죽음이 대를 이어 연속되는 종에서 자연 선택에 의한 진화의 누적에 따라 수천만 년에서 수억 년에 이르는 기간에 하나씩 만들어진다.

진화는 매우 자연스럽게 이루어진다. 파충류의 뇌를 가진 자손 중, 조금 더 포유류의 뇌에 해당하는 부위를 가진 개체가 좀 더 생존에 유리하므로 자연 선택되어 후손을 남기게 되었을 것이다. 이 과정이 반복되며 점차 포유류의 뇌를 많이 가진 종들이 번성하게 된다. 포유류의 뇌는 파충류의 뇌를 보완하여 효율성을 증가시키므로, 이 종의 생존 가능성은 상대적으로 더 커진다. 조금 더 생각해 보자.

생명체는 자신에 GOOD 또는 쾌락을 주는 행동을 반복하려 하며, BAD 또는 고통을 주는 행동은 피하려 한다. 이는 자연스럽다. 파충류의 뇌가 느끼는 고통(pain)은, 포유류의 뇌에서 공포(panic)나 불안(anxiety)으로 기억된다. 즉, 공포나 불안이란 '기억된 고통'이라고 할 수 있다. 공포가 대체로 '현재' 맞닥트린 '기억된 고통'이라면, 불안은 대체로 '미래'에 맞닥트릴 '기억된 고통'이다. 포유류의 새로 출현한 뉴런 집단에서 주로 느끼는 이 두 감정의 상황이 다르다는 것이다. 불안은 해마 등 새로 출현한 뉴런 집단들이 시간의 흐름을 분간하고, 과거의 기억을 미래의 일로 떠올릴 수 있음을 의미한다.

포유류의 감정 기억 능력은 보통 파충류보다 훨씬 더 좋다. 포유류들은 자신에게 고통을 주었던 위험한 상황을, 고통이 사라진 후에도 공포나 불안의 감정으로 기억한다. 그러므로 유사한 상황이 발생하면 이 감정이 되살아나며 이를 회피할 수 있게 된다. 파충류는 다르다. 고통이 사라진 후 이를 감정으로 기억하는 능력이 미약하므로 위험한 행동을 아무렇지 않게 다시 반복할 수 있다. 이런 이들의 행동은 쾌락에도 같은 방식으로 적용된다. 즉, 포유류의 뇌는 파충류의 뇌를 보완하고 제어하여 개체의 생존 가능성을 높이도록 돕는다. 영장류의 뇌와 포유류의 뇌의 관계도 같다. 영장류의 뇌는 포유류의 뇌를 보완하고 제어하여 개체의 생존 가능성을 높인다.

포유류의 증가한 생존력이 해마 등의 '기억 능력'에 의해 출현한 '감정(emotion)' 덕분이라면, 영장류의 증가한 생존력은 대뇌 피질 등의 '기억의 기억 능력'에 의해 출현한 '사고(thought)' 덕분이다. 이는 미래를 예측할 수 있는 능력이다. 일례로 멧돼지를 사냥한다고 해 보자. A 상황일 때 멧돼지는 오른쪽으로 도망가고, B 상황일 때는 왼쪽으로 도망간다. 영장류는 이 기억을 기억한다. 그래서 의도적으로 A 상황을 만들고, 오른쪽으로 가서 멧돼지를 기다린다. 이 능력은 이들의 생존 가능성을 크게 높일 수 있다.

영장류의 이런 사고(thought) 능력이, 이후 언어를 사용할 수 있는 인류에게서 '이성'으로 발달했다고 볼 수 있다. '멧돼지'라는 단어를 생각해 보자. 멧돼지의 생김새, 사진이나 영상에서 봤던 이들의 행동, 섭식이나 생활 습관, 냄새, 더러움, 멧돼지의 공격성으로 인한 두려움, 돼지고기의 맛과 느낌, 야생성 등 우리가 의식하거나 의식하지 못하는 많은 연관 내용이 동시에 머리에 떠오른다. 이처럼 하나의 단어에는 많은 내용이 포함되어 있다. 어떤 보고서가 있다고 할 때, 보고서의 많은 내용은 대체로 제목에 함축적으로 표현된다. 언어란 마치 이 보고서의 표지 제목과 같다. 그러므로 언어를 사용한다는 것은, 이전보다 훨씬 더 많은 내용을 빠르고 효율적으로 사고(thought)함을 의미한다. 이렇게 출현한 대뇌 피질의 대표적 능력인 사람의 '이성'은 해마 등의 대표적 능력인 감정을 보완하고 제어한다. 이는 대체로 개체의 생존 가능성을 증가시킨다.

원숭이는 날쌔다. 그래서 잡기 어렵다. 그런데 인도양의 어떤 섬에는 수백 년을 이어 온 특별한 원숭이 사냥법이 있다고 한다. 원숭이의 손만 간신히 들어갈 정도로 입구가 좁은 항아리 속에 원숭이가 좋아하는 먹이를 놓고 기다리면 된다. 냄새를 맡은 원숭이가 항아리 속으로 손을 집어넣어 먹이를 움켜쥔다. 손을 빼내려 하지만 먹이를 한껏 움켜쥔 터라 손이 항아리 입구를 빠져나오지 못한다. 원주민이 다가

가 목덜미를 잡는 그 순간까지도 원숭이는 손을 빼지 못하고 쩔쩔매다가 그대로 잡히고 만다. 이는 원숭이의 탐욕을 이용한 사냥법이다. 원숭이가 손을 빼지 못한 이유가 뭘까? 욕심 때문일 것이다. 먹이를 쥐고 있는 원숭이 뇌의 해마에서는, 잠시 후 먹이를 먹으며 느끼게 될 달콤함으로 인한 예기 기쁨을 느끼고 있었을 것이다. 이 기쁨의 감정이 원숭이를 위험에 빠뜨린 것이다.

원숭이는 영장류의 일종이다. 포유류 뇌의 한계를 보완하고 이를 제어하며 영장류의 뇌가 출현했지만, 위 원숭이는 아직 대뇌 피질의 기능이 충분치 않은 듯하다. 충분히 진화된 영장류라면 '기억의 기억'에 기반한 사고 능력으로 인해 닥쳐올 위험을 인지했을 것이며, 먹이를 놓고 도망갈 수 있었을 것이다. 아마도 위 원숭이는 위험을 인지했음에도 예기 기쁨이 예상된 공포보다 더 컸으므로 차마 먹이를 놓지 못했을 것이다. 이는 영장류의 뇌인 대뇌 피질이 포유류의 뇌인 해마 등을 충분히 보완하고 제어하지 못해 발생한다. 그 결과 개체의 생존 가능성이 감소한다.

이는 우리의 사회에서도 예외가 아니다. 사회는 매우 다양한 사람들로 이루어져 있으며, 사람마다 이 보완과 제어의 정도가 다르다. 우리나라의 대표적 신파극인 '이수일과 심순애'를 생각해 보자. 가난한 고학생 이수일을 버리고 돈 많은 김중배의 다이아몬드 반지를 쫓아간 심순애의 이야기이다. 심순애의 선택은 마치 위 원숭이와도 같다. 반짝이는 다이아몬드에 정신이 팔려 이를 손에서 놓을 수가 없다. 지금도 사회의 각 분야에서 이와 유사한 일이 비일비재하다. 주식이나 부동산 등을 최고점에 매입하는 일도 이와 유사한 탐욕에서 비롯되었다고 볼 수 있다. 탐욕으로 인한 고통과 합리적 행동으로 인한 기쁨의 경험이 반복되며 대뇌 피질의 해마 등에 대한 보완과 제어의 힘이 보강된다. 이제 이 투자자는 더는 탐욕으로 투자하지 않는다. 그러므로 웬만해서는 돈을 잃지 않는다. 심순애도 마찬가지이다. 만약 심순애가 유사한 선택을 하여 고통을 받았던 경험이 있었다면 김중배를 선택하지 않았을 수도 있다. 이 고통의 경험이 다이아몬드의 유혹을 뿌리칠 힘이 되기 때문이다.

원주민에게 잡힌 원숭이가 다시 탈출할 가능성은 거의 없다. 불에 구워져 고기로 제공되었을 것이다. 설령 탈출했다고 해도 이후 같은 상황에서 그 원숭이가 손을 뺄 수 있을까? 그런데 사람은 다르다. 일생을 살아가며 수많은 경험과 시행착오를 겪으며, 보통 한두 번의 실수로 원숭이처럼 구워지지는 않는다. 이전에 고통을 주었던 자신의 행동을 잘 기억하고 분석한 사람은 보통 같은 실수를 반복하지 않는다. 즉, 마음이 성장한다. 이는 다른 생명체에서는 잘 발생하지 않는 일이다. 대체로 생명체의 진화에서는 많은 후손 중 어떤 특성을 가진 개체가 자연 선택된다. 타 개체가 경험하고 훈련한다고 해서 그 특성을 획득할 수 있는 것이 아니다. 그러나 사람은 다르다. 경험과 시행착오가 쌓이며 변화해 나간다. 그 결과 마음이 성장한다. 생명체는 오랜 시간 개체의 탄생과 죽음을 반복한 자연 선택의 결과로 종의 진화를 이룬다. 개체가 진화하는 것이 아니다. 하드웨어인 사람의 신체도 같다. 진화하지 못한다. 그러나 소프트웨어인 마음은 다르다. 많은 경험이 반복되며 치매에 걸리지 않는 한 죽을 때까지 성장한다. 즉, 마음은 진화한다. 단지 사람마다 그 성장의 강도와 속도가 다를 뿐이다. 그러므로 꼭 옳다고 할 수는 없겠지만, 대체로 노인이 젊은이보다 더 지혜로울 가능성이 있다.

우리는 사람의 감정이나 이성이, 새로 출현한 뇌 구조에 맞는 기억 능력이 이전부터 존재했던 본성에 더해지며 출현했음을 생각해 보았다. 그럼 기억이란 무엇이며 어떻게 출현했을까? 생물학자로서 미국 신경과학연구소 소장과 스크립트 연구소 신경생물학과 주임교수를 지낸 제럴드 에델만(Gerald Maurice Edelman, 1929~2014)은 그의 저서 『신경과학과 마음의 세계』에서 이에 대하여 언급하였다. 에델만은 주로 면역계를 연구하였으며, 개인의 생활에 따른 면역계 구성 요소의 진화 방식이 일생을 통한 뇌 구성 요소의 진화 방식과 유사함을 제시하였다.

우리 몸은 외부의 바이러스나 세균 등에 대한 방어 시스템으로 면역 체계를 가지고 있다. 이는 주로 혈액 속 백혈구의 일종인 림프구에 의해 이루어진다. 감기에 걸렸을 때 입을 벌려 보면 목 뒤의 편도선이 부어 있을 때가 있다. 감기 균과 싸우느라 커진 것이다. 편도선은 대표적 림프 기관의 하나이며, 림프구는 이런 림프 기관이나 혈액 속에서 주로 발견된다. 림프구는 우리 몸의 군인 세포로 비유될 수 있다. 외부의 적을 감지하고 죽여, 우리 몸을 보호해 준다.

림프구는 주로 항원 항체 반응을 통해 외부의 적을 인지한다. 항원(antigen)이란 우리 몸 외부의 바이러스나 세균 또는 물질을 이야기한다. 때로는 복숭아 물질 등을 우리 몸에 해로운 적으로 과도하게 인식하여 면역 반응이 유발되기도 한다. 복숭아 알레르기이다. 항체(antibody)는 주로 림프구에서 만들어지며, 림프구 외부 세포막에 붙어 있거나 분리되어 혈액이나 림프액 속으로 분비된다. 그러므로 다양한 종류의 항체가 늘 우리 몸속에 존재한다. [그림 24] 위쪽 그림은 항체 분자를 나타내고 있다. 각 면역세포는 각각 다른 모양의 가변부위를 가진 항체를 만들어 낸다. 또한 각 가변부위는 다른 모양의 항원 결합부를 가진다. 그러므로 한 항체가 결합하여 공격할 수 있는 항원은 하나가 아니다.

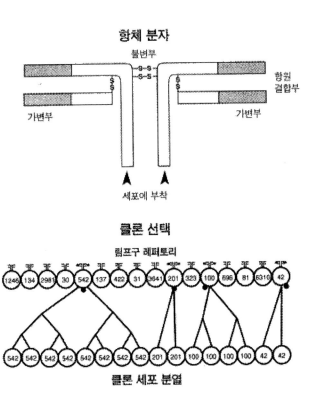

[그림 24] 위쪽 그림은 외부 바이러스나 세균 등의 항원(antigen)에 대항할 수 있도록 우리 몸 면역계의 림프구(lymphocyte)에서 만들어지는 항체(antibody)를 나타낸다. 아래쪽 그림은 다양한 항체를 만들 수 있는 림프구 레퍼토리에서 유입된, 외부 항원과 결합하는 항체를 만드는 림프구가 증식함을 나타낸다. 외부 유입 항원은 점(·)으로 표현되어 있다. 그 결과 542, 201, 100, 42의 림프구가 세포분열하여 증식한다.

혈액 속의 항체는 항원을 중화하거나 불활성화하고, 백혈구의 일종인 대식세포가 이를 잡아먹을 수 있도록 돕는다. 또한 타 인자의 도움과 함께 직접 항원을 파괴할 수도 있다. 항원의 제거에 항체라는 장거리 무기가 사용되지만, 림프구에 의한 직접적 살상도 가능하다. 이들은 세균에 결합하여 세포막에 구멍을 내고 분해 효소를 주입하여 외부 유입 균들을 제거한다.

[그림 24]의 아래쪽 그림은 다양한 항체를 만들 수 있는 다양한 림프구들을 표현한다. 대체로 하나의 림프구는 한 종류의 항체를 생산한다. 각 림프구는 항원인 외부 분자와 마주치기 전에 이미 고유의 항체를 만들어 내고 있다. 유입된 항원은 세포막에 서로 다른 항체를 가지고 있는 다양한 림프구들과 만나게 된다. 항원의 특정 부위가 특정 림프구의 항체와 충분히 잘 들어맞게 결합할 수 있다. 이는 선택된 그 림프구를 자극한다. 이러한 자극을 받은 림프구는 빠르게 세포분열하여 자신과 같은 항체를 만들 수 있는 자손 세포들을 만든다. 림프구는 이런 본성을 가지고 있다. 그 결과 542, 201, 100, 42 림프구의 세포분열이 증가한다. 즉, 일종의 클론 선택에 의한 차등 생식이다. 어느 정도 시간이 지나면 림프구 집단에서 이 림프구들이 큰 비중을 차지하고 있다.

세균이 처음 유입되었을 때 우리 몸은 위 방법 등으로 방어하기에 바쁘다. 그러므로 우리는 며칠간 열나고 목 아프고 기침하며 고생한다. 그러나 다음번은 다르다. 같은 균이 다시 유입되면, 우리 몸은 이를 신속하게 파악하고 대처한다. 즉, 이전의 균이 '기억'된 것이다.

재유입된 항원에 우리 몸은 준비되어 있다. 차등 생식으로 인해 그 수가 큰 폭으로 증가한 542, 201 등의 자손 림프구들에서 폭발적으로 항체를 생산한다. 이 장거리 융단폭격으로 인해 세균은 우리 몸에 제대로 진입하지도 못하고 사멸할 수 있다.

면역계는 이런 방식으로 '기억'한다. 이는 다수의 림프구 중 특정 림프구들이 선택되는 방식이며, 에델만은 이를 재인(recognition)이라는 용어로 설명하였다. 에델만에 의하면, 면역계에서 내부 물질과 외부 유입 물질을 구분할 수 있는 것도 같은 원리로 작동하는 분자 수준의 재인(molecular recognition) 덕분이다. 이 구분 능력은 한번 계발되기만 하면 계속 유지된다. 즉, '기억'된다. 이 구분 능력의 계발에 문제가 발생한 경우, 우리 몸 조직에 대한 자가면역 반응이 유발되어 류마티스 관절염 등의 질환으로 고생할 수 있다.

다양성과 자연 선택은 생명체 탄생 이전부터 존재했을 원리이다. 이에 자신을 닮은 자손을 만드는 능력이 추가되며 생명체의 진화가 본격화되었다고 할 수 있다. 우리 몸 면역계의 재인(recognition)도 같다. 다양한 림프구 중 환경인 항원에 의해 자연 선택된다. 이러한 선택의 결과, 분자 수준 그리고 세포 수준의 '기억'이 만들어진다. 우리는 이 방식이 면역계 외 생명체 진화 과정의 다른 많은 부분에서도 작동할 수 있음을 어렵지 않게 추정해 볼 수 있다. 즉, 기억들은 대체로 다양성과 자연 선택의 원리에 의해 만들어진다.

그러므로 진화와 면역계는, 세부 메커니즘은 다를 수 있지만 기본적으로 같은 원리에 의해 작동한다고 할 수 있다. 에델만은 우리의 마음도 같은 원리가 뇌에 적용되며 발생했다고 이야기한다. 즉, 뉴런 집단 선택(neuronal group selection)이다. 이는 기본적으로 위 [그림 24]와 크게 다르지 않다. 항원을 개체의 오감을 통한 '경험' 즉 뇌에 입력되는 전기적 신호로, 림프구 레퍼토리를 시냅스를 통해 연결되는 '뉴런 집단'으로 치환해 보면 된다. 우리는 뉴런들이 시냅스를 통해 연결됨을 알고 있다. 개체의 어떤 경험이 누적되면 이와 연관된 뉴런들의 시냅스 강화가 발생하고, 경험과 무관한 시냅스 부위는 퇴화한다. 이는 위 그림 542의 선택된 림프구, 1246의 선택되지 못한 림프구와 유사하다.

이렇게 선택된 시냅스들로 연결된 뉴런들이 어떤 신경망의 패턴을 만든다. 그 패턴은 각 경험의 파편마다 다르다. 멋진 음악을 들으며 기분이 좋을 때 A 패턴이라면, 어떤 생각을 할 때는 B 패턴을 보일 수 있다. 우리는 앞에서 영화 화면의 1초가 보통 24장 사진들의 연속으로 구성됨을 알아보았다. 24장의 사진들이 빠르게 이어지며 1초간의 동영상을 만든다. 우리 뇌도 이와 같다. 특정 의미를 담고 있는 각 신경망 패턴들이 연속적으로 진행된다. 이것이 마음이다. 즉, 주관적 우리 '마음'은 객관적 '뇌 신경망 패턴의 연속'이다.

개체의 경험 누적으로 이와 연관된 뉴런 시냅스가 선택되어 강화된다. 이들이 특정 신경망 패턴을 만든다. 이는 마치 영상을 구성하는 한 장의 사진과 같다. 이 한 장의 사진, 즉 하나의 신경망 패턴이 하나의 '기억'에 해당한다. 이는 이전의 항원이 재유입될 때 빠르게 재활성화되는 542 림프구와 같다. 사물을 보거나 상상하는 등, 외부의 오감을 통해 또는 뇌 내부의 타 신경망 뉴런들을 통해 특정 신경망 패턴의 단서가 되는 전기적 신호가 유입되면 그 신경망 패턴은 빠르게 재활성화된다. 이처럼 우리 마음은 주로 신경망 패턴의 연속, 즉 이 '기억의 연속'으로 이루어진다.

에델만은 의식(consciousness)을 '기억된 현재'로 정의하였다. 이는 감각질(qualia) 개념과 일맥상통한다. 퀄리아는 어떤 것을 지각하면서 느끼게 되는 기분, 떠오르는 심상 등의 주관적 특징을 일컫는다. 이는 지각의 대상이 되는 객관적 외부의 실체와 구분된다.

어떤 원시인이 한가로운 오후 아이들이 뛰어노는 것을 구경하고 있다. 따사로운 햇볕, 주변의 경관, 아이들의 웃음소리, 시원한 바람의 촉감, 풀 냄새 등 오감을 통해 입력되는 정보들이 이에 대한 감각 및 그 순간의 정서 등 마음의 주관적 반응인 퀄리아를 만든다. 즉, 그 순간을 온전히 지각하는 것이다. 이 순간 원시인의 뇌에서는 어떤 신경망 패턴들의 흐름이 형성된다. 이때 반복되는 경험이나 큰 사건 등의 자극 요인에 의해 시냅스 강화가 발생할 수도, 그렇지 않을 수도 있으며 고등동물의 뇌는 이 순간을 기억할 수 있는 능력이 있다. 즉 퀄리아는 기억될 수 있고, 이 '기억된 퀄리아'가 '기억된 현재'를 의미할 수 있으며, 에델만은 이 '기억된 현재'가 곧 '의식'임을 제안하였다. 이 기억에는 시간의 흐름이 포함된다. 그러므로 시간 순서에 따른 퀄리아가 기억되며, 이는 어떤 인과의 논리 체계를 만들 수 있다.

평화롭던 마을에 갑자기 멧돼지가 나타났다. 아이들은 혼비백산 도망가기 바쁘다. 원시인의 마음이 급해진다. 옆에 있던 돌도끼를 들고 멧돼지를 향해 돌진한다. 멧돼지가 오른쪽 길로 도주한다. 큰 사건이 발생했으므로 이때의 기억은 시냅스 강화된다. 원시인의 뇌에서는 평화롭던 아이들의 놀이 이후 멧돼지의 출현으로, 시간 흐름에 따라 기억된다. 이 원시인은 이전에도 비슷한 경험을 한 적이 있다. 그때의 기억과 이번 기억을 같이 떠올려 본다. 예전에는 봄철이었고 이번에는 가을철이다. 전에는 멧돼지가 왼쪽 길로 도망갔는데, 이번에는 오른쪽 길로 도망갔다. 그렇다면, 봄철에는 멧돼지들이 왼쪽 숲에서 살고, 가을철에는 오른쪽 숲에서 사는 것일 수 있다. 이 가설이 맞는지 확인해 봐야 하므로 마을 청년들과 함께 숲을 한번 탐색해야겠다고 생각한다. 내년 봄에는 왼쪽 길에서 멧돼지가 출몰할 가능성이 크므로, 봄이 오기 전에 왼쪽 길에 장애물을 설치해야겠다는 생각도 해 본다.

이처럼 '기억된 현재'인 의식의, 시간 흐름에 따라 저장된 기억을 떠올릴 수 있는 것이 사고(thought) 능력의 원천이다. 그러므로 영장류의 사고 능력은 '기억의 기억 능력' 덕분이라고 간단히 표현해 볼 수 있다. 이런 기억과 사고 능력이 존재하려면 뉴런들이 준비되어 있어야 한다. 충분한 휴식과 에너지 공급으로 전기적, 화학적 신호를 어렵지 않게 이웃 뉴런에 전달할 수 있어야 한다. 이는 뇌가 각성(arousal) 상태에 있어야 함을 의미한다. 기억에 관련된 뉴런들은 대체로 주기적 휴식과 재충전이 필요하다. 이는 마치 핸드폰의 배터리와 같다. 그러므로 꾸벅꾸벅 졸며 학습한 내용은 제대로 기억되지 않으며, 며칠간 제대로 잠을 못 잔 사람에게 멋진 음악을 들려주어도 이 사람은 이를 제대로 감각 및 감상할 수 없다. 우리의 사고나 감정 능력이 모두 뇌의 기억 능력에 기반하는데, 휴식 없는 뉴런들은 이를 제대로 수행할 수 없기 때문이다.

사람의 마음이나 자아란 무엇일까? 그동안의 숙고에도 불구하고 이는 아직 인류 미완의 숙제인 듯하다. 과학자들은 대체로 깨어 있는 의식이 있으며, 생각할 수 있고, 감정을 느낄 수 있다면 마음의 정의에 어느 정도 부합할 수 있다고 여긴다. 즉 의식, 사고, 감정의 3가지 요소이다. 우리는 이들이 모두 뇌의 기억 능력에 기인하고 있음을 알아보았다. 그런데 이들 중 감정에는 이에 더해 좀 더 근원적인 무엇이 있다. 앞에서 알아보았듯이, 파충류의 뇌가 느끼는 고통은 포유류의 뇌에서 공포나 불안으로 기억된다. 즉, 공포나 불안의 감정은 진화 과정상 이전 단계인 파충류의 고통에서 파생한다. 그럼 파충류의 고통은 어디에서 비롯되었을까? 이전 단계인 양서류의 통증에서 기원했다고 볼 수 있다. 이는 다시 이전 단계에서 기원했을 것이다. 그런데 어느 단계 이전에서는 아직 뉴런 집단이 형성되지 않아 분자 수준이나 세포 수준의 기억 능력이 있을 뿐, 신경세포군의 기억 능력이 존재하지 않는다. 그래도 이들은 살아서 움직인다. 이는 감정이나 느낌 등의 주관성이, 신경계 출현 이전의 그 무엇에서 비롯되었을 수 있음을 의미한다.

우리는 앞에서 자연의 모든 변화가 자연 준칙에 의해 발생함을 알아보았다. 이는 이로부터 탄생한 복잡계, 그리고 대표적 복잡계인 생명체나 뇌의 변화, 즉 진화 과정에도 예외 없이 적용된다. 그러므로 뇌의 감정 능력을 가져온 '기억의 능력'이나 사고 능력을 가져온 '기억의 기억 능력'은 뉴런들로 구성된 복잡계인 뇌에서 효율 지향성에 의해 해마나 대뇌 피질 등 새로운 뉴런 집단들이 추가되고, 진화에 따른 계의 조직화와 질서화가 진행되며 각 단계에서 창발하여 출현한 능력이라고 할 수 있다. 그런데 그 기억의 대상은 여전히 주관적 경험이며, 이 주관성의 기원은 신경세포 출현 이전일 듯하다. 이제 이 주관성에 대해 조금 더 알아보자.

주관성의 핵심이자 기원은 GOOD 또는 BAD의 감정이나 느낌이라고 할 수 있다. 파충류의 '고통'이 포유류에서 이에 더하여 추가된 '공포나 불안'에 해당한다면, 영장류에서는 이에 더하여 추가된 '불행감'이나 '괴로움'에 해당한다고 할 수 있다. 어떤 사람이 사업에 실패했다고 해 보자. 사업의 실패는 신체의 고통과 아무 관련이 없다. 그런데 뇌의 해마체 등 감정을 담당하는 부위가 활성화된다. 그 결과 사장은 불행이나 괴로움을 느낀다. 과도한 마음의 고통은 사람을 불행하게 하지만, 적절한 슬픔이나 괴로움은 오히려 약이 될 수도 있다. 이런 괴로움이 없었다면 사장은 자신이나 자신의 사업을 되돌아보지 않았을 가능성이 크다. 마음의 고통을 겪으며 절치부심하고 자신과 사업의 방식을 변화시킨 사장이 다시 도전하여 큰 성공을 거둘 수도 있다. 이는 공포나 불안을 느낀 어떤 포유류가 위험한 행동을 다시 반복하지 않는 것과 유사하다. 이처럼 우리 뇌의 이 3개 층은 매우 유기적으로 연결되어 있으며, 대체로 상위층이 하위층을 보완 및 제어하는 피드백 구조를 가진다.

이러한 뇌 구조와 기능 및 진화 원리 등의 이유로 뇌 과학자들은 인간의 괴로움과 포유류의 공포와 파충류의 고통이 진화적으로 연결되어 있다고 여긴다. 반대인 GOOD도 마찬가지이다. 인간의 행복과 포유류의 기쁨과 파충류의 쾌락 또한 진화적으로 연결되어 있다고 생각한다. 진화의 관점으로 볼 때 파충류 뇌의 고통을 보완하며 포유류 뇌의 공포가 출현하였고, 포유류의 뇌가 없었다면 영장류의 뇌는 출현할 수 없었다. 따라서 영장류의 행복과 괴로움은 포유류의 기쁨과 공포에서 비롯되었으며, 포유류의 기쁨과 공포는 파충류의 쾌락과 고통으로부터 기원했다고 볼 수 있다. 이 느낌들은 대체로 GOOD과 BAD의 대칭을 이루고 있다.

뇌의 진화를 생각할 때 주의할 점이 있다. 어느 날 갑자기 파충류의 뇌나 포유류의 뇌가 출현하지는 않았다는 것이다. 그러므로 우리가 뇌의 3개 층을 명확히 구분해 알아보았지만, 실제 진화 과정에서는 그리 명확하지 않았을 수 있다. 일례로 파충류는 '파충류의 뇌'에 더하여 편도체와 약간의 대뇌 피질도 가지고 있다. 포유류도 같다. '포유류의 뇌'에 더하여 상당량의 대뇌 피질도 가지고 있다. 즉, 거북이는 우리 구분보다 더 많은 감정을 느낄 수 있고, 고양이는 우리 구분보다 더 큰 사고 능력을 가질 수 있다. 또 다른 주의점은 뇌가 양파 껍질처럼 3개 층으로 명확히 구분되지는 않는다는 것이다. 실제의 이들은 일정 부분 구조적 또는 기능적으로 얽혀 있다. 이는 아마도 진화 과정의 효율 지향성에 의한 위치 변경일 수 있다.

이제 조금 더 과거를 생각해 보자. 양서류는 진화상 파충류에 앞선다. 생물학자들에 의하면, 파충류인 거북이와 양서류인 개구리의 뇌는 매우 큰 차이가 있다. 연구자들이 이들을 만질 때, 거북이는 심장박동이 빨라지고 체온이 올라가는 등의 감정열(emotional fever) 반응을 보이지만 개구리나 물고기는 보이지 않는다. 이는 개구리의 감정이 없거나 미약할 수 있음을 의미한다. 그러나 우리는 개구리가 감정의 기원이 되는 쾌락과 통증을 느낀다고 추정해 볼 수 있다. 막대기로 건드리면 도망가고 좋아하는 먹이는 누가 시키지 않아도 먹으려 하기 때문이다. 하지만 그 주관적 GOOD과 BAD의 양상과 강도는 알 수 없다. 우리는 관찰자이지, 개구리가 아니기 때문이다. 앞에서 우리는 대체로 진화상 더 과거의 생물일수록 더 좁은 범위의 감정이나 느낌을 보유함을 알아보았다. 그렇다면 개구리의 GOOD 또는 BAD는 거북이보다 더 좁고 약할 수 있다.

더 거슬러 올라가다 보면 최초의 뇌를 알아보지 않을 수 없다. 생물학자들은 뇌의 기원이 되는 신경세포를 가진 최초 동물의 예로 해파리를 연구한다. 해파리는 몸 대부분에 넓고 드문드문하게 퍼져 있는 신경세포의 그물을 가지고 있다. 이들은 아직 신경세포의 군집인 신경절(ganglion)이나 뇌를 가지지 못한다. 개체 이동을 위해 수축을 하려면 여러 세포가 한꺼번에 움직여야 하는데, 모든 세포를 동시에 조율하기 위해서는 신경세포가 필요했을 것이다. 이런 신경세포 그물 덕분에 해파리는 위 또는 아래의 1차원 방향으로 이동할 수 있다. 좌 우 또는 앞뒤 방향으로는 이동하지 못한다.

뇌의 전신인 최초의 신경절(ganglion)은 좌우 대칭의 신체 구조를 가진 편형동물에서 발견된다. 이들은 위아래, 좌우, 앞뒤의 세 방향으로 이동할 수 있다. 세 방향으로의 이동은 한 방향보다 훨씬 더 많은 연산을 요구한다. 생물학자들은 신경절이나 뇌의 출현으로 인해 외부 환경 정보를 중앙화 및 통합하여 많은 양의 정보를 처리할 수 있게 되어 자유롭게 이동할 수 있었다고 말한다. 즉, 뇌나 신경절은 근본적으로 운동성(motility)과 연관된다는 것이다. 편형동물의 신경절은 기본적 수준의 학습과 기억 능력도 보인다. 이들은 전에 위험을 경험했던 장소로 다시 가려고 하지 않는다.

또 다른 예로 멍게를 들 수 있다. 멍게의 유충에는 뇌가 있다. 그래서 올챙이처럼 바닷속을 헤엄치며 살아간다. 하지만 성체가 되어 바위에 달라붙어 생활하기 시작하면, 신경은 그대로 있으나 뇌는 퇴화하여 사라진다. 더는 이동하지 않고 그곳에서 평생 살게 되므로 이제 뇌가 필요하지 않은 것이다. 즉, 더는 이동(motility)이 필요 없으니 퇴화한다.

그럼 뇌가 없는 성체 멍게의 주관성은 어떨까? 이들도 자신에게 도움이 되는 외부 물질은 흡수하고, 해로운 물질은 배척한다. 이는 이들에게도 주관적 GOOD 또는 BAD가 있음을 의미할 수 있다. 즉, 신경절이나 뇌의 출현으로 인해 개체의 주관성이 큰 폭으로 증가하며 이후 고등동물 감정과 사고 능력 출현의 기반이 되지만, 뇌가 없다고 해서 주관성이 없는 것은 아니라는 것이다. 즉, 생명체의 주관성은 뇌 출현 이전부터 존재했을 가능성이 있다. 이는 성체 멍게에게서만 관찰되는 것이 아니다. 신경세포가 있을 수 없는, 아메바나 짚신벌레와 같은 단세포 생물에서도 같다. 이들도 먹이가 되는 물질 쪽으로는 다가가고, 해로운 물질에서는 멀어진다. 우리가 아메바나 짚신벌레가 될 수 없으므로 이들의 주관을 정확히 알 수는 없지만, 아마도 먹이에 대해서는 GOOD 느낌을, 해로운 물질에 대해서는 BAD 느낌을 가질 것이다.

앞에서 우리는 대표적 단세포 생물인 대장균을 알아보았다. 대장균이 과거의 생물이라고 하기는 어렵지만, 진화 초기 단세포 생물의 특징을 가졌을 것으로는 추정해 볼 수 있다. 이들의 행동도 아메바나 짚신벌레와 유사하다. 주화성이 있어, 먹이 쪽으로는 이동하고 해로운 물질로부터는 멀어진다. 이는 이들 역시 주관적 GOOD 또는 BAD를 느낀다는 것을 의미할 수 있다. 그러나 그 범위나 강도는 이후 더 진화된 생물이나 뇌를 가진 동물에 비해 매우 좁고 약할 수 있다.

그럼 식물들도 이런 주관성을 가질까? 해바라기를 생각해 보자. 과학자들에 의하면, 어린 해바라기는 24시간의 성장 주기를 가진다. 이에 따라 시곗바늘이 도는 것처럼 해를 따라다닌다. 즉, 낮에는 해바라기의 동쪽 부분이 더 자라나 자연스럽게 꽃이 서쪽을 향해 기울고, 밤 동안은 반대로 서쪽 부분이 더 자라 꽃이 동쪽을 향하게 해 일출을 맞을 준비를 한다. 연구자들에 의하면, 해바라기는 시간대에 따라 성장을 더 시키고 싶은 부분에 세포를 투입해 이 같은 결과를 만들어 낸다. 태양의 움직임을 따라가지 못하게 해바라기의 행동을 제약한 결과, 보통의 해바라기보다 잎 개수와 크기 등에서 약 10%의 성장 감소를 보였다. 다 자라서 이제는 해 쪽으로 방향을 틀기 어려운 해바라기는 꽃의 방향을 아예 동쪽으로 고정한다. 실험 결과 동쪽으로 향한 해바라기 꽃은 서쪽으로 향한 꽃보다 약 5배 많은 곤충을 불러 모았다.

우리가 식물이 아닌 이상 이들의 주관성을 추측하기는 어렵다. 그러나 해바라기 등의 식물에서 관찰되는 사실들을 보면, 동물보다 미약할 수 있지만 이들도 GOOD 또는 BAD의 주관성이 있음을 추측해 볼 수 있다. 해바라기는 빛을 최대한 받아 광합성 효율을 높임으로써 성장의 효율을 높인다. 즉, 자신에게 이로운 외부 태양 빛을 최대한 받기 위해 내부 세포들이 유기적으로 작동한다. 그 결과 성장이 커지면 복잡계 전체에 해당하는 해바라기가 GOOD을 느낄 수도 있다. 해바라기만큼 능동적이지는 않지만, 다른 식물들도 크게 다르지는 않을 것이다. 광합성을 충분히 할 수 있는 상황에서는 GOOD을 느낄 것이고, 생존에 불리한 상황에서는 BAD를 느낄 수 있다. 빛을 지향하는 것은, 거꾸로 이야기하면 어둠을 피하려는 것이다. 해바라기는 어둠을 피하고, 빛을 받으려 한다. 이는 먹이 쪽으로는 이동하고, 해로운 물질에서는 멀어지려는 대장균과 크게 다르지 않다. 이처럼 동물, 식물, 단세포 생물은 모두 GOOD과 BAD의 주관성을 가지고 있다고 추정해 볼 수 있다.

대장균이 어떤 행동을 하면 생존에 유리하다는 것을 알고, 먹이 쪽으로 이동하고 해로운 물질에서 멀어질까? 이는 객관적 외부의 결과적 시각이다. 대장균의 주관으로는 다르다. 먹이가 탐지되면

GOOD을 느끼고, 해로운 물질이 탐지되면 BAD를 느낀다. 그러므로 먹이 쪽으로는 이동하고, 해로운 물질에서는 멀어진다고 보는 것이 더 합리적이다. 즉, 대장균의 행동은 주관에 의해 결정된다.

이는 동물이나 사람과 별반 차이가 없다. 먹이를 먹을 즐거운 상상에 원숭이는 항아리에서 손을 빼지 못하며, 얼룩말은 사자의 울음소리에 공포를 느끼고 도주한다. 어떤 행동이 생존에 유리해서 하는 것이 아니라, GOOD을 늘리고 BAD를 줄이므로 본능적으로 하는 것이다. 이성을 가진 사람도 비슷하다. 사람들에게 행복은 매우 중요하며, 대부분의 행동은 행복을 늘리고 괴로움을 줄이려는 지향을 보인다. 그러나 사람들의 이런 행동이 꼭 생존에 유리한 것은 아니다. 사람들은 종종 단기간의 행복감을 늘릴 수 있지만, 장기간의 생존에 불리한 행동을 보인다.

이처럼 생물의 행동을 결정하는 것은 객관적 생존 가능성 증가가 아니라, 주관적 GOOD 또는 BAD임을 우리는 추정해 볼 수 있다. 이는 진핵생물을 넘어 세균과 고세균에도 적용될 수 있으며, 같은 방식으로 점점 더 과거의 생물에 적용하다 보면 결국 최초의 세포인 루카에 이르게 된다. 즉, 루카가 어떤 행동을 했다면 이 행동의 원인도 주관적 GOOD 또는 BAD일 수 있다.

이런 주관성은 어디서 왔을까? 우리는 앞에서 자연의 모든 변화가 자연 준칙에 의해 나타남을 알아보았다. 즉 환경 변화에 따른 자발적 대칭 깨짐이며, 이의 근본 원인은 자연의 엔트로피 원리였다. 그러므로 임계점에서 자발적 대칭 깨짐이 발생할 때마다 계 내부의 엔트로피는 감소할 수 있지만, 자연 전체의 엔트로피는 한층 더 증가한다. 복잡계 역시 이 원인과 과정을 통해 탄생한다.

예를 들어, 어떤 큰 건물에 불이 났다고 해 보자. 출구는 좁고 탈출하려는 사람들은 많다. 이때 서로 먼저 탈출하려고 몰리면 결국 뒤엉켜 적은 수의 사람만이 탈출할 수 있게 된다. 최대한 많은 사람이 탈출하려면 줄을 서서 질서 있게 통과해야 한다. 복잡계에서도 같다. 부분들의 조직화 및 질서화가 진행될수록 내부의 엔트로피는 감소할 수 있지만, 자연 전체의 엔트로피는 훨씬 더 적은 시간이나 공간을 들여, 즉 훨씬 더 효율적으로 증가할 수 있다.

앞에서 우리는 60개의 탄소로 구성된 풀러렌도 알아보았다. 부분인 각 탄소 원자들이 서로 힘을 주고받으며 상호작용하지만, 그 정보는 내부에서만 공유된다. 즉, 외부와 상호작용하지 않는다. 이런 이유로 전체인 풀러렌은 결맞음 중첩 상태를 유지한다. 어느 순간 외부와 상호작용하며 대칭 깨짐에 의해 전체인 풀러렌이 결어긋남으로 이행한다. 복잡계에도 이와 유사한 측면이 있다. 임계점을 넘어서고 대칭이 깨지며 새로운 변화가 발생한다.

복잡계로 추정되는 루카를 생각해 보자. 루카는 주로 유기물 분자들로 구성되어 있다. 복잡계의 부분을 이루는 이 유기물 분자들은 서로 힘을 주고받으며 끊임없이 역동적 상호작용한다. 당과 염기 그리고 인산기들로 구성된 뉴클레오타이드 분자들이 상호작용하며, 아미노산 입자들로 구성된 펩타이드 분자들이 상호작용한다. 뉴클레오타이드 분자들과 펩타이드 분자들이 상호작용할 수도 있다.

무수히 반복되는 이런 상호작용의 결과, 내부는 점점 더 조직화 및 질서화되고, 전기적, 화학적 신호는 점점 더 동조화된다. 즉, 정보가 내부 공유된다. 이 시스템은 외부와 구별되므로 외부 물질 접촉 시 유입된, 이질적인 전기적 화학적 신호에 한 몸처럼 공동 반응한다. 외부 물질의 전기적 신호가 내부와 유사하거나 정합성을 가진 경우 시스템은 이 물질을 허용하여 내부로 끌어들이며, 유입된 외부 물질은 새로운 내부 구성 물질이 되거나 에너지원으로 사용된다. 외부 물질의 전기적 신호가 내부와 어긋나거나 정합성이 없는 경우, 시스템은 이 외부 물질을 배척하고 멀리한다.

이처럼 루카는 자신과 동조화할 수 있는 외부 물질은 받아들이고, 그렇지 않은 물질은 배척한다. 즉, 선택성을 가진다. 이는 반대 전하를 선택하고 같은 전하를 배척하여 좀 더 온전해지려는 전자기력의 선택성을 닮아 있다. 우리는 이들의 이런 선택성이 자연의 '효율 지향 힘'으로부터, 더 근본적으로는 '엔트로피 원리'로부터 비롯된다고 생각해 볼 수 있다.

우리가 앞에서 알아보았듯이, 전자기력이나 강력 등의 '효율 지향 힘'은, 빅뱅 이전부터 존재했을 자연의 '엔트로피 원리'에 의해 출현하였다. 전자기력이나 강력의 적용 대상이 되는 에너지 덩어리들은 마치 명동 거리에 출현한 특급 연예인과 같다. 이 사람 주변으로 팬들이 몰리며, 관심 없는 다수의 이동을 방해한다. 지역마다 이런 사람들이 출현한다면 도시 전체가 마비될 것이다. 이를 해결할 방법이 있다. 도시의 특정 지역에 이 연예인들만 모여 살게 하는 것이다. 그러면 그 지역 교통은 더 나빠지겠지만 다른 지역의 교통은 더 좋아질 것이며, 도시 전체의 평균적 교통도 더 나아진다. 도시마다 연예인 특별 거주지역이 만들어진다. 그래도 나라 전체로는 불만이다. 여전히 도시마다 교통지옥 지역이 존재한다. 같은 방법을 다시 사용하면 된다. 지정된 마을 하나를 만들어 전국 유명 연예인들을 모두 이곳에 살게 하면 된다. 이 마을의 교통은 지옥이 되겠지만, 이외의 모든 도

시나 지역에서는 제한 없이 이동할 수 있다.

특급 연예인들은 향후 그 도시의 연예인 특별 거주지역으로 이주될 대상이다. 이 사람의 행정 서류에는 이 내용이 기록될 것이다. 이 비유에 해당하는 에너지 덩어리도 같다. 다른 에너지 덩어리들의 확률적 분포를 만족하려는 자유로운 이동을 방해한다. 그러므로 이 에너지 덩어리는 특별 거주지역으로 이주될 연예인과 같다. 특급 연예인의 서류에 그 내용이 기록되듯이, 이 에너지 덩어리에는 힉스장에 의한 질량의 부여가 나타난다. 그렇다면 이 드넓은 우주에서 질량을 가진 모든 입자는 에너지 세계의 특급 연예인에 해당한다.

연예인들이 특별 거주지역에 모여 살듯, 질량을 가진 입자들에는 이들끼리 모이려는 성질이 부여된다. 즉, 전자기력이나 강력 등의 4 힘을 포함하는 '효율 지향 힘'이다. 이 힘은 빅뱅 이전부터 존재했을 '엔트로피 원리'로부터 파생된다. 즉, 타 에너지 덩어리의 확률적 분포를 방해하는 에너지 덩어리의 출현 시, 힉스장의 발현 확률이 급증한다. 이로 인해 우주 전체의 엔트로피는 한층 더 증가한다.

이는 자동차의 타이어에 비유될 수 있다. 타이어의 성질은 대체로 늘 같다. 그러나 도로 상황에 따라 발현되는 양상이 다르다. 아스팔트 길에서는 편안한 승차감을 제공하지만, 모래가 많은 길에서는 푹푹 꺼지는 승차감을 보이며, 자갈길에서는 울퉁불퉁한 승차감이 느껴진다. 즉, 본래의 성질은 같지만 적용되는 대상이나 상황에 따라 각각 다른 양상을 보인다.

자연의 원리도 같다. 앞에서 우리는 빅뱅 이전부터 확률적 분포를 만족하려는 성질, 즉 '엔트로피 원리'가 존재했을 것으로 추정해 보았다. 자동차의 타이어처럼 이 원리의 근본 성질은 늘 같으나, 적용되는 대상이나 상황에 따라 발현 양상은 달라진다. 빅뱅 이전 11차원 이상의 스칼라에 초기에너지가 가해지며 우주가 시작된다. 이 변화된 상황에 맞게 '엔트로피 원리'는 파생 양상을 보이며, 우주 4 힘 등의 '효율 지향 힘'과 '엔트로피 증가 지향성'이 출현한다. 흐르는 시공간에서 이 둘은 서로 구분, 대립, 균형, 조화의 관계를 보인다. '엔트로피 원리'는 그 본래 모습을 유지하며 '확률 원리'로도 존재한다. 즉, 빅뱅 이전의 '엔트로피 원리'는 빅뱅 이후의 우주에서 이 3가지의 모습으로 존재한다.

특급 연예인들처럼, 질량을 가진 입자들에는 시공간 흐름에 따라 이들끼리 모이려는 성질이 부여되며 이의 작용은 주로 우주 4 힘으로 매개된다. 이에 따라 쿼크들이 모여 양성자, 중성자, 원자핵을 만들고 전하를 가진 입자들이 같은 전하를 밀어내고 반대 전하와 결합하며 덩치를 키운다. 그 결과 원자가 탄생하며, 원자들이 다시 결합하여 분자로, 분자들이 다시 결합하며 물질을 만든다. 이 과정은 우주 공간에서도 발생하며, 우주 먼지들이 모여 별과 행성 그리고 은하를 이룬다. 그 결과 특급 연예인의 마을처럼, 각 시스템 내부의 엔트로피는 감소할 수 있지만 외부의 엔트로피는 그 이상으로 증가하고, 결국 우주의 총 엔트로피는 더 효율적으로 증가하게 된다.

우주는 무수한 대칭 깨짐에 따라 변화해 나가며, 대체로 하나의 대칭 깨짐 결과로 우주 엔트로피는 한 단계 더 효율적으로 증가한다. 이 '효율'이란 말은 가능한 최소의 시간, 공간, 노력, 돈을 들여서 최대의 효과를 낸다는 우리 일상의 용어와 별반 다르지 않다.

앞에서 우리는 복잡계의 스케일링을 알아보았으며, 이는 엔트로피 효율성의 한 예가 될 수 있다. 동물의 몸무게가 2배로 늘어날 때 대사율은 2배가 아니라 1.75배 증가한다. 즉, 몸무게가 2배 커질 때마다 에너지는 25%씩 절약된다. 이는 거의 모든 생물에 적용된다. 즉, 몸무게가 2배인 생물 종은 원래의 종보다 25% 더 효율적이다. 생물은 보통 조직화 및 질서화하며 내부의 엔트로피를 감소시킨다. 반면 그 활동으로 인해 외부의 엔트로피는 그 이상으로 증가시킨다. 그 결과 자신과 주변을 합한 자연의 총 엔트로피는 증가한다.

그러므로 대체로 몸무게가 클수록 그 종의 효율성은 증가한다. 즉, 더 작은 에너지로 더 큰 활동을 할 수 있으며 주변의 총 엔트로피를 더 많이 증가시킬 수 있다. 큰 덩치로 인해 효율성이 증가한 종은 진화의 자연 선택에 있어 더 유리하다. 즉, 자연 선택될 가능성이 커진다. 따라서 세월이 흐르며 점점 더 덩치가 큰 생물이 출현한다. 이런 자연 선택의 결과 우주의 총 엔트로피는 한층 더 효율적으로 증가할 수 있다. 이는 원자나 분자, 그리고 물질세계에서와 같다. 즉, 서로 모여 만들어진 시스템 내부의 엔트로피는 감소할 수 있지만 외부의 엔트로피는 그 이상으로 증가한다.

또 다른 예로 '규모의 경제'를 들 수 있다. 작은 규모 가내수공업의 경우 한 사람이 여러 일을 해야 한다. 이는 효율적이지 못하다. 규모를 키우고 다수의 사람이 모여 분업하는 것이 더 효율적이다. 이는 같은 시간, 공간, 에너지, 노력, 돈을 들여 더 많은 제품을 생산할 수 있음을 의미한다. 이런 방식 등으로 효율성을 높인 사업은 대체로 더 경쟁력이 있다. 제품 불량률이 낮을수록 벌 수 있는 돈은 늘어난다. 그러므로 점차 내부의 조직화 및 질서화가 진행되어 사람들의 실수와 불량 제품이 감소한다. 이는 내부 무질서 정도의 감소, 즉 엔트로피의 감소를 의미한다.

사업이 번창할수록 사업장 내부의 엔트로피는 감소할 수 있지만, 외부의 엔트로피는 증가한다. 사람들은 제품 원료를 채취하기 위해 자연을 파헤친다. 이는 자연환경의 엔트로피 증가로 이어진다. 더 많은 제품을 만들수록 이는 더 심해진다. 분업으로 더 싸고 좋아진 제품이 더 많이 팔린다. 이를 구매한 더 많은 사람이 실생활에 제품을 사용한다. 일례로, 더 많이 팔린 샴푸는 더 많은 물 사용을 야기하고, 이는 생활환경의 엔트로피 증가로 이어진다. 즉, 제품이 많이 팔릴수록 자연환경과 생활환경의 엔트로피는 더 증가한다. 이처럼 '규모의 경제' 분업 시스템 내부의 엔트로피는 감소할 수 있지만, 외부의 엔트로피는 그 이상으로 증가한다. 이는 원자, 분자, 물질세계, 그리고 복잡계인 생명체의 진화에서와 같다. 이처럼 빅뱅 이후 모든 대상의 변화는, 시스템 내부의 엔트로피는 감소할 수 있지만 전체 우주의 엔트로피는 증가하는 방향으로 진행된다.

앞에서 우리는 우주의 모든 변화가 자연 준칙에 의해 진행되며, 그 결과 '새로운 무엇'과 그 '무엇의 성질'이 출현함을 추정해 보았다. '새로운 무엇'은 주로 엔트로피 원리에 의한 초기에너지의 변화로부터 비롯되며, '무엇의 성질'은 주로 엔트로피 원리로부터 비롯되어 대상들 사이의 관계를 규정한다고 볼 수 있다.

빅뱅 초기, 힉스장 관련 자발적 대칭 깨짐으로 에너지 덩어리들에 변화가 발생하며 '새로운 무엇'에 해당하는 '질량'과 '무엇의 성질'에 해당하는 '중력'이 발현한다. 이 힘은 질량을 가진 입자들 사이의 관계를 규정한다. 그 결과 인력의 상호작용을 보인다.

결맞음에서 결어긋남으로의 양자역학적 변화도 같다. 상호작용에 따른 자발적 대칭 깨짐의 결과, '새로운 무엇'에 해당하는 '입자성'과

'무엇의 성질'에 해당하는 '전자기적 인과관계'가 발현한다.

　시공간 흐름에 따라 점차 식으며 우주 온도가 100도에 도달한다. 이 새로운 환경에 의한 자발적 대칭 깨짐으로 물 분자들이 변화한다. '새로운 무엇'에 해당하는 '액체 상태'와, '무엇의 성질'에 해당하는 '액체인 물의 성질'이 나타난다. 이 '액체인 물의 성질'은 우리가 손으로 만져 보고, 마셔 보고 하며 알 수 있다. 이는 물과 우리 피부 신경세포 사이의 전자기적 상호작용을 의미한다.

　여러 입자나 부분들이 모인 집합체에서도 같다. 이들의 상호작용이 임계점을 넘고 대칭 깨짐이 발생하며 복잡계가 시작된다. 이에 따라 '새로운 무엇'에 해당하는 '창발(emergence)의 결과물'과, '무엇의 성질'에 해당하는 '여러 가지 특징'이 나타난다. '창발'은 어떤 계가 단순한 집합체인지, 복잡계인지를 구분하는 기준이 될 수 있다.

　주로 유기물들로 이루어진 복잡계로서 출현한 생명체에서도 같다. 부분들의 상호작용이 임계점을 넘으며 대칭 깨짐이 발생한다. 이에 따른 창발의 결과 '새로운 무엇'에 해당하는 '주관성(subjectivity)'과, '무엇의 성질'에 해당하는 '제5의 힘'이 나타난다고 볼 수 있다. 이로써 지금까지 없던 최초의 주관이 우주에 출현한다. 이 최초의 주관을 가진 복잡계를 우리는 '최초 생명체'로 생각해 볼 수 있다. 과학자들은 모든 생명체의 조상인 최초 세포를 '루카'라고 부른다. 그렇다면, 최초의 주관을 가진 이 '최초의 생명체'는 루카일 수도, 아니면 그 이전의 어떤 존재일 수도 있다.

　'제5의 힘'이 출현하기 전 우주는 중력, 강력, 약력, 전자기력의 효율 지향 4 힘과 엔트로피 증가 지향성에 따른 힘들의 대립과 균형 그리고 조화로 진행되었고, 입자나 물질들은 이 결과에 따라 이동하거나 변화하였다. 그러나 '제5의 힘'은 다르다. 이전의 이런 힘들에 저항하고 이를 극복할 수 있는 새로운 힘이다.

'최초의 생명체'는 부분들의 조직화 및 질서화의 상호작용이 임계점을 넘어서며 탄생한다. 그 결과 기존 힘들을 극복하는 힘이 출현한다. 예를 들어보자. 열수구 인근 '최초 생명체'는 내부 유기물 분자들의 상호작용으로 몸 표면의 끈적임이 증가하며 주변 바위 표면에 붙을 수 있다. 그 결과 해류의 흐름에 저항할 수 있으며, 열수구로부터 더 많은 에너지를 얻을 수 있다. 이는 바위 표면에 붙을 수 없는 보통의 유기물 덩어리와는 다른 결과로 이어진다. 즉, 내부 구조를 더 오래 유지할 수 있게 된다.

바람에 따라 이리저리 움직이는 먼지는 바람을 느낄 수 있을까? 아마 어려울 것이다. 바람의 힘에 따라 이동하므로 바람의 존재를 알 수도 없고, 자신이 바람 속에 있다는 것도 모를 것이다. 이를 알려면 바람에 저항할 수 있어야 한다. 그때야 비로소 바람의 존재와 그 세기를 알 수 있다. 그러므로 언덕에 서 있는 나무는 바람의 존재와 세기를 알 수 있다. '최초의 주관성'에서도 같다.

열수구 주변 바위에 달라붙은 '최초 생명체'는 이제 해류의 존재와 세기를 느낄 수 있다. 많은 다양성과 자연 선택이 진행되며 조금 더 발전된 형태의 '최초 생명체'가 출현한다. 열수구로부터 멀어지는 해류에서는 몸 표면의 끈적임이 증가하며 인근의 바위 표면에 달라붙는다. 반대로 열수구 쪽으로의 해류에서는 몸 표면의 끈적임이 감소하며 바위를 떠나 해류를 타고 열수구 쪽으로 이동한다.

어린 해바라기는 태양의 움직임에 따라 자신도 움직인다. 그 결과 잎 개수와 크기에서 약 10% 더 성장한다. 해류에 따른 '최초 생명체'

의 몸 표면 끈적임의 변화는 이 해바라기와 근본적으로 같다. 두 경우 모두 자신에게 도움이 되는 환경으로 자신을 변화시킨다. 그 결과 더 많은 에너지나 성장으로 이어진다.

이는 작지만 매우 중요한 사건이다. 사상 최초로 복잡계 시스템의 일종인 유기물 덩어리에, 기존 힘들에 저항하고 향후 이를 극복할 수 있는 힘, 즉 '제5의 힘'이 출현한 것이다. 그 결과 외부 획득 에너지가 증가하고, 이는 내부의 조직화 및 질서화를 더 증대시킨다. 이 중요한 사건이 꼭 이 예처럼 발생했다고 할 수는 없다. 그러나 대체로 이와 유사한 형태로 시작되었다고 추정해 볼 수 있다. 이 최초의 수동적 저항의 힘은, 이후 수많은 다양성과 자연 선택의 과정을 거쳐 능동적 극복의 힘으로 발전한다. 그 결과 연어는 강물을 거슬러 상류로 이동할 수 있게 된다.

이 '제5의 힘'은 이전에 없던 새로운 힘이다. 이 힘의 출현으로 인해 이제 '최초 생명체'는 기존의 힘들에 저항하여 자신의 행동을 할 수 있다. 그 결과로 계 내부의 엔트로피는 감소할 수 있지만 외부의 엔트로피는 그 이상으로 증가하고, 우주 엔트로피 증가의 효율성은 한 단계 더 높아진다. 이는 이 힘이 중력, 강력, 약력, 전자기력에 이은 새로운 효율 지향 힘임을 의미한다. 4 힘이 빅뱅 초기 출현하여 입자나 물질들에서 작용했다면, '제5의 힘'은 수많은 세월이 흐른 후에 출현하여 복잡계인 '최초의 생명체'에서 작용한다. 이런 효율 지향 힘들은 모두 자연의 '엔트로피 원리'로부터 비롯된다.

빅뱅으로부터 시작되어 흐르는 시공간에, 근원인 '엔트로피 원리'의 작용에 따라 자연 준칙이 진행된다. 오랜 세월이 흐른 후 출현한 복잡계인 '최초 생명체'에 자발적 대칭 깨짐이 발생하며 '제5의 힘'과 '최초 주관성'이 나타난다. 이 '최초 주관성'과 '제5의 힘'은 동전의 양면처럼 서로 떼어낼 수 없다. 열수구 주변 바위로 돌아가 보자.

'최초 생명체'는 인근 바위에 달라붙어, 열수구로부터 멀어지게 하는 해류에 저항한다. 이는 계를 이루는 부분들의 유기적 상호작용 동조화가 임계점을 넘어서며 전체인 계에 출현하는 '제5의 힘' 덕분이다. '최초 주관성'은 이 '제5의 힘'과 함께 시작된다. 해류에 대한 저항에 성공하여 열수구로부터 더 많은 에너지를 얻게 되며 '최초 생명체'는 GOOD을 느낄 수 있다. 반대로 실패하여 열수구로부터 멀어지며 BAD를 느낄 수 있다. 이로써 객관만이 존재하던 우주에 최초의 주관이 시작된다.

우리는 다양한 생명체를 관찰하여 이들이 자신에게 GOOD을 주는 상황은 반복하려 하고, BAD를 주는 상황은 피하려 행동함을 알고 있다. 이는 모든 생명체에 적용된다. 따라서 우리는 이 행동이 루카에서도, 더 나아가 주관성을 가진 '최초 생명체'에서도 같을 것으로 추정해 볼 수 있다. 개체들은 단지 이 내적 주관성에 따라 행동할 뿐이다. 대체로 개체에서는 진화가 일어나지 않는다. 다양한 후손 중 더 환경에 적합하거나 효율성이 개선된 개체가 자연 선택된다. 이 개체의 특성을 공유한 후손들에 의해 그 종이 번성한다.

초기 지구의 바다에 이 '최초 생명체'의 후보가 될 수 있는 복잡계 유기물 덩어리들이 다수 존재했을 수 있다. 이들 중 만약 BAD를 주는 상황은 반복하려 하고, GOOD을 주는 상황은 중단하려 하는 후보가 있다면 이들은 얼마 후 사라진다. 이들의 반복된 행동으로 내부 효율성이 저하되고 에너지가 고갈되기 때문이다. 이는 이 후보 복잡계가 해체될 수 있음을 의미한다. 후보가 해체되어 유기물 분자들로 분해되고 떠돌고, 이는 다시 '최초 생명체'에 포획되어 이의 일부가 되거나 에너지원으로 사용될 수 있다.

'최초 생명체'는 자신에게 이로운 외부에 GOOD을 느끼고 해로운 외부에 BAD를 느끼는 것으로 추정된다. 이는 왜 그럴까? 이로운 외부의 물질이나 환경은 계 내부의 조직화, 질서화, 동조화의 효율성을 증가시킨다. 효율성이 증가한 계는, 생물의 몸무게나 규모의 경제에서처럼 자신의 엔트로피는 감소할 수 있지만 주변의 엔트로피는 한층 더 증가시킨다. 이는 빅뱅 이전부터의 '엔트로피 원리'에 부합한다. 즉, 외부 물질이나 환경과의 상호작용으로 인해 자연의 엔트로피 원리가 실현될 때 이들에 GOOD이 나타나고, 이에 역행할 때 BAD가 나타난다고 우리는 생각해 볼 수 있다.

우리는 앞에서 자연 준칙에 의해 출현한 모든 대상이 그 이전의 단계에 잠재되어 있었음을 추론해 보았다. 우리의 추론이 옳다면 '최초 생명체'에 자발적 대칭 깨짐에 의해 출현한 '최초 주관성'은, 그 이전 단계인 유기물 등의 분자들에 잠재되어 있었다고 볼 수 있다. 일례로, 전자기 상호작용의 ⊕전하는, 같은 ⊕전하에 잠재적 BAD, ⊖전하에 잠재적 GOOD을 가진다고 추정해 볼 수 있다. 같은 ⊕전하는 자신의 결함을 채워 주지 못하지만 ⊖전하는 이를 채워 주며, 그 결과 자연의 엔트로피가 효율적으로 증가할 수 있기 때문이다.

그렇다고 해서, 빅뱅 초기 물질 반물질의 반응이나 지금 연구실에서 시행되는 화학실험의 물질들이 그 반응의 결과로 GOOD 또는 BAD를 가지는 것은 아니다. 쿼크, 원자, 분자, 물질 등은 아직 복잡계가 아니다. 그러므로 이들에는 주관성이 없다고 보는 것이 타당할 수 있다. 이들은 단지 향후 주관성으로 발현될 수 있는 씨앗을 가지고 있을 뿐이다. 이 씨앗은 생명체라는 복잡계가 탄생한 이후에나 싹트게 된다.

이들의 잠재적 GOOD과 BAD는 다시 그 이전 단계에 잠재되어 있으며, 계속 거슬러 올라가다 보면 결국 '엔트로피 원리'에 귀결된다. 즉, '최초 생명체' 주관성의 뿌리는 결국 빅뱅 이전부터의 '엔트로피 원리'라고 볼 수 있다. 즉 '엔트로피 원리'가 존재했을, 빅뱅 이전 우주 11차원의 스칼라에 초기에너지가 가해지며 잠재된 주관성의 씨앗이 시작되었고, 먼 훗날 생명체 복잡계 탄생과 함께 필연적으로 발현한 것이라고 볼 수 있다.

이제 최초 생명체 '주관성'의 기원을 정리해 보자. 생명 복잡계에 출현한 주관성의 씨앗은 입자나 물질들의 상호작용에 '잠재'되어 있었다. 이를 계속 거슬러 올라가면 결국 빅뱅 이전의 '엔트로피 원리'에 도달함을 추정해 볼 수 있었다. 즉, 물질에 잠재된 주관성과 생명체에 발현된 주관성은 모두 자연의 엔트로피 원리로부터 비롯되었다고 할 수 있다. 이런 주관성의 결과로 자연의 엔트로피는 더 효율적으로 증가할 수 있고, 이에 따라 우주의 확률에 따른 분포는 더 빠르고 효율적으로 진행된다. 즉, 엔트로피 원리가 실현된다.

이 추정은 상당한 의미가 있다. 사람은 마음이나 자아 등의 주관성을 가진다. 그래서 자신이 속한 종인 인류를 특별히 여긴다. 그러나 이 추정에 의하면 인류는 그리 특별한 존재가 아닐 수 있다. 인류가 훨씬 더 명확하고 다양하며 앞선 주관성을 가진 것은 사실이나, 다른 생명체도 상당한 주관성을 가지고 있으며, 심지어 원자나 분자 등의 물질도 잠재적 주관성을 가졌을 수 있기 때문이다.

이 추정이 옳다면 자연의 모든 변화, 생명체의 행동, 사람의 행동,

마음의 변화, 사회의 변화 등 우주 모든 변화에는 주관성이 깃들어 있다. 모두 자연의 엔트로피 원리로부터 비롯되어, 이를 실현하는 방향으로 진행되기 때문이다.

빛은 무작위로 이동하지 않는다. 작용(action)을 최소화하는 경로로 움직인다. 이를 양자역학의 확률 수식으로 계산해도 같은 결과를 보인다. 즉, 빛이 직진하는 확률이 압도적으로 높다. 그러므로 빛은 직진한다. 이는 빛의 행동을 결정하는 것이 확률임을 의미한다. 즉, 빛은 확률분포를 만족하려는 자연의 지향성인 '엔트로피 원리'가 잠재된 자신의 '주관성'에 따라 움직인다.

이는 물방울에서도 같다. 물방울은 무작위의 모양을 하지 않으며, 특별한 외력이 없는 한 둥근 모양을 보인다. 이는 액체 표면이 스스로 수축하여 되도록 작은 면적을 취하려는 힘인 표면장력 때문이다. 이들은 스스로 점유하는 공간을 최소화하려 한다. 우리는 앞에서 자연의 효율 지향성으로 인해 둥근 모양 물방울의 확률이 압도적으로 높을 수 있음을 생각해 보았다. 그러므로 물방울은 둥근 모양을 보인다. 이는 물방울의 모양을 결정하는 것도 확률임을 의미한다. 즉, 물방울의 모양은 확률분포를 만족하려는 자연의 지향성인 '엔트로피 원리'가 잠재된 자신의 '주관성'에 따라 결정된다.

이처럼 자연의 모든 대상에는 엔트로피 원리에서 비롯된 잠재된 주관성이 깃들어 있으며, 이들의 시간에 따른 변화인 '움직임'이나, 공간에 따른 변화인 '모양' 등도 이 잠재된 주관성에 의해 결정된다. 그러므로 바람에 따라 흔들리는 나뭇잎이나, 햇빛에 반짝이는 강물 등 자연의 모든 현상은 결코 무작위적이지 않다. 우리가 그렇게 느낄 뿐이다. 우리의 추정이 옳다면, 이들에게는 모두 자연의 엔트로피 원리에서 비롯되어 잠재된 주관성이 깃들어 있으며, 이들의 변화는 모두 이 잠재된 주관성에 따라 결정된다고 볼 수 있다.

이제 다시 '최초의 생명체'로 돌아가 보자. 부분들 상호작용의 동조화가 임계점을 넘어서며 전체인 계에 '최초 주관성'이 출현한다. 이는 자연의 엔트로피 원리로부터 비롯되어 물질에 잠재된 주관성이, 주로 유기물 분자로 이루어진 복잡계인 생명체의 탄생에 따라 발현되어 '제5의 힘'과 함께 시작된다. 이는 자신에 이로운 외부 물질이나 환경에는 GOOD, 해로운 물질이나 환경에는 BAD의 대칭성을 가진다. 이 대칭성은 '제5의 힘'에 따라 GOOD은 받아들이고 BAD는 배척하는 선택성으로 이어진다.

'최초의 생명체'에서 시작된 '주관성'은 이후 후손인 대장균, 꿀벌, 고양이, 사람 등 모든 생명체 본성의 근원이 된다. 즉, 모든 생명체의 '본성'은 '최초의 생명체'에서 시작된 '주관성'으로부터 비롯된다. 이 최초의 생명체를 CAOS(Common Ancestor of Subjectivity)로 부르는 것이 어떨까? 이후 모든 생명체 본성의 조상이기 때문이다. CAOS는 루카일 수도, 또는 그 이전의 어떤 존재일 수도 있다.

앞에서 우리는 뉴런들의 특정 신경망 패턴이 어떤 마음의 상태와 같음을 알아보았다. 예를 들어 기쁨을 느낄 때 A 패턴, 슬픔을 느낄 때 B 패턴일 수 있다. 이는 CAOS에서도 같다고 볼 수 있다. CAOS를 구성하는 유기물 분자들의 전기적, 화학적 상호작용에 따라 어떤 네트워크 패턴이 만들어진다. 그 결과 어떤 동조화가 발생하고, 제5의 힘에 따라 효율성이 증가하면 GOOD, 반대이면 BAD를 느낄 수 있다. 즉, 유기물들의 특정 네트워크 패턴이 복잡계의 창발 현상에 의해 전체인 계에 특정 주관성으로서 나타난다.

창발 현상은 이후 수많은 다양성과 자연 선택을 거친 후손들에게 더 다양하며 정교하게 나타나고, CAOS의 매우 미미할 수 있는 GOOD이나 BAD의 주관적 인지는 더 강하고 명확하며 풍부해진다. 수많은 진화의 결과 뇌가 출현하며 비로소, 신경망 패턴이라는 매우 전문적이고 분업화된 방법으로 외부를 인지하는 주관성이 나타난다. 이제는 GOOD이 하나가 아니다. 다양한 강도와 느낌의 GOOD들로 분화한다. 이는 BAD도 마찬가지이다. 즉, 다양한 종류의 GOOD들과 BAD들로 이루어진 주관성이다. 이는 파충류, 포유류, 영장류로 진화하며 더 다양하고 풍부하며 명확해진다. 그 결과로 우리는 도로 운전 중 앞의 빨간색 자동차를 인지할 수 있으며, 그 순간 우리의 뇌는 그에 해당하는 특정 신경망 패턴의 활성화를 보인다.

CAOS의
출현

　이처럼 CAOS는 '제5의 힘'과 '주관성'을 가진 최초의 생명체이다. 그럼 화학적 진화의 어느 단계가 CAOS일까? 우리는 CAOS가 출현하려면 먼저 주로 유기물 분자들로 이루어진 복잡계가 전제되어야 함을 알아보았다. 즉, 내부 부분들의 상호작용이 임계점을 넘고 그 결과 외부의 전자기력이나 중력 등의 효율 지향 힘에 저항하거나 이를 극복할 수 있는 제5의 힘이 나타나야 한다. 이러한 복잡계의 출현을 기준으로 우리는 이 의문에 대해 추론해 볼 수 있다.

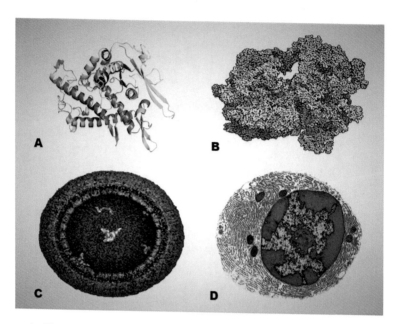

[그림 25] A는 폴리뉴클레오타이드, B는 RNP(Ribonucleoprotein), C는 Protocell, D는 LUCA를 표현한다. 이들은 모두 CAOS의 후보가 될 수 있다.

위 [그림 25]는 CAOS의 후보가 될 수 있는 초기 지구의 유기물들을 표현하고 있다. A는 뉴클레오타이드 블록들이 연결된 폴리뉴클레오타이드이다. B는 RNP(Ribonucleoprotein)를 표현하고 있으며, 이는 이후 생명체의 리보솜(ribosome)을 닮아 있다. C는 Protocell을 표현하고 있으며, 이는 이후 생명체의 리포솜(liposome)을 닮아 있다. D는 모든 세포의 조상인 LUCA를 표현한다. 이들 중 CAOS의 가장 유력한 후보는 무엇일까?

폴리뉴클레오타이드는 당과 염기 그리고 인산기로 이루어진 단위 체인 뉴클레오타이드 블록들이 인산기를 매개로 연결된 구조를 하고 있다. 하나의 뉴클레오타이드는 당, 염기, 인산기의 3개 분자, 약 40개 원자로 구성되어 있다. 이들이 오백 개 모인 폴리뉴클레오타이드라고 할 때, 이는 약 천오백 개의 분자, 약 이만 개의 원자로 구성된다. 이들의 상호작용으로 복잡계가 출현할 수 있을까?

이를 추측하기는 매우 어렵다. 그런데 다른 단서가 있다. 우리는 생명체의 대부분 기능이나 작용이 단백질을 통해 이루어짐을 알고 있다. 이것이 옳다면 CAOS 구성 구조물에는 단백질이 있어야 한다. 그래야 열수구 인근 바위에 달라붙을 수 있다. 폴리뉴클레오타이드에서 복잡계 출현이 가능한지 우리가 알기는 어렵다. 그러나 단백질이 없다면 제5의 힘 출현 가능성은 미미하다. 그렇다면 폴리뉴클레오타이드가 CAOS일 가능성은 그리 크지 않다고 볼 수 있다.

RNP(Ribonucleoprotein)는 RNA와 단백질의 복합체를 의미한다. 이는 초기 지구의 열수구 인근 바다에 존재했을 폴리뉴클레오타이드로부터 비롯된다. 이들의 전자기적 결합 경향성으로 인해 주변의 아미노산들이 달라붙고, RNA의 촉매 역할로 인해 이 아미노산들이 결합하며 단백질이 되었을 수 있다. 시간이 흐르며 단백질의 비율이 늘어나고 덩치가 커지며 RNP가 만들어진다.

생명체의 세포소기관 중 이와 가장 유사한 것이 리보솜(ribosome)이다. 리보솜은 아미노산들을 연결하여 단백질을 만들며, 약 65%의 리보솜 RNA와 35%의 리보솜 단백질로 구성된다. RNP는 대체로 폴리뉴클레오타이드보다 상당히 더 많은 분자로 이루어졌을 것으로 여겨진다. 이는 이들에서의 복잡계 출현 가능성을 높인다. 더 중요한 점은 이들이 단백질을 가지고 있다는 것이다. 이는 '제5의 힘' 출현 가능성을 크게 높일 수 있다. 그렇다면 RNP는 CAOS의 가장 유력한 후보일 수 있다.

Protocell은 루카 이전의 원시적 세포를 의미한다. 이는 [그림 23] 처럼 인지질 이중층으로 둘러싸인 구 형태의 외부를 보이며 내부에 RNP가 존재할 수도 있다. 그렇지 않더라도 내부에 RNA 가닥들, 핵산 조각들, 아미노산이나 작은 단백질 덩어리들, 당이나 지질 성분들, 무기물, 금속 성분 등이 존재할 수 있다. 이는 이후 생명체의 세포소기관인 리포솜(liposome)을 닮아 있다.

다양한 내부의 구조물들로 인해 이들은 이전의 RNP보다 훨씬 더 복잡하게 상호작용한다. 외부와 확실히 구분된 경계를 가지고 매우 큰 내부 상호작용을 보이므로, 이들이 '제5의 힘'과 '주관성'을 가진 복잡계일 가능성은 매우 크다. 즉, 주관성의 측면으로 볼 때 이들은 이미 생명체일 수 있다. 그렇다면 이들은 이미 CAOS의 다음 단계이며, 이들이 CAOS일 가능성은 그리 크지 않다고 할 수 있다.

우리는 앞에서 RNA 염기들의 상보적 결합 경향성으로 인해 길고 짧은 RNA 가닥들이 자기 복제될 수 있음을 알아보았다. 즉, 뉴클레오타이드 블록 수 개 이상으로 이루어진 가닥부터는 언제든 부분적 자기 복제가 가능했다고 볼 수 있다. Protocell은 외부로부터 구분되는 안전한 공간에 서로 동조화된 내부 구조물들을 가지고 있다. 긴 RNA 가닥이라 해도 내부 구조물 중 하나일 뿐이다. 이는 가닥 전체의 자기 복제가 가능한 환경일 수 있다. 즉, 안전한 내부에서 전체 유전자 복제가 가능했을 수 있다. 인지질 이중층으로 인해, 복제된 유전자의 외부 유실은 거의 발생하지 않는다.

LUCA는 모든 생명체의 조상인 최초의 세포를 의미한다. 생물학자들에 의하면 이는 이미 최소 355개 유전자를 가지고 있는 호열성 독립 영양체로, 에너지를 사용하고 물질 대사한다. 이는 LUCA가 이미 상당히 진행된 생명체라는 것을 의미한다. 그렇다면 LUCA는 CAOS의 먼 후손일 수 있으며, 최초 주관성이라는 측면으로 볼 때, LUCA가 CAOS일 가능성은 매우 미미하다고 할 수 있다.

유전자들의 의미 있는 자기 복제가 Protocell에서부터 가능했다면, LUCA에서는 처음으로 세포분열이 발생했을 수 있다. 이는 마치 원핵생물의 이분법(binary fission)과 같은 방식일 수 있다. 내부에 복제된 유전자를 충분히 가지고 있고, 외부로부터 필요한 유기물과 에너지를 충분히 획득할 수 있으며, 세포의 크기가 커질수록 인지질 이중층의 막이 불안정해지기 때문이다.

CAOS는 모든 주관성의 조상, 또는 주관성을 가진 최초의 유기물 복잡계를 의미하며, 이의 유력한 후보는 RNP이다. 그런데 RNP의 후손이 Protocell이고, 또 이의 후손이 LUCA일까? 상상해 보자. 원시의 바다에 주관성을 가진 많은 RNP나 Protocell이 존재했을 수 있다. 이들은 무수히 만들어지고 파괴되었을 것이며, 아직 자신을 온전히 닮은 후손을 남기지는 못한다. 따라서 이들에서 출현한 주관성이 똑같이 후손들에게도 나타났다고 보기는 어렵다. 그렇다고 해서 이들의 후손 관계가 성립하지 않는다고 하기도 어렵다.

이는 수많은 후보 중 자연 선택되어 온전한 자기 복제의 능력을 지니게 된 LUCA를 기준으로 생각해 볼 필요가 있다. 이 능력을 얻기 전의 LUCA는 수많은 Protocell 중 하나였을 것이며, 이 선택된 Protocell의 세포분열 능력은 이 복잡계 유기물의 수명이 다하기 전에 출현했을 것이다. 선택된 이 Protocell은 전체 주관성의 핵심 부위로서, 시스템의 내부에 어떤 RNP들을 가지고 있을 수 있다. 이 Protocell에 유입되기 이전에 이들은 바닷물 속에서 떠돌아다니는 주관성을 가진 다수의 RNP들 중 하나였을 것이며, 이들은 다시 그 조상인 상보적 RNP나 폴리뉴클레오타이드들로부터 만들어졌을 것이다. 이처럼 원시의 바다에 존재하던 주관성을 가진 수많은 RNP 상보적 결합의 후손 중, 운 좋게 특정 인지질 이중 막에 포획되어 Protocell을 거쳐 LUCA 주관성의 핵심 구조물이 된 특정 RNP들의 조상을 우리는 CAOS로 추정해 볼 수 있다. 이런 측면으로 볼 때 Protocell은 LUCA의 조상이고, RNP는 Protocell의 조상일 수 있다. 즉, 조상과 후손의 관계가 성립하며, 그렇다면 우리는 주관성을 가진 세상의 모든 생명체를 CAOS의 후손으로 생각해 볼 수 있다.

앞에서 우리는 화학적 진화가 필연적인 두 가지 이유를 알아보았다. 첫째, 물이 언제나 100도에서 끓듯이 자연은 결코 무작위적이지 않고 전체 엔트로피가 증가하는 방향으로 변해가며 화학적 진화도 이에 부합하므로 필연적일 수 있다는 것, 둘째, 800만 번 이상 복권을 사면 로또에 당첨될 수 있듯이 오랜 기간을 고려하면 화학적 진화의 확률이 큰 폭으로 증가한다는 것이다. CAOS의 출현 이후 여기에 한 가지 이유가 더 추가된다. 바로 '주관성'이다.

CAOS의 '주관성' 출현 이후, 생명체 복잡계의 진화 확률은 전보다 한층 증가한다. GOOD이나 BAD의 주관적 감각이 시작되었기 때문이다. 일례로 LUCA가 세포분열하며 새로운 GOOD을 처음 느꼈다면, 분열이 반복되어 나타난 후손 LUCA들에서는 이에 대한 분자 수준의 기억이 시작되었을 수 있다. 이에 따라 후손들은 세포분열을 반복하며 다시 GOOD을 느끼려 한다. 이런 주관적 경향성으로 인해 세포분열의 확률은 이전보다 한층 더 증가한다.

이 세 가지 이유 등으로 볼 때 생명의 출현과 진화는 우연이 아닌 필연일 수 있다. 초기 지구의 환경에서 CAOS의 출현까지는 매우 긴 시간이 필요하다. 그러나 주관성이 탑재된 CAOS가 출현하며 진화의 속도는 한층 빨라진다. CAOS의 후손들에게 작용하는 자연 준칙 및 이로부터 파생된 복잡계의 창발로 인해 새로운 무엇들이 지속 출현하고, 그 결과 진화의 효율성은 점점 더 증가한다.

단세포보다는 다세포 생물이 더 효율적이다. 그러므로 새로 출현한 다세포 생물은 자연 선택된다. 한곳에서 기다리기보다는 유리한 곳으로 이동하는 것이 더 효율적이다. 그러므로 새로 출현한 신경세포를 가진 원시 동물은 자연 선택된다. 자신의 행동을 전문적으로 수행하는 세포 집단인 뇌를 가진 동물은 더 효율적이다. 그러므로 이들은 자연 선택된다. GOOD과 BAD의 느낌을 감정으로 '기억'할 수 있는 동물은 더 효율적이다. 그러므로 새로 출현한 해마 등의 뇌 구조물을 가진 동물은 자연 선택된다. 이처럼 자연 선택된 종들에서 그들 내부의 엔트로피는 감소할 수 있지만, 주위를 포함한 전체의 엔트로피는 그 이상으로 증가한다.

앞에서 알아보았듯이 사람의 마음은 크게 이성과 감정으로 구분할 수 있고, 이는 뉴런들의 기억 능력 출현으로 인해 시작된다. 감정은 이전 단계 GOOD과 BAD의 기억 능력, 이성은 시간 흐름에 따른 기억의 기억 능력으로 인해 출현한다. 이런 마음의 능력으로 인해 우리는 스스로 자아를 가지고 있다고 여긴다.

지속해서 증가해 온 진화의 효율성은 사람의 마음에 이르러 크게 도약한다. 이전까지는 적어도 수십만 년 이상의 오랜 시일을 거치며 '종'이 자연 선택되며 진화하였다. 살아있는 개체 내에서의 진화는 대체로 불가능하였다. 그러나 소프트웨어인 사람의 마음은 다르다. 우리의 마음은 뇌의 손상이 없는 한, 죽을 때까지 진화한다. 이는 하드웨어인 신체에서는 있을 수 없는 일이다.

이처럼 사람의 마음은 매우 특별하고 그 뿌리는 깊다. 마음이 존재하려면 먼저 본성이 있어야 하고, 본성이 존재하려면 먼저 최초의 주관성을 가진 CAOS가 있어야 한다. CAOS가 출현하려면 유기물 분자들로 구성된 복잡계가 존재해야 하고, 이를 구성하는 부분들의 상호작용이 임계점을 넘어야 한다. 무엇보다도, 이는 빅뱅 이전부터 존재했을 자연의 엔트로피 원리와 자연 준칙에 따라 '자발적'으로 진행된다. 즉, 마음은 약 사십억 년의 변화를 거치며 자연에 의해 자발적으로 출현한다.

인도네시아 발리섬의 사누르 비치

제 8 장

생물학적 진화

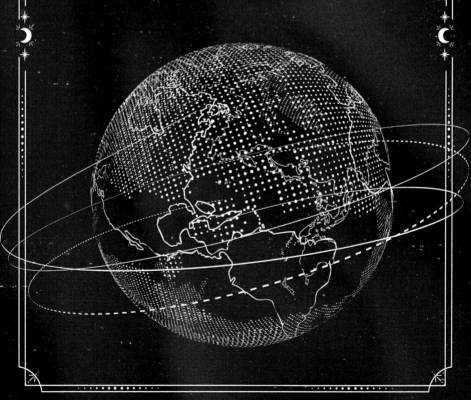

진화의 원리

　사람들은 자신과 사회 그리고 자연에 대한 궁금증을 가지고 있다. 생명체에 대해서도 마찬가지이며, 호기심과 관심을 가지고 흥미롭게 대상을 관찰한다. 어떤 학문의 분야든 대체로 그 시작은 관찰과 기록이다. 생물학 분야의 관찰과 기록 그리고 이에 따른 체계적 분류와 과학적 명명법은, 스웨덴의 식물학자로서 현대 '식물학의 시조'라 불리는 린네(Carl Von Linne, 1707~1778)에 의해 본격화되었다. 그는 당시 알려져 있던 대부분의 동식물을 분류체계에 포함하였으며, 『자연의 체계』와 『식물의 종』을 저술하였다. 이후 프랑스의 동물학자 라마르크는 '용불용설' 진화론을 주장하기도 하였으나 현재 이는 과학계에서 인정되지 않고 있다. 1865년, 오스트리아의 가톨릭 사제이자 식물학자인 멘델은, 수도원 뒤뜰에서 8년 동안 완두콩을 재배하는 실험을 통해 알아낸 유전법칙을 「식물의 잡종에 관한 실험」이라는 논문을 통해 발표하였다. 그는 '멘델의 유전법칙'을 발견하여 유전학의 수학적 토대를 마련하고 유전학의 첫 장을 연 생물학자로 평가된다. 오늘날 폭넓게 받아들여지고 있는 진화론은 이런 당시의 학문적 분위기와 함께 다윈에 의해 시작되었다.

찰스 다윈(Charles Robert Darwin, 1809~1882)은 영국의 생물학자이자 지질학자이며, 박물학자와 철학자로 인정받기도 한다. 그의 조부는 당시 의사이자 생물학자로 유명했으며, 라마르크의 진화론을 받아들이기도 하였다. 1831년 22세에 해군 측량선 비글호에 자연학자로서 승선한 그는 남아메리카와 남태평양의 여러 섬과 오스트레일리아 등을 항해 탐사하였고, 그 관찰기록을 『비글호 항해기』로 출간하였다. 1859년 자신의 이론에 관한 자료를 정리한 『종의 기원』을 출간하였고, 1872년 『종의 기원』 제6판에서 처음으로 '진화'라는 용어를 사용하였다. 당시 그의 진화론은 뉴턴의 중력법칙처럼 일반 법칙의 지위에는 오르지 못하였으나, 생물학에 관련해서는 뉴턴이 물리학에 끼친 영향 이상으로 크게 이바지하였다. 진화론의 자의적 해석에 의한 부정적 영향도 컸으며, 철학자 허버트 스펜서는 '적자생존'의 개념을 사회에 적용하였다. 이런 사회 진화론은 자신들이 우월하다고 믿는 인종주의자들에게 영향을 주었으며, 이는 유대인 학살 등 인류 역사의 큰 혼란을 야기하기도 하였다.

다윈이 『종의 기원』을 발표할 당시, 그를 원숭이로 묘사하는 만평이 신문이나 잡지에 수시로 등장할 정도로 창조론적 세계관을 가진 당시 사람들의 거부감과 비판은 매우 심각하였다. 그러나 이후 150여 년의 시간이 흐르며 측정 기술의 발달과 함께 진화론을 지지하는 수많은 증거와 생명 과학의 원리들이 발견되었고, 현재는 부인할 수 없는 자연의 원리로 받아들여지고 있다. 현대의 생물학자들에게 진화론은 이제 가설이 아닌 하나의 사실로서 자리매김하고 있다.

생물학자들에 의하면 진화가 일어나기 위해서는 대체로, 변이, 유전, 경쟁, 자연 선택의 4가지 조건이 필요하다. 진화 생물학자들은 이 네 가지를 진화의 필요충분조건으로 여긴다. 즉, 이 네 가지 조건이 모두 갖춰져야 진화가 일어날 수 있고, 또 모두 갖춰지기만 하면 진화는 반드시 일어날 수밖에 없다고 이야기한다.

1858년 월리스와 함께 런던 린네 학회에서 발표한 논문에서 다윈은 진화가 일어나기 위한 이 네 가지 조건을 언급하였다.

① 한 종에 속하는 개체들은 각자 다른 형태, 생리, 행동 등을 보인다. 즉, 자연계 생물 개체들 사이에는 변이(variation)가 존재한다.
② 어떤 변이는 유전(heredity)하며, 자손은 대체로 부모를 닮는다.
③ 환경이 뒷받침하는 이상으로 많은 개체가 태어나기 때문에, 먹이 등 한정된 자원을 놓고 경쟁(competition)할 수밖에 없다.
④ 주어진 환경에 잘 적응하는 형질을 지닌 개체들이 더 많이 살아남고, 더 많은 자손을 남긴다(natural selection).

자연의 생물들에는 변이가 존재한다. 같은 종이라도 각자 생김새, 행동 패턴, 성격 등이 다르다. 이로 인해 상당한 다양성이 확보된다. 이는 많은 선택지를 의미한다. 그러므로 향후 환경이 변화하는 경우, 그 변화된 환경에 더 잘 적응하는 개체와 적응하기 힘든 개체의 차이가 발생한다. 그러나 이것이 우등과 열등을 의미하는 것은 아니다. 만약 다른 환경으로 변화하는 경우 이들 간의 우열은 뒤바뀔 수 있다. 어떤 개체의 생김새, 행동 양식 등은 대체로 생식세포의 DNA 등 유전물질을 통해 자손 세대로 전달된다. 그러므로 자손들은 보통 부모를 닮는다. 그렇다고 부모와 똑같지는 않다. 한 부모에게서 출생한 자손들이라고 해도 그 생김새, 행동, 성격은 모두 다르다. 즉, 자손 세대에서도 역시 변이가 발생한다. 이런 변이는 대를 이어 가며 지속된다.

자연은 무한하지 않다. 한정된 환경에, 한정된 자원이 존재한다. 그러므로 개체들은 먹이 등의 한정된 자원에 대해 경쟁할 수밖에 없다. 이런 경쟁의 승패를 각 개체가 결정하지는 않는다. 이는 대체로 그 개체들이 살아가는 환경, 즉 자연에 의해 결정된다. 이를 자연 선택(natural selection)이라고 한다. 예를 들어, 영국에서 서식하는 고리 무늬 나방은 발견되는 지역에 따라 색깔이 다르다. 이들은 대체로 주변 환경과 비슷한 색깔을 띤다. 토탄 지역에서는 검은색에 가까운 나방이 발견되고, 석회석 지역에서는 회색 나방이, 백악질 지역에서는 흰색에 가까운 나방이 발견되며, 점토가 많은 지역에서 발견되는 나방은 갈색을 띤다.

이는 다윈이 살아 있던 1878년 앨버트 브리지스 판이 다윈에게 보낸 편지의 내용이다. 애초 토탄이 많은 지역에서 검은색과 흰색의 나방이 같은 비율로 살아가고 있었다고 해도, 검은색 나방은 환경인 토탄의 검은색으로 인해 쉽게 눈에 띄지 않지만, 흰색 나방은 눈에 잘 띄게 되면서 쉽게 천적들에게 잡아먹히게 된다. 점차 흰색 나방의 비율이 감소한다. 생식과 유전을 통해 검은색의 후손 나방 비율이 증가하며, 어느 정도 시일이 흐르면 그 지역에서 발견되는 나방은 온통 검은색이다. '자연 선택'은 대체로 이런 방식으로 작동한다. 이는 어떤 특별한 주체가 주관적으로 선택하는 것이 아니다. 그야말로 자연스러운 선택이며, 필연적 결정이다.

앞에서 우리는 다양성이나 자연 선택이, 유기물에서 비롯된 생명체라는 복잡계가 출현하기 이전부터 존재했을 자연스러운 원리임을 알아보았다. 다양성은 자연의 확률 원리, 즉 '엔트로피 원리'로부터 비롯된다. 이는 생명체에 적용되며 변이(variation)의 형태로 나타난다. 변이는 주로 부모 세대 생식세포 DNA 등의 유전물질 재조합 과정에서 발생한다. 이들은 확률적으로 가능한 모든 경우의 수로 재조합한다. 이런 많은 경우의 수로 인해 변이가 발생한다. 이는 매우 당연한 자연의 원리라고 할 수 있다. 그 결과 한 부모에게서 태어난 형제들이라고 해도 그 생김새, 행동, 성격이 모두 다르다. 이는 후손 세대의 다양성을 만든다. 이러한 변이, 즉 다양성의 증가는 세대를 이어 가며 지속된다. 이런 다양한 개체 중 좀 더 환경에 적합한 개체들이 대체로 자연 선택된다.

생식세포 유전물질 재조합 과정의 다른 변수도 존재한다. 확률적으로 늘 존재하는 화학물질, 전자기파, 방사선 등의 환경 요인이다. 이들로 인해 생식세포 DNA 염기서열 등에 갑작스러운 변화가 생길 수 있으며, 따라서 부모 세대와 매우 다른 자손이 출현할 수 있다. 이런 '돌연변이'로 인해 발생한 후손들은 대부분 주어진 환경에 적합하지 않다. 그러나 간혹, 부모 세대보다 월등히 유리한 환경 적합 신체 구조나 기능을 가진 후손이 출현할 수도 있다. 이 경우 자연 선택될 가능성이 매우 크며, 이 후손은 이후 새로운 종의 시조가 될 수도 있다. 그러므로 이런 돌연변이는 세대를 이어 가는 생명체들의 다양성을 한층 더 증가시킬 수 있다.

이런 다양성은 초기의 생명체에도 마찬가지로 적용된다. 원시의 바다에 출현한, 주관성을 가진 유기물 복잡계들에는 이에 따른 다양한 변이(variation)가 존재한다. 이후 화학적 진화의 긴 과정을 거치며 자신을 상보적 RNA 등으로 의미 있게 복제할 수 있는 능력을 얻게 되고, 이로 인해 이 개체가 자연 선택될 가능성은 크게 높아진다.

생물학자들은 생명체를 대체로 다음의 5가지로 정의한다.

① 외부 환경과 자신을 구분할 수 있는 명확한 경계를 가짐
② 유전과 증식(reproduction), 자기와 같은 자손을 생산함
③ 대사(metabolism), 물질과 에너지를 다른 형태로 바꿈
④ 반응(response), 주변 환경 변화를 감지하고 그에 반응함
⑤ 진화(evolution), 유전자가 바뀌어 세대를 거치며 변해감

화학적 진화가 진행되며, 좀 더 환경에 적합하고 유전이나 증식 등의 효율성이 개선된 개체들이 자연 선택되기를 반복하였을 것이다. 이는 지질학적 암석의 세균화가 관찰되는 약 38억 년 전 이전까지 지속되었을 것으로 과학자들은 추정한다. 이 시기에 이르러 비로소 생물학적 진화가 시작되며, 위 5가지로 정의될 수 있는 최초의 생명체, 즉 LUCA(Last Universal Common Ancestor)가 출현한다. 생물학자들은 이 LUCA를 지구에 생겨난 최초의 세포로 여긴다. 그렇다면 이후 지구의 생명체는 모두 LUCA의 후손에 해당할 수 있다. 이로써 생명체들의 본격적 진화가 시작된다.

진화 생물학자들에 의하면 변이, 유전, 경쟁, 자연 선택은 진화의 필요충분조건이다. 진화하려면 이 네 가지가 모두 충족되어야 한다.

그런데 실제 자연에서 이들 중 어느 하나라도 일어나지 않을 확률은 거의 없다. 그렇다면 진화는 결코 멈춰질 수 있는 것이 아니며, 지금도 이곳저곳에서 다양한 형태의 진화가 진행 중일 것이다. 이런 이유 등으로 진화론은 이제 가설이 아닌 하나의 원리로서 인정받아야 한다고 과학자들은 말한다. 생물학자이자 전 국립생태원 원장인 이화여자대학교 최재천 석좌교수에 의하면, "위 네 가지 조건이 갖춰지면 진화는 반드시 일어날 수밖에 없으며, 그러므로 자연 선택을, 사물에 근거하여 성립하는 근본 법칙, 즉 원리(principle)라고 해도 지나침이 없다고 할 수 있다."

자연 선택은 생명체 출현 이전부터 존재했을, 자연스럽고 필연적인 결정의 과정이다. 토탄이 많은 지역의 자연 선택은 검은색의 나비를 결정하였다. 이러한 결정의 순간은 변화의 분기점이 된다. 그런데 앞에서 우리가 알아보았듯이, 우주의 모든 변화는 자연 준칙, 즉 환경에 따른 자발적 대칭 깨짐에 기인하며 이의 근본 원인은 빅뱅 이전부터 존재했을 '엔트로피 원리'이다. 그러므로 자발적 대칭 깨짐으로 인한 변화 이후 우주 전체의 엔트로피는 한 층 더 증가한다. 이는 자연 선택에서도 같다. 자연 선택은 진화에 적용된 자발적 대칭 깨짐으로 볼 수 있다. 그러므로 자연 선택 이후 그 계의 엔트로피는 감소할 수 있지만, 계와 주변을 합한 전체의 엔트로피는 이전보다 한층 더 증가한다. 우주의 대상들은 늘 이런 방식으로 변화해 왔다.

애초 토탄 지역에 검은 나방이 50마리, 흰 나방이 50마리 있었다고 해 보자. 검은 나방은 주변 환경과 비슷한 색깔로 인해 천적들의 눈에 덜 띄었을 것이므로, 20%인 10마리가 잡아먹히거나 병으로 인해 죽고, 40마리가 살아간다고 가정하자. 흰 나방은 튀는 색깔로 인해 쉽게 천적들에게 잡아먹히므로, 80%인 40마리가 잡아먹히거나 병으로 죽고, 10마리가 살아간다고 가정해 보자. 토탄 지역에는 애초 검은 나방 50마리 + 흰 나방 50마리로 총 100마리의 나방이 있었으나 실제로 살아서 활동하는 나방은 검은 나방 40마리 + 흰 나방 10마리로 총 50마리, 즉 50%이다.

시간이 지나며 나방들이 천적에 잡아먹힌다. 좀 더 시일이 지나면 흰 나방은 거의 관찰되지 않으며, 검은 나방 천지가 된다. 이때가 자연 선택의 시기이며 대칭 깨짐의 시점이다. 이 시점을 기준으로 다시 계산해 보자. 토탄 지역에 애초 총 100마리의 나방이 있었다. 흰 나방이 사라진 자리는 검은 나방의 후손들로 채워진다. 이제 이곳의 나방은 모두 검은색이며 그 수는 100마리이다. 검은 나방은 평균적으로 천적이나 질병으로 20%인 20마리가 죽는다. 그러나 80마리는 생존한다. 이는 자연 선택 이전과는 확연히 다른 수치이다. 이전에는 토탄 지역에 색깔 불문 50마리의 나방이 활동하였으나, 이제는 이 수가 80마리이다. 즉 이전보다 30마리 더 늘었다. 이로 인해 이 지역 나방들의 총 활동은 상당 폭으로 증가한다.

각 생명체는 대체로 자기 자신의 엔트로피는 감소시키지만 주변의 무질서도, 즉 엔트로피는 그 이상으로 증가시킨다. 그 결과 전체의 엔트로피는 증가한다. 나방도 같다. 누에와 같이 유용한 것도 있으나, 대체로 나방은 해충이 많다. 나방의 수가 늘어나며 이들의 활동에 따라 주변의 엔트로피가 증가한다. 이로 인한 과일이나 곡물 등의 피해가 이전보다 증가할 수 있으며, 이는 인근 농부들의 농약 살포로 이어질 수도 있다. 이처럼 자연 선택으로 인해 전체의 엔트로피는 한층 더 증가한다.

지질시대

RNA는 외부의 물리적, 화학적 충격에 취약하므로 잘 부서진다. 그러나 이중 나선구조의 DNA는 외부 충격에 유연하게 자신의 구조를 바꿀 수 있다. 그 결과 잘 부서지지 않는다. 이런 이유로 다음 세대에 유전정보를 전달하는 유전자는 점차 RNA에서 DNA로 대체된다. 이는 무수한 자연 선택의 결과일 수 있다.

생명의 출현과 진화 그리고 번성에 따라 지구의 풍경도 변화하였다. 약 35억 년 전 남세균 또는 남조류로 불리는 시아노박테리아가 출현해 처음으로 광합성을 시작하였고, 약 32억 년 전에는 최초의 박테리아가 육지에 출현하였다. 오랜 기간의 증식으로 인해, 약 24억 년 전 무렵에는 남세균이 온 바다에 번성하였다. 이들의 광합성으로 인해 원시 바다의 산소 농도는 큰 폭으로 증가하였으며, 바닷속을 가득 채운 산소는 원시 대기로 점차 방출되었다. 과학자들은 이를 '산소 대폭발 사건'이라 부른다. 즉, 남세균 등의 광합성으로 인해 지구의 물과 대기에는 산소가 풍부해졌으며 이런 환경에 따라 이후 생명체들은 이에 맞게 진화하게 되었다.

'산소 대폭발'로 인해 물과 대기의 산소가 풍부해진다. 이 때문에 생명체들의 물질대사도 무산소 대사에서 에너지 효율이 매우 높은 세포 호흡으로 바뀌고, 이에 따라 다양한 생명체가 출현하게 되며, 약 21억 년 전에는 복잡한 내막계를 갖춘 진핵생물들이 처음 나타난다. 이들은 핵막으로 둘러싸인 핵과 소포체나 미토콘드리아 등의 세포소기관을 가지며, 유사분열로 생식하였다.

과학자들은 이들이 발달된 세포 내 골격을 가졌을 것으로 추정한다. 이러한 구조는 세포의 식세포 작용을 도와 다른 생명체를 잡아먹는 데 유리하다. 이들의 이런 식세포로 인해 미토콘드리아나 엽록체와의 세포내공생이 가능해진다. 미토콘드리아는 잡아먹힌 호기성 세균인 리케차의 세포내공생으로, 엽록체는 잡아먹힌 혐기성 세균인 남세균의 세포내공생으로 출현한다. 세포내공생은 한 번으로 끝나지 않는다. 서로 도움이 된다면 언제든 발생할 수 있다. 이런 이유로 생물학자들은 연속 내부공생을 통해 진핵생물이 출현 및 진화했을 것으로 여긴다.

다세포 생물은 약 6억 년 전 처음 출현하였다. 생물학자들은 다양한 조류, 식물, 원생동물, 곰팡이류 등의 단세포 생물이 군체 생활을 거쳐 다세포 생물로 진화한 것으로 여긴다. 약 5억 년 전인 고생대 캄브리아기의 초기 이천만 년 동안 다양한 동물들이 폭발적으로 등장한다. 학자들은 이때를 생물의 다양성이 최대로 증가했을 시기로 여기며 이를 '캄브리아기 대폭발'이라 부른다. 동물 출현과 비슷한 시기에 식물도 출현하였고 함께 육지로 진출하기 시작하였다.

고생대 초의 육상에는 식물이나 동물이 존재하지 않았다. 생물학자들에 의하면 약 4억 5천만 년 전인 고생대 오르도비스기의 육상에 이끼류의 식물이 존재하였다. 학자들은 물속 식물인 조류가 최초로 육상에 진출한 후 이끼류로 분화되었다가 이후 양치류 식물로 진화했다고 여긴다. 이들은 수많은 진화를 거치며 약 3.5억 년에서 3억 년 전인 고생대 석탄기에 이르러 약 50m에 달하는 나무들의 울창한 숲을 이루게 되었다.

지질시대	선캄브리아대		고생대						중생대			신생대	
	시생대	원생대	캄브리아기	오르도비스	실루리아기	데본기	석탄기	페름기	트라이아스기	쥐라기	백악기	제3기	제4기
출현			삼엽충	어류		양서류	파충류		포유류	(조류)			
번성						어류		양서류	파충류			포유류	
식물					육상식물출현		양치식물		겉씨식물			속씨식물	
표준화석	콜리니아(석회 조류)		삼엽충	필석		갑주어	푸줄리나(방추충)		암모나이트, 공룡, 시조새			화폐석	매머드
지질연대	5.7억년								2.3억년			0.65억년	

[그림 26] 각 지질시대 및 출현하고 번성한 생물

생물학자들은 식물이 육상으로 올라오는 과정에서 처음에는 축축한 습지에 적응했고 나중에 제대로 된 육지에 정착한 것으로 추정한다. 지금도 식물은 뿌리 속 곰팡이와 공생하고 있다. 식물을 다른 대륙에 옮겨 심으면 잘 자라지 못한다. 그 이유는 새 토양 속에 이 식물과 공생하던 곰팡이가 없기 때문이다. 이는 식물과 곰팡이의 공생이 아직도 생존에 매우 중요함을 의미한다.

시간이 흐르며 자연 선택에 따라 점점 더 효율적이고 견고한 생명체들이 출현한다. [그림 26]은 각 지질시대에 출현하고 번성한 생물을 나타낸다. 지질학자들은 대체로 고생대를 약 5.4억 년 전에서 약 2.5억 년 전, 중생대를 약 2.5억 년 전에서 약 6천 6백만 년 전, 신생대를 약 6천 6백만 년 전에서 현재로 구분한다.

파충류는 약 3억 년 전인 고생대 석탄기에 처음 나타나 중생대 기간 중 크게 번성하였으나, 중생대 후기의 대규모 화산 폭발 또는 소행성 충돌 등의 이유로 공룡이 멸종하는 등 크게 위축되었다. 포유류는 약 1억 8천만 년 전인 중생대 트라이아스기에 처음 나타났으며 이후 번성하고 있다. 위 그림에는 표현되지 않고 있으나, 과학자들에 의하면 영장류는 약 8천 5백만 년 전인 중생대 백악기 이전에 처음 출현하였고, 이후 수많은 진화가 진행되었으며, 약 600만 년 전 공동의 조상으로부터 유인원과 인간이 분지하였다.

인류의 직계 조상으로서 가장 오래된 발견은 아르디피테쿠스로 불리는 약 450만 년 전의 화석이다. 이는 4족 보행에서 2족 보행으로 넘어가는 전환기의 종으로, 인간과 침팬지의 특성을 동시에 가진다. 오스트랄로피테쿠스는 남방의 원숭이라는 뜻으로 약 500만 년 전에서 50만 년 전 아프리카 대륙에서 살았던, 유인원과 인류 중간 형태의 멸종된 화석인류를 말하며, 발원지는 동부 아프리카로 추정된다. 이들은 2족 보행을 하였으며, 엄지는 다른 손가락에 비해 크고, 다른 손가락과 마주 보듯 붙어 있다. 두개골은 수직으로 붙어 있으며, 뇌의 용적은 650~750cc로 고릴라보다 약 100cc 더 크다. 과학자들은 이들이 숲이나 나무에서의 생활을 그만두고, 수목이 없는 아프리카 남부의 사막이나 초원 등에서 생활한 것으로 추정한다.

바닷속 돌과 섞여 있는 가자미

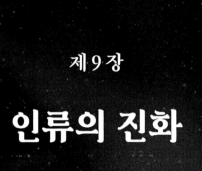

제 9 장

인류의 진화

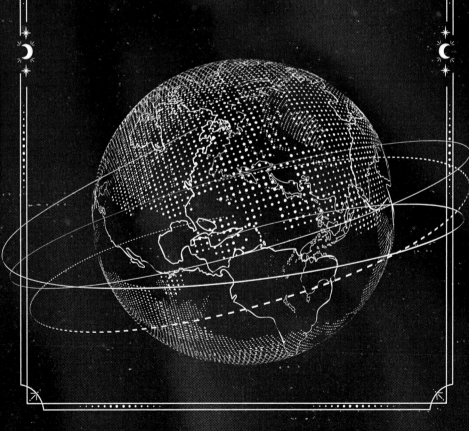

인류의
출현과 발달

　루시(Lucy)라는 별명으로 유명한 오스트랄로피테쿠스 아파렌시스
는 약 318만 년 전 살았을 것으로 추정되는 20세 정도의 여성이다.
이는 1974년 에티오피아 하다르 계곡에서 발견되었으며, 직립보행을
하고 도구를 사용했을 것으로 추정되는 최초의 여성 화석이다. 발굴
팀은 밤에 쉴 때 당시 유행하던 비틀스의 노래 'Lucy in the sky with
diamond'를 자주 감상하였고, '루시'라는 애칭은 이에서 비롯되었다
고 한다. 그러므로 정확히 하자면, 루시는 최초의 인류가 아니다. 그
런데 이는 지금까지 인류가 발견한 가장 오래된 여성 인류 화석이다.
이런 상징성으로 인해 '루시'라는 애칭은 최초의 인류, 인류의 공동 조
상, 모든 인류의 어머니 등의 의미로 사용되어, 문학이나 그림 등의 여
러 예술 작품으로 표현되고 있다.

[그림 27] 인류의 진화

2족 보행 원시인류가 약 400만 년 전 출현했지만, 이들은 여전히 원숭이 수준의 지능이었다. 아직 두뇌 용량이 커지지 못한 것이다. 시간이 지나며 아프리카 사바나 지역의 오스트랄로피테쿠스 친척 종 중 하나의 두개골이 커지기 시작하였다. 이 종은 호모 하빌리스, 호모 에렉투스 등 20여 호모 종으로 분화하였다.

이들은 사바나 지역의 가뭄이라는 극한 상황에서 똑똑한 놈들만 살아남는 험악한 자연의 선택을 받은 것으로 여겨진다. 약 200만 년 전부터 뇌 용량이 커지기 시작했는데, 이때가 공교롭게도 사바나 지역의 사막화 시점이었기 때문이다. 직립보행의 호모 에렉투스는 이 당시 처음 출현하였고 약 10만 년 전까지 생존하였다.

시간이 흐르며 호모 에렉투스에서 3종의 인간이 분지하여 나온다. 호모 사피엔스, 네안데르탈인, 그리고 최근에 발견된 데니소바인이다. 우리와 사촌인 네안데르탈인은 약 30만 년 전 유럽 대부분 지역에 거주하였다. 이들은 도구를 사용하고 동굴 집단 거주를 하며 간단한 언어도 구사했을 것으로 추정된다. 그러나 이들이 남겨놓은 유적의 문화 발전 속도는 현생인류에 비해 느리며, 이런 이유 등으로 학자들은 이들의 지능이 현생인류보다 낮았을 것으로 추측한다.

현생인류, 즉 호모 사피엔스는 약 50만 년 전 아프리카 지역에서 처음 출현하였다. 이들은 약 20만 년 전 아프리카 지역을 벗어나 유럽 지역으로 이동하며 기존 네안데르탈인을 밀어내기 시작하였다. 이들은 더 뛰어난 지능으로 생태적 우위를 점하였으며, 이에 따른 결과 등으로 네안데르탈인은 약 3만 년 전 멸종하였다.

크로마뇽인은 약 4만 년 전에서 1만 년 전 유럽 지역에 살던 현생인류의 일종이다. 이들은 '호모 사피엔스 사피엔스'의 일종으로 분류되기도 하며, 두개골과 골격구조는 지금의 인류와 거의 같고, 정교한 석기와 무기를 사용하였으며 동굴벽화를 남겼다. 학자들은 동물 그림 등이 그려진 이 벽화에 사냥감의 번성과 성공적 사냥을 기원하는 주술적 의미가 있을 수 있다고 생각한다. 유골 주변에는 귀걸이나 목걸이 용도로 추정되는 동물 이빨이나 조개류가 놓여 있으며, 학자들은 유골이 의도적으로 매장되었을 수 있고, 이는 이들이 제사 의식을 가졌을 수 있음을 의미한다고 여긴다.

이제 오스트랄로피테쿠스에서 크로마뇽인에 이르는 선사시대 인류의 변화와 그 의미를 생각해 보자. 오스트랄로피테쿠스 중의 하나인 루시는 나무에서의 생활을 그만두고 땅으로 내려와 2족 보행을 하였으며, 그 결과 앞발을 손처럼 사용할 수 있었다. '도구를 사용하는 사람'인 호모 하빌리스는 약 230만 년 전에서 140만 년 전 아프리카에서 살았으며, 뗀석기를 만들거나 동물의 뼈로 도구를 만들어 사용하였다. 자유로워진 손으로 인한 도구의 사용은 이들의 사냥을 효율화하고, 뇌의 진화를 촉진했을 수 있다. 이 때문인지 알 수는 없으나, [그림 27]의 호모 하빌리스는 이전보다 훨씬 더 큰 덩치와 두개골을 가지며, 뇌 용량은 오스트랄로피테쿠스보다 약간 더 큰 약 600~850cc 정도에 해당한다.

최근 고고학자들은 남아프리카 요하네스버그 인근에서 약 200만 년 전의 호모 에렉투스 화석을 발견하였다. 이들은 약 150만 년 전 이전에 이미 불을 직접 일으켜 사용했으며, 이로 인해 질병, 추위, 맹수 등의 위협이 감소할 수 있었다. 학자들은 이들의 턱 구조로 보아 간단한 언어도 가능했을 것으로 추정한다. 이들은 약 10만 년 전까지 긴 시간 동안 진화하며 생존하였고 현생인류와 동등한 체격, 약 1,000cc 내외의 두개골 용적을 가졌으며, 현생인류와 동시대를 살기도 하였다. 뗀석기, 몽둥이, 나무 창 등의 도구나 무기를 사용하였는데 약 40만 년 전 이들이 사용한, 나무로 만든 약 2m 길이의 창은 30m를 날아가 사냥감을 맞힐 수 있었다.

아프리카의 호모 에렉투스는 강변이나 호수 주변에 원형 움막집을 짓고 대형 포유류를 사냥하였으며, 뗀석기로 사냥한 동물의 가죽을 분리해 옷으로 입기도 하였다. 이들은 공동사냥, 고기 배분, 움막집 설치, 불 간수 등에 협동하였으며 학자들은 이들이 간단한 언어를 사용하였고 사회성과 공감 능력이 어느 정도 있었다고 추측한다. 이들은 예술성 있는 아름다운 뗀석기를 만들기도 하였고, 약 70만 년 전 후기 호모 에렉투스의 일종인 하이델베르크인은 시체를 집단 매장하기도 하였다. 약 50만 년 전의 후기 호모 에렉투스는 조개껍데기나 코끼리 뼈에 문양을 새겼으며, 학자들은 이를 단서로 이들이 추상적 사고를 시작했다고 여긴다.

우리의 사촌으로 약 60만 년 전 공동 조상으로부터 분지하였고, 호모 사피엔스의 아종으로 분류되기도 하는 네안데르탈인은 약 35만 년 전 유럽 지역에 처음 출현하였다. 이들은 언어 구사가 가능했고, 동굴에서 살았으며, 동물뿐만 아니라 식인도 하였다. 죽인 사람의 뇌를 먹는 것은, 그렇게 함으로써 상대의 힘을 자신의 것으로 만든다고 생각했을 것으로 학자들은 추측한다. 이들은 아프거나 상처를 입은 사람 또는 연장자를 보살피기도 하였다. 이들은 시체를 의도적으로 매장하기도 하였으며, 이는 이들이 삶과 죽음의 의미를 생각했다는 것이고, 내세에 대한 초보적 관심을 나타낸 것이며, 이는 원시적 형태의 종교일 수 있다고 학자들은 여긴다. 죽은 자를 매장할 때는 생전에 사용하던 물건을 함께 묻어 주었다. 동굴에서 발견된 제의 관련 매장품은, 이들에게 제사 의식과 원시적 형태의 종교가 있었을 가능성을 제시한다.

약 50만 년 전 아프리카에서 출현하였고, 약 20만 년 전 유럽 지역 등으로 이동한 호모 사피엔스 역시 시체 매장의 풍습이 있었다. 이를 통해 이들에게 사후 세계의 관념이 있었음을 짐작할 수 있다고 학자들은 이야기한다.

이처럼 약 50만 년 전 호모 에렉투스는 추상적 사고를 시작했고, 약 30만 년 전 네안데르탈인은 제사 의식과 원시적 형태의 종교를 가졌으며, 약 20만 년 전 호모 사피엔스는 사후 세계 관념을 가지고 있었을 수 있다. 그렇다면 늦어도 약 20만 년 전 무렵의 동시대를 살았던 다양한 원시 종족들은 일정한 수준의 정신세계를 가지고 있었다고 볼 수 있다. 이는 작은 두뇌 용량과 원숭이 수준의 지능을 가졌을 것으로 여겨지는 약 400만 년 전 오스트랄로피테쿠스에 비해 한층 차원이 높았을 것으로 추측해 볼 수 있다.

약 3만 년 전의 크로마뇽인은 지금의 인류와 거의 같은 두개골, 사냥감의 번성과 성공적 사냥을 기원하는 동굴벽화, 의도적 매장, 제사 의식 등의 특징을 가진다. 이는 이들이 약 20만 년 전 대표적 인류인 호모 사피엔스보다 한층 더 발달한 정신세계를 가졌다는 증거일 수 있다. 특히 중요한 것은 귀걸이나 목걸이 용도로 추정되는 동물 이빨이나 조개류이다. 이는 이들이 타인의 시선을 생각했다는 의미일 수 있다. 즉, 이들은 이전의 자기중심성에서 벗어나 타인의 입장으로 자신을 관찰했을 수 있다.

그럼 그 원인은 무엇일까? 학자들에 의하면, 인류의 언어 기능은 대체로 약 10만 년 전에서 4만 년 전 사이에 완성되었다. 이 이론이 옳다면 약 3만 년 전 크로마뇽인은 문법을 사용하여 논리적 언어를 구사했을 가능성이 매우 크다. 그 결과 이들의 사회적 협력뿐 아니라 내면의 정신세계도 진화했으며, 이에 따라 타인의 시선으로 자신을 바라보는 능력을 획득했을 수 있다.

이제 문자를 사용하기 시작한 역사시대의 인류에 대해 알아보자. 학자들에 의하면 인류 최초의 문명은 메소포타미아에서 시작되었다.

메소포타미아는 현재의 이라크 지역 유프라테스강과 티그리스강의 주변 지역을 일컫는다. 이 지역은 두 강이 자연적으로 가져다주는 비옥한 토지로 인하여 기원전 6000년경 인간이 정착 주거한 최초 고대 인류문명의 발상지이다. 메소포타미아의 문명은 주로 수메르인들로 대표될 수 있다. 검은 머리의 수메르인들은 기원전 5000년경 메소포타미아의 남부 지역에 출현하였다. 학자들에 의하면 이들은 북부 지역에서 농업 기술을 습득한 후 남쪽으로 내려온 농부들이다.

당시 수메르는 소도시를 중심으로 한 지역사회로, 왕, 왕족, 고위 관료, 고위 성직자들로 구성된 귀족들은 정치권력과 거대한 토지 그리고 높은 신분을 유지하였다. 왕을 신으로 숭배하기도 하였으나, 후기의 왕들은 자신을 신으로 부르지 않았다. 이들은 이미 발달한 신전, 제사 계급을 가지고 있었다. 신전은 후에 분화한 예술, 학문과 같은 문화 활동뿐 아니라 세금 제도, 금융 등의 사회적 경제적 활동과도 불가분 관계에 있었다. 토지나 양의 무리를 소유하며 소작농이나 목축업자에게 빌려주어 공물을 바치게 하였고, 이자를 붙여 돈을 빌려주거나, 은을 정제 가공하기도 하였다. 새해에는 천지창조 성극이 성직자들에 의해 상연되기도 하였다. 제정일치 사회로 도시의 중앙에는 수호신을 모시는 사원이 위치하였고, 경제활동은 주로 물물교환으로 이루어졌다. 역법을 사용하였으며, 달의 운행을 기준으로 삼아 1년을 12달로 하는 태음력, 하루를 24시간, 한 시간을 60분, 1분을 60초로 하는 60진법을 만들어 사용하였다.

수메르인들은 인류 역사 최초로 문자를 사용하였다. 초기에는 물건의 모양을 본떠 만든 상형문자를 사용하였으며, 후기에는 쐐기 모양의 설형문자를 사용하였다. 이는 이후 페니키아 문자, 그리스 문자, 로마 문자를 거쳐 영어의 알파벳으로 발달하였다. 이들은 많은 전설과 영웅의 이야기 등을 영원히 남기기 위해 뼈나 갈대 줄기를 펜으로 삼아 점토판 위에 설형 문자를 적고 이를 불에 구워 보존하였다. 이들의 '길가메시 서사시'는 인류가 문자로 보유한 가장 오랜 문학작품이다. 몸의 3분의 2가 신이고 3분의 1이 인간인 우루크의 왕 길가메시가 영생의 비밀을 알기 위해 일찍이 대홍수에서 살아나 영원히 사는 유일한 인간 우트나피쉬팀을 찾아간다. 그에게 대홍수와 영생의 방법에 대해 전해 듣고 영생의 기회를 두 번 얻지만 모두 실패하고 우루크로 돌아온다는 내용이다. 이러한 문학작품은 당시 사람들의 정신세계를 엿볼 수 있는 중요한 자료가 될 수 있다.

초기 고대문명은 이후 다른 지역에서도 출현한다. 기원전 3200년경 북아프리카 나일강 유역에서는 이집트 문명이, 기원전 3300년경 현재의 파키스탄 및 북서쪽 인도 지역 인더스강 유역에서는 인더스 문명이, 기원전 2000년경 중국의 황허강 유역에서는 황허 문명이 시작되었다. 이런 초기의 고대문명들은 오랜 인과의 과정을 거치며 현대의 인류문명으로 발달하였다.

이들의 종교적 정신세계도 발전하였다. 자연계의 모든 사물에 사람처럼 영혼이나 마음이 있다고 여기는 애니미즘, 동식물이나 자연물을 신성시하는 토테미즘, 태양, 물, 불, 동물, 식물, 영웅 등 다수의 신을 숭배하는 다신교에서 나아가, 유일신 종교가 출현하였다. 기원전 2000년경 수메르를 벗어나 현재의 팔레스타인 지역으로 이주한 아브라함을 조상으로 하는 민족종교인 유대교는 현존하는 가장 오랜 유일신 종교이다. 기원전 1400년경 예언자 모세가 신으로부터 받았다고 하는 십계명과 경전인 토라는 이 종교의 토대를 이룬다.

기원전 560년경 현재의 네팔 남부와 인도의 국경 히말라야 인근의 왕국에서 석가모니가 탄생하였다. 인간의 생로병사에 대해 고민하던 그는 30세경 출가하여 진리를 위해 고행하였고 35세경 큰 깨달음을 얻어 설법하며 불교가 시작되었다. 이 종교는 삼법인, 사성제, 팔정도의 교리로 수행하여 깨달음을 얻고 고통이 없는 상태인 열반에 이르는 것을 목적으로 하며, 깨달음을 얻었을 때 나타나는 포괄적이고 보편적인 사랑의 마음인 자비와 인연을 중시한다.

기원전 550년경 중국의 노나라에서는 공자가 탄생하였다. 공자는 인(仁)에 기반한 도덕 정치를 실현하고자 하였다. 공자의 사상은 100여 년 후 맹자 등 후학들을 거치며 아시아 지역의 핵심적 정치 철학 및 사회 규범으로 발전하였다.

기원전 470년경 고대 그리스에서는 소크라테스가 탄생하였다. 그는 "너 자신을 알라"라고 하며 영혼에 대해 깊이 생각하고 삶의 바른 방법을 아는 것이 지식의 목적이라 여겼다. 이런 참된 지식을 얻는 방법을 귀납법에서 찾았고, 대화를 통한 문답법으로 일반적 진리에 도달할 수 있다고 보았다. 그는 껍데기인 육체와 불멸하는 영혼이 존재한다고 보았고, 육체의 감각 요소가 영혼에 내재된 진리 통찰을 방해하며, 이를 극복하기 위해서는 이성적 사고를 통해 감각으로 얻은 오류를 바로잡아야 한다고 보았다. 그에 의하면 언어는 지성의 매개인 정신을 다른 사람에게 전달하는 유일한 운송 수단이며, 발화자의 사유 자체를 밖으로 내보내 듣는 이의 사유에 영향을 미치는 절대적 매개체이다.

기원전 400년경 플라톤은 '이데아'를 제시하였다. 이데아는 비물질적이고 영원하며 절대적인 참실재이고, 반대로 물질적이고 감각적인 존재는 잠정적이며 상대적인 존재라고 하였다. 그러므로 감각에 호소하는 경험적 사물의 세계는 이데아의 그림자일 뿐이라고 보았다. 이는 마치 동굴에 속박되어 사는 사람이 벽에 비친 그림자를 보고 그것을 실체로 여기는 것과 같다. 즉, 세상 만물은 동굴 벽에 비친 그림자에 불과하고, 동굴 밖에 실체가 존재하며 인간은 그 실체를 보아야 한다는 것이다. 몸과 영혼의 이원론은 소크라테스와 유사했다. 세계의 중심을 이루는 것은 세계영혼이고, 인간의 영혼은 본래 세계영혼이 주재하는 이데아계에 있었으며, 이 영혼은 불멸한다.

기원전 330년경 아리스토텔레스는 물리학, 형이상학, 시, 생물학, 동물학, 논리학, 수사, 정치, 윤리학, 도덕 등 다양한 분야의 저술을 남겼다. 그는 인간이 외부를 인식할 수 있는 '범주', 즉 카테고리에 대하여 실체, 양, 성질, 관계, 장소, 시간, 위치, 상태, 능동, 수동의 10가지를 제시하였다. 이런 고대의 그리스처럼 인류는 교육기관 및 이전의 발견이나 학문을 문자로 기록한 서적 등으로 인해 외부나 자신을 점점 더 잘 이해할 수 있게 되었다.

기원전 4년경 현재의 팔레스타인 북부 지역에서 예수가 탄생하였다. 30세경 사회적 활동, 즉 공생애를 시작한 그는 33세경 로마의 총독 필라투스에 의해 십자가에서 사망하였고, 이로 인해 기독교가 시작되었다. 기독교는 유대인 조상에 의한 구약성서와 예수의 가르침과 행적 등을 기록한 신약성서를 한 권으로 묶은 유일한 경전인 성경을 바탕으로 하며, 예수 그리스도가 사망 3일 후 부활 및 승천하였고, 미래에 재림하여 심판한다는 교리를 가진다. 이 종교의 가르침에 따르면 인간은 모두 죄인이며, 예수 그리스도가 우리의 죄를 대속하기 위해 십자가에서 돌아가셨고, 누구든지 이를 사실로 믿으면 구원을 얻을 수 있다.

기원후 약 570년경 현재의 사우디아라비아 메카에서 무함마드가 탄생하였다. 40세경 천사의 계시를 받은 그는 유일신 알라의 전지전능함, 만물의 창조, 최후의 심판, 천국과 지옥을 설교하였고 이로부터 이슬람교가 시작되었다. 예언자이자 지도자이며 무장이었던 그는 정복 전쟁을 지속해 아라비아반도 대부분을 통일하기도 하였다. 이 종교는 무함마드가 천사로부터 받은 알라의 말씀이 기록되었다고 하는 경전인 꾸란을 바탕으로, 6가지를 신앙하고 5가지 의무를 수행한다.

시간이 흐르고 경험과 지식이 쌓임에 따라 인류는 점점 더 명확한 진실에 다가갈 수 있었다. "아는 것이 힘이다"라는 말로 잘 알려진 베이컨(Francis Bacon, 1561~1626)은 영국의 철학자이자 정치인으로, 종래의 학문적 편견인 '우상'을 배척하고 과학과 기술의 진보에 어울리는 새로운 인식 방법 및 실험에 기초한 귀납법적 연구 방법을 제안하였다. 바른 지식을 얻기 위해서는 관찰과 경험을 중히 여기는 자세가 필요하다. 그는 사물을 하나하나 확인하여 마지막으로 근본 원리를 찾아내는 방법인 귀납법을 가장 바른 학문의 방법으로 보았다. 우리 감각이 경험하는 바 그대로의 세계를 사고하고, 이것이 축적되어 가장 일반적인 공리에 도달할 수 있다는 것이다.

이런 그의 제안은 후학들의 검증을 거쳐 이후 과학적 탐구의 방법으로 정착되었다. 선배 학자가 엄밀한 자신의 과학적 관찰과 경험을 기술해 놓으면, 후배 학자는 이 자료를 바탕으로 후속 연구를 진행할 수 있다. 이는 매우 효율적이다. 이 방식으로 인해 인류는 시간이나 공간, 그리고 사람의 한계를 극복하고 자연이나 자신에 대한 탐구를 지속할 수 있었다. 그러므로 과학은 엄밀성이 중요하다. 선입견이나 감정 또는 사상이 개입될 수 없다. 아무리 사실로 여겨지던 이론이더라도 반박 가능한 증거가 나오면 재검증되어야 한다. 이런 과정을 거치며 과학은 앞으로 나아간다.

칸트(Immanuel Kant, 1724~1804)는 독일의 철학자로, 합리론과 경험론을 종합한 독창적 철학을 제시하였다. 그는 규칙적으로 생활하였다. 매일 새벽 5시에 기상, 오전에 강의와 철학 연구, 정확히 오후 3시반부터 산책, 10시에 취침했다고 한다. 당시 마을 사람들은 그의 산책 시간에 시계를 맞추기도 하였다. 딱 한 번 산책 시간을 어긴 적이 있는데, 루소의 『에밀』을 읽다가 늦었다고 한다. 이쯤 되면 지루한 사람을 떠올리겠지만, 그는 유머러스하고 여유가 있는 사람이었다. 점심에 3시간에 걸쳐 각 방면의 사람들과 즐겁게 대화하며 식사하곤 하였다. 이런 규칙적인 생활에는 이유가 있었는데, 160㎝도 되지 않는 키, 기형적 가슴, 마른 몸매에 매우 약한 근력을 가졌으며, 그는 연약한 육체를 끊임없이 달래며 살얼음을 걷듯 살았다. 이 때문인지 몰라도 그는 당시 평균수명을 두 배 뛰어넘는 80세까지 장수하며 많은 저서를 남겼다. 핵심 저서로 『순수이성비판』을 들 수 있으며, 이는 우리의 이성이나 인식의 한계를 다루고 있다. 아리스토텔레스가 일반적 술어 개념의 10가지 범주를 제안했다면, 칸트는 우리의 선천적 인식 능력에 따른 12가지 범주를 제시하였다. 이는 인식 대상의 양, 질, 관계, 양상의 4가지 관점에 각각 포함된 3가지의 형식을 말한다. 이렇게 해서 생긴 12개의 형식으로부터 거기에 합치하는 개념이 발견되며 이것이 곧 12 범주이고, 우리는 이 범주 내에서 판단할 수 있다고 이야기한다.

　그는 인간 이성이 지닌 한계를 지적하며, 인간의 '인식'에 대하여 이른바 '코페르니쿠스적 전환'을 시도하였다. 이는 인간이 대상을 있는 그대로 인식하는 것이 아니라, 인간의 인식이 대상의 관념을 만들어 낸다는 생각이다. 다시 말하면 인간은 대상을 있는 대로 아는 것이 아니라, 아는 대로 그 대상이 있다고 믿는다는 것이다. 그는 이와 대비되는 '물 자체'에 대해서도 언급하였다. 이는 사람의 주관적 인식과 무관하게 그 자체로서 존재하는 어떤 것을 의미한다. 즉, 현상의 궁극적 원인이라고 생각되는 사물 그 자체를 가리킨다. 이는 마치 플라톤의 동굴 밖 실제의 사물인 이데아와 같다. 그는 이를, '생각할 수는 있지만 인식할 수는 없는 것'이라고 하였다.

그는 모든 사람의 마음속에 고정된 구조물의 하나로서 도덕률, 즉 '양심'이 있으며 이에 따라 행동하는 것은 결코 타율이 아니라고 하였다. 이처럼 칸트는 인간의 내면을 관찰하여 그 한계를 발견하였으며, 주관과 객관의 차이를 인식하고 이를 구분하였다.

헤겔(Georg Wilhelm Friedrich, Hegel, 1770~1831)은 칸트 이후 독일의 철학자로, 정, 반, 합의 변증법을 정형화하였다. 이는 만물이 끊임없는 변화 과정에 있음을 제시하며 그 변화의 원인을 내부적 자기부정, 즉 모순에 있다고 보았다. 원래 상태를 정(正)이라고 하면 모순에 의한 자기부정은 반(反)이다. 만물은 이 모순을 해결하는 방향으로 움직이며 그 결과 새로운 합(合) 상태로 변화한다. 이 변화의 결과물은 또 다른 변화의 출발점이 되고 이러한 변화는 최고의 지점에 도달할 때까지 계속된다. 그는 역사에 대하여, 절대정신이 자유를 향해 나아가는 과정으로 정의하였다. 이는 '역사란 절대정신의 자기실현 과정'이며, 절대정신의 본질은 '자유'임을 의미한다.

그는 저서 『철학 강요』에서 언어에 대하여도 정의하였다. '주관적 정신이 자신에게 대상 형식을 부여하기 위해 실재의 형태로서 산출한 존재의 형식, 즉 관념적 세계로서의 내면을 보편적 형식에서 표출한 것'이 언어라고 하였다. 언어라는 존재자가 되었을 때 비로소 정신은 실재하는 현실이 된다. 그러므로 언어는 정신의 대타 존재 형식이다. 이런 의미에서 언어는 정신의 '기호'이다. 다른 말로 표현하면, 언어는 정신이라는 인간의 내면을 표출하여 자신과 타인이 이를 이해할 수 있게 해 준다. 그러므로 '명명'은 중요하다. 사물에 이름을 부여함으로써 정신의 자기 인식이 시작되고, 세계를 자기의 것으로서 창조하게 된다.

언어보다 앞서 정신이 구체적인 내용으로 있어, 그 정신을 기호로 표현하면 언어가 되는 것이 아니다. 언어는 수단과 도구의 기호가 아니다. 언어 안에서 정신은 자신을 정신으로서 인식한다. 단어나 문장으로 발화되는 것이 언어이다. 그러나 이는 시간적 존재로서 소실되어 간다. 이러한 언어에 기억되고 영속하는 대타 존재의 형식을 부여한 것이 문자이다. 그러므로 헤겔에 의하면 문자는 정신이 기호로서 발화된 언어의 기호, 즉 '기호의 기호'이다.

계통발생과
개체발생

이제 개체발생과 계통발생의 연관성에 대해 생각해 보자. 계통발생이란 어떤 종이 거친 역사적, 진화적 변천 과정을 뜻하며, 개체발생이란 수정란이 난할, 세포분화, 조직분화, 형태형성 등에 의해 성체와 같은 형태를 가진 개체로 성장하는 과정을 의미한다. '개체발생은 계통발생을 반복한다'라는 생물 유전학의 이 이론은 세부적인 부분에서 반론도 있지만, 포괄적으로는 대체로 인정되고 있다.

한 개체의 발생에서 모든 과정이 계통발생의 진화 과정이나 순서와 같을 수는 없으며, 수십 주 임신 기간 중 태아의 변화가 수억 년의 진화 과정과 똑같을 수는 없다. 이 둘은 서로 무관해 보일 수도 있다. 그러나 전체적으로 볼 때 임신 기간 중 태아의 변화는, 그 개체가 속한 종의 긴 진화 과정을 반복한다. 그러므로 임신 1개월의 인간 배아는 양서류 및 파충류의 배아와 구분하기 힘들며, 2개월의 태아는 포유류의 태아와 비슷한 모습을 보인다. 임신 3개월을 넘어서며 비로소 태아는 사람의 형체를 갖추어 나간다.

이런 일이 왜 발생할까? 우리는 앞에서 뇌의 3층과 나이테 비유를 생각해 보았다. 자연의 모든 변화는 대체로 효율의 지향성을 가지며, 그 근본 원인은 자연의 엔트로피 원리이다. 1년 동안의 새로운 나이테는 가장 바깥쪽에 동심원 모양으로 생기는 것이 가장 효율적이다. 그러므로 그렇게 생긴다. 이는 자연의 근본 지향성에 따른 결과이다. 우리의 뇌도 같다. 계통적으로 파충류, 포유류, 영장류의 순서로 진화하였으므로 태아의 뇌도 나이테처럼 대체로 중심부에서 바깥쪽으로 순서에 따라 만들어지며 이 3개의 층을 형성한다.

초기 수정란에서 개체가 발달하는 과정도 같다. 착상 후 수정란은 빠른 속도로 난할, 즉 세포분열한다. 이로 인해 생성된 수많은 세포는 각각 미래의 역할에 맞게 모양이 변화하며, 서로 당기거나 밀어내고 뭉치거나 흩어져 이동하며 각 조직이나 장기를 만든다. 수십 주의 임신 기간 동안 매일 이를 관찰한 사람이 있다면, 마치 예정된 듯 움직이는 각 세포의 변화에 매우 신기해 할 것이다. 이들은 마치 예정된 계획표라도 있는 듯 만들어지고, 이동하고, 변화한다. 이는 왜 그럴까? 이 계획표는 어디에서 왔을까?

우리는 이 계획표가 수억 년 이상의 오랜 계통발생 진화 과정에서 유래했다고 생각해 볼 수 있다. 이 계획표의 작성자는 시간, 공간, 자원 등의 사용을 최소화하려는 자연의 효율 지향성이며, 최초 명령자는 자연의 엔트로피 원리이다.

발가락이 없는 어떤 종의 선조와 다섯 발가락이 있는 가상의 돌연변이 후손을 생각해 보자. 발달 과정의 후손 태아는 일단 발 모양이 형성되는 단계까지, 즉 선조의 단계까지 진행한다. 그러나 여기서 멈추지 않는다. 발끝의 필요 없는 세포는 사멸하고, 필요한 세포는 변화되어 발가락을 만든다. 즉, 먼저 선조처럼 뭉툭한 발을 만들고 이후 이의 일부분이 발가락으로 변화한다. 하나하나의 발가락을 먼저 만들고, 이들이 이동해서 서로 결합하는 일은 발생하지 않는다. 이는 매우 비효율적이기 때문이다. 이처럼 생명체의 진화는 간단한 구조 및 기능에서, 복잡한 구조 및 기능으로 변화하는 방향성을 가진다. 즉, 대체로 이전의 단계까지 먼저 발달하고 이후 다음 단계의 발달이 진행된다. 이는 이 순서가 매우 효율적이기 때문이다.

그러므로 어떤 개체 태아의 발달은 대체로 그 개체가 속한 종의 진화 과정 순서대로 진행한다고 추정해 볼 수 있다. 즉, 개체발생은 대체로 계통발생을 반복한다.

앞에서 우리는 중력, 강력, 약력, 전자기력의 우주 4 힘, 그리고 제5의 힘에 대해 알아보았다. 이들은 모두 자연 '효율 지향 힘'의 일종이다. 효율 지향 힘은 적용되는 대상들에게 움직임이나 변화를 강제한다. 그래서 물은 높은 곳에서 낮은 곳으로 흐르고, 자석은 쇳조각을 끌어당기며, 생명체는 GOOD을 반복하고 BAD를 회피한다.

이런 효율 지향성은 생명체의 개체발생에도 또한 적용된다. 중력과 같은 '힘'이라고까지 하기는 어려울 수 있으나, 이 경우 역시 적용되는 대상들에게 움직임이나 변화를 강제한다. 이에 따라 태아의 발달에는 과거 조상들의 계통발생 과정이 강제된다. 이 과정이 대체로 가장 효율적이었기 때문이다. 이제 태아는 전체적으로 볼 때, 과거 진화의 순서가 적힌 계획표에 따라 발달해 나간다.

그런데 이 계획표가 꼭 옳다고 할 수는 없다. 태아의 환경은 자궁

속이며, 과거 조상들의 터전인 바닷속, 숲속, 사바나 지역이 아니기 때문이다. 즉, 계통발생의 순서가 꼭 개체발생에 적용된다고 할 수는 없다. 일부 계통발생 과정은 자궁 속 환경에서 오히려 더 비효율적일 수 있다. 이런 일부 과정은 자체 교정될 수 있다. 이를 교정하는 힘은 복잡계인 태아 내부 세포들의 상호작용에서 비롯된다. 자연의 효율 지향성은 이런 과정 등에도 또한 적용되며, 이에 따라 새로운 효율적 과정으로 교체될 수 있다.

진화는 반복되는 다양성과 자연 선택의 결과로 진행되며, 현존하는 모든 생명체는 이 과정의 생존자들이다. 진화 과정의 어떤 문제로 인해 후손을 만들지 못했다면 멸종되었을 것이기 때문이다. 계통발생이 개체발생에 적용되며 출현한 일부 비효율 과정에 대한 문제도 같다. 제대로 이에 대처하지 못한 태아들이 사산하거나 기형으로 태어날 가능성이 증가한다. 이들이 자연 선택되기란 어려울 것이다. 시간이 지날수록 이들의 멸종 가능성은 커진다. 그러나 이를 새로운 효율적 과정으로 대체한 후손은 별문제 없이 자손을 만든다. 이들은 번성한다. 현존하는 생명체는 모두 이들의 자손들이다. 즉, 이 대처의 과정 또한 자연 선택의 한 대상이고, 현존 생명체는 모두 잘 대처한 선조의 후손이다. 그러므로 일부의 계통발생 과정이 개체발생에 적용되지 않는 것은 당연하며 자연스럽다고 할 수 있다.

이처럼 개체발생은 대체로 계통발생을 반복한다. 같은 이유로 이는 그 개체뿐 아니라 개체를 구성하는 하나하나의 조직이나 장기에도 적용되며, 뇌에서도 마찬가지이다. 임신 중 태아의 뇌뿐 아니라, 출산 후 아기의 뇌도 같은 과정으로 발달한다. 갓 태어난 아기의 뇌는 아직 성인의 뇌가 아니다. 나이가 들어감에 따라 발달을 지속한다. 뇌의 발달은 대체로 사춘기가 지나야 비로소 완성된다. 이 과정 역시 계통발생 계획표에 따라 대부분 진행된다. 즉, 진화 과정상 우리 선조들의 뇌 발달 순서대로 태어나 아기의 뇌 발달이 진행된다.

대부분 신생아의 뇌 발달은 대체로 비슷한 과정을 거친다. 보통 3개월이면 엄마와 눈 맞춤을 하고, 1살이면 걸을 수 있으며, 2살이면 짧은 문장을 말할 수 있다. 이처럼 아이들의 뇌는 순차적으로 발달하며, 각 시기에 따라 이에 맞는 능력이 출현한다. 고양이도 같다. 성체가 될 때까지 뇌 발달이 지속된다. 그러나 성체가 된다고 해도 언어 능력이 출현하지는 않는다. 고양이 종족의 계통발생 계획표에 언어 능력은 적혀 있지 않기 때문이다. 그러나 사람은 다르다. 우리의 계통발생 계획표에도 성인 뇌가 될 때까지의 시기에 따른 순차적 내용이 적혀 있다. 아마도 언어 능력은 출생 후 각 시기에 따라 비중을 달리하며 계속 적혀 있을 것이다. 그러므로 고양이와 다르게 인간은 양육자의 말 등 외부 자극에 따라 언어를 습득할 수 있다. 만약 영화의 주인공인 '타잔'처럼 어린 시절, 즉 뇌 발달 시기에 외부의 언어 자극이 없었다면 성인이 되어 처음 언어를 배우는 것이 가능은 하겠지만 매우 큰 노력이 필요하다고 추측해 볼 수 있다.

뇌 과학자들에 의하면 우리 마음은 뇌 활동의 결과물이다. 즉, 뇌가 원인이고 마음은 결과이다. 어떤 원시 동물의 뇌처럼 마음이 없는 뇌는 있을 수도 있으나, 뇌를 떠난 마음은 있을 수 없다는 것이다. 이에 대해 반론도 있을 수 있으나, 대부분 과학자는 이에 동의한다. 이것이 옳다면, 우리 마음이란 시간 흐름에 따른 뇌 신경망 패턴의 변화이다. 시간이 흐르며 우리 마음이 a에서 b로 바뀌었다면, 이는 우리 뇌 신경망 패턴이 A에서 B로 바뀌었음을 의미한다. 주관적인 자아는 내 마음이 바뀌었다고 생각하지만, 객관적 뇌의 입장으로는 신경망 패턴이 바뀐 것이다.

이는 마음의 개체발생에도 적용될 수 있다. 뇌 신경망 패턴의 변화는 그 결과인 마음의 변화를 의미한다. 그렇다면 뇌 신경망의 발달은 그 결과인 마음의 발달을 의미할 수 있다. 즉, 뇌 발달은 대체로 마음 발달을 의미한다고 볼 수 있다. 그런데 아이의 객관적 뇌 발달은 계통발생의 계획표에 따라 대부분 진행된다. 이는 주관적 마음의 발달도 역시 같은 과정에 따라 진행됨을 의미한다. 즉, 진화 과정상 우리 선조들의 뇌 발달 순서대로 아이의 뇌가 발달하듯, 선조들의 마음 발달 순서대로 아이의 마음도 발달한다고 생각해 볼 수 있다.

마음의 계통발생과
개체발생

앞에서 우리는 언어에 대한 헤겔의 정의를 알아보았다. 그에 의하면 언어란 '주관적 정신이 자신에게 대상 형식을 부여하기 위해 실재의 형태로서 산출한 존재의 형식'이다. 언어에 앞서 정신이 존재하고 있고, 그 정신을 기호로 표현하면 언어가 되는 것이 아니다. 언어는 도구와 수단의 기호가 아니다. 언어 안에서 정신은 자신을 정신으로서 인식한다. 이는 언어가 없다면 정신이 자신을 정신으로서 인식할 수 없다는 의미일 수 있다.

주관적 자아의 입장으로 볼 때, 자신이 인식할 수 없는 대상은 존재하지 않는 것과 같다. 일례로 돌고래의 의사소통 수단인 초음파를 우리는 인식할 수 없다. 돌고래가 아무리 소리쳐도 우리는 이를 전혀 들을 수 없다. 그러므로 우리 입장으로 볼 때 돌고래의 초음파는 없는 것과 같다. 이처럼 주관적 입장으로 볼 때, 정신이 자신을 정신으로서 인식할 수 없다는 것은 정신이 존재하지 않는 것과 같다. 그러므로 언어가 존재할 때 비로소 잠재되어 있던 주관적 정신이 출현하며, 나의 자아, 즉 '존재하고 있음을 인식하는 나'는 이로부터 시작된다고 할 수 있다. 뜬금없이 시작된 자아는 진화의 과정에서 획득한 본성의 일종인 호기심으로 인해 존재함의 원인, 삶의 의미, 사후 세계 등에 대해 궁금해 하기 시작한다.

우리의 뇌는 외부를 주관적으로 해석하여 기억한다. 일례로 귀여운 고양이가 어떤 사람에게는 공포의 대상일 수 있다. 이렇게 매 순간 기억되는 퀄리아, 감정, 사고가 축적되어 하나의 주관적 내부 세계, 즉 마음 또는 자아를 형성한다. 자아는 하나라는 통일된 느낌으로, 매 순간 존재함을 인지한다. 이들 중 이전의 내용물을 보완 및 제어하며 최근에 출현한 것이 사고 능력이다. 철학자 데카르트는 "나는 생각한다. 고로 존재한다"라며 이의 중요성을 강조하였다.

학자들에 의하면 사고는 언어를 통해서 이루어진다. 언어가 없는 고양이가 체계적으로 사고하기란 매우 어렵다. 고양이에게도 매 순간의 퀄리아와 감정이 기억되어 축적된다. 그러나 언어가 없으므로 체계적 사고는 제한적이다. 언어로 인한 '사고 능력'과 '주관적 존재함의 인식'은 대체로 밀접한 양의 상관관계를 가진다. 그런데 고양이에게는 이 능력의 근원인 언어가 없다. 그러므로 고양이의 '존재하고 있음을 인식하는 나'는 미약할 수 있으며, 우리는 삶의 의미나 존재 이유 등에 대해 고민하는 고양이를 본 적이 없다. 이런 측면으로 볼 때, 언어 능력이 미미한 고양이에게 객관적 몸은 존재하지만 주관적 마음은 존재하지 않는 것과 같다.

우리는 앞에서 뇌의 신경망 패턴을 알아보았다. '할머니'라는 단어를 머리에 떠올린다고 해 보자. 할머니의 얼굴, 외모, 복장, 걸음걸이, 음성, 냄새, 끓여 주신 된장국, 같이 했던 기억 등이 떠오른다. '할머니'라는 하나의 단어에는 이와 같은 많은 내용이 포함된다. 이처럼 하나의 단어는 마치 어떤 글이나 신문 기사의 제목과도 같다. 이하의 많은 내용을 포괄하며 전체를 대표한다. 이때 우리의 뇌에서는 시각, 청각, 감정, 사고 등 연관되는 뇌 부위가 동시에 활성화되며 특정 패턴의 신경망을 형성한다.

생각한다는 것은 우리 머릿속에서 단어들이 흐르는 것이며, 시간 흐름에 따라 순차적으로, 매 단어로 인해 형성되는 신경망 패턴들이 변해 감을 의미한다. 그런데 이 하나하나의 신경망 패턴은 언어가 없을 때와는 비교가 되지 않을 정도로 크고 복잡하다. 즉, 언어를 통해 생각한다는 것은 이전보다 훨씬 더 많은 정보 처리를 뜻한다. 이로 인해 '주관적 존재함의 인지'는 이전보다 훨씬 더 선명해진다. 퀄리아나 감정은 시간적 존재로서 상당 부분 소실되어 간다. 그러나 언어로 인한 사고는 다르다. 훨씬 더 일관적이고 영속적이다. 이런 영속성의 환경으로 인해 정신의 출현이 가능해진다.

이처럼 언어 발달로 인해 사고 능력이 한층 더 증가하고, 그 정도가 임계점을 넘으면 잠재되어 있던 주관적 정신이 출현한다. 나의 자아, 즉 '존재하고 있음을 인식하는 나'는 이 정신의 일부분이라고 할 수 있다. 앞에서 우리는 자연의 모든 변화가 자연 준칙에 의해 발생함을 알아보았다. 이는 정신에서도 같다. 언어에 따른 사고 능력 발달이 임계점을 넘어서며 복잡계인 뇌에 정신이 창발하여 출현한다. 즉, 우리의 자아 역시 자연 준칙에 의해 탄생했다고 할 수 있다.

앞에서 우리는 원시인류의 진화를 알아보았다. 이들의 언어는 매우 오랜 기간을 거치며 진화하였다. 그런데 언어는 사람의 정신세계 수준이나 단계를 파악하는 척도로서 작용할 수 있다. 그러므로 우리는 언어를 주된 기준으로 삼아 원시인류들의 주관성과 정신세계를 추측해 볼 수 있다. 우리는 앞에서 계통발생과 개체발생도 알아보았다. 태어난 아기의 마음도 계통발생 계획표에 따라, 즉 진화 과정 선조들의 마음 발달 순서에 따라 발달해 나간다. 언어는 정신의 척도가 될 수 있으므로, 우리는 발달하는 아기의 주관성이나 정신세계 또한 언어를 주된 기준으로 삼아 추측해 볼 수 있다.

이제 출생 후 아이들의 발달 과정에 대해 알아보자. 옹알이는 구체적 단어를 말하기 이전 아기가 되풀이하여 내는 혼잣소리이다. 이는 일종의 음성 놀이로서, 영아는 자신이 내는 옹알이 소리에 재미를 느끼고, 이것이 강화 자극이 되어 옹알이를 반복한다. 즉, 옹알이는 영아에게 재미와 기쁨을 주는 놀이의 기능을 갖는다. 이처럼 계통발생의 계획표에 따라 발달해 나가는 것은 아기들에게 즐거움을 준다. 근원적으로 볼 때, 진화 과정에서 모든 생명체가 그랬듯 옹알이가 즐거움을 주기 때문에 이 행동을 반복하고, 그 결과 언어가 발달한다. 이는 계통발생 계획표가 자연의 효율 증가 지향성에 의해 작성되었기 때문이며, 따라서 아기들은 자신의 발달 놀이에 재미를 느끼게 된다. 이는 이후의 모든 발달 과정에 적용된다고 볼 수 있다.

생후 1개월까지의 영아는 울음이나 트림 그리고 딸꾹질 같은 생리현상, 생물학적 반사에 의한 짧은 소리, 내적 자극에 의한 미소를 보일 수 있다. 아기는 점차 주변의 사람과 물체를 구분하게 되며 낯선 대상보다는 친근한 사람이나 물체를 더 좋아하게 된다. 3주가 되면 엄마나 돌보는 사람의 표정을 흉내 내어 입을 벌리거나 혀를 내미는 등의 행동을 보일 수 있으며, 4주의 아기는 주위의 자극에 따른 미소(social smile)를 보인다. 이는 영아의 감정 발달을 의미한다.

2~3개월의 영아는 비둘기 울음소리를 닮은 모음을 발음할 수 있으며, 기분이 좋을 때는 특유의 소리를 낸다. 4개월의 아기는 다양한 발성 유형의 음성 놀이를 보인다. 으르렁대거나 꺅꺅거리기, 고함 지르기, 혀를 진동시켜 내는 소리, 짧게 재잘거리기 등이다. 이 시기의 아기는 눈 맞춤할 수 있으며, 엄마의 얼굴에 특별히 반응하여 웃는다. 즉, 선택적인 사회적 미소(preferential social smile)를 보일 수 있다. 이는 구체적이고 분화된 인간관계 형성 능력이 발달하고 있음을 의미한다. 아기는 울기, 응시하기, 미소, 옹알이 등의 행동으로 외부 세계에 신호를 보내며, 아기의 감정은 주로 배고픔 등의 내적 상태와 밀접하게 연결되어 있다.

6개월의 영아는 '마', '바', '마- 마-', '바- 바-' 등의 자음과 다음절 소리를 낼 수 있다. 아기는 자음과 모음을 구분하며 음절은 말에 더 가까워지고 억양은 성인의 말과 유사해진다. 엄마가 아닌 타인이 돌볼 때 불안해하는 낯가림은 이 시기에 처음 나타난다. 이 무렵의 아기는 엄마가 보이지 않아도 울거나 불안 반응을 보인다. 이는 아기의 마음에 엄마 상(image)이 형성되고 있음을 의미한다. 마음속에서 자신을 돌봐 주는 존재로 형성되어 있는 엄마가 현실에서 보이지 않으니 불안 반응을 보인다고 볼 수 있다. 한편, 계통발생의 계획표에 따라 아기의 마음속에 엄마 상이 형성되는 중인데 보이는 엄마가 없어 이 진행이 방해받으므로 BAD를 느낀다고 볼 수도 있다. 9개월의 영아는 양손을 잡고 한두 걸음을 뗄 수 있으며, 엄지손가락과 집게손가락을 맞잡아 정확히 물체를 잡을 수 있다. 10개월이 되면 이름을 부르면 반응하고, '엄마', '아빠'를 말할 수 있다.

12개월, 즉 1세의 아기는 혼자 설 수 있으며, 손을 잡고 걷고, 컵으로 마시며, 옷을 입힐 때 협조하고, '엄마', '아빠' 외의 단어를 말할 수 있다. 15개월이면 혼자 걸을 수 있으며, 신체 부위를 말하고, 스스로 집안일을 돕는다. 18개월이면 뒤뚱거리며 뛸 수 있고, 그림을 보고 이야기하는 흉내를 내며, 물건을 꺼내기 위해 손가락을 억지로 병에 넣지 않고 병을 거꾸로 세워 물건을 꺼낸다.

24개월, 즉 2세의 아이는 3개의 단어가 연결된 짧은 문장을 말할 수 있고, 그림을 보고 이름을 말하며, 자신의 욕구를 전달하고, 숟가락을 사용할 수 있으며, 빠른 속도로 이리저리 뛰어다닌다. 이 무렵의 아이는 거울 속의 사람이 자신임을 알고 얼굴의 얼룩을 제거할 수 있다.

3세의 아이는 자신의 성별과 이름을 말하고, 문장을 구사할 수 있으며, 사유를 시작하고, 설명을 알아듣고, 만족을 연기할 수 있으며, 옛 방식으로부터 새로운 것을 창조할 수 있게 되고, 상징적 기능이 생기며, 초보 단계의 시행착오에 따른 추리 능력도 생긴다. 이 무렵의 아이는 스스로 손을 씻고, 세발자전거를 탈 수 있다.

3세의 아이는 이제 유치원에 갈 수 있다. 3~6세 유치원 아이들의 언어 능력은 더욱 확대되어 완전한 문장을 구사할 수 있게 된다. 아이는 상징적으로 사고할 수 있게 되지만, 아직은 여전히 자기중심적이어서 타인의 입장으로 생각하는 능력이 부족하고 감정이입이 어려우며, 직관적이고 비논리적인 방식으로 생각하고, 인과관계를 잘 이해하지 못한다. 이 시기의 아이들은 상상의 친구가 있다는 공상을 하는 경우가 많다. 이는 사람일 수도 있으나 천사나 의인화된 인형 또는 물건일 수도 있다.

7세가 되면 대부분 초등학교에 입학하게 된다. 이때부터 11세까지 학령기 아이들의 관심은 가정으로부터 학교나 친구에게로 옮아간다. 뇌 기능의 성숙과 함께 언어 기능이 좀 더 발달하며 논리적 탐구가 공상을 능가하기 시작한다. 따라서 법칙과 질서, 그리고 자기 통제에 관심을 가진다. 이 기간을 거치며 아이의 사고 능력은 급격한 진전을 보인다. 보존개념이 생기고 이전의 자기 중심성에서 탈피하게 되며 자율적 도덕성이 생긴다. 대체로 11세경이 되면 추상적인 사고가 가능해진다.

12~19세의 사춘기는 사고 능력이 크게 발달하는 시기이다. 이는 추상적이고 개념적이며 미래지향적이다. 가설적 사고, 연역적 사고, 조합적 사고, 둘 이상 명제 간의 논리적 관계를 따질 수 있는 능력이 발달한다. 인격 형성이 공고해지고, 자기 주체성의 확립이 이루어진다. 개인의 경험, 가치관, 도덕관, 인생관이, 갈등, 방황, 통합의 과정을 거쳐 자기 고유의 주체 의식으로 확립된다. 점차 여러 방면으로부터의 새로운 가치관을 받아들여 절충을 시도한다.

이제 출생 후 아이들의 자아나 자기감의 발달에 대해 생각해 보자. 자아감 또는 자기감은 스스로를 느끼고 인지하는 감각, 즉 존재하고 있는 자신에 대한 인식의 감각이라고 할 수 있다. 미국의 발달 심리학자이자 정신 분석가인 스턴(Daniel N. Stern, 1934~2012)은 그의 1985년 저서 『The Interpersonal World of the Infant』 등을 통해 발달 과정의 5가지 자기감에 대하여 제시하였다. 그에 의하면 이는 평생에 걸쳐 발달하지만, 생후 첫 2년의 민감한 시기에 상당한 발전을 이룬다. 어머니 등의 주요 애착 대상은 이 과정에서 유아를 돕는 데 중요한 역할을 한다. 각각의 자기감은 이후의 더 성숙한 발달 단계에 의해 폐기되는 일종의 중간 단계가 아니다. 이는 평생에 걸쳐 지속 존재하며 다른 자기감들과 조화를 이루며 작동한다.

■ 창발적 자기(emergent self) 또는 신체적 자기(body self)

이는 주로 생리적 측면에 기초한 신체적 감각의 자아로 생후 2개월 동안 형성된다. 이런 감각에는 감정이 동반되며, 영아는 점차 이 경험을 통합하고 조직화한다.

계통발생의 계획표에 따라 이 시기 영아의 뇌에서 진행되는 변화에 대해 추정해 보자. 영아의 뇌는 시각, 청각, 후각, 미각, 촉각의 오감 신경세포 자극에 따라 유입되는 감각을 느끼며, 각각의 좋거나 나쁜 감각은 계획표에 따라 준비된 감정 관련 뉴런들과 연결된다. 즉, 각각의 감각들은 그에 해당하는 감정과 연결된다. 그러므로 배가 고프면 울고, 불쾌해진 기저귀를 갈아 주면 기분 좋아한다.

영아 뇌에서 경험되는 감각의 인식에 있어서, 아직 내부와 외부의 경계는 미미하다. 아이는 아직 외부에 자신의 후각을 자극하는 사물이 객관적으로 존재함을 모르며, 본능에 따라 맛있는 냄새나 맛이 나는 것을 빨고 삼킨다. 즉, 이 시기 영아의 창발적 자기에서 내부 감각과 외부 현실은 통합되어 있어 서로 구분되지 않으며, 자아는 각 감각과 감정들로 구성되어 있고, 이들은 다시 배부름이나 상쾌함 등의 GOOD, 배고픔이나 불쾌함 등의 BAD로 구분해 볼 수 있다.

■ 핵심적 자기(core self)

  이는 대체로 대인관계 능력이 생겨나는 생후 2개월에서 6개월 사이에 형성된다. 생후 약 2개월 동안 외부 유입 감각의 통합 및 조직화를 충분히 반복한 영아는 이제 이 통합된 기억을 활용할 수 있게 된다. 그 결과 영아는 외부 불변 객체를 조금은 식별하고 예측할 수 있게 된다. 일례로 엄마가 특유의 냄새와 함께 미소를 지으며 다가오면, 먹고 배부를 수 있음을 예측하고 미리 기분이 좋아질 수 있다.

  계통발생의 계획표에 따라 이 시기 영아의 뇌에서 진행되는 변화에 대해 추정해 보자. 생후 2개월 동안의 신경세포 발달 및 시냅스 연결 증가에 따라 아이는 이제 외부의 객체를 어렴풋이 식별할 수 있으며, 자기 자신의 불변성도 희미하게 인식할 수 있다. 그 결과 외부의 다른 대상과 구별되는 독립체로서의 핵심 자아에 대한 감각이 출현한다. 우리는 이를, 감정이 결부된 감각의 경험이 반복되어 그 기억이 누적되고, 이들의 통합과 조직화의 정도가 임계점을 넘을 때 복잡계의 대칭 깨짐이 발생하고, 그 결과 새로운 구조물인 핵심적 자아가 출현한 것으로 생각해 볼 수 있다. 이는 다른 자아들에서도 같다. 즉, 자아는 뇌가 외부의 대상이나 환경으로부터의 자극에 대하여 계획표에 의해 준비된 본성에 따른 반응을 반복한 결과로 출현한다. 그러므로 외부의 자극이 없다면 내부의 자아는 출현할 수 없고, 이런 측면으로 볼 때 아이 내부의 자아는 외부의 대상이나 환경의 자극으로부터 유래한다고 할 수도 있다.

  이 시기의 영아는 외부와 자신을 어렴풋이나마 구분할 수 있다. 그러므로 엄마와 눈 맞춤을 하고 미소를 보인다. 아이는 엄마가 자신과 분리된 대상이라는 것을 애매하게는 알고 있다. 그러나 아직은 서로 독립된 사람이라기보다는 대체로 통합된 관계로 인식한다. 그러므로 GOOD 또는 BAD의 감정을 외부의 대상에 적용하는 것도 어렴풋한 정도라고 할 수 있다.

■ 주관적 자기(subjective self)

이는 엄마와 영아 사이 정신 내적 상태들을 서로 어울리게 한다는 특징을 가지고 있으며, 7개월에서 9개월 사이에 출현한다. 영아는 본인의 주관적 경험이 다른 사람의 경험과 다르다는 사실, 자신의 주관적 현실이 다른 사람의 현실과 같지 않음을 인식하기 시작한다.

계통발생의 계획표에 따라 이 시기 영아의 뇌에서 진행되는 변화에 대해 추정해 보자. 아이는 이제 이전보다 더 뚜렷한 자아감을 가진다. 마음속 세계의 이 자아감은 인식된 외부 대상들로부터 상당 부분 구분되어 있다. 그러므로 GOOD 또는 BAD의 감정을 인식된 외부의 대상에 유의미하게 결부할 수 있다. 한편 아이 마음의 구성 요소들은 여전히 GOOD 또는 BAD의 감정이 결부된 감각 경험의 기억들이다. 이제 자신과 대상을 분리할 수 있으므로, 이런 GOOD 또는 BAD의 감정은 자신 또는 대상들에게 적용 또는 결부된다.

우리는 앞에서 단세포 동물들이 먹이 쪽으로는 이동하고 해로운 물질로부터는 멀어지려 함을 알아보았다. GOOD은 반복하고 BAD는 회피하려는 생명체의 이 경향성은 발달하는 아이의 뇌에서도 같다. 이 시기 영아의 마음은 대체로, 경험으로 기억되어 내부 세계를 이루고 있는 외부 대상들과, 이에 반응하는 자아감으로 구성된다. 그런데 생명체의 이 경향성이 아직 외부 인식이 미숙한 영아의 마음에 적용된다. 그 결과 영아는 GOOD의 감정은 자신에게, BAD의 감정은 타 대상들에게 결부하려는 경향성을 가진다.

일례로, 아이가 걷기 시도를 하다가 방바닥에 넘어졌다고 해 보자. 아이는 방바닥에 BAD의 감정을 결부시킨다. 이를 자기 자신에게 결부시킬 능력은 아직 미미하다. 계통발생의 계획표에 따라 출현한 본성에 의해 이 시기의 아이에게 걷고 싶은 욕구가 강해진다. 아이는 자신의 마음에 따라 걷기 시도를 했을 따름이다. 주변 어른들이 볼 때는 아이가 넘어진 것이지만, 아이 입장으로는 마음에 따라 움직이고 있는데 방바닥이 갑자기 자신의 이마를 때린 것이다. 자신은 잘못이 없다. 그러므로 "방바닥아! 너 왜 우리 아기 아프게 했어? 이 나쁜 방바닥아!"라며 방바닥을 혼내는 할머니의 호통은 아이의 마음을 위로할 수 있다. 그러나 이 집 할머니의 이런 위로는 아이의 마음 발달에 그리 바람직하지는 않을 수 있다.

아이는 BAD의 감정을 방바닥에 결부시킨다. 즉, 방바닥이 나쁜 놈이고 자신은 선한 피해자이다. 이처럼 아이는 대상에 대한 객관적 현실 그대로의 감정 결부에 미숙하다. 이는 자신과 분리되어 이제는 외부 대상이 된, 마음속 엄마에게도 같다. 대체로 GOOD의 감정은 자신에게, BAD의 감정은 외부 대상에게 돌리려 한다. 즉, 자신에게 BAD의 감각이나 감정을 유발한 원인으로 외부 대상을 탓한다. 이로써 마음이 편안해지고 위안을 받는다. 외부 대상은 악하지만, 자신은 선하기 때문이다. 이 시기 영아들의 이런 경향성은 어른이 된 후 문제를 외부 탓으로 여기는 무의식적 태도의 근간이 된다.

이처럼 자아에 의해 받아들여질 수 없는 욕망, 동기, 죄의식, 열등 감, 공격성 등을 무의식적으로 타인에게 돌리고 자신은 그렇지 않다 고 부정하는 마음의 방어기제, 즉 투사(projection)는 이 시기 본격 출 현한다고 할 수 있다. 다양한 방어기제 중의 하나인 투사는 이처럼 생애 초기에 출현한다. 그러므로 더 근원적이고 원시적이다. 방어기 제에 의해 마음이 편안해진 아이는 이제 다시 외부를 탐색하며 발달 해 나갈 수 있다. 모든 경우에서는 아니겠지만, 이 시기의 영아에게 상당 부분 이런 경향성이 있음을 우리는 추측해 볼 수 있다.

신체와 마음이 성장하고 발달해 나가며 외부 대상에 대한 아이의 객관적 시각이 점차 증가한다. 이에 따라 더는 방바닥을 탓하지 않 고, 자신이 넘어진 것임을 인식할 수 있게 된다. 즉, 자신과 외부를 객 관적으로 볼 수 있게 된다. 이는 어느 한순간 이루어지지 않는다. 이 후 여러 분야의 여러 단계를 거치며 조금씩 성취된다. 그러나 이 능력 은 어른이 된다고 해서 온전히 성취될 수 있는 것이 아니다. 이 능력 이 충분한 어른도 위기 상황에서는 자신도 모르는 사이에 남 탓을 한 다. 즉, 많은 사람에게 남의 떡은 더 커 보이며 잘못의 원인은 내가 아 니라 상대방이다. 과거에서 현재에 이르는 사회의 많은 갈등은 다양 한 개인이나 집단의 이런 주관적 경향성 간의 충돌로 인해 발생한다 고 생각해 볼 수 있다.

■ **언어적 자기**(verbal or categorical self)

이는 언어적 의사소통이 가능하고 상징적으로 사고할 수 있게 되는 15개월에서 18개월 사이에 출현한다. 이러한 능력의 획득에 따라 아이는 경험에 대한 복잡하고 추상적인 정신 내적 이미지를 만들 수 있게 된다.

계통발생의 계획표에 따라 이 시기 아이의 뇌에서 진행되는 변화를 추정해 보자. 우리는 앞에서 사람의 주된 사고 능력이 언어로 인해 가능해지며, 이 능력이 임계점을 넘을 때 잠재되어 있던 주관적 정신이 출현함을 알아보았다. '존재하고 있음을 인식하는 나' 또한 이로부터 비롯된다. 우리는 또한 앞에서, 하나의 단어는 마치 어떤 글이나 신문 기사의 제목과도 같아서 이하의 많은 내용을 포괄하고 전체를 대표함도 알아보았다. 그런데 아이가 성장할수록 습득하는 단어가 증가한다. 그러므로 약 10개월이 되면 이름을 부르면 반응하고, 15개월이면 신체 부위를 말하며, 18개월이 되면 그림을 보고 이야기하는 흉내를 낼 수 있다.

언어가 발달하는 아이의 뇌에서 시각이나 청각 등의 각 요소를 포함하는 한 패턴의 신경망은 그에 해당하는 하나의 단어에 결부된다. 습득하는 단어가 증가함에 따라 기억된 주된 내용물들은 점차 해당 단어에 귀속되어 결부된다. 이에 따라 기억된, 또는 기억되는 내용물들이 각 단어의 카테고리로 분류되고 정리된다. 이는 마치 어질러진 집을 정리하는 것과 같다. 책은 책꽂이에, 옷은 옷장에, 조리도구는 주방에, 신발은 신발장에 정리한다. 이제 다시 효율적으로 생활할 수 있다. 책꽂이나 옷장은 하나의 단어 카테고리에 해당한다. 이처럼 언어 습득으로 인해 기억된 주된 내용물들이 점점 더 조직화 및 질서화되며 아이의 마음에 정신이 출현할 가능성이 점차 증가한다.

■ 서술적 자기(narrative self)

이는 완전한 문장을 구사할 수 있는 생후 3세에서 5세 사이에 출현한다. 3세의 아이는 자신의 성별과 이름을 말하고 문장을 구사하며 언어적 설명을 알아듣고 생각이나 추리를 할 수 있다. 4세가 되면 큰 어려움 없이 자신의 의사대로 이야기할 수 있으며, 5세가 되면 모르는 단어를 물어본다.

계통발생의 계획표에 따라 이 시기 아이 뇌에서 진행되는 변화를 추측해 보자. 아이의 뇌 발달이 진행되며 뇌 영역 간 뉴런들의 연결 종류는 다양해지고 중요 시냅스의 강도는 점점 강해진다. 이에 따라 정보 전달의 시간이 감소하며 점점 더 효율적인 뇌로 변화한다.

이 시기 아이는 대체로 완전한 문장을 구사할 수 있다. 단어 간의 관계로서 기본적 문법이 설정되고 이를 내재화하여 문장을 말할 수 있게 됨에 따라 아이의 마음이 크게 성장한다. 이처럼 언어 발달 및 사고 능력이 임계점을 넘으며, 잠재되어 있던 주관적 정신이 출현할 토대가 마련된다. 그 결과 초기 형태의 '존재하고 있음을 인식하는 나'가 출현할 수 있다. 이런 측면으로 볼 때 '서술적 자기'야말로 진정한 최초의 자아라고 할 수 있다.

사람들에게 생애 최초의 기억은 무엇일까? 사람들 대부분은 이에 대해 3~5세 사이 또는 그 이후의 기억을 이야기한다. 이는 왜 그럴까? 이 시기에 언어와 사고의 능력이 크게 성장하며 '서술적 자기', 즉 '초기 형태의 주관적 정신'이 출현하였기 때문이고, 객관적으로 바꾸어 말하자면 뉴런들의 시냅스가 더 조직화 및 질서화되어 단단해졌으므로 이후의 발달 과정에서도 해체되지 않는 신경망이 시작되었기 때문이지 않을까 하는 생각을 해 볼 수 있다.

스턴이 제시한 이 5가지의 자기감이 전부일까? 그렇지는 않을 것이다. 경험이 누적되며 자연 준칙에 의해 새로운 능력을 얻게 되고 이와 함께 새로운 자기감이 출현할 수 있기 때문이다. 이런 이유로, 성장하는 마음에는 기존 자기감의 발달 및 상호작용과 함께 추가적 자기감이 얼마든지 출현할 수 있다.

약 10~11세의 아이는 이제 자기 중심성에서 벗어나 다른 사람의 입장으로 생각할 수 있으며, 이때의 자기감은 이전과 질적으로 다를 수 있다. 우리는 이 자아감을 '상대적 자기'로 명명해 볼 수 있다. '상대적 자기'의 출현과 함께 논리적 사고가 가능해진 아이는 자연이나 환경에서 법칙이나 질서를 발견할 수 있게 된다. 이제 아이는 누가 말해 주지 않아도 산타클로스가 존재할 수 없음을 알게 된다.

대체로 사춘기의 후반부인 15~18세경이 되면 인격 형성이 공고해지고 자기 주체성의 확립이 이루어진다. 논리적 사고 능력도 극대화되어 추상적이고 개념적인 사고가 가능해진다. 이런 능력의 획득과 함께 출현한 자아감을 우리는 '객관적 자기'로 명명해 볼 수 있다. 이 자기감의 출현으로 인해 소년 또는 청년은 이제 주체적으로 자신의 인생을 살아갈 수 있게 된다. 자연과 사회의 법칙이나 현상을 보며 가치관, 도덕관, 인생관, 세계관이 확립되기 시작한다. 이제 자신을 좀 더 객관적으로 볼 수 있게 되며, 그러므로 '존재하고 있는 나'에 대한 의문이 가능해진다. 이에 따라 청년은 철학적 탐구나 종교적 사색을 시작할 수 있다. 이 시기의 종교적 능력은 이전과 질적으로 다르다. 어린 시절의 공상이나 애니미즘에서 벗어나 훨씬 더 논리적이고 통합적이다. 이제 청년은 경험을 통해 새로운 가치관을 접하고 이와 타협하거나 받아들이기도 하며 성인으로 성장해 나간다.

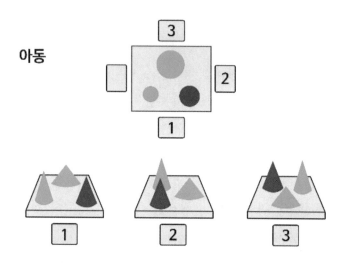

[그림 28] 세 개의 산 실험: 탁자 위에 색깔과 크기가 서로 다른 세 개의 산 모형을 올려 둔다. 탁자의 좌측에 아동이 앉고 다른 세 면(1, 2, 3)에는 인형이 앉도록 한다. 이 상황에서 자신과 다른 위치에 앉은 인형에게 산이 어떻게 보일지에 대해 아동에게 질문한다. 실험 결과 4~6세의 아이는 매우 자기중심적인 관점으로 대답하였다. 즉, 자신과 다른 자리에 앉아 있는 인형에게도 산의 모습이 자신에게 보이는 것과 같이 보일 것이라고 하였다. 6~9세의 아이는 인형의 시각적 관점이 자신의 관점과 다를 수 있다는 것을 이해하지만, 여전히 인형에게 산이 어떤 모양으로 보일지 알아맞히는 데 어려움이 있었다. 9~10세의 아이는 인형의 시각적 관점을 정확히 이해할 수 있었다. 이 실험은 전조작기 아이들이 다른 사람의 관점을 정확히 이해하지 못함을 보여 준다. 이는 전조작기 초반인 2~3세경 더 두드러지게 관찰된다.

이제 아이들의 인지 발달에 대하여 알아보자. 스위스의 철학자이자 자연과학자이며 발달심리학자인 피아제(Jean Piaget, 1896~1980)는 외부 환경의 자극에 따라 아이들이 능동적으로 인지 구조를 구성해 나간다고 보았고, 이를 크게 4단계로 구분하였다.

■ 감각 운동기(0~2세)

영아는 감각을 총동원해 세상을 탐색한다. 눈, 손, 입 등을 사용해 쥐기, 빨기 등의 탐색을 지속하지만 이는 자신 내부의 감각일 뿐, 특정 사물이 감각이나 운동 자극 없이 외부에 존재한다는 사실을 전혀 인식하지 못한다. 이를 인식하는 대상 영속성(object permanence)은 약 4개월경 출현하기 시작하여 약 2세경 완성된다. 그러므로 2세의 아이는 거울 속의 사람이 자신임을 알고 얼굴의 얼룩을 제거할 수 있다.

■ 전조작기(2~7세)

이 시기의 아이는 베개를 아가라고 하며 등에 업는 등 상징적 놀이를 할 수 있다. 아이는 표면적으로 보이는 특징으로 사물을 판단하며, 아직은 보존개념을 가지지 못한다. 자연물에 생명이 있다고 여기는 애니미즘이나 세상의 모든 사물이 사람의 필요에 따라 만들어진 것이라고 여기는 인공적 사고를 보이기도 하며, 꿈이 실제로 일어났다고 여기기도 한다. 피아제는 아이들의 이러한 생각이, 다른 사람이 나와 다름을 모르며 상대의 입장으로 생각하지 못하고 자신을 중심으로 세상을 바라보는 '자기중심적 사고'에서 기인한다고 보았다. 그러므로 아이는 엄마 생일 때 자신이 좋아하는 스티커나 블록을 선물한다. 이런 자기 중심성은 도덕 판단에서도 관찰된다. 도덕이라는 것은 변할 수 없으며, 신이나 국가 권위자가 부여한 것으로 여기고, 행동의 의도가 아닌 결과에 집중하는 경향을 보인다. [그림 28] 피아제의 세 개의 산 실험(Three Mountain Task)은 아이들의 이런 자기 중심성을 알아보기 위해 고안되었다. 피아제 이후 다양한 후속 연구들에 의하면 좀 더 단순화하거나 아이들에게 친근한 소재로 실험한 경우 3세의 아이도 타인의 시각을 알아맞힐 수 있었으며, 보존개념이나 애니미즘의 사고 또는 도덕 판단 등도 좀 더 성숙한 형태임이 확인되었다. 따라서 학자들은 이 시기 아이들의 논리 체계가 완벽하지는 않지만, 피아제가 평가한 것보다는 훨씬 더 유능할 것으로 추정한다.

■ 구체적 조작기(7~11세)

초등학교 1~5학년에 해당하는 시기이며, 아동은 이전의 자기 중심성에서 벗어나 다른 사람의 입장으로 생각할 수 있게 되고, 보존개념을 획득하여 과학실험 등을 이해하고 분류화나 서열화를 할 수 있게 된다. 그러나 아직 추상적 또는 가설적 사고는 어렵다.

■ 형식적 조작기(11세 이후)

청소년기나 사춘기 아이들에 해당하며, 눈에 보이지 않는 것을 생각할 수 있고 추상적이며 개념적인 사고가 가능해진다. 가설을 설정하고 이를 검증하는 과학적 사고 능력도 획득한다.

타인의 생각, 느낌, 행동 등을 그 사람의 관점에서 이해하는 능력, 즉 '조망 수용(perspective taking)'은 공감 능력, 언어 발달, 자아 개념, 자아존중감, 대인 지각, 타인의 의도 추론 등의 발달에 매우 큰 영향을 미친다. 피아제 이후 다양한 후속 연구가 진행되었으며, 셀만(Selman)은 조망 수용의 발달을 5단계로 구분하였다.

① 0단계(3~5세): 타인과 자신이 서로 구별되는 존재임을 인식할 수는 있으나 타인의 생각이나 감정 등 사회적 관점을 자신의 것과 구별하지 못한다.

② 1단계(6~8세): 타인이 그 사람만의 추론에 기반하는 사회적 관점을 가지고 있으며, 이것이 자신의 관점과는 다를 수 있다는 것을 알게 된다. 그러나 통합적 관점보다는 하나의 관점에 초점을 둔다.

③ 2단계(8~10세): 사람들이 타인의 관점을 인지할 수 있다는 것과 이것이 자신과 다른 사람의 관점에 영향을 미친다는 것을 알게 된다.

④ 3단계(10~15세): 상호적이며 동시적으로 자신과 타인 모두 서로를 대상으로 바라볼 수 있음을 알게 된다. 두 사람 간 관계 안에서의 시각에서 나아가, 제삼자의 관점에서 상호작용을 바라볼 수 있다.

⑤ 4단계(14세~성인): 상호적 조망 수용만으로 언제나 완벽한 이해가 가능하지는 않다는 사실을 알게 된다. 사회적 관습이 필요

하다고 여기게 되는데, 이는 집단의 모든 구성원이 그들의 지위나 역할, 혹은 경험에 상관없이 대체로 관습을 받아들이기 때문이다.

지금까지 우리는 원시인류의 진화, 정신의 출현에 필수적인 언어의 중요성, 계통발생과 개체발생의 필연적 연관성 등을 알아보았다. 이에 더하여 출생 후 아이들의 평균적 발달, 자아감 발달, 인지 발달, 조망 수용 등도 알아보았다. 이제 이들을 시간의 순서에 따라 서로 매칭시켜 보자. 이는 개체발생이 대체로 계통발생의 계획표에 의해 진행된다는 추정하에 가능할 수 있다.

출생 후 2개월까지 감각 운동기에 해당하는 '신체적 자기'의 영아 마음은 대체로 감각 그리고 이와 연관된 단위 감정으로 구성되며, 아이는 본능에 의해 행동한다. 양육자가 바뀌어도 이를 잘 인지하지 못하며, 배고픔이나 불편감이 해소되길 바랄 뿐이다. 이는 약 2억 년 전 파충류의 뇌를 가졌을 우리 조상의 마음과 유사할 수 있다.

2~6개월의 시기 '핵심적 자기'를 가진 영아는 외부와 자신을 어렴풋이 구분하며, 엄마와 눈 맞춤을 하고 미소를 보인다. 이 행동은 타인과 교감할 수 있는 감정이 존재함을 의미한다. 이는 약 1억 년 전 포유류의 뇌를 가졌을 우리 조상의 마음과 유사할 수 있다.

7~9개월의 시기 '주관적 자기'의 영아 마음에는 더 뚜렷한 자아감이 출현한다. 마음속 세계의 이 자아감은 인식된 외부 대상들로부터 상당 부분 구분되어 있다. 영아는 이제 자기 자신의 주관적 현실과 다른 사람의 현실이 같지 않음을 인식하기 시작한다. 운동 능력도 발달하여, 약 9개월이 되면 양손을 잡고 한두 걸음을 뗄 수 있으며, 엄

지손가락과 집게손가락을 맞잡을 수 있다. 이는 약 500~300만 년 전 2족 보행을 하며 손을 사용한 루시 등의 오스트랄로피테쿠스와 유사할 수 있다.

15~18개월의 시기 '언어적 자기'를 가진 아이는 이제 기초적 언어 소통이 가능하고, 그림을 보고 이야기하는 흉내를 내며, 스스로 집안일을 도울 수 있다. 이에 따라 상징적 사고를 시작하고, 경험한 내용에 대한 복잡하고 추상적인 정신 내적 이미지를 만들 수 있게 된다. 이는 간단한 언어가 가능했고, 사회성과 공감 능력이 어느 정도 있었으며, 조개껍데기나 코끼리 뼈에 문양을 새겼고, 이런 이유 등으로 추상적 사고를 시작했을 것으로 추정되는, 약 100~50만 년 전의 호모 에렉투스와 유사할 수 있다. 즉, 이 시기 성인 호모 에렉투스의 평균적 언어나 마음의 수준은 '언어적 자기'가 출현한 현재의 아이와 비슷했을 수 있다.

생후 3~5세의 시기에 '서술적 자기'가 출현한 아이는 이제 완전한 문장을 구사할 수 있다. 유치원에 입학하게 된 3세 아이는 자신의 이름을 말하며 언어적 설명을 알아듣고 생각과 추리를 할 수 있다. 이에 따라 상징적 기능이 생기며 옛 방식에서 새로운 것을 창조할 수 있게 된다. 피아제의 '전조작기'에 해당하는 이 시기의 아이는 베개를 아가라고 하는 등의 상징적 놀이를 할 수 있다.

그러나 아직은 여전히 자기중심적이며 타인의 입장으로 생각하는 능력이 부족하다. 직관적이고 비논리적인 방식으로 생각하며, 인과관계를 잘 이해하지 못한다. 상상의 친구를 공상하는 경우가 많고, 이는 사람일 수도 있으나 천사나 의인화된 인형 또는 물건일 수도 있다. 표면적 특징으로 사물을 판단하며, 보존개념을 알지 못한다. 자연물에 생명이 있다고 여기는 애니미즘이나 세상 모든 사물을 사람의 필요에 따라 만들어진 것으로 여기는 인공적 사고를 보이기도 하며, 꿈이 실제로 일어났다고 여기기도 한다. 신체적인 원인과 심리적인 원인의 차이를 구분하지 못하며, 일례로 손가락에 종기가 생겼다면 뭔가 나쁜 짓을 해서 벌을 받는다고 생각하기도 한다.

조망 수용의 0단계에 해당하는 이 시기의 아이는 타인과 자신이 서로 구별되는 존재임을 인식할 수는 있으나, 타인의 생각이나 감정 등 사회적 관점을 자신의 것과 잘 구별하지 못한다. 주변 어른들에게 죽음에 대해 질문하기도 하며, 아이들은 이를 눈앞에서 사라지는 것, 또는 헤어지는 것으로 간주한다. 이별이기 때문에 다시 만날 수 있고, 죽은 사람은 다른 곳에 있다고 믿는다. 즉, 죽음을 대체로 일시적이고 임시적인 것으로 생각한다.

그러므로 우리는 이 시기의 아이가, 호모 사피엔스로 대표될 수 있는 약 50~20만 년 전의 원시인류와 비슷한 언어나 마음을 가졌을 것으로 추정해 볼 수 있다. 이 당시 원시인류들은 생전에 사용하던 물건과 함께 시체를 의도적으로 매장하기도 하였으며, 매장지에서는 제의 관련 도구가 발견되기도 하였다. 학자들은 이런 발견 등으로, 이들이 죽음 및 사후 세계에 대한 초보적 관심이 있었고 원시 형태의 종교를 가졌을 것으로 추측한다. 우리는 이 시기 인류의 종교가 '서술적 자기'의 아이 마음처럼, 직관적이며 비논리적이고 애니미즘 성격을 가지며 의인화되었을 것으로 추정해 볼 수 있다.

10~11세의 '상대적 자기'를 가진 아이는 이제 이전의 자기 중심성에서 벗어나 다른 사람의 입장으로 생각할 수 있게 된다. 이에 따라 논리적으로 생각하고, 자연이나 환경에서 법칙과 질서를 발견할 수 있

으며, 누가 가르쳐주지 않아도 산타클로스가 허구임을 알게 된다. 자율적 도덕성이 생기고 의미 있는 친구 관계를 형성할 수 있으며 추상적 사고도 가능해진다. 피아제의 '구체적 조작기'에 해당하는 이 시기 아이는 보존개념을 통해 과학실험을 이해할 수 있고, 분류화나 서열화를 할 수 있다. 조망 수용의 3단계에 해당하며, 아이는 상호적이며 동시적으로 자신과 타인 모두 서로를 대상으로 바라볼 수 있음을 알게 되고, 경험이 반복되며 두 사람 관계 안에서의 시각에서 나아가, 제삼자의 관점에서 상호작용을 바라볼 수 있게 된다. 이는 잠재되어 있던 '마음속의 타인', 즉 '양심'의 출현을 의미한다. 그 결과, 지금까지 어른들의 교육에 따른 도덕적 행동을 보였다면, 이제는 자율적인 도덕적 행동이 가능해진다.

그러므로 우리는 이 시기의 아이들이 약 3~2만 년 전의 크로마뇽인과 비슷한 언어나 마음을 가졌을 것으로 추정해 볼 수 있다. 이 시기의 크로마뇽인들은 사냥감의 번성과 성공적 사냥을 기원하는 동굴벽화, 의도적 매장, 제사 의식 등 특징을 가진다. 매장지에서는 귀걸이나 목걸이 용도로 추정되는 동물 이빨이나 조개류 등이 발견되었으며, 이는 이들에게 3단계의 조망 수용 능력이 있어, 귀걸이를 한 자신을 타인들이 어떻게 느낄지 알고 있었다는 의미일 수 있다. 즉, 이전의 자기 중심성에서 벗어나 타인의 입장으로 자신을 바라볼 수 있었다고 할 수 있다. 이 능력으로 인해 이들은 낯선 타인들과도 우호적 관계를 형성하며 의미 있게 협력했을 수 있다.

학자들에 의하면, 인류의 언어는 대체로 약 10만 년 전에서 4만 년 전 사이 완성되었다. 그렇다면 이후의 크로마뇽인은 충분한 문법을 사용해 논리적 언어를 구사했을 가능성이 매우 크다. 이와 함께 '상대적 자기'가 출현하고 3단계의 조망 수용 능력을 획득하며 더 객관적으로 자신과 세상을 바라볼 수 있게 된다. 이제 이들은 자신의 신체뿐만 아니라 마음도 제삼자의 입장으로 바라볼 수 있다. 이전까지 이들의 마음에 주어의 나(I)만 있었다면, 이제 목적어의 나(ME)가 출현한 것이다. 이들은 이제 자신의 마음이나 존재에 대해 궁금해 하며 이를 사유의 대상으로 바라보기 시작할 수 있다.

출생 이후 반복된 감각과 감정의 경험 그리고 언어와 사고 능력의 큰 성장에 의해 '서술적 자기', 즉 '초기의 주관적 정신'이 출현한다. 3~5세경의 아이들은 이를 바탕으로 세상을 탐색해 나간다. 아이의 대인관계 경험이 더욱 확대되고, 마음속의 주관적 세계에는 경험한 사람들 그리고 이와 연관된 자신의 감각, 감정, 사고의 기억이 누적된다. 이에 따라 대인관계에 관련된 신경망 패턴이 더욱 다양해지고 시냅스는 더 강해진다. 10~11세경이 되면 언어 발달에 따라 이를 대상으로 하는 사고 능력이 증진되고 그 정도가 임계점에 넘어서며, 아이는 점차 3단계의 조망 수용 능력을 획득하게 된다.

활동 중인 우리 뇌에서는 현재 또는 과거 경험한 대상들과 이에 대한 자신의 감각, 감정, 사고의 다양한 반응이 시간 흐름에 따라 진행된다. 다양한 내용에 따른 크고 작은 다수의 신경망 패턴 흐름이 동시에, 즉 병렬로 진행된다. 이들 중 가장 강력하고 포괄적이며 전체적이고 일관된 패턴의 흐름이 현재 나의 자아감을 이룬다. 그러므로 뇌과학자들은 의식이나 자아가 우리 마음의 주된 흐름이기는 하지만 전체는 아니라고 말한다. 이는 마치 크고 작은 다수의 정당이 존재하는 민주주의 사회에서 선거를 통해 정부 권력이 선출되는 것과 같다. 이때 선출된 정부가 자아나 의식에 해당하며, 이는 대체적인 우리의 행동을 결정한다. 우리 행동의 다른 일부분은 무의식이 결정할 수 있다. 무의식은 출생 후 지금까지 경험으로 기억된 내용 중 의식으로 잘 떠오르지 않는 내용을 의미한다고 할 수 있다.

활동 중인 우리 뇌에 존재하는 현재 또는 과거 경험한 '대상'들과 이에 대한 우리의 감각, 감정, 사고의 '반응' 중, 자아는 주로 '반응'으로부터 비롯된다. 즉, 그동안 경험한 대상들로부터 유발되어 기억된 우리 자신의 주관적 반응이 자아감의 실체이며, 우리의 주관적 반응은 앞에서 알아보았듯이 CAOS로부터 기원한다. 한편, 결합된 한 쌍의 기억된 '대상'과 '반응'은 하나의 기본 모듈로서 작용한다.

아이가 발달하며 경험이 축적되고 임계점들이 돌파될 때마다 새로운 자아감들이 출현한다. 보통 10~11세경이면 출현할 것으로 여겨지는 '상대적 자기'는 뇌 신경망 패턴이 한 단계 더 진전됨을 의미할 수 있다. 이는 앞에서 알아본 신경과학자 에델만에 의해 제시된 재유입 (reentry)의 덕분일 수 있다. 즉 감각피질, 시각피질, 해마체, 전두엽 등으로 넓게 분산되어 있으나 서로 연결되어 통일된 하나의 느낌을 유지하는 존재 감각인 자아감에, 이들에게로 다시 회귀하는 새로운 재유입 회로가 추가됨을 의미한다. 이는 아이의 사고 대상에 자기 자신이 추가됨을 뜻한다. 이제 나(ME)를 획득한 아이는 좀 더 객관적으로 세상을 바라볼 수 있게 된다.

이러한 우리의 추론이 옳다면, 약 3~2만 년 전의 크로마뇽인들은 약 10~11세 '상대적 자기'의 아이와 비슷한 수준의 마음을 가졌을 수 있다. 이 시기의 아이들처럼 양심과 자율적 도덕성을 가졌으며, 논리적 사고나 철학적 사유를 시작했을 수 있고, 종교적 행동을 보였을 수 있다. 동굴벽화나 제사 의식, 특히 귀걸이나 목걸이 용도의 매장품은 이들이 가진 이런 능력의 증거일 수 있다.

15~18세경의 소년 또는 청년 시기에는 인격 형성과 자기 주체성의 확립이 이루어지고, '객관적 자기'가 출현하며 논리적 사고 능력이 극대화되고 추상적, 개념적 사고가 가능해진다. 그러므로 '존재하고 있는 나'에 대한 의미 있는 고민이 가능해진 소년이나 청년은 이제 철학적 탐구나 종교적 사색을 시작할 수 있다.

그러므로 우리는 이 시기 청소년들이 약 8천~2천 년 전 초기 문명인들과 비슷한 수준의 마음을 가졌을 것으로 추정해 볼 수 있다. 약 7천 년 전 도시 국가의 수메르인들은 신분제도, 종교, 예술, 학문, 역법, 설형문자 등의 특징을 가진다. 약 5천 년 전에는 이집트 문명과 인더스 문명, 약 4천 년 전에는 황허 문명이 출현하였다. 이들의 정신세계도 발전하였으며, 이전의 애니미즘, 토테미즘, 다신교에서 나아가 약 4천 년 전 현존하는 가장 오랜 유일신 종교인 유대교가 출현하였다. 약 2천 5백 년 전 각 지역 인류의 정신과 종교는 크게 도약하였다. 인도에서는 석가모니에 의해 불교가 시작되었고, 중국에서는 공자와 맹자가 탄생하였으며, 고대 그리스에서는 소크라테스, 플라톤, 아리스토텔레스의 다양한 학문이 발달하였다.

수메르의 설형문자 이후, 그동안의 언어에 더하여 문자를 사용하게 됨에 따라 인류의 학문, 정신, 종교, 예술 등은 급격한 발전을 보이게 되었다. 이는 '객관적 자기'를 가지게 된 15~18세경 청소년들의 급격한 학문적, 정신적 발달과 유사할 수 있다.

자연 준칙과
마음

우리는 앞에서 자연 준칙 자발적 대칭 깨침에 따라 새로운 하위 대칭이 형성됨을 알아보았다. CAOS의 주관성은 오랜 계통발생의 진화를 거쳐 우리의 마음에 이르며, 이에 따라 새로운 대칭 깨짐이 발생할 수 있다. 그 결과 새로운 '무엇'과 그 '성질'이 출현한다. 우리는 새로운 '무엇'을 '자아감'이나 '자기'로, 그 '성질'을 '욕구'나 본성으로 생각해 볼 수 있다. 우리의 추론이 옳다면, 출생 이후 순차적으로 출현한 자아 감들은 각각 그에 해당하는 욕구를 가진다.

'신체적 자기'가 출현하는 출생 후 2개월의 영아는 보통 신체와 연관된 '생리적 욕구'를 가진다. 이에 따라 아이는 모유를 먹고, 대소변을 보며, 잠을 잔다. 욕구 충족이 안 되어 불편감을 느낀 아이는 바둥거리거나 울며 의사를 표현한다. 이는 엄마의 반응을 유발하며, 이에 따라 아이의 욕구가 충족될 수 있다.

'핵심적 자기'가 출현하는 생후 2~6개월의 영아는 대체로 이전의 생리적 욕구에 더하여 '엄마가 존재함에 대한 욕구'를 가진다. 이 시기의 아이는 아직 엄마를 서로 독립된 사람이라기보다는 대체로 자신과 통합된 관계로 인식한다. 이러한 엄마가 옆에 있다는 것은, 자신의 생리적 욕구가 큰 어려움 없이 충족됨을 뜻한다. 아이는 경험을 통해 이를 알고 있다. 그러므로 아이는 엄마의 존재 그 자체로 인해 편안함과 안전함을 느낀다.

우리는 앞에서 자아감이 외부 대상이나 환경의 자극으로부터 유래함을 알아보았다. 탄생한 자아감은 계통발생의 계획표에 따라 좀 더명확해지려는 지향성, 즉 욕구를 가진다. 이는 아이의 외부 대상에 대한 관계 욕구를 뜻한다. 그런데 엄마는 이런 아이의 욕구를 충족시켜 줄 가장 확실한 사람일 수 있다. 이런 이유 등으로, 엄마와 눈 맞춤을 하거나 미소를 보이며 아이의 대인관계 능력이 시작된다.

'주관적 자기'를 가지는 생후 7~9개월 영아는 이전 단계에서 이미 엄마의 존재로 인해 상당 부분 편안함과 안전함을 확보하였다. 이 시기의 아이는 여기서 한발 더 나아가 엄마와의 관계 유지 및 확대, 즉'애정의 욕구'를 가진다. 이제 자신과 외부의 대상을 더 잘 구분할 수있게 된 아이는 엄마와 함께 있을 때 만족감을 느끼고, 엄마가 보이지 않으면 불안해진다. 이 경우, 엄마를 대신할 담요나 고무젖꼭지 등으로 위안을 받기도 한다.

애정의 욕구가 어느 정도 충족된 아이는, 자신과 엄마가 서로 소속되어 있다고 느낀다. 이는 그 대상인 엄마에 대한 강한 애착과 애정능력의 발달을 초래한다. 이에 따라 익숙한 가족 외의 사람들, 즉 자신과 서로 소속되어 있지 않은 사람들에게 낯가림의 불안 반응을 보인다. 이는 불확실한 외부에 대항하여 자신과 연결된 애정의 세계를 보호하려는 자연스러운 반응이라고 볼 수 있다. 이러한 반응은 아이가 애정욕구를 가지고 있고, 이 욕구가 엄마 등 가족들로부터 충족되고 있으며, 아이에게 애정 능력이 있음을 의미할 수 있다.

'언어적 자기'를 가지는 생후 15~18개월의 아이는 두 발로 걷고 뒤뚱거리고 뛰며 집안일을 돕고 그림을 보며 이야기하는 흉내를 낼 수 있다. 이는 계통발생의 계획표에 따라 신체기능 및 운동 능력이 발달한 덕분이다. 이에 따라 이전부터 존재하던 '인지의 욕구'를 충족시킬 수 있게 된다. 아이는 부지런히 여기저기 다니며 신기하게 생긴 물건을 만지고 흔들며 던지고 깨물어 본다. 이를 통해 아이의 궁금함이나 호기심, 즉 '인지의 욕구'가 충족된다.

아이들의 욕구나 능력은 그 출현 시기 이후의 과정 및 단계들을 통해 지속 발달한다고 볼 수 있다. 그런데 특정 욕구나 능력에 대해 특히 중요한 발달 시기가 있을 수 있다. 예를 들어보자.

엄마 등 애정 대상들로부터의 '관심과 칭찬의 욕구'는 이전 단계인 '애정의 욕구'와 결부되어 출현한다고 추측해 볼 수 있다. 관심이나 칭찬이 애정의 일부분이기 때문이다. 이런 '관심과 칭찬의 욕구'는 운동 능력이 발달하여 외부 탐색 활동이 증가하는 이 시기의 아이에게 특히 중요할 수 있다. 이전까지는 이런 행동을 할 수 없었기 때문이다. 이 시기 아이의 활동은 큰 폭으로 증가한다. 이에 비례하여 부모의 관심과 걱정도 증가한다. 이에 따라 이전 단계에서 출현했을 '관심과 칭찬의 욕구'가 지금 시기에 더 중요해질 수 있다.

물건을 깨물어 보거나 던지고, 위험하게 놀며 집 안을 어질러 놓고, 그림을 보고 이야기하는 흉내를 내는 등 아이는 이전보다 한층 더 진전된 활동과 능력을 보인다. 이에 따라 부모는 염려하며 혼내거나 개입할 수 있다. 그러나 과도한 개입은 바람직하지 않다. 대신 적절한 관심이나 칭찬이 필요하다. 다른 욕구들과 마찬가지로 이 '관심이나 칭찬의 욕구' 충족에서도 적절함이 중요하다. 너무 과도하거나 부족한 관심이나 칭찬은 좋지 않으며, 상황별로 대체로 일관적이고 자연스러운 관심이나 칭찬이 바람직하다. 때로는 무관심하거나 혼을 낼 필요도 있다. 발달 중인 아이이므로 포옹 등의 신체접촉, 표정, 몸짓, 의성어 등의 비언어적 관심이나 칭찬이 더 효과적일 수 있다. 이 욕구가 적절히 충족된 아이들은 만족감을 느끼며 자신에 대해 뿌듯해한다. 이는 아이 자신감 또는 자존감의 근원이 될 수 있다.

적절히, 즉 임계점을 넘어 충족된 애정욕구는 계통발생의 계획표에 따라 뇌에 잠재해 있는 타인에 대한 애정 능력을 활성화한다. 이는 아이에게 타인을 향한 애정 능력이 출현함을 의미한다. 이와 마찬가지로 '관심이나 칭찬의 욕구'가 적절히 충족된 아이들에게, 타인을 향한 관심이나 칭찬의 능력이 출현한다. 이제 확고한 자신감 또는 자존감을 장착한 아이는 관심의 대상을 엄마에서 타인으로 돌릴 수 있다. 그러므로 2~3년 정도 더 발달하면 이제 더는 엄마에게 집착하지 않는다. 다른 욕구들처럼, 이런 '관심과 칭찬'의 욕구는 성인이 되어도 지속된다. 그러나 이 욕구가 적절히 충족되어 있는 사람은 설령 주변의 관심이나 칭찬이 부족하더라도 이에 크게 집착하거나 개의치 않고 자신의 인생을 살아갈 수 있다.

'서술적 자기'를 가지는 3~5세의 유치원 아이들에게는 초기 형태의 주관적 정신이 출현한다. 이는 아이에게 '존재하고 있음을 인식하는 나'가 시작됨을 의미한다. 이에 따라 이 시기 아이들에게 '자율성 또는 주도성의 욕구'가 출현함을 추측해 볼 수 있다. 이는 아이가 성장하며 요구되는 기저귀 떼기나 식사 예절 등에 대한 부모 훈육, 즉 타율과 맞물리며 더 중요해진다. 다른 욕구들과 마찬가지로, 이 욕구가 적절히 충족된 아이에게는 타인을 향한 자율성과 주도성의 능력이 출현한다. 이에 따라 성인이 되어 사회생활을 할 때, 자기 자신이나 타인에게 과도하게 엄격하거나 방임하여 자신이나 타인을 괴롭히지 않는다. 또한 우호적인 상하관계를 맺을 수 있고, 맹목적으로 타인에게 의존하지 않으며, 원만한 대인관계를 보일 수 있다.

'상대적 자기'가 출현하는 10~11세의 초등학교 고학년 아이들은 이전의 자기 중심성에서 벗어나 상대의 입장으로 생각할 수 있고, 충분한 조망 수용 능력을 획득하였으며, 이로 인해 의미 있는 친구 관계를 시작할 수 있다. 이에 따라 이 시기의 아이들에게 기존 애정욕구의 일종으로 볼 수 있는 '친구 관계의 욕구'가 출현한다. 아이들은 좌충우돌하며 친구 관계를 배워 나가고, 친한 친구가 있으면 애정과 소속감을 느끼며 즐겁지만, 그렇지 않으면 외로움을 느끼며 힘들어한다. 이 욕구는 향후 사회생활의 바탕이 될 수 있다.

'객관적 자기'를 가지는 15~18세의 청소년들은 지금까지의 발달과 다양한 경험을 토대로 이제 세상을 좀 더 객관적으로 볼 수 있게 되었다. 그 결과 가치관이나 세계관이 확립되고 인격 형성이 공고해지며 자기 주체성이 확립된다. 이에 따라 기존 자율성 또는 주도성 욕구의 일종으로 볼 수 있는 '독립의 욕구'가 출현한다. 청소년은 주도적이고 독립적이며 간섭 없는 생활을 원하게 되고, 이는 부모와의 마찰을 야기하기도 한다. 주로 이 시기에 시작되는 부모로부터의 심리적 독립은 현실적인 독립의 생활을 획득한 이후에도 지속되는, 상당히 오랜 기간에 걸친 과제일 수 있다.

이처럼 자아감이 출현하는 각 시기에 따라 이에 상응하는 본성들, 즉 욕구나 능력이 시작된다. 한편 계통발생의 계획표에 의한 욕구 발현의 자발성, 그리고 이들의 주관적 해석 경향성 등으로 볼 때 욕구 충족의 임계점은 그리 높지 않다고 생각해 볼 수 있다.

적절하게 욕구가 충족된 아이는 편안함, 안전함, 행복감, 자신감, 해방감 등 대체로 GOOD의 감정을 느끼며 성장해 나간다. 그러나 욕구 충족이 좌절된 경우는 그렇지 않다. 불편감, 불안감, 불행감, 열등감, 억압감 등 BAD의 감정을 느낀다. 이러한 이전 단계 욕구의 미충족은 다음 단계의 마음 발달을 더디게 할 수 있다. 그러나 이런 양쪽 극단의 경우는 존재하기 어렵다. 절대다수의 아이들은 이러한 GOOD 또는 BAD의 감정을 고루 경험한다. 상황에 따라 그 내용과 강도가 다를 뿐이다.

이런 마음의 욕구들은 성인이 되어서도 지속된다. 미국의 심리학자이자 철학자인 매슬로(Abraham Harold Maslow, 1908~1970)는 1943년 논문을 통해 욕구 단계 이론(hierarchy of needs theory)을 발표하였다. 그는 5가지 단계별 욕구를 제시하였고, 하위 단계의 욕구가 충족되어야만 상위 단계의 욕구가 나타난다고 보았다.

생리적 욕구(physiological needs)는 가장 하위 단계의 가장 강한 욕구이다. 이는 음식, 물, 성, 수면, 항상성, 배설, 호흡처럼 생존에 필요한 신체적이며 본능적인 욕구이다. 가장 중요하고 기본적이므로 다른 어느 욕구보다 먼저 충족되어야 한다.

생리적 욕구가 어느 정도 충족되면 안전의 욕구(safety needs)가 우위를 차지한다. 이는 두려움이나 혼란스러움이 아닌 평상심이나 질서를 유지하려는 욕구로, 불확실한 것보다는 확실한 것, 낯선 것보다는 익숙한 것을 선호하며 개인적 안전, 재정적 안전, 건강함, 사고나 병으로부터의 안전 등을 포함한다.

이런 욕구들이 충족되면 대인관계로부터 오는 애정과 소속의 욕구(need for love and belonging)가 나타난다. 사람들은 사랑받기를, 그리고 사랑하기를 원하며 집단에 소속되려고 하는 욕구가 있다. 규모가 큰 사회 집단으로 직장, 종교, 전문적 조직, 스포츠팀 등이 있으며, 소규모 사회 집단으로 가족, 친구 등이 있다. 이런 욕구의 충족이 부족할 때 사람들은 외로움이나 대인관계의 고통을 느끼고, 스트레스나 우울감 등에 취약해진다.

이런 욕구들이 충족되면 존중의 욕구(need for esteem)가 우위를 차지한다. 이는 가치 있는 존재로 타인들에게 수용되고자 하는 인간의 전형적 욕구이다. 매슬로는 낮은 수준과 높은 수준의 두 종류 존중감을 제시하였다. 낮은 수준의 존중감은 타인에게 존중받으려는 욕구이다. 이는 지위, 인정, 명성, 위신, 주목 등과 같은 외적 존중감이다. 높은 수준의 존중감은 자기 자신에게 존중받으려는 욕구이다. 이는 강인함, 경쟁력, 숙련됨, 자신감, 독립성, 자유 등과 같은 내적 존중감이다. 이 두 종류의 존중 욕구가 충족될 때, 즉 다른 사람들로부터 인정을 받을 뿐만 아니라 스스로 자신을 중요하게 느낄 때 비로소 존중의 욕구가 충족되었다고 할 수 있다. 이 욕구의 충족이 부족할 때 사람들은 열등감, 수치심, 분노 등에 시달릴 수 있다.

가장 상위 단계인 자아실현의 욕구(self-actualization needs)는 각 개인이 타고난 능력 또는 성장 잠재력을 실행하려는 욕구이다. 매슬로에 의하면 모든 사람이 이 욕구를 가지는 것은 아니다. 이 욕구는 하위 단계의 욕구들이 충족된 이후에 나타나기 때문이다.

미국의 심리학자 앨더퍼(Clayton Paul Alderfer, 1940~2015)는 매슬로가 제시한 5단계 욕구 핵심 요소들의 공통되는 부분을 중심으로 다시 분류하여 존재 욕구, 관계 욕구, 성장 욕구의 3단계로 축소 제시하였다. 매슬로와 달리 그는 각 욕구의 중요성이 개인에 따라 따르고, 이 욕구들이 동시에 작용할 수 있다고 보았다.

지금까지 우리는 발달 단계별 자아감의 출현에 대응하여 나타나는 대표적 욕구나 능력에 대해 알아보았다. 이 본성이 적절히 충족된 아이는 편안함 등 GOOD의 감정을 느끼고, 좌절된 경우는 불편감 등 BAD의 감정을 느낀다. 이처럼 발달 과정을 거치며 획득된 욕구들의 발현은 성인이 되어서도 지속된다. 이는 매슬로 등이 제시한 욕구들과 같은 것일 수 있다. 계통발생의 계획표 순서에 따라 출생 후 아이들의 자아감이 출현하듯이, 대체로 발달 과정의 욕구 출현 순서에 따라 성인들의 욕구가 나타난다고 생각해 볼 수 있다.

매슬로에 의하면 이런 욕구들의 충족이 부족할 때 외로움, 우울감, 열등감, 무력감 등에 시달릴 수 있다. 이는 발달 과정의 아이들처럼 성인들도 욕구가 충족되면 GOOD, 좌절되면 BAD 감정을 느낄 수 있음을 의미한다. CAOS의 주관성처럼 우리 마음은 GOOD을 늘리려 하고 BAD를 줄이려 한다. 이러한 스스로 보호하려는 지향성에 따라 우리 마음은 다양한 방향으로 변화해 나간다.

세상의 대부분 엄마는 자신이 아이를 양육한다고 생각한다. 그러나 아이의 입장으로는 다르다. 자연의 원리에 의한 외부 도움과 함께 자신이 성장하는 것이다. 따라서 발달 과정을 통해 이런 욕구들이 충분히 충족되지 못했다고 해서 모두 문제가 되는 것은 아니다. 아이는 여전히 욕구를 충족하려 한다. 그러므로 미충족된 욕구는 이후 선생님, 상담자, 책 속의 인물 등을 통해 충족될 수 있다.

성장하는 아이의 주관적 마음에는 또 다른 보호 수단이 발달한다. 부정, 투사, 억압, 합리화, 승화 등의 다양한 방어기제이다. 이들은 자아가 위협받는 상황에서, 무의식적으로 자신을 속이거나 상황을 다르게 해석하여 감정적 상처들로부터 자신을 보호할 수 있다. 앞에서 알아보았듯이 마음은 평생 성장한다. 미성숙한 방어기제는 이후의 대인관계 및 사회생활을 통해 보완되고, 성숙한 방어기제는 이런 경험이 누적되며 더욱 정교해질 수 있다.

우리는 자아감이 하나가 아니라 다중의 층으로 이루어져 있음을 알아보았다. 이런 자아감들은 경험한 대상들로부터 유발된 주관성의 반응이 누적되며 탄생한다. 자아의 기원이 되는 최초의 주관성은 GOOD과 BAD로 이루어져 있으며, 약 40억 년 전 CAOS 복잡계에 자연 준칙이 적용되며 제5의 힘과 함께 출현한다. 복잡계는 대체로 더 온전해지려는 효율 지향성인 전자기력에 의해 출현하며, 우주 4 힘의 일종인 전자기력은 자연의 '엔트로피 원리'로부터 비롯된다. 한편 우주의 모든 변화는 자발적 대칭 깨짐의 자연 준칙에 따라 발생하며, 자연 준칙 또한 빅뱅 이전부터 존재했을 '엔트로피 원리'에서 비롯된다. 이런 인과관계는 자아감과 욕구 역시 가장 근본적으로는 확률적 분포를 만족하려는 우주의 근원적 성질, 즉 '엔트로피 원리'에서 기원했음을 의미한다. 그러므로 우리는 주관적 자아나 마음이 객관적 자연으로부터 비롯되었으며, 자연의 한 부분임을 생각해 볼 수 있다.

이는 발달 과정에서뿐만 아니라 성인이 된 이후에도 우리 마음에 자연의 지향성이 적용됨을 의미한다. 위 이유에 더하여, 자연에는 대체로 이전의 근본 하위 위계 원리가 이후의 상위 위계에 적용되는 경향성이 있기 때문이다. 그런데 계통발생의 계획표를 작성한 자연의 진화는 대체로 효율성 증가의 지향성을 가진다. 즉, 더 효율적인 종이 자연 선택된다. 이는 상위 위계인 우리 마음에도 적용된다. 이에 따라 대를 이어 가는 계통발생에서의 진화 방향, 즉 효율성 증가가 살아 있는 개체인 우리 마음에서도 진행된다.

이는 우리 마음의 진화, 즉 성장을 의미한다. 그러므로 나이가 들어가며 몸은 늙지만, 경험이 누적되며 마음은 끊임없이 변화하고 성장한다. 이에 따라 10년 후의 나는 현재의 나보다 대체로 더 자신의 감정 처리에 능숙하며, 자신과 세상을 더 객관적으로 바라보고, 원만한 대인관계를 가지며, 더 지혜롭다.

사람의 마음은 그리 단순치 않다. 자연의 많은 지향성이 적용되기 때문이다. 대표적 한 가지를 생각해 보자. 자연의 '엔트로피 원리'로부터 비롯된 '엔트로피 증가 지향성'과 '효율 지향 힘'은 서로 구분, 대립, 균형, 조화를 이루며 자연 준칙에 따라 대상들을 변화시켜 나간다. 앞에서 우리는 화학 반응의 깁스 에너지가 이 두 힘의 작용과 연관되어 있음을 알아보았다. 이 근원 하위 위계의 원리는 상위 위계인 생명체 복잡계에, 그리고 우리의 마음에 적용된다.

사람의 마음에서 '엔트로피 증가 지향성'은 대체로 '무질서의 증가', 즉 '자유'의 형태로 나타난다고 볼 수 있다. 이에 반하여 화학 반응의 엔탈피가 낮아지려는 지향성처럼 '효율 지향 힘'은 대체로 '질서의 증가', 즉 '안정'의 형태로 나타난다고 볼 수 있다. 그렇다면 화학 반응에서 엔트로피와 엔탈피의 함수인 깁스 에너지에 의해 물질의 상태가 결정되듯, 우리의 마음에 따른 행동도 자유와 안정의 함수로 결정될 수 있다. 그러므로 대체로 결혼은 이로 인한 자유 감소보다 안정 증가가 더 클 때 성립한다고 볼 수 있다. 그러나 실제 현실의 결혼 여부 결정에서는 상대에 대한 애정의 정도, 인적 또는 경제적 상황 등 여러 요인이 작용한다. 이처럼 우리 마음에는 자연의 지향성, 자아의 욕구, 성장 과정의 경험 등 다양한 요소들이 작용한다. 그러므로 결코 단순할 수 없다.

앞에서 우리는 자연이 모듈성을 가지고 있으며, 우주가 성립하려면 서로 구분되거나 대립하는 두 가지 이상의 대상이 존재해야 함을 알아보았다. 하위 위계의 이 근원 원리는 최근 상위 위계인 사람의 마음에도 적용된다. 이처럼 두 가지 이상의 서로 구분되는 대상이 대립, 균형, 조화를 이루며 우리 마음을 만들고 변화시켜 나간다. 서로 대립하는 대상들은 기본이 되는 두 대상의 대립으로부터 시작된다고 할 수 있다. 이는 '엔트로피 증가 지향성'과 '효율 지향 힘'의 대립, 각 자아감 욕구들의 대립, 과거 경험과 현재 경험의 대립 등 매우 다양하다. 이 두 대상은 마치 줄다리기하듯 힘을 겨루며, 그 승패에 따라 우리의 마음이나 행동이 변화해 나간다.

우리는 또한 앞에서 원시의 단세포 생명체가 주변의 환경에 따라 GOOD 또는 BAD의 주관성을 나타냄을 알아보았다. 사람의 마음도 크게 다르지 않다. 조용한 곳에서 깊이 생각하는 경우처럼 주변의 환경과 무관하게 마음 내부에서 진행되기도 하지만, 보통은 사람의 마음도 다른 생명체들의 주관성처럼 신체 내부 또는 외부의 환경에 반응하며 변화해 나간다.

이러한 '환경에 대한 반응'과 '두 대상의 힘겨루기'는 시간 흐름에 따른 우리 마음 변화의 주요 요인일 수 있다. 이 과정은 마치 헤겔이 제시한 정반합의 변화와도 같다. 이는 하루의 시작인 아침부터 나타난다. 아침 식사를 할지 말지, 머리를 감을지 말지 결정한다. 오른쪽 길로 갈지 왼쪽 길로 갈지 대립한다. 거래처 직원의 요구를 들어줄지 말지, 점심은 무엇을 먹을지 결정한다. 이런 대립은 아침부터 저녁까지 계속된다. 조금 더 길게 생각해 보자.

학생들에게 시험은 중요한 이벤트이다. 평소 느긋하던 학생도 시험 기간이 되면 긴장하여 공부를 시작한다. 놀기, 즉 '이완'과 공부하기, 즉 '긴장'의 힘겨루기에서 '긴장'이 승리한 것이다. 반대의 경우도 있다. 긴장된 생활을 하던 어떤 회사원은 주말이 되면 늦잠을 자며 마음의 이완과 자유를 느낄 수 있다.

좀 더 긴 기간도 마찬가지이다. 대체로 시장경제는 수년 또는 수십 년의 주기로 호황과 불황을 반복한다. 이는 각 사람에게 외부 경제환경으로 작용하며, 대다수 사람은 이의 영향을 받는다. 호황의 경우 사람들은 풍족하다. 그러므로 여행 등의 하고 싶은 일, 자동차나 비싼 옷 등 사고 싶은 물건을 큰 문제 없이 살 수 있다. 즉, 자유를 누리고 맘껏 자신을 뽐낼 수 있다. 불황의 경우는 반대이다. 사람들이 가난해진다. 그러므로 여행이나 사치품 구매는 매우 제한되며, 줄어드는 계좌를 보고 생존에 위협을 느낀다. 이에 따라 절제되고 검소한 생활을 하며 안정을 추구하게 된다.

이는 '엔트로피 증가 지향성', 즉 자유와, '효율 지향 힘', 즉 안정의 대립으로 생각해 볼 수 있다. 수많은 사람의 마음에서 호황의 경우에는 '자유'가, 불황의 경우에는 '안정'이 승리한다. 그러므로 호황의 경우 과소비, 불황의 경우 내핍의 감정과 사고 그리고 이에 따른 행동이 나타난다. 한편 이를 자아 욕구들의 대립으로 볼 수도 있다. 호황의 경우 과시 욕구가 승리하며, 불황의 경우 생존 욕구가 승리한다. 그러나 모든 사람이 이러한 패턴을 보이는 것은 아니다. 어릴 때부터의 경험으로 인해 절제가 몸에 밴 사람은 호황이 와도 과소비하지 않는다. 호황과 불황의 주기를 한두 번 경험해 본 지혜로운 사람도 같다. 호황 시에 불황을, 불황 시에 호황을 대비한다. 이는 경험을 통해 마음이 진화, 즉 성장한 사람이다.

이러한 마음의 성장은 마치 헤겔의 정반합 과정과도 같다. '정'과 '반'을 거쳐 형성된 '합' 또는 새로운 '정'은, 이전의 '정'과 다르다. 마음에서도 같다. 불황을 겪어 본 지혜로운 사람의 마음에는 이에 대한 이해와 대응이 준비되어 있다. 그러므로 새롭게 찾아온 불황에 그리 어렵지 않게 대처해 나갈 수 있다. 이러한 성장은 주로 이전의 경험을 관찰하고 분석하는 사고 능력에 기반한다. 그러므로 탐욕이 가득한 원숭이는 항아리에서 손을 뺄 수 없지만, 마음이 성장하는 사람은 손을 빼 생존할 수 있게 된다.

이처럼 사람의 마음도 정반합을 거치며 성장한다고 볼 수 있다. 그 이유는 무엇일까? 우리는 사람의 마음도 우주의 대상들처럼 자연 준칙에 의해 변화해 나감을 추정해 볼 수 있다. 즉, 환경의 변화에 따라 대립하는 힘들 간의 균형이 무너지고 대칭 깨짐이 발생하며 우주는 앞으로 나아간다. 이는 '환경에 대한 반응'과 '대상들의 힘겨루기'라는 우리 마음의 주된 변화 과정과 유사하다. 대립하는 힘들이 우주에서는 엔트로피와 전자기력 등이라면, 마음에서는 자유와 안정 등으로 바뀌었을 뿐이다. 마음속 새로운 '정'의 출현은 우주의 새로운 자발적 대칭 깨짐에 해당한다고 생각해 볼 수 있다.

앞에서 우리는 우리의 주관적 자아나 마음이 객관적 자연으로부터 비롯되었고, 자연의 한 부분임을 알아보았다. 즉, 인과적으로 볼 때 우리의 주관적인 마음은 객관적인 뇌 작용의 결과물이다. 뇌 과학자들에 의하면, 아주 작은 시간의 차이로 우리가 어떤 감각을 느끼거나 결정을 내렸다고 인지하기에 앞서 뇌는 이미 그 결정을 내리고 있다. 즉, 뇌가 원인이고 마음은 그 결과이다. 이는 호황과 불황의 경우처럼 장기간에 걸친 마음의 성장 또한 뇌의 변화가 그 원인일 수 있음을 의미한다. 외부의 환경 변화에 따른 경험이 누적되며 뇌 신경망들의 구성이나 시냅스 강도가 이에 부합하게 변화하고, 시간에 따른 신경망 흐름 순서 등에 변화가 발생한다. 동전의 양면처럼 이런 뇌의 변화는 곧 마음의 성장을 의미한다. 이처럼 우리 마음은 개체인 나의 뇌에 자연의 원리가 발현된 결과로써 존재한다.

사람의 마음은 다른 생명체의 주관성처럼 대체로 신체 내부 또는 외부의 환경에 반응하며 변화해 나간다. 그럼 조용한 곳에서 생각에 잠기는 경우는 어떨까? 이는 언뜻 외부 환경이나 신체 내부 환경과 무관해 보인다. 그러나 우리는 여기에 뇌 내부의 환경을 추가할 수 있다. 즉, 이 경우는 뇌 신경망이라는 환경에 따른 결과로 생각해 볼 수 있다.

사람들은 대체로 머리가 복잡하거나 고민거리가 있을 때 조용한 곳을 찾아 생각에 잠기곤 한다. 머리가 복잡하다는 것은 활성화된 정보가 과도하게 많아 뇌 신경망들이 효율적으로 작동하지 못함을 뜻한다. 이는 마치 동시에 여러 작업을 수행하며 느려진 컴퓨터와 같다. 효율 지향성을 가진 우리 뇌는 이 상황을 벗어나고자 하며, 이는 조용한 곳을 찾는 우리의 마음과 행동으로 이어진다.

충분히 고민하여 복잡한 마음이 정리되면 우리는 편안함을 느끼며 다시 일상을 살아갈 수 있게 된다. 그러므로 우리는 조용한 곳에서 생각에 잠기는 경우도 환경에 따른 반응의 일종으로 생각해 볼 수 있다. 이는 우리 마음의 모든 진행이 외부 또는 내부 환경의 변화에 따른 뇌 작용의 결과물일 수 있음을 의미한다. 조금 더 나아가, 우리는 우리의 장기적 마음과 이에 따른 행동도 대체로 장기적 환경의 종속 변수임을 어렵지 않게 추론해 볼 수 있다.

그렇다면 우리의 주관적 기억, 의식, 자아, 마음, 정신 등은 모두 객관적 자연에서 비롯되었고 환경에 따른 뇌 작용의 결과물이므로, 우리의 마음은 자연과 뇌의 노예이며 아무 의미가 없는 것일까? 그렇지는 않을 것이다. 이는 대체로 주관과 객관에 대한 오해에서 비롯된다고 볼 수 있다.

앞에서 우리는 천동설과 지동설, 시공간 차별성과 동등성, 우주의 무한과 유한 등의 예로 주관과 객관이 다름을 알아보았다. 5차원 이상의 입장으로 볼 때, 우주는 결정된 하나의 '4차원 공간도형'일 뿐이다. 그러나 우리는 5차원의 존재가 아니다. 3차원의 공간에서 시간에 따라 살아가는 존재들이다. 입장이 매우 다르다. 즉, 5차원 입장으로는 우리 미래가 결정되어 있지만 우리 입장으로는 그렇지 않으며, 자유의지에 의한 행동에 따라 미래는 변화한다.

CAOS의 출현 이후 생명체는 GOOD을 늘리고 BAD를 줄이려는 주관적 지향성을 가지고 진화해 왔다. 그런데 이 지향성의 충족 정도는 종에 따라 다르다. 일례로 대부분 식물에서 이 지향성은 그리 만족스럽지 못하다. 주어진 환경에 따라 GOOD 또는 BAD를 수동적으로 느낄 수밖에 없기 때문이다. 동물은 다르다. 스스로 몸을 움직여 자신에게 GOOD을 주는 장소로 이동할 수 있다. 즉, 더 능동적이다. 사람은 여기에서 한 단계 더 나아간다. 무수한 진화의 결과 감정에 더하여 사고 능력을 가지게 된 인류는 주변의 해로운 환경을 이로운 환경으로 바꿀 수 있으며, 이로운 환경을 좀 더 이로운 환경으로 변화시킬 수 있다. 그러므로 인류는 이 지향성의 충족 정도가 가장 높은 종일 수 있다.

이는 언어 발달에 의한 인류의 사고 능력에 기인한다고 볼 수 있다. 우리는 지금까지의 경험과 학습을 토대로 눈앞의 상황을 바라보고 느끼고 생각한다. 그리고 결정하여 행동한다. 이런 주관적 행동은 외부의 객관적 환경을 변화시킬 수 있다.

일례로 맹자의 어머니는 시장 인근에서 장사 흉내를 내는 맹자를 보고 서당 인근으로 이사했고, 이곳에서 살며 글 읽는 흉내를 내던 맹자는 훗날 대학자로 성장하였다. 외부의 환경이 맹자의 마음에 영향을 끼친 것이다. 이처럼 사람의 주관적 결단에 따라 변화된 외부 환경은 다시 주관적 마음에 영향을 미친다. 우리는 이를 익히 알고 있으며, 사람들은 자신에게 영향을 미치는 환경을 바꿈으로써 자신의 마음을 스스로 바꿀 수 있다. 이런 변경의 대상이 되는 환경은 매우 다양하다. 맹자의 경우처럼 공간적 환경일 수도 있고, 시간, 물건, 사람, 습관, 복장 등이 될 수도 있다.

몸무게의 감량을 고민한다고 해 보자. 여러 방법이 있을 수 있다. 그런데 이에 더한 작은 습관 하나가 그 성공의 여부를 좌우할 수도 있다. 이는 아침마다 몸무게를 재는 것이다. 반복된 이 행동이 나도 모르게 내 마음에 영향을 미친다. 마음속에서 음식에 대한 욕구와 다이어트에 대한 욕구가 서로 대립하며 힘겨루기 중인데, 이 작지만 반복되는 행동이 추가되며 그 균형이 깨질 수 있다. 이 행동이 다이어트 욕구 신경망에 힘을 보태기 때문이다. 그 결과 대칭이 깨지며, 즉 다이어트 욕구가 승리하며 이는 음식을 절제하는 행동으로 이어지고 이에 따라 몸무게를 감량할 수 있게 된다.

또 다른 예를 생각해 보자. 과학자들에 의하면 파괴되었던 남극 상공 오존(O_3)층이 20% 이상 회복되고 있는 것으로 밝혀졌다. 이는 1987년 세계 각국이 '몬트리올 의정서'를 통해 냉장고나 에어컨의 냉매 또는 헤어스프레이에 사용되는 인공화합물인 프레온 가스를 전면 금지한 성과이다. 이제 인류는 오존층 파괴에 따른 자외선이나 태양 방사선 등의 위협으로부터 어느 정도 안전을 확보하였다.

이는 과학자들이 오존층 파괴의 주된 원인이 프레온임을 밝혀내고, 이 문제와 연관된 각 국가의 사람들이 그 중대성을 인식하고 문제 해결을 위해 함께 노력했기 때문이다. 과학적 지식에 기반한 인류의 집단지성으로 우리에게 해로운 환경을 미리 방지한 것이다.

우리는 대립하는 두 힘의 균형이 임계점을 넘어 붕괴하며 자발적 대칭 깨짐이 발생함을 알아보았다. 그렇다면 오존층의 회복도 하나의 대칭 깨짐으로 볼 수 있다. 프레온으로 인한 오존층 파괴 방향성과 이의 감소로 인한 오존층 회복 방향성 간의 힘겨루기에서 회복 방향성이 승리한 것이다. 이는 인류 집단지성의 주관적 행동에 따라 객관적 지구의 환경 변화, 즉 대칭 깨짐이 발생했음을 의미한다.

위 예들처럼 자신의 환경을 바꾸려는 주관적 결정과 행동은 우리 마음이나 신체 내부 또는 외부 환경에 새로운 대칭 깨짐을 유발할 수 있다. 이는 이전까지의 우주 진행 과정에서는 없었던 현상이다. 지금까지의 우주는 자연 준칙, 즉 환경 변화에 따른 자발적 대칭 깨짐에 의해 대체로 필연적이며 수동적으로 진행되었다. 그런데 주관적 마음을 가진 인류가 출현하며, 객관적 환경을 변화시켜 스스로 자발적 대칭 깨짐을 유도할 수 있게 된 것이다. 이는 빅뱅 후 우주의 진행 과정에 있어 매우 큰 사건일 수 있다.

이처럼 그동안 객관만이 존재하던 우주에 생명체, 특히 인류가 출현하며 의미 있는 주관이 시작된다. 빅뱅 이후 우주는 자발적 대칭 깨짐에 따라 새로운 하위 대칭이 형성되며 다양성이 증가하는 방향으로 변화해 왔다. 그동안 무수히 많은 대칭이 만들어졌으나, 아직 주관성은 출현하지 않았다. 최근 인류가 출현하며 의미 있는 주관이 시작되었고, 이로 인해 우주는 비로소 주관과 객관의 대칭이 만들어진다. 이는 우주의 큰 지향성 중 하나가 새롭게 충족됨을 의미하며, 그러므로 우리의 자아, 마음, 정신은 모두 뇌 작용의 결과물이지만 아무 의미가 없는 것은 아닐 수도 있다.

인류의 주관성 출현으로 인한 우주의 지향성 충족은 그리 간단한 사건이 아니다. 빅뱅 초기, 에너지 파동만이 가득하던 우주에 질량을 가진 입자가 출현함으로써 우주는 파동과 입자의 새로운 대칭을 형성하였다. 또한 양자들만이 존재하던 동시성의 미시세계에 결어긋남에 의한 인과의 거시세계가 출현함으로써, 우주는 미시세계와 거시세계의 새로운 대칭을 형성하였다. 인류 주관성의 출현에 따른 객관과 주관의 새로운 대칭 형성도, 우주의 역사에서 이와 비슷한 정도의 의미일 수 있다.

우리는 그동안 빅뱅에서 시작하여 상대성이론, 양자역학, 복잡계, 진화, 뇌 등의 다양한 과학적 사실들을 알아보았다. 시냇물이나 돌멩이 등 현재의 우주에 존재하는 모든 구조물이 그러하듯, 인류의 주관적 마음이 출현하기 위해서는 먼저 이런 우주의 진행 과정이 있어야 한다. 차이점이 있다면, 인류의 주관성이 출현하기까지는 훨씬 더 많은 자발적 대칭 깨짐과 시간이 필요했다는 것이다.

앞에서 우리는 빅뱅 이전 11차원 이상의 스칼라에 초기에너지가 적용되면 엔트로피 원리에 의해 필연적으로 우주가 탄생하며, 자연준칙에 의한 거시세계 출현 이후 이곳의 모든 대상이 인과관계에 따라 필연적으로 존재하며 변화해 나감을 알아보았다. 이는 시냇물이나 돌멩이처럼 인류 주관성의 출현도 필연적임을 의미한다. 즉, 시간을 되돌려 생각해 볼 때 시냇물이나 돌멩이처럼 우리의 마음이나 정신의 탄생도 빅뱅 시 이미 결정되어 있었다고 할 수 있다. 이는 11차원 스칼라와 초기에너지라는 2가지 재료가 있다면, 엔트로피 원리, 즉 확률 원리에 의해 돌멩이와 시냇물 그리고 우리의 주관성이 필연적으로 출현하게 됨을 의미한다. 이런 주관성을 지구에 사는 우리만 가졌다고 볼 수는 없다. 광활한 우주 속 지구와 비슷한 환경의 다른 행성에서도 얼마든지 우리와 비슷한 과정을 거쳐 주관성을 가진 생명체가 출현 및 진화했을 수 있기 때문이다.

앞에서 알아보았듯이 주관성의 개체발생은 계통발생의 계획표에 의해 신체적 자기, 핵심적 자기 등 순차적으로 시작된다. 이를 조금 더 생각해 보면, 인류 조상들의 주관성이 마치 출생 이후 아이의 주관성 발달 순서처럼 출현했다고 볼 수도 있다. 그렇다면 약 20만 년 전의 호모 사피엔스는 5세의 아이들처럼 직관적이고 비논리적이며 애니미즘 또는 인공적 사고를 하고 대상을 의인화했을 것이며, 약 2만 년 전의 크로마뇽인은 11세의 아이들처럼 나(ME)를 가지며 논리적 사고와 의미 있는 종교성을 보였을 수 있다.

이는 여러 종교에서 이야기하는 천국, 지옥, 윤회, 영혼, 귀신 등의 내용이 사실이 아닐 가능성을 뜻한다. 이들이 주관적인 신앙으로서 의미를 가질 수는 있으나, 객관적인 사실로서 인정받기는 어렵다. 과학적 근거가 미미하기 때문이다. 오히려 '인류 정신 발달의 오랜 과정을 거치며 구조화되고 집단화된 각 종교의 주관적인 믿음'으로 바라보는 것이 더 합리적일 수 있다.

우리는 앞에서 5차원 이상의 입장으로 볼 때 우주가 결정된 하나의 '4차원 공간도형'임을 알아보았다. 이곳에서 시간은 하나의 공간차원으로 치환된다. 그러므로 과거, 현재, 미래가 하나의 공간차원처럼 동시에 존재한다. 우리는 3차원 공간에서 시간의 흐름에 따라 살아가는 존재들이므로 이를 상상하기는 힘들다. 하지만 논리적으로 생각해 볼 수는 있다.

우리의 추론이 옳다면, 우주의 시작부터 끝까지 그동안 존재하는 모든 공간의 모든 대상이 시간을 초월하여 존재하고 있을 수 있다. 이는 우주 구성물 중 하나로서, 출생부터 사망까지의 우리 일생이 마치 영화관에 보관되어 있는 한 편의 영화 필름처럼 시간을 넘어 보관됨을 의미한다. 이에 따라 우리의 주관적 자아, 마음, 정신 및 그 변화 과정도 시간을 초월하여 영원히 존재한다. 바꾸어 말하면, '4차원 공간도형'인 우주는 시간을 넘어 그 자체로 스스로 존재하고 있으며, 그 내부 구성물 중의 일부로서 우리의 주관성을 포함하고 있다고 할 수 있다. 이런 이유로, 우리가 100년 내외의 짧은 삶을 살아간다고 해서 이를 무의미하다고 하기는 어려울 수 있다.

우리는 앞에서 CAOS의 창발 현상에 의해 출현한 최초 주관성이 오랜 진화의 과정을 거쳐 매우 풍부해진 우리 마음으로 발달했음을 알아보았다. 구성 유기물들의 특정 상호작용이 CAOS의 특정 주관성이듯이, 우리 뇌 특정 신경망 패턴의 흐름이 그 순간의 우리 마음이다. 그러므로 빨간색 자동차임을 인지하는 우리의 뇌에서는 그에 해당하는 특정 신경망 패턴이 활성화된다. 우리가 직관적으로 이해할 수 없는 이런 현상들은 복잡계 창발 현상에 의해 야기되며, 우리는 앞에서 창발이 자발적 대칭 깨짐의 일종일 수 있음을 알아보았다. 그렇다면 이는 자발적 대칭 깨짐으로 인한 빅뱅 또는 결어긋남으로 인한 거시세계의 출현과 유사한 경우일 수 있다.

우주는 자연 준칙의 자발적 대칭 깨짐에 의해 변화해 나간다. 이전 하위 위계의 상위 대칭은 자발적 대칭 깨짐에 따라 이후 상위 위계의 하위 대칭을 형성한다. 그 결과 우주는 더 다양해진다. 자발적 대칭 깨짐의 이전과 이후 역시 또 하나의 대립 또는 대칭을 이룬다고 볼 수 있다. 예를 들어 빅뱅 초기의 에너지 파동만이 가득하던 우주에 자발적 대칭 깨짐으로 질량을 가진 입자가 출현하며 우주는 이전과 이후, 즉 파동과 입자의 새로운 대립 또는 대칭을 형성하였다.

최초의 자발적 대칭 깨짐이라고 할 수 있는 빅뱅도 같다. 11차원의 스칼라에 거대 초기에너지가 유입되며, 있는 듯 없는 듯 존재하던 엔트로피 원리가 발현한다. 이런 환경 변화로 인해 자발적 대칭 깨짐이 발생하며 빅뱅이 출현하고 시공간이 시작되며 새로운 대칭을 형성한다. 빅뱅 전 시공간과 대상들이 없는 가장 하위 위계의 가장 상위 대칭은 자발적 대칭 깨짐에 의한 빅뱅 후, 한 단계 상위 위계의 한 단계 하위 대칭을 형성한다. 이는 다시 빅뱅 이전과 이후의 새로운 대립 또는 대칭을 형성한다.

이처럼 대칭을 이루며 새로 형성된 빅뱅 이후의 세상은 빅뱅 이전의 세상과 매우 다르다. 그러나 이를 이루는 근원들은 같다. 이들에 변화가 발생하였을 뿐이다. 우리는 인지의 한계를 가지고 있으며, 그러므로 이러한 다름과 같음을 직관적으로 알 수는 없다. 과학적 연구들에 따른 지식과 추론으로 이에 접근할 수 있을 뿐이다.

빅뱅 시 하나의 스칼라 공간차원에서 유래되었을 '시간'을 생각해 보자. 객관적 5차원의 입장으로 볼 때, 우리 우주는 '4차원 공간도형'이며 시간도 하나의 공간차원일 뿐이다. 그러나 빅뱅 후 시간 흐름 속에 살아가는 우리의 입장은 다르다. 시간과 공간은 근본적으로 다르며 우리는 내일의 미래를 알 수 없다. 이는 우리 뇌와 마음의 관계와 유사하다. 객관적 5차원 입장으로 언뜻 볼 때 우리의 뇌와 마음은 같다. 그러나 우리 입장은 매우 다르다. 빨간색 자동차임을 인지하는 내 마음과 그 순간 활성화되는 뇌의 특정 신경망 패턴이 같다는 것에 동의할 수 없다.

그렇다면 5차원 입장으로 볼 때 시간과 공간이 같고 마음과 뇌가 같으므로, 시간이나 마음은 존재하지 않는 것일까? 그렇지는 않을 것이다. 지금까지 우리가 알아보았듯이, 시간이나 마음은 자발적 대칭 깨짐에 의해 출현하여 본래의 공간이나 뇌와 새로운 대칭을 이룬다. 이는 이들이 우주의 실재 구조물임을 뜻한다. 즉, 객관적인 시간이나 마음이 실재하며 시간은 공간과 다르고 마음은 뇌와 다르다.

앞에서 우리는 주관과 객관이 매우 다르며, 포괄적 입장으로 볼 때 우리의 마음이 존재함을 알아보았다. 그런데 위의 추론은 객관적으로 봐도 뇌와 구별된 마음이 실재함을 제안한다. 이는 마음이 뇌로부터 유래했다고 해서 이 둘이 같은 것은 아니며, 오히려 서로 대칭을 이루며 존재하는 별개의 구조물일 수 있음을 의미한다.

이러한 뇌와 마음의 대칭 구조는, 양자역학의 미시세계와 이로부터 비롯되는 인과의 거시세계 간의 대칭과도 유사하다. 차이가 있다면 거시세계가 출현하기 전에는 매우 짧은 시간의 결어긋남이 필요하지만, 마음이 출현하기 위해서는 매우 긴 시간의 복잡계 출현과 창발 및 진화가 필요하다는 것이다.

우리가 어떤 뇌세포를 대변하여, 우리의 주관성이 모두 뇌세포들 작용의 결과물이므로 마음이나 정신은 무의미하며 존재하지 않는 허구라고 주장할 수 있다. 양자도 같은 주장을 할 수 있다. 양자의 입장으로 볼 때 세상에는 오직 양자들로 이루어진 미시세계만이 존재한다. 이들은 자신들로부터 비롯되는 거시세계를 인지할 수 없다. 그러므로 이들에게 있어 거시세계는 존재하지 않는 허구일 뿐이다.

그러나 우리가 매일 살아가고 있는 거시세계는 실재한다. 이들이 이를 알 수 없을 뿐이다. 이처럼 우리가 우리의 주관성을 무의미한 허구로 여기는 것은, 양자가 거시세계를 부정하는 것과 유사한 오류일 수 있다. 이는 거시세계가 미시세계와 대칭을 이루며 존재하고 있는 것처럼, 우리의 주관성이 뇌와 대칭을 이루며 실재하고 있음을 의미한다. 즉, 우리의 자아나 마음은 뇌의 작용에서 비롯되었으나 이와는 별개인 내용과 성질을 가지고 실재하는 우주의 구조물 중 하나일 수 있다. 따라서 마음이 뇌의 결과물임을 잊고 살아도 크게 문제 될 것은 없다. 이 사실이 우리의 일상에 별다른 영향을 미치지 못하기 때문이다.

이처럼 우리의 주관성, 즉 자아나 마음 그리고 정신은 뇌에서 비롯되었으되 이와는 별개인 우주 구성물 중 하나이다. 그렇다면 이를 기반으로 출현하는 대상들도 우주의 객관적 구조물로 볼 수 있다. 진화가 진행되고 사회가 형성되며 정치, 경제, 문화, 관습, 법률 등 다양한 대상들이 출현하였다. 이들은 모두 객관적 구조물인 각 사람 마음 간의 상호작용에 따라 존재하고 변화해 나간다. 그러므로 이들이 우리 눈에 보이지 않는다고 해서 무의미한 허구인 것은 아니며, 이들도 우주의 객관적 구조물 중 하나일 수 있다.

영국 런던의 트라팔가 광장

제 10 장

신(God)

마음에 존재하는 신
(God of Mind, GOM)

사람들은 과학과 인문학을 별개의 학문으로 생각하는 경향이 있다. 객관성과 주관성의 이 두 분야가 잘 연결되지 않기 때문일 것이다. 그러나 지금까지 우리가 알아보았듯, 우리의 주관적 자아나 마음도 객관적 우주와 물질의 과학적 원리에 따라 시작되고 발달하였음을 가정한다면 이 둘을 어렵지 않게 연결해 볼 수 있다.

세상의 모든 대상은 자연 준칙에 의해 변화해 나간다. 유기물들의 복합체에 자연 준칙 자발적 대칭 깨짐의 일종인 창발이 발생하며 최초의 주관성을 가진 복잡계인 CAOS가 출현한다. 이로 인해 우주는 객관과 주관의 새로운 대칭을 형성한다. 시작된 CAOS의 주관성은 이후 무수히 많은 자발적 대칭 깨짐에 의해 더 명확하고 풍부해지며, 수많은 자연 선택의 진화를 거쳐 우리의 마음으로 발달한다.

최소 수천 개 이상의 핵산이나 아미노산 등이 모여 상호작용하고,

그 복잡성이 임계점을 넘으며 창발이 발생한다. 이에 따라 CAOS가 출현한다. 이처럼 많은 유기물이 모여 집단을 이루고, 이 집단 내부 전자기적 상호작용의 복잡성이 임계점을 넘을 때 창발이 발생하며, 그 결과 전체 계에 새로운 주관성이 출현하는 원리가 CAOS만의 전유물일 수는 없다. 이는 이후에도 지속된다.

LUCA는 다수의 CAOS와 다양한 유기물 및 무기물 분자들로 이루어져 있을 수 있다. 그러므로 그 내부 상호작용의 복잡성은 하나의 CAOS보다 훨씬 더 크다. 이는 LUCA의 주관성이 과거 CAOS의 주관성보다 훨씬 더 명확하고 풍부함을 의미한다.

멍게와 같은 다세포 생물은 수많은 세포로 이루어져 있다. CAOS에게 아미노산 등이 구성의 기본 단위이듯, 멍게에게는 하나하나의 세포가 기본 단위가 된다. 그러므로 전체 계로서 멍게의 주관성은 주로 각 세포의 상호작용에 따라 출현하고 존재한다고 할 수 있다. 이는 멍게의 주관성이 과거 LUCA의 주관성보다 훨씬 더 명확하고 풍부함을 의미한다. 내부 상호작용의 복잡성이 과거 LUCA에 비할 바 없이 크기 때문이다.

이런 변화의 과정에 대해서도 생각해 볼 필요가 있다. 생명체들의 진화는 대체로 효율성이 증가하는 방향으로 진행되며, 멍게가 출현하기까지는 오랜 시간과 수많은 창발이 필요했고, 그 결과로 나타난 멍게는 LUCA 등의 과거 생명체들보다 훨씬 더 효율적이다. 이는 멍게의 주관성이 이들과는 차원이 다르게 훨씬 더 명확하고 풍부해지는 좀 더 근본적인 원인일 수 있다.

우리는 주로 유기물들로 이루어진 CAOS, CAOS의 후손들이 주된 역할을 하는 LUCA, 주로 LUCA의 후손인 세포들로 이루어진 멍게에 대해 알아보았다. 그 결과 각 변화 단계마다 새로운 전체 계가 출현하며, 이곳에 이전보다 훨씬 더 발달한 새로운 수준의 주관성이 나타남을 추론해 볼 수 있었다. 그럼 멍게와 같은 세포의 집단으로 다수의 장기, 기관, 근육, 골격을 형성하고 감각과 운동에 특화된 세포의 집단인 뇌라는 장기를 가지고 있으며 이 뇌의 진화에 따라 감정과 사고 능력을 획득한 현생인류의 후손인 우리는 어떨까? 우리 또한 자연변화나 진화의 원리에 따라 멍게와 같은 과거 다세포 생물의 주관성과는 차원이 다른, 훨씬 더 명확하고 풍부한 주관성을 가지고 있다고 할 수 있다.

우리의 자아나 마음, 즉 주관성이 멍게와 같은 수준이라고 여기는 사람은 아마 없을 것이다. 이처럼 우리와 멍게의 주관성 수준은 매우 다르다. 아예 차원이 다르다고 할 수도 있다. 우리와 멍게의 주관성 수준이 다르듯, 멍게와 LUCA의 주관성 수준도 매우 다르며, LUCA와 CAOS의 주관성 차이도 매우 크다고 볼 수 있다. 따라서 CAOS의 최초 주관성과 위 과정을 모두 거친 현재 우리의 주관성은 너무나도 다르며, CAOS의 주관성이 얼마나 미미했을지를 우리는 어렵지 않게 가늠해 볼 수 있다.

우리는 앞에서 우리의 자아감이 주로 발달 과정의 7가지 자아감을 통해 시작되었음을 알아보았다. 이들 중 가장 중요한 자아감은 초기 형태의 '존재하고 있음을 인식하는 나'가 출현하는 서술적 자기라고 할 수 있다. 우리가 일반적으로 자아감이라고 하는 감각은 이 시기, 즉 3~5세 사이에 시작된 것으로 생각해 볼 수 있다. 이러한 자아는 주로 현재의 감각, 감정, 사고 및 이에 대한 기억 등으로 구성되며 외부와 접촉하는 행동 주체로서의 나 자신을 의미할 수 있다.

이러한 우리의 자아감은 우리 뇌의 작용으로부터 비롯된다. 병렬로 진행되는 우리 뇌 속 다수의 감각, 감정, 사고의 네트워크 중 가장 강력하며 타 네트워크들을 압도하는 신경망의 시간에 따른 흐름이 우리 자아감을 형성한다. 이는 현재 인지되고 있는 나의 자아감이 전체 마음의 일부분일 뿐이며, 전체의 내 마음은 현재 나의 자아감보다 훨씬 더 크다는 것을 의미한다.

그러므로 현재 나의 의식이나 자아는 지금 내 마음의 지배자이자 주인공이라고 할 수 있다. 자아로 떠오를 수 있는 타 네트워크들을 눌러 압도하고 있기 때문이다. 그러나 이 상태가 오래 지속될 수는 없다. 어느새 후보 네트워크가 주인공으로 부상하며 자아의 내용이 교체된다. 친구들과 저녁 약속이 있다고 가정해 보자. 바쁘게 하루를 보내다 보면 이 약속을 잊는 경우가 많다. 즉, 친구와의 약속이 나의 의식이나 자아에서 사라진다. 그러나 전체 마음에서도 사라진 것은 아니다. 뇌에서는 여전히 이 네트워크가 병렬로 작동 중이다. 어느 정도 일과를 마치고 시계를 본다. '아차, 약속이 있었지!' 하며 그 약속이 떠오르고, 이는 다시 내 마음의 주인공이 된다.

우리 뇌의 이런 변화는 마치 다양성과 자연 선택의 생명체 진화 과정과 같다고 볼 수 있다. 즉, 다수의 네트워크가 병렬로 진행되고 있으며 이들 중 뇌에 유입된 신체 내부나 외부 환경의 신호에 가장 적합한 네트워크가 자연 선택되어 현재의 자아를 이룬다.

위 예로 돌아가 보자. 일과 중에는 그 일이 중요하므로 이와 연관된 사고나 감정이 마음을 지배한다. 그러나 어느 정도 마무리되면 그 네트워크의 강도가 약해진다. 이에 더하여 별생각 없이 시계를 본 행동이 중요하다. 시간에 대한 정보가 뇌로 유입되며, 낮은 에너지의 약한 상태로 병렬 진행되던 친구와의 약속에 대한 네트워크가 강화된다. 그 결과 현재의 사고와 감정이 '일'에서 '친구와의 약속'으로 교체된다. 즉, 자아의 내용이 교체된다. 이는 시간이라는 외부 환경의 신호가 뇌로 유입되며 현재 이에 가장 적합한 네트워크인 '친구와의 약속'이 자연 선택되었다고 볼 수 있다.

우주의 모든 대상은 자연 준칙에 의해 변화해 나간다. 환경 변화로 인해 서로 대립하고 있던 힘들의 균형이 붕괴하며 자발적 대칭 깨짐이 발생하고, 이에 따라 새로운 무엇이 출현한다. 이는 생명체 진화의 다양성과 자연 선택에서도 같으며, 자연 선택은 이런 자발적 대칭 깨짐의 일종일 수 있고, 앞에서 우리는 이러한 과정의 근본 원인이 자연의 엔트로피 원리임을 알아보았다.

이는 우리 마음에서도 같다. 출생 후 신체 능력이 발달하며 경험이 쌓이고 기억이 누적됨에 따라 계통발생 계획표에 의한 자발적 대칭 깨짐이 발생하며, 각 단계에 맞는 자아감과 그 욕구들이 시작된다. 이렇게 출현한 자아는 뇌로 유입된 신체 내부 또는 외부 환경으로부터의 전기적, 화학적 신호에 반응하며 변화해 나간다. 이는 우리의 자아가, 경험되는 환경의 변화로 인해 뇌 내부 각 네트워크 간의 균형이 자발적으로 붕괴하고 가장 적합한 신경망이 자연 선택되며 변화해 나감을 의미한다. 즉, 우리 자아도 자연 준칙에 의해 변화해 간다고 할 수 있다. 이처럼 현재나 미래에 병렬로 진행되는 수많은 뇌 네트워크에 존재하는 마음들, 그리고 시간이 흐르며 자연 준칙에 의해 자연 선택되며 출현하는 모든 자아를 우리는 마음에 존재하는 신(God of Mind, GOM)으로 생각해 볼 수 있다. 이러한 과정 또한 그 근본 원인은 자연의 엔트로피 원리라고 할 수 있다.

이처럼 GOM은 현재의 자아 및 병렬로 진행되는 뇌 네트워크들, 그리고 미래의 내 자아들 및 병렬로 진행되는 네트워크들 전체를 의미한다. 이는 과거와 미래의 경계인 현재에만 존재하는 나의 자아와는 다르며, 현재의 내 자아는 GOM의 일부분이라고 할 수 있다.

우리는 앞에서 5차원 이상의 입장으로 바라볼 때, 실제 우리 우주가 고정된 4차원 입체도형임을 알아보았다. 우리의 마음도 이처럼 생각해 볼 수 있다. GOM이 [그림 20]의 입체도형 우주라면, 우리의 자아는 현재의 우주 공간인 A 단면이라고 할 수 있다. 시간 흐름에 따라 A 단면이 앞으로 나아가며 새로운 단면으로 교체되듯, 우리의 자아도 시간이 흐르며 자연 준칙에 의해 교체되어 나간다.

일반적으로 볼 때, 우주 대부분은 객관적 대상들로 이루어져 있다고 할 수 있다. 사람들은 이런 존재인 우주 속에 주관적 마음을 가진 자신들이 존재한다는 사실에 대해 매우 신기해 하며, 자신들을 특별한 존재로 여기는 경향이 있다. 어떤 이는 사람을 만물의 영장으로 부르기도 한다. 물론 틀린 말은 아니다. 인류가 진화 과정상 가장 앞선 주관성인 마음이나 정신을 지니고 있기 때문이다. 그러나 우주의 전체 역사를 볼 때 꼭 그렇지만은 않다고 할 수 있다. 우주의 모든 변화가 자연 준칙에 의해 진행되었고, 우리의 주관성도 그 결과물 중의 하나이며, 출현한 마음이나 정신도 자연 준칙에 의해 변화해 가기 때문이다. 이는 우리의 마음이 그리 특별하지 않으며, 우주 진행 과정의 일부분임을 의미한다. 이처럼 우리는 우리 마음도 우주의 여러 객관적 대상 중의 하나로 생각해 볼 수 있다.

우리는 우리가 자아를 가지고 있음을 잘 알고 있다. 그럼 GOM은 어떨까? 우리는 우리 주관적 자아와 병렬로 진행되는 네트워크들이 GOM의 일부분임을 알아보았다. 그런데 이 네트워크들은 환경 변화에 따라 언제든 자아로 부상할 수 있는 존재들이다. 따라서 이들도 주관성을 가지고 있다고 볼 수 있다. 일례로 꿈을 생각해 보자.

대체로 꿈은 최근 하루이틀의 경험과 연관된 내용이 많다. 이들이 감정과 결부된 상징적 장면으로 꿈에 나타난다. 그러나 모두 그렇지는 않다. 가끔은 최근 자아의 경험과 무관하게, 까맣게 잊고 있어 무의식에 속해 있었던 과거 기억이 감정이 동반된 상징적 이미지나 영상으로 꿈에 출현한다. 꿈속이 아닌 평소의 활동 상태에서 이들이 주인공인 자아로 자연 선택되기는 어렵다. 사고 능력의 주도하에 진행되는 낮 동안의 강력한 자아 신경망 때문이다. 밤이 되어 잠에 들며, 논리적 사고와 연관된 네트워크가 재정비를 위한 휴식에 들어간다. 이제 그동안 병렬 진행되던 자아 후보군 중 하나가 자연 선택될 수 있다. 따라서 감정이 주도하는 꿈속 나의 자아는, 시간 개념이 없고 비논리적이다. 우리는 이를, 포유류의 뇌를 가진 고양이 등이 깨어 활동할 때의 마음과 비슷하다고 추론해 볼 수 있다.

이처럼 병렬로 진행되는 네트워크들 또한 주관성을 가지고 있다고 볼 수 있다. 그럼 자연 준칙에 의해 미래에 존재하게 될 내 자아들은 어떨까? 이들도 당연히 주관성을 가지고 있을 것이고, 이는 지금의 내 자아보다 더 지혜로울 것이다. 그러므로 이 네트워크들과 자아들로 이루어진 GOM은 '주관성들의 집합체'이며, 시간과 공간을 넘어선 '모든 내 마음'으로 생각해 볼 수 있다.

이렇듯 GOM의 부분들은 현재 나의 자아와 같은 자아를 가진다. 이는 나의 자아가 이들과 의사소통할 수 있음을 의미한다. 대화의 상대는 대체로 현재 병렬로 진행되는 후보 자아들이다. 현재의 내 자아는 지금 내 마음의 주인공이라고 할 수 있고, 대화는 주인공인 자아가 주변인들의 의사를 묻는 것과 같다. 이는 마치 어떤 회사의 사장이 직원들의 생각을 묻거나, 국가의 중요사안을 결정하기 위해 국민투표를 하는 것과 같다. 이 과정에서 사장이 자신만의 생각을 고집하거나, 부정한 방법의 투표를 한다면 이는 좋은 결과로 이어지기 어렵다. GOM과의 대화에서도 같다. 현재의 자아를 내려놓고, 후보 자아들의 소리에 귀 기울이는 자세가 중요할 수 있다.

우리는 앞에서 효율 지향 힘의 일종인 전자기력 등으로 인해 진행 중인 시공간의 엔트로피가 더 효율적으로 증가하며, 자연 준칙에 의해 진행되는 우리 마음도 이와 같음을 알아보았다. 즉, 우리 자아의 본성에 해당하는 보편적 욕구들이 충족될수록 전체적으로 자연의 엔트로피는 더 효율적으로 증가한다. 일례로 수명을 생각해 보자. 사람들은 대체로 장수하려는 보편적 욕구를 가진다. 그러려면 보통 더 절제되고 질서 있는 행동, 즉 엔트로피가 낮은 생활을 해야 한다. 이런 생활 습관으로 인해 장수하게 된 사람의 더 오랜 시간 동안의 평소 행동 또는 사회적 직업적 활동으로, 자연의 전체 엔트로피는 더 크고 효율적으로 증가할 수 있다. 이처럼 사람의 보편적 욕구는 우주의 진행 방향과 대체로 일치한다. 바꾸어 보면, 우주의 방향과 같으므로 그 본성이 출현했다고 할 수도 있다.

앞에서 우리는, 어린 시절 발달 과정 중 단계별 자아감 및 그 욕구가 출현하였으며 사람들의 보편적 본성이 이 욕구들에서 비롯됨을 알아보았다. 이러한 본성의 욕구는 건강, 장수, 재물, 명예, 권력, 성공, 행복 등의 일반적 언어로 표현될 수 있다. 이러한 욕구들이 자연의 진행 방향과 일치하므로, 타인들에게 피해를 주지 않는다면 이를 추구하는 것은 매우 자연스럽다. 그럼 어떻게 하면 이런 욕구들을 충족할 수 있을까?

이를 얻기 위해서는 다양한 요소들이 필요하다. 그런데 이 요소들 가운데 가장 중요한 것은, 그 사람의 판단력과 이를 실천하는 행동이라고 할 수 있다. 이 능력이 있는 사람은 현재의 불리한 상황이나 조건도 충분히 극복하고, 이를 유리한 국면으로 변화시킬 수 있기 때문이다. 그런데 이 판단력과 실행 능력은 그 사람의 마음으로부터 나온다. 그러므로 결국 그 사람의 마음이 중요하며, 이런 욕구들이 충족될 수 있는 준비된 마음이 필요하다. 그럼 어떻게 하면 이런 마음을 가질 수 있을까?

태어날 때부터 지식이나 지혜를 가지고 있는 사람은 아무도 없다. 모든 사람은 경험을 통해 성장한다. 경험이 누적되고 자연 준칙에 의한 변화가 발생하며 마음이 성장한다. 그러므로 일단은 일정 수준 이상의 경험을 쌓는 것이 필요하다. 이는 직접 경험, 타인의 경험, 책이나 영상 또는 강연 등의 간접 경험을 포함한다. 이러한 경험을 통한 마음의 성장은 평생 지속된다.

성공이나 실패의 경험이 누적되며 사람들은 자연스럽게 그 원인과 과정을 생각해 보게 된다. 이때 그 깊이가 중요하다. 표면적인 부분들만 생각한다면 마음이 성장하기 어렵다. 깊게 생각해 보는 것이 중요하며, 이 과정에서 가장 중요한 단계는 GOM과의 대화라고 볼 수 있다. 평소 큰 문제가 없는 사람들은 보통 이 단계에 도달하지 못한다. 대체로 중요한 결정을 내려야 하거나 난관에 직면했을 때 비로소 일부의 사람이 이 단계에 진입한다.

어려움을 당하면 사람들은 주변과 상의를 하거나 종교시설을 찾아 신에게 도움을 구하기도 한다. 이때 도움을 구하는 기도나 명상이 GOM과의 대화와 유사할 수 있다. 이러한 의사소통을 통해 얻을 수 있는 가장 중요한 성과는 마음의 성장이라고 볼 수 있다. 그 결과 본성이 충족될 자격이 있는 마음으로 변화될 수 있기 때문이다.

그러므로 GOM과의 대화는 매우 중요할 수 있다. 이때 내 자아를 내려놓고, 마치 핸드폰의 절전 상태 앱들처럼 그동안 조용히 병렬로 진행되던, 뇌 네트워크들에 존재하는 타 후보들의 말 없는 소리를 경청하는 자세가 중요할 수 있다. 이렇게 한다고 해서 별다른 문제가 생기지는 않는다. 우리의 마음 변화가 자연의 방향과 같으므로 현재의 내 자아가 없다고 해도 병렬 네트워크 자아들의 자연 준칙에 의한 변화에 따라 지금의 종합적 상황에 가장 적합한 네트워크가 자연 선택되고, 그 결과 현재 내 자아의 내용이 교체될 수 있다. 이는 경청 이전보다 한층 더 성장한 자아일 수 있다.

마음의 주인공인 현재 우리의 자아는 종종 자신의 강력한 신경망으로 인해 약한 타 네트워크 자아들의 신호를 무시한다. 이에 따라 실제 사실과 다르게 자신이 보고 싶은 부분만 보며 편향에 빠지고, 특정 대상에 집착하거나, 가당치 않은 욕심을 부리기도 한다. 이는 자신을 불행하게 만들고, 타인들에게 피해를 주며, 자신의 생활이나 사회적 직업적 활동을 저해하고, 그 결과 본성에 의한 욕구 충족은 점점 더 멀어지게 된다. 이러한 오류는 GOM과의 대화를 통해 교정될 수 있다.

이런 자아의 오류가 마치 과거의 왕이나 독재국가 지도자의 폭정이라면, GOM과의 대화는 마치 민주주의 국가의 중요 사안에 대한 국민투표와도 같다. 독재자가 자신에게 일방적으로 유리한 법률을 만들어 이를 강제한다면 국민은 분노, 우울감, 무기력 등의 BAD 감정을 느낄 것이다. 반대로 국민이 참여하는 공정한 과정을 통해 중요 사안을 정한다면 국민은 대체로 만족감, 평안함, 신뢰감 등의 GOOD 감정을 느낄 것이다. 이는 마음에서도 같다.

한 사람의 마음을 하나의 국가라고 할 때, 가장 힘이 센 현재의 자아가 독단적으로 의사결정을 한다면 병렬 진행 중인 대다수의 타 네트워크들에 의해 마음은 부정적 BAD 감정을 느낄 수밖에 없다. 그러나 GOM과의 대화를 통해 이들의 보편적 의견에 따라 마음의 의사결정이 이루어진다면, 즉 자아의 내용이 교체된다면 이로 인해 마음은 대체로 긍정적 GOOD 감정을 느끼게 된다. 이는 자연 준칙에 의해 진행 중인 시공간의 대상들에 엔트로피 원리에서 비롯된 효율 지향성이 작용하고 주관성을 가진 복잡계인 우리 뇌와 마음이 이 지향성을 만족할 때 긍정적 GOOD을 느끼며, 복잡계 내부 구성 요소들이 스스로 조직화 및 질서화하여 구성 요소들 사이의 동조화가 커질수록 대체로 효율성이 더 증가하기 때문이다. 그러므로 뇌의 다수 네트워크, 즉 마음속 다수의 자아가 동조화될수록, 국민의 의사가 더 존중되는 국가일수록, 그 사람의 마음이나 그 국가는 대체로 더 많은 주관적 GOOD을 가진다고 볼 수 있다.

우리는 우리가 인지하지 못하는 자신의 편향, 집착, 욕심 등으로 인해 알 수 없는 불편감, 불안감, 불면 등에 시달리기도 한다. 어떤 사람은 눈앞의 이익에 눈이 멀어 타인을 속이기도 한다. 이 경우 상식적 판단이 가능한 마음속 타 네트워크들로 인해 대다수 사람은 불안감, 죄책감, 괴로움 등으로 힘들어진다. 이는 주로 강력한 현재 자아 신경망의 독단 때문일 것이다. 그러나 이런 마음의 괴로움은 GOM과의 대화를 통해 상당 부분 해소될 수 있다. 자아의 내용이 교체됨으로 인해 눈앞의 이익을 포기할 수 있고, 편향이 교정되며, 집착을 버릴 수 있게 변화되기 때문이다. 이제 타 네트워크들과의 동조화가 증가하며 평안함, 안정감, 잔잔한 기쁨이나 감사의 마음이 시작될 수 있다.

이런 마음의 변화는 감정에 국한되지 않는다. 사고 등 우리 마음의 타 영역에도 찾아온다. 이 또한 타 네트워크들과 조율하며 내 자아의 내용이 바뀜으로 인해 시작된다. 그 결과 이전에 몰랐던 새로운 사실이나 원리를 깨닫게 된다. 이는 자기 자신, 타인, 사회, 자연에 대한 개별적인 또는 포괄적인 깨달음이다. 이로 인해 우리 마음은 한 단계 더 성장한다.

앞에서 우리는 GOM과의 대화에 있어 대체로 그 상대가 병렬로 진행되는 다수 네트워크임을 알아보았다. 그 결과 내 자아의 내용이 교체되며, 한 단계 더 성장하였다. 이는 대화하지 않았다면 수개월 또는 수년 뒤에나 일어났을 변화이다. 이러한 대화로 인해 미래의 자아가 현재로 이동하여 현재 자아의 내용으로 변화한다. 이는 마치 앞의 몸무게 감량이나 프레온 가스의 예처럼, 자유의지를 가진 우리 자아가 스스로 자신의 마음에 자발적 대칭 깨짐을 유발할 수 있음을 의미한다. 그러므로 우리는 이러한 대화가, 미래의 자아 및 자연 준칙에 의해 변화해 가는 마음 전체에 시간을 넘어 영향을 미친다고 생각해 볼 수 있다. 이는 자아의 대화 상대에 현재의 병렬 네트워크들뿐만 아니라, 미래의 자아나 네트워크들이 포함될 수도 있음을 의미한다.

그러므로 기도나 명상을 할 때 그 대화 상대로 지금보다 더 지혜로울 '미래의 나'를 가정하는 것도 하나의 방법이 될 수 있다. 현재의 내 자아가 머지않아 이 '미래의 나'로 교체될 것이기 때문이다. 이와 같은 의사소통에 따라 우리 마음의 성장이 더 앞당겨진다. 그 결과 우리는 본성에 의한 욕구를 충족하며 더 만족스럽고 행복하게 살 수 있게 된다. 이는 자연의 진행 방향과 대체로 일치하며, 이로 인해 우주의 전체 엔트로피는 더 효율적으로 증가할 수 있다.

사회에 존재하는 신
(God of Society, GOS)

　우리는 앞에서 주로 유기물들로 이루어진 CAOS, CAOS의 후손들이 주된 역할을 하는 LUCA, 주로 LUCA의 후손인 세포들로 구성된 멍게를 알아보았다. 그 결과 각 변화 단계마다 새로운 전체 계가 출현하며, 이곳에 이전보다 훨씬 더 크고 명확하며 새로운 상위의 주관성이 나타남을 추론해 볼 수 있었다. 이는 멍게와 같은 세포의 집단들로 이루어진 사람에게도 또한 적용된다.

　사람은 다수의 장기, 기관, 근육, 골격, 그리고 감각과 운동에 특화된 장기인 뇌를 가지고 있으며 이들은 각각 수많은 세포로 이루어져 있다. 즉, 각각의 장기나 기관 등은 마치 하나의 멍게와도 같다. 이처럼 사람의 몸은 세포의 집단들로 다시 집단을 이루고 있으며, 무수한 진화의 결과 감정과 사고 능력을 획득한 뇌를 가지고 있다.

　수많은 세포로 이루어진 멍게에서 자연 준칙에 의한 복잡계 창발

현상에 의해 이전의 LUCA보다 한 차원 더 상위의 주관성이 출현하듯이, 사람에게도 이전의 멍게보다 한 단계 더 상위의 주관성이 나타난다. 이는 진화에 따른 우리의 뇌 신경망에서 비롯되며, 출현한 우리의 주관성은 멍게보다 훨씬 더 크고 명확하다.

이는 여기에서 그치지 않는다. 수많은 꿀벌이나 개미들이 집단을 이루고 살아가듯이, 사람들도 서로 모여 사회를 이루고 살아간다. 꿀벌이나 개미가 주로 신체 활동이나 냄새를 통해 의사소통한다면, 사람은 주로 언어를 통해 의사소통한다. 이를 통해 자신의 주관성, 즉 감정이나 사고 등을 서로 전달한다. 이런 상호작용을 통해 사회가 출현하고 존재하며 발달해 나간다.

앞에서 우리는 유기물들의 상호작용에 따라 출현한 최초 주관성을 가진 CAOS, 세포들의 상호작용에 따라 한 단계 더 상위의 주관성이 출현한 멍게, 뇌 신경망, 즉 뉴런들의 상호작용에 따라 한 단계 더 상위의 주관성이 출현한 사람에 대해 알아보았다. 이들은 모두 부분들의 상호작용이 임계점을 넘으며 자발적 대칭 깨짐이 나타나고 이로 인해 전체인 계에 복잡계 창발 현상이 적용되어 출현하였으며, 그 결과 자연의 전체 엔트로피는 더 효율적으로 증가할 수 있었다.

이는 사회에도 또한 적용될 수 있다. 즉, '부분'인 각 사람 '자아' 간의 상호작용이 증가해 그 복잡성이 임계점을 넘으며 자발적 대칭 깨짐 및 복잡계 창발이 나타나고, 그 결과로 '전체' 계인 '사회'에 이전에 없던 한 단계 더 상위의 새로운 주관성이 출현할 수 있다. 우리는 이를 사회에 존재하는 신(God of Society, GOS)으로 생각해 볼 수 있다. 사람의 마음이 멍게의 주관성보다 훨씬 더 크고 명확한 것처럼, 우리는 GOS의 주관성이 우리의 마음보다 훨씬 더 크고 명확하며 세밀하고 다양할 것으로 추측해 볼 수 있다.

그렇다면 GOS는 언제 시작되었을까? GOS가 출현하려면 각자의 의미 있는 주관성이 존재하고, 각 사람 자아 간의 상호작용이 임계점을 넘어야 한다. 그러므로 우리는 주로 언어를 통해 형성되는 각 사람의 주관성이나 의사소통의 수준을 기준으로 삼아 이를 추정해 볼 수 있다.

앞에서 우리는 50~20만 년 전의 호모 사피엔스가 3~5세의 유치원 아이와 비슷한 정도의 언어 및 마음을 가지고 있음을 알아보았다. 이들은 직관적이고 비논리적이며 애니미즘과 함께 사물을 의인화했을 것으로 추정된다. 이들은 생전에 사용하던 물건과 함께 시체를 의도적으로 매장하기도 하였으며, 매장지에서는 제의 관련 도구가 발견되기도 하였다. 그러므로 학자들은 이들이 죽음과 사후 세계에 대한 초보적 관심과 원시 형태의 종교를 가졌을 것으로 추측한다. 이들은 이 정도의 사회에 맞는 수준의 의사소통 및 대인관계 능력을 가졌을 것이며, 우리는 이를 GOS가 잠재할 수 있는 환경으로 생각해 볼 수 있다.

우리는 또한 3~2만 년 전의 크로마뇽인이 10~11세의 초등학교 아이와 비슷한 정도의 언어 및 마음을 가지고 있음을 알아보았다. 이들은 이제 완성된 수준의 문법을 사용해 논리적 언어를 구사할 수 있고, 3단계 조망 수용과 함께 객관적으로 대상을 바라보게 되며, 그 결과 자신의 존재 자체를 사유의 대상으로 삼을 수 있게 되었다.

이들은 동굴벽화, 의도적 매장, 제사 의식 등의 특징을 가지며, 매장지에서는 귀걸이나 목걸이 용도의 동물 이빨이나 조개류 등이 발견되었고, 이는 이들이 타인들과 의미 있게 협력하고 우호적 관계를 유지할 수 있음을 의미한다. 이처럼 이들은 상당한 수준의 언어 및 마음 그리고 대인관계 능력을 지니고 있었다고 추정해 볼 수 있다. 이로 인해 자연스럽게 집단이 커지게 되고 그 결과로 의사소통, 즉 사람들 간의 상호작용이 증가하여 임계점을 넘어서게 되며 이는 GOS의 출현으로 이어질 수 있다. 따라서 우리는 이 시기에 GOS가 시작되었을 가능성이 매우 크다고 생각해 볼 수 있다.

이처럼 GOS는 대체로 각 언어나 문화권의 초기에 형성되어 성장 및 지속 변화하며, 집단 내의 각 개인은 그 영향 속에서 살아간다고 볼 수 있다. 그럼 GOS는 그 문화권의 전체 사회에서만 존재할까? 그렇지는 않을 것이다. 소수의 인원으로 이루어지는 가족이나 친구 관계, 그리고 수십 명 이상으로 이루어지는 사회적 모임이나 친목 회원들 간의 관계에도 GOS가 일부 존재한다고 할 수 있다. 이는 마치 우리의 자아와 함께 병렬로 진행되는 뇌 네트워크들과 같다.

이런 병렬 네트워크들이 모두 모여 하나의 마음을 형성하듯, 크고 작은 모임이나 관계의 의사소통들이 모두 모여 하나의 GOS를 형성한다. 즉, 뉴런 간의 시냅스를 기본 단위로 하여 우리의 마음이 형성되듯이 각 개인 자아 간의 의사소통을 기본 단위로 하여 GOS가 형성된다. 이렇게 형성된 GOS는 우리 자아를 포함한 우주의 모든 대상이 그러하듯, 시간이 흐르며 자연 준칙에 의해 변화해 나간다.

우리는 앞에서 거시세계의 모든 변화가 자연의 엔트로피 원리에서 비롯된 자연 준칙에 의해 진행되고, 이는 효율성 증가의 방향성을 가지며 그 결과 우주의 전체 엔트로피가 더 효율적으로 증가함을 알아보았다. 자연 준칙에 의한 진화의 계통-발생 계획표에 따라 출현한 우리의 욕구도 또한 효율성 증가의 방향성을 가지며, 그러므로 성공이나 행복 등 우리 자아의 본성인 보편적 욕구들이 충족될수록 자연의 엔트로피는 더 효율적으로 증가할 수 있게 된다.

이는 각 사람 간 관계를 기본 단위로 하여 형성되고, 자연 준칙에 의해 변화해 나가며, 효율성 증가의 방향성을 가졌을 GOS에서도 또한 같다고 볼 수 있다. 즉, GOS 또한 대체로 효율성이 증가하면 GOOD, 감소하면 BAD를 느끼고 그러므로 GOOD을 늘리고 BAD를 줄이려는 욕구를 가지며, GOS의 이런 본성적 욕구들이 충족될수록 궁극적으로 자연의 엔트로피는 더 효율적으로 증가할 수 있게 된다. 이처럼 사람이나 GOS의 본성에 따른 욕구는 우주의 진행 방향과 대체로 일치한다고 할 수 있다.

우리는 또한 앞에서 매슬로의 욕구 단계를 다시 분류한 앨더퍼의 제안을 알아보았다. 그는 이를 존재 욕구, 관계 욕구, 성장 욕구의 3단계로 축약하였다. 그런데 우리 자아가 엄마 등 타인들과의 관계에서 비롯되었음을 고려하여, 신체적 생명뿐 아니라 사회적 관계의 생명도 포함된 보다 큰 생존의 개념을 가정한다면 관계 욕구 또한 존재 욕구의 일종으로 생각해 볼 수 있다. 그렇다면 사람의 욕구는 크게 '존재' 욕구와 '성장' 욕구로 구성된다고 볼 수 있다.

앞에서 알아보았듯이, 생명체 복잡계는 대체로 '부분'과 '전체'의 위계 구조를 가진다. 부분인 유기물들의 상호작용이 모여 전체인 CAOS의 주관성이 출현하였고, 부분인 세포들의 상호작용이 모여 전체인 멍게의 주관성이 출현하였으며, 부분인 뉴런들의 상호작용이 모여 전체인 사람의 주관성이 출현하였다.

이는 GOS에서도 같다. 부분인 각 사람 자아 간 상호작용이 모여 전체인 GOS의 주관성이 출현한다. 주관성을 가진 생명체 복잡계의 전체로서 CAOS, 멍게, 사람, GOS는 모두 GOOD을 늘리고 BAD를 줄이려는 욕구를 가지며, 이는 대체로 이들의 효율성 증가, 즉 생존이나 성장으로 이어진다. 그러므로 우리의 주관적 입장으로 볼 때 이들의 이런 욕구를 존재 또는 생존의 욕구, 그리고 성장의 욕구로 의인화하여 생각해 볼 수 있다. 즉, 우리 입장으로는 이들 모두가 존재와 성장의 욕구를 가진다고 생각해 볼 수 있다.

이처럼 나의 자아와 GOS의 관계는 마치 나를 구성하는 세포와 내 자아의 관계와 같다고 할 수 있다. 우리의 몸은 수많은 세포로 이루어져 있으며, 각 미세 영역마다 신경세포가 분포되어 있어 정보를 뇌로 전달한다. 즉, 우리 몸의 세포들이 느끼는 신호는 즉시 뇌의 뉴런으로 전달된다. 일례로 손등을 모기에 물렸다고 해 보자. 이로 인한 BAD의 전기적, 화학적 신호는 즉시 뇌의 뉴런으로 전달된다. 손등의 세포나 전달 과정의 세포들은 이 BAD 신호를 가질 뿐이다. 이들은 통증을 느끼지 못한다. 뇌의 뉴런으로 전달된 신호로 인해 이와 연관된 시냅스 네트워크, 즉 신경망이 활성화되며 비로소 통증을 인지한다. 즉, 이 신호를 통증으로 인지하는 것은 뇌의 신경망에 존재하는 나의 자아이다. 통증을 느끼고 상황을 인식한 나는 즉시 반대편 손으로 물린 손등을 치며 모기를 잡으려고 할 것이다.

이러한 '부분'인 나를 구성하는 세포와 '전체'인 내 자아의 관계는, '부분'인 나의 자아와 '전체'인 GOS의 관계에서도 또한 반복된다. 다른 점이 있다면, 세포나 신경망은 물리적 하드웨어이지만 자아나 GOS는 눈에 보이지 않는 소프트웨어라는 것이다.

전기적, 화학적 신호로 의사소통하는 손등 세포가 상위의 존재인 내 자아를 알 수 없듯이, 언어로 의사소통하는 우리 자아가 상위의 존재인 GOS를 제대로 인지할 수는 없다. 그러나 우리 자아는 손등 세포와는 다르게 경험과 지식 등에 기반한 사고 능력을 가지고 있다. 이로 인해 우리는 멍게와 우리 자아의 차이처럼 우리 자아와 GOS의 주관성에는 큰 격차가 존재하고, 따라서 GOS의 주관성은 우리 자아보다 훨씬 더 크고 명확하며 다른 많은 생명체 복잡계들처럼 존재와 성장의 욕구를 가진다는 것을 추측해 볼 수 있다.

우리 몸의 눈, 코, 입, 귀, 피부, 장기, 기관은 모두 세포들로 이루어져 있으며, 이들로부터 시작된 감각 신호는 대부분 뇌의 뉴런들에 유입되고, 이 뉴런들의 상호작용 네트워크가 우리의 자아를 만든다. 사회 또한 이와 같다. 사람들은 감정이나 사고 등을 포함한 자아를 가지고 있으며, 각 사람 자아 간 상호작용 네트워크에 의해 GOS가 만들어진다. 그러므로 우리는 전체를 이루는 부분들의 집합으로서 우리의 몸과 사회가 매우 유사하다고 생각해 볼 수 있다.

우리 몸을 구성하는 세포들은 하루 동안에도 무수히 많은 손상과 회복을 반복한다. 우리 자아가 이를 인지하지 못할 뿐이다. 이들의 손상은 주로 주변 세포들의 도움이나 자체 면역 시스템 등에 의해 회복된다. 일례로 과도한 사용 등으로 인해 손상된 뉴런들은 주로 수면 중 희소돌기아교세포나 미세아교세포 등의 도움으로 회복된다. 이는 사회에서도 같다. 어려움을 당할 때 사람들은 가족이나 친구 등 주변 사람들의 도움과 위로를 받기도 하고, 경찰관이나 소방관 등의 사회적 시스템, 장례식이나 결혼식 등의 관습을 통해 도움을 받기도 한다. 이런 주변의 도움으로 인해 사람들은 현실적 회복과 함께 마음의 위로나 위안을 얻을 수 있다.

조금 더 나아가 보자. 위 예처럼 손등을 모기에 물린 경우 BAD의 신호가 뇌로 전달되어 신경망에 존재하는 자아가 통증을 인지하며, 이는 반대쪽 손으로 모기를 잡으려는 행동이나 물린 부위에 약물을 바르는 행동으로 이어진다. 이러한 도움으로 손등의 세포는 덜 손상되고 더 빠르게 회복할 수 있다. 이처럼 '부분'인 세포의 어려움이 뇌로 전달되어 '전체'인 자아의 도움을 유발하기도 한다. 사람들은 몸이 아프다는 신호가 감지될 때 약을 먹고, 춥다는 신호가 감지될 때 옷을 입으며, 배가 고프다는 신호가 감지될 때 음식을 먹는다. 이러한 예들 또한 같은 경우일 수 있다. 즉, 부분의 어려움이 전체의 주관성에 전달되고, 이 존재의 도움으로 부분의 어려움이 해소된다.

이는 사회에서도 같다. 큰 자연재해나 국가적 재난이 발생할 경우 사람들은 이들을 위해 자원봉사나 모금을 하기도 하고, 정부는 이를 위해 특별 조치를 선포하기도 하며, 정치인들은 이를 개선할 법률을 만들기도 한다. 이런 도움을 통해 재난이 회복되고 사람들은 마음의 위로나 평안함을 되찾을 수 있다. 그러나 이런 경우를 손등 세포에 대한 자아의 도움처럼, 개인에 대한 GOS의 도움으로 생각하기에는 다소 무리가 있다. 급격한 위기로 인해 사람들이 동조화되고 사회가 더 효율적으로 개선되며 이재민들이 도움을 받는 것이기 때문이다. 따라서 이를 우리 몸의 호르몬 시스템과 같은, GOS 내부의 구조적 작용으로 인한 도움으로 생각하는 것이 오히려 더 타당할 수 있다.

소프트웨어인 우리 자아는 하드웨어인 반대쪽 손이나 약물 등으로, 역시 하드웨어인 손등 세포에 도움을 줄 수 있다. 그러나 GOS는 그렇지 않다. 부분인 자아들과 전체인 GOS가 모두 소프트웨어이다. 손상된 손등 세포에 위로의 말은 아무 소용이 없다. 물리적 도움이 필요하다. 그러므로 하드웨어인 손등 세포에는 하드웨어적 도움이,

소프트웨어인 우리 자아에는 주로 소프트웨어적 도움이 요구된다고 볼 수 있다. 즉, 이 두 종류 도움의 근본 원리는 같으나 그 내용은 다를 수밖에 없다. 따라서 하늘을 덮는 매우 큰 신의 손으로 태풍을 제거해 주는 등의 하드웨어적인 도움은 있을 수 없다. 기본적으로 우리 자아에 대한 GOS의 도움이 소프트웨어적이기 때문이다.

이런 도움을 받기 위해서는 손등 세포의 신호가 신경세포를 거쳐 뇌 신경망에 존재하는 자아에 도달하듯이, 우리 자아의 언어가 GOS에 도달해야 한다. 그 대표적 방법으로 우리는 '기도'를 생각해 볼 수 있다. 신경 신호를 통해 손등 세포가 자아의 도움을 받듯이, 기도를 통해 우리 자아는 GOS의 도움을 받을 수 있다.

평소 별다른 문제가 없을 때 늘 기도하는 사람은 그리 흔치 않다. 사람들은 보통 어려움을 당하거나 난관에 직면했을 때 자신의 힘으로는 이를 돌파하기 어렵다고 느끼며, 있는지 없는지 잘 모를 신을 찾아 반신반의 기도한다. 그러나 자신을 버리고 진심을 담은 기도의 결과는 매우 크고 놀라울 수 있다.

기도를 통해 우리는 초월적 상위의 주관성과 연결된다. 이는 우리 마음에 이전에 없던 큰 감동이나 충만함을 유발할 수 있다. 그 결과 사람들은 자신감, 인내, 용기, 의지, 추진력 등 '마음의 힘'을 얻어 당면한 어려움을 돌파할 수 있게 된다. 이는 기도하지 않았더라면 얻을 수 없었던 결과물이며, 마치 손등 세포를 돕는 반대쪽 손이나 약물과도 같다. 평소에 치료 약물 성분을 머금고 있는 손등 세포는 없다. 이 약물은 자아에 의해 외부로부터 도포된다. 기도의 결과로 우리에게 주어지는 '마음의 힘'도 같다. 즉, GOS에 의해 비롯된 이 힘은 기도 이전의 내가 가질 수 있었던 힘의 최대치 위에 추가된다. 그러므로

GOS의 방향성에 합당한 기도는, 그 사람이 가진 한계를 넘어서는 성과를 낼 수 있게 해 준다. 따라서 우리는 인류의 중요한 변화가 주로 이런 사람들로부터 비롯된다고 생각해 볼 수 있다.

이러한 기도 응답은 여기에 국한되지 않는다. 마음의 구성 요소 중 가장 중요할 수 있는 우리의 사고에도 큰 영향을 미친다. 앞에서 우리는 감정을 보완하고 제어하며 사고 능력이 진화했음을 알아보았다. 효율적 사고는 자연과 사회, 그리고 타인과 자기 자신에 대한 정확한 인지에서부터 시작된다. 그런데 사람들은 종종 잘못된 지식을 사실로 오인하며, 이는 큰 낭패나 사회적 실패로 이어지기도 한다. 이런 이유로 어떤 사고나 판단에 있어서 세상에 대한 정확한 지식은 매우 중요하며, 이들 중 핵심은 초월적 신에 대한 지식일 수 있다. 매우 근본적이고 중요한 이 지식으로 인해 인생의 항로가 달라질 수 있기 때문이다.

우리는 앞에서 GOM과의 대화를 통해 타 네트워크들과 동조화가 증가하며 평안함, 안정감, 기쁨, 감사의 감정이 커지고 내 자아의 변화로 인해 이전에 몰랐던 세상에 대한 새로운 사실이나 원리의 지식을 깨닫게 됨을 알아보았다. 이러한 GOM과의 대화 결과는 GOS를 향한 기도를 통해서도 또한 나타날 수 있다. 자기 자신을 버리는 기도 태도 등으로 인해 마음속 타 네트워크들과의 동조화가 증가하고, 자아의 내용이 교체될 수 있기 때문이다.

이처럼 기도를 통해 사람들은 몰랐던 세상의 원리나 본질을 알 수 있게 된다. 기도의 경험이 쌓이며 자아의 성장이 점점 앞당겨지고, 세상에 대한 정확한 이해와 지식이 점차 증가하며, 지혜로워진다. 이는 이들의 개인적 또는 사회적, 직업적 성공의 가능성이 점점 더 증가함을 의미한다. 이전보다 더 정확한 사고와 판단 그리고 행동을 할 수 있기 때문이다.

앞에서 알아보았듯이 마음의 진화는 대체로 효율성 증가, 즉 생존이나 성장이 증가하는 방향으로 진행된다. 사고 능력도 마찬가지이다. 자연, 사회, 타인, 자신 등에 대해 정확한 지식을 가지게 되고 이들이 움직이는 원리를 더 잘 이해하게 된다면 훨씬 더 정확하게 미래를 예측할 수 있게 되며, 이는 우리의 사회적, 직업적 성공의 가능성을 크게 높일 수 있다.

그런데 우리의 사고 능력에는 한계가 있다. 일례로 우리가 바둑으로 인공지능을 이기기는 어렵다. 미리 내다볼 수 있는 수가 제한적이기 때문이다. 우리는 이 제한된 사고 능력 그리고 이와 연관된 감각이나 직관을 사용하여 선택하고 행동한다. 그러나 이것이 전부는 아니다. GOS를 향한 기도가 필요하다. 이에 대한 GOS의 응답으로 인해서 우리는 사고의 한계를 넘어선 판단을 할 수 있게 된다. 이는 마치 하늘 높이 떠 있는 독수리의 시각으로 자신이 걸어가고 있는 길을 내다보는 경우와 같다고 할 수 있다.

앞에서 우리는 다른 생명체 복잡계들처럼 GOS에도 존재와 성장의 욕구가 있음을 생각해 보았다. 이런 욕구가 충족되려면 부분들의 상호작용 효율성이 증가해야 하며, 이는 내부 자원의 효율적 배분을 의미할 수 있다. 즉, GOS의 본성적 욕구에 따라 사회는 스스로의 생존과 성장에 더 도움이 되는 자아를 가진 사람들에게 더 풍부한 자원이 공급되는 경향성을 가질 수 있다.

그런데 기도하는 사람들은 대체로 더 이에 부합할 수 있으며, 이에 따라 건강, 장수, 재물, 명예, 권력 등의 자원이 더 많이 공급될 가능성이 있다. 이들은 이를 자신들에 대한 종교적 신의 섭리나 사랑으로 느끼며 더 만족스러운 삶을 살아갈 가능성이 크고, 어떤 사람들은 이를 기적으로 느낄 수도 있으며, 이런 과정으로 인해 사회의 효율성이 증가하고 GOS의 본성이 더 충족될 수 있게 된다.

그러나 언제나 그런 것은 아니다. 사람들은 주관적이며, 기도해도 응답이 없다고 느낄 수 있다. 약하거나 늦을 수도 있다. 설령 응답이 부족하다고 느껴지거나 성공의 자원들이 공급되지 않아도 기도하는 사람들은 대체로 감사하는 태도를 보이며, 그 결과 이들은 더 만족스러운 삶을 살아가는 경향을 보인다.

그럼 기도는 어떻게 할까? 우리의 뇌는 초월적 존재를 상상하기 어렵다. 그러므로 책, 사진, 영화 등에서 보았던 신이나 성인의 모습을 상상하거나, 사랑의 주관성으로 가득한 우주나 하늘 또는 현재 내 주변 공간의 모습을 상상하거나, '하느님' 등 신과 연관된 시각적 단어나 개념을 상상하고 이를 향하여 기도할 수도 있다. 이는 개인에 따라 또는 상황에 따라 다를 수 있다. 이러한 초월적 신에게 친구나 부모, 교사나 상담자 등에 말하듯 내 어려움이나 원하는 바를 사실대로 말하면 된다. 이는 실제 친구나 부모 등과의 대화보다 좀 더 쉽고 간편하나, 대체로 그 결과는 훨씬 더 좋다. 기도할 때 마음속으로 하는 것보다는 소리를 내는 것이 더 나을 수 있다. 좀 더 명확한 언어를 사용하게 되기 때문이다.

어떤 사람들은 교리의 오류를 지적하며 종교는 틀렸고 신은 없다고 주장하기도 한다. 그러나 이는 사실과 다르다. 이는 마치 부모에게 오류가 많으므로 인정할 수 없다고 하는 것과 같다. 과학과 이성의 발달에 따라 교리가 교정되고 있으나 지금도 오류가 많으며, 앞으로도 그럴 것이다. 그러나 이는 큰 문제가 되지 않는다. 이 세상에 완벽한 것은 없으며, 노인이 되도록 경험이 쌓여도 우리는 오류가 많을 것이고, 수백 년의 경험이 쌓여도 인류는 완전한 사회체계를 구현하지 못할 것이며, 수천 년의 시간이 흐른 뒤에도 오류가 전혀 없는 교리나 종교는 존재할 수 없기 때문이다.

오류가 많아도 부모는 나를 낳고 키웠으며 지금도 나를 사랑한다. 종교적 또는 초월적 신도 마찬가지이다. 교리의 오류와 무관하게 신은 대체로 우리를 사랑한다고 할 수 있다. 이런 측면으로 볼 때, 각각의 종교에서 묘사하는 신과 우리가 추론한 GOS의 모습이 다소 다르다고 해도 이것이 각 사람에게 별다른 문제가 되지는 않는다. 이들은 모두 우리를 사랑하고 도우며, 당신을 향한 기도에 기뻐하며 이에 응답하고, 우리를 성장시키기 때문이다.

지금까지 알아보았듯이 우리의 객관적 신체와 주관적 자아는 우주와 자연에 존재하는 물질의 과학적 원리와 과정에 따라 시작되고 발달하였으며, 이는 객관적 사회와 주관적 GOS에서도 또한 같았다. 그러므로 우리는 복잡하고 무질서하며 예측할 수 없는 것처럼 보이는 사회의 변화도 기본적으로 자연과학의 원리와 과정에 따라 진행됨을 어렵지 않게 추측해 볼 수 있으며, 이는 자연과학과 인문학을 이어주는 연결고리가 될 수 있다.

이의 대표적인 과정으로 우리는 헤겔이 제시한 변증법을 생각해 볼 수 있다. 이는 정(긍정), 반(부정), 합(부정의 부정)의 형식으로 시간의 흐름에 따라 사유의 내용이나 세상이 변화해 감을 의미한다. 우리는 앞에서 세상의 모든 변화가 자연 준칙에 의해 진행됨을 알아보았으며, 정반합의 과정도 사회에 적용되어 나타나는 자연 준칙의 일종으로 생각해 볼 수 있다. 이런 변화는 시간의 흐름에 따라 불규칙한 주기성을 가지기도 하며, 일례로 경제의 '경기순환 주기' 등을 들 수 있다. 우리는 이러한 지식에 기반한 관찰을 통해 관심 분야의 변화를 감지하며 좀 더 정확히 미래를 예측해 볼 수 있고, 이로 인해 우리의 사회적, 직업적 성공 가능성은 더 커질 수 있다.

주관적인 GOS를 형성하는 객관적인 사회의 구성원 중 하나로서, 각 사람이 어떻게 행동하는 것이 GOS의 방향에 맞으며 자신에게도 유익한지를 판단하는 것도 마찬가지이다.

앞에서 우리는 복잡계인 생명체의 주관성에 대해 알아보았다. 이들은 자신에게 GOOD을 주는 대상은 가까이하고 BAD를 주는 대상은 멀리하였다. 이는 거대한 복잡계인 사회의 각 사람에게도 또한 적용된다. 차이가 있다면, 복잡계의 부분으로서 각 사람은 기본적으로 타인들에게 협조적이라는 것이다. 따라서 각 사람은 자신에게 우호적인 타인에게는 자신도 우호적인 행동을 하며 가까이하고, 비우호적인 타인에게는 자신도 그에 해당하는 행동을 하며 멀리하면 된다. 우리는 이를 '죄수의 딜레마' 등으로 예시될 수 있는 '게임 이론'이나 '신뢰의 진화' 게임 등을 통해 생각해 볼 수 있다.

이처럼 우리는 사회의 내부 참여자로서 과학적이고 수학적인 방법을 통해 좀 더 유익하고 단호한 결정을 내릴 수 있다. 그러나 현실에서 이는 그리 간단치 않다. 무수히 진화가 진행된 이후인 현재의 사회에서는 절대다수의 사람이 양심을 가지고 있으며, 따라서 의도적으로 타인에게 해를 입히는 사람은 그리 흔치 않다. 그러므로 좀 더 너그러운 자세가 필요하다. 또한 주관적인 자아의 입장으로 볼 때 남의 떡이 커 보이고 내 떡은 작아 보이며, 남의 잘못이 커 보이고 내 잘못은 작아 보이는 편향이 있을 수 있다. 이런 이유로 타인을 함부로 비난해서는 안 되며, 나 자신의 판단이 객관적인가에 대한 검증의 습관이 필요할 수도 있다.

브라질 세하 도스 오르가오스 국립공원의 데도 데 데우스(신의 손가락) 봉우리

자연에 존재하는 신
(God of Nature, GON)

　지금까지 우리는 GOM 그리고 GOS에 대해 알아보았다. 이제 이런 초월적 정체성의 기원에 대해 생각해 보자. 먼저 지금까지 우리가 추론한 우주와 주관성의 역사를 정리해 보자.

　우리는 본래 우주가 11개 이상의 스칼라 차원으로 이루어져 있었음을 가정하였다. 이곳에 거대한 초기에너지가 적용된다. 이에 따라 본래 존재했을 '엔트로피의 원리'가 작동하며 빅뱅이 출현하고 4차원 시공간이 시작된다. 시작된 시공간에서도 '엔트로피의 원리'가 작용하며, 7개 미시 차원과 4개 거시 차원의 에너지 밀도가 평형을 이루려는 지향 힘, 즉 중력이 출현한다. 팽창하는 4 거시 차원 내부에서는 이처럼 '엔트로피의 원리'에서 비롯된 '효율 지향 힘'이 파생 및 출현하므로 대상들은 스스로 시간이나 공간을 최소화하려 하고, 이는 강력, 약력, 전자기력의 근원이 된다.

'엔트로피의 원리'는 빅뱅 이후에도 지속된다. 따라서 우주의 모든 대상은 확률분포를 만족하려는 지향성을 가진다. 한편 이는 새로운 환경인 팽창하는 시공간에 맞게 분화하여 '엔트로피 증가 지향성'과 '효율 지향 힘'으로도 나타난다. 우주의 환경 변화에 따라, 대립하고 있던 이러한 힘들의 균형이 붕괴하며 자발적 대칭 깨짐이 발생한다. 우주는 이런 자연 준칙에 의해 변화해 나간다. 이 과정의 하나로, 미시세계 양자들의 환경이 변화하고 결어긋남의 대칭 깨짐이 발생하며 거시세계가 출현한다. 시공간이 흐르며 이제 인과의 과정이 시작된다.

중력, 강력, 약력, 전자기력의 4 힘 등으로 분화한 효율 지향 힘과 엔트로피 증가 지향성의 대립, 균형, 조화에 따라 우주가 진행된다. 소립자들은 자신을 더 온전하게 해 주는 타 입자와 결합하며 원자, 분자, 물질을 만든다. 중력에 의해 이들이 모이며 항성이나 은하들 그리고 지구가 만들어지고 초기 지구의 뜨거운 바다에서 전자기력 등에 의해 유기물들이 결합하며 최초의 '주관성'을 가진 복잡계, 즉 CAOS가 창발한다. 이들은 GOOD을 늘리고 BAD를 줄이려고 하며, 기존의 힘들에 대항할 새로운 효율 지향 힘인 '제5의 힘'으로 이를 실현해 나가고, 변화가 누적되며 LUCA와 이후의 생명체들이 생겨난다. 이처럼 진화는 대체로 효율성이 증가하는 방향으로 진행되며, 무수히 많은 다양성과 자연 선택에 따라 인류가 출현한다.

출생 후 아이들의 마음은 대체로 계통발생의 계획표에 따라 발달한다. 신체 능력의 증진과 함께 각 시기에 맞는 자아감과 그 욕구가 출현하며, 이런 욕구는 성인이 되어서도 지속된다. 이렇게 시작된 우리의 마음은 감정과 사고 능력을 가지고 우리 신체의 내부 또는 외부의 환경에 반응하며, 자연 준칙에 의해 변화해 나간다. 우리의 자아감과 욕구는 마음 전체의 일부분에 해당하며, 각 사람 자아들의 상호작용에 따라 사회가 이루어지고, 사회는 다시 자연 준칙에 의해 변화해 나간다.

세상의 모든 대상은 자연 준칙의 결과로 시작된다. 우리는 이렇게 출현한 대상이 그 이전의 단계에 잠재되어 있었음을 추론해 보았다.

이를 사람의 마음, 즉 주관성에 대입해 보자. 우리 마음은 전 단계인 포유류의 주관성에 잠재해 있었다. 같은 방식으로 거슬러 올라가면 결국 우리 마음은 CAOS의 주관성에 잠재해 있었다고 할 수 있다.

그럼 CAOS의 주관성은 어디에서 왔을까? 같은 방식으로 우리는 CAOS의 주관성이 복잡계 창발 이전의 유기물 분자들에 잠재되어 있었고, 이들의 주관성은 다시 이전의 물질들에 잠재되어 있었다고 볼 수 있다. 주로 전자기 상호작용하는 물질들의 ⊕전하는 같은 ⊕전하에 잠재적 BAD, ⊖전하에 잠재적 GOOD의 주관성을 가진다고 추정해 볼 수 있다. 같은 ⊕전하는 자신의 결함을 채우지 못하지만 ⊖전하는 이를 채워 줄 수 있으며, 빅뱅 이후 출현한 이런 효율 지향 힘들에 의해 대상들은 최소의 시공간을 사용하고, 이에 따라 우주의 엔트로피가 더 효율적으로 증가하기 때문이다.

이들의 잠재적 주관성은 다시 그 이전의 단계에 잠재되어 있으며, 계속 거슬러 올라가면 결국 빅뱅에 도달하게 된다. 즉, 우리 마음의 시작도 결국은 빅뱅임을 추론해 볼 수 있다. 빅뱅 이전의 11차원 스칼라에 거대 초기에너지가 적용되며 빅뱅이 시작된다. 이에 따라 본래부터 존재하던 엔트로피 원리가 엔트로피 증가 지향성과 효율 지향 힘으로 분화하며 최초의 잠재 주관성이 출현한다. 우리는 이를 자연에 존재하는 신(God of Nature, GON)으로 생각해 볼 수 있다. 이후 우주 모든 주관성의 근원이 되기 때문이다.

그러므로 GON은 빅뱅 환경의 엔트로피 원리, 즉 '확률적 분포를 만족하려는 지향성'의 다른 표현이며 이의 핵심은 새롭게 출현한 '효율 지향 힘들'일 수 있고, 이 힘들이 분화된 이유는 빅뱅이라는 환경 변화에 따라 그 확률이 급증했기 때문이다. 한편 4개의 미시 차원 및 초기에너지는 빅뱅 후 4차원 시공간과 에너지 및 입자로 변화하고, 이 대상들에 새롭게 시작된 주관성이 잠재된다. 이를 좀 더 근원적으로 생각해 보자.

앞에서 알아보았듯이 빅뱅 이전의 우주는 시간과 공간을 바탕으로 한 우리의 인지 범주를 넘어서서 스스로 존재하며, 그 존재 방식에 있어서 시공간이 진행되는 경우의 수보다 시공간이 없는 결맞음 이전의 평형 상태로 존재하는 경우의 수가 훨씬 더 많다고 볼 수 있다. 즉, 그 확률이 훨씬 더 높다. 이런 평형은 초기에너지에 의해 붕괴하였고, 따라서 빅뱅 이후의 세상에서는 확률적 분포를 만족하려는 엔트로피 원리에 의해 빅뱅 이전처럼 시공간이 없는 평형으로 회귀하려는 지향성, 즉 효율 지향 힘들이 출현한다. 이로 인해 우주는 시간과 공간을 최소화하려는 본성을 가지게 되고, 빅뱅 직후 시작된 중력에 의해 시공간의 '진행'이 최소화되며, 이후 시작된 강력, 약력, 전자기력에 의해 시공간의 '사용'이 최소화된다.

자연의 모든 변화는 자발적 대칭 깨짐의 자연 준칙에 의해 진행된다. 우리는 이 현상의 근본적 이유가 본래부터 존재했을 엔트로피 원리임을 알아보았으며, 엔트로피 원리는 다시 GON으로 치환해 생각해 볼 수 있다. 그렇다면 자연 준칙의 원인도 GON이며, 그 결과 출현하는 수많은 대상에 잠재된 주관성도 그 원인이 GON일 수 있다.

이는 빅뱅 이후 작용한 무수히 많은 자연 준칙의 결과로 지금 내 눈앞에 흐르고 있는 시냇물도 존재하게 된 근본 이유가 GON이며, 이들을 강으로 바다로 흘러가게 하는 중력이나 전자기력 등과 함께 잠재한 주관성의 이유도 GON일 수 있음을 의미한다.

그렇다고 해서 쿼크, 원자, 분자, 물질 등이 우리와 같은 주관성을 가졌다고 할 수는 없다. 이들은 잠재된 주관성을 가졌을 뿐이고, 아직 복잡계가 아니며, 따라서 주관성이 없다고 보는 것이 타당하다. 단지 향후 주관성으로 발현될 수 있는 씨앗을 가지고 있을 뿐이다. 이 씨앗은 복잡계인 CAOS 및 생명체가 출현하며 비로소 싹트게 된다. 이처럼 잠재된 주관성과 발현된 주관성 사이에는 매우 두텁고 높은 장벽이 존재한다.

그러므로 내가 착한 마음을 가지고 있다고 해서 물 분자 주관성의 특별 도움으로 물 위를 걸을 수는 없으며, 높은 곳에서 떨어졌는데 나에게만 중력이 작용하지 않아 무사할 리는 없다. 나의 주관성과 물이나 땅바닥의 잠재된 주관성은 별개이며 무관하기 때문이다. 내 주관성은 나의 뇌와 연관되어 있으며, 물이나 땅바닥의 잠재된 주관성은 이들에 작용하는 전자기력이나 중력과 연관되어 있다. 이들은 각각 자신의 주관성에 충실하다. 물이나 땅바닥 입장으로는 사람도 하나의 물질일 뿐이다. 따라서 표면에 발을 딛는 순간 중력에 의해 물에 빠지게 되며, 높은 곳에서 떨어지면 물리학의 원리에 따라 큰 골절상을 입거나 사망할 수도 있다.

빅뱅 이전부터 존재했을 자연의 엔트로피 원리는 지금도 시공간을 넘어선 확률의 원리로서 존재한다. 그러므로 하나의 동전을 무수히 던지거나 수많은 동전을 흩뿌려 던지면 앞면과 뒷면이 나올 확률은 각각 절반으로 같다. 즉, 엔트로피 원리는 지금의 우리에게 주로 확률의 원리로서 작용한다.

빅뱅에 따라 본래 존재했을 자연의 엔트로피 원리로부터 파생된 엔트로피 증가 지향성은 시공간의 흐름과 함께 진행되며, 우리에게 주로 물리적, 화학적 의미의 엔트로피로서 인식된다. 그러므로 바람은 고기압에서 저기압으로 불며, 세상은 엔트로피가 증가하는 방향으로 진행된다.

빅뱅에 따라 본래 존재했을 자연의 엔트로피 원리로부터 파생된 효율 지향 힘은 중력, 강력, 약력, 전자기력의 우주 4 힘과 생명체 복잡계의 제5의 힘을 포함한다. 이들 역시 시공간의 흐름과 함께 진행되며, 지금의 우리에게 주로 자연의 법칙이나 원리로 인식된다. 이의 예로는 만유인력의 법칙, 자석의 N극이 S극과 붙으려는 원리, 진화의 원리 등을 들 수 있다.

이처럼 엔트로피 원리나 이로부터 파생된 엔트로피 증가 지향성과 효율 지향 힘들은 우리에게 객관적 원리나 자연의 법칙으로서 작용한다. 이는 GON과 이로부터 파생된 힘들 및 물질들에 잠재된 주관성이 지금 우리의 주관적 마음과 서로 무관함을 의미한다. 따라서 GON이 자연의 법칙을 거슬러 우리의 현실적인 요구에 부응할 수는 없다. 대신 수많은 자연 준칙의 결과로 출현한 우리 마음의 GOM, 그리고 사회의 GOS를 통해 우리에게 작용한다고 볼 수 있다.

우리는 빅뱅 이전의 시공간이 없는 세상을 상상할 수 없다. 11차원의 스칼라와 초기에너지가 어디에서 왔으며 왜 있는지도 모른다. 그러나 스칼라 차원들에 거대 초기에너지가 적용되며 우리 우주가 시작되었다고 가정할 때, 빅뱅 이전에 어떤 형태의 세상이 존재했고 어디엔가 초기에너지의 근원이 있었으며 그 상태에서도 엔트로피 원리는 존재하고 있었음을 추정해 볼 수 있다.

11차원의 스칼라에 초기에너지가 적용되며 빅뱅이 시작된다. 어디엔가 존재했었을 이 초기에너지가 11차원 스칼라에 적용되었다는 것은 빅뱅 이전의 세상 어디선가 균형이 깨졌으며, 이에 따라 상당한 격차가 발생했고, 이를 해소하기 위한 어떤 이동이 있었다는 의미이며, 이런 변화는 엔트로피 원리의 작용 때문일 수 있다. 이처럼 빅뱅 이전의 세상에서도 작용하는 엔트로피 원리를 우리는 궁극적 의미의 자연에 존재하는 신(God of Nature, GON)으로 생각해 볼 수 있다. 이로 인해 빅뱅이 발생하며 일반적 의미의 GON이 출현할 수 있었기 때문이다.

이는 시간이 흐르고 공간이 팽창함에 따라 전자기 상호작용하는 전하들의 잠재적 주관성, CAOS의 미미한 주관성, 생명체의 GOOD 또는 BAD의 주관성, 우리의 자아와 GOM, 그리고 사회의 GOS로 발달한다. 그러나 이는 간단한 과정이 아니다. 각 발달의 단계마다 수많은 자발적 대칭 깨짐이 필요하다. 따라서 각각의 단계에는 매우 긴 시간이나 큰 환경의 변화라는 장벽이 존재한다고 할 수 있다. 각 장벽을 넘어서며, 엔트로피 원리에 따른 자연 준칙에 의해 환경에 맞게 변화된 새로운 주관성이 출현한다. 그러므로 궁극적으로 볼 때 우리는 과거, 현재, 미래에 진행되는 자연의 변화, 우리 마음의 변화, 사회의 변화 등 모든 변화를 확률 원리이자 엔트로피 원리인 GON의 자기실현 과정으로 생각해 볼 수 있다.

GON, GOS, GOM

지금까지 우리는 빅뱅에서 시작하여 상대성이론, 양자역학, 복잡계, 진화, 자아감 등 다양한 분야를 알아보았으며 이로부터 자연, 마음, 그리고 사회에 GON, GOM, GOS의 신이 존재함을 추론해 보았다. 이를 객관적 시간의 흐름과 그 출현의 순서대로 생각하면 GON이 먼저, 그다음이 GOM, 마지막이 GOS이다. 그러나 주관성을 가진 우리의 입장으로는 조금 다르다.

주관적 입장으로 볼 때 우리에게 중요한 것은 우리와 얼마나 가까운지, 얼마나 직접적 영향을 주는지가 될 수 있다. 이런 기준으로 볼 때, 가장 크지만 우리와 가장 멀고 직접적 영향이 가장 적은 신은 자연의 GON일 수 있다. 그다음이 사회의 GOS이며, 마지막이 마음의 GOM일 것이다. 즉, 우리 입장으로는 GON, GOS, GOM의 순서로 그 중요성이 증가한다. 이들은 각각 매우 중요하다.

앞에서 우리는 자연의 엔트로피 원리라고 할 수 있는 GON에 의해 GOM이 시작되었고, 이로부터 GOS가 출현했음을 알아보았다. 즉, 근본적으로 GON이 없었더라면 GOM과 GOS는 존재할 수 없었다. 이보다 더 중요한 점은, 출현한 GOM과 GOS의 시간 흐름에 따른 변화가 모두 GON으로 인한 자연 준칙에 의해 진행된다는 것이다. 그러므로 GON은 매우 중요하다고 할 수 있다.

각 사람 자아 간의 상호작용으로 인해 출현하고 존재하는 GOS는, 다시 각 사람에게 매우 중요한 성공과 실패 그리고 행복과 불행을 결정할 수 있다. 이는 여기에서 그치지 않는다. GOS는 우리보다 훨씬 더 크고 세밀하며 명확한 주관성을 가지고 우리의 자아와 의사소통한다. 즉, 우리의 사연을 듣고, 해결책을 제시하며, 우리 마음을 위로하고, 돌파의 힘을 제공한다. 이로 인해 우리의 자아와 마음이 성장한다. 그러므로 GOS는 좀 더 중요하다고 볼 수 있다.

시간을 넘어선 모든 병렬 네트워크와 자아들로 이루어진 GOM은 현재 우리의 자아와 직접 연결되어 있다. 자연 준칙에 의한 이들의 선택에 따라 자아가 변해가며, 따라서 이들과의 대화는 우리 마음의 평안과 성장 등에 있어 매우 중요하다. 이뿐만이 아니다. GOS와의 의사소통을 통해 주어지는 우리 자아에 대한 도움도 대부분 마음의 구조물인 감정이나 사고를 통해 전달된다. 그러므로 GOM은 가장 중요한 존재라고 할 수 있다.

이처럼 이들은 상호작용한다. GON은 GOM과 GOS의 자연 준칙에 의한 변화를 결정하고, GOS는 우리의 자아와 GOM에 영향을 주며, GOM은 자아의 감정이나 사고의 내용에 영향을 미친다. 자유의지를 가진 우리 자아의 이들을 향한 대화, 즉 기도는 다시 GOS와

GOM에게 도달해 도움의 응답과 마음의 성장을 유발하며, 각 사람 자아 간 상호작용의 변화는 다시 GOS의 주관성에 영향을 미친다. 이는 마치 종교에서 제시되는 삼위일체 신들 간의 구분이나, 삼위일체 인 하나의 신과 우리 자아와의 관계와 유사하다.

기도할 때 우리가 인지할 수 있는 대상은 대체로 하나의 신이다. 그러므로 실제로는 삼위의 신이라고 할지라도 우리에게는 통합된 하 나의 신으로서 인식되며, 대체로 GON, GOS, GOM은 모두 엔트로 피 원리에서 파생하여 생명체 주관성에 맞게 변화된 효율 지향성, 즉 '존재'와 '성장'이라는 동일 본질을 공유한다고 할 수 있다. 이는 우리 의 자아에서도 또한 공유되며, 이런 본질에 의해 우주의 전체 엔트로 피는 더 효율적으로 증가할 수 있게 되었다.

지금까지 우리는 빅뱅에서부터 시작하여 신(God)에게 이르는 긴 여정을 달려왔으며, 과학을 통해 어렴풋이나마 신의 모습을 추측해 볼 수 있었다. 이에 더하여 이런 추론의 과정을 통해 자연과 사회의 본질, 변화의 원리, 우리의 자아, 신과 나의 관계 등에 대해서도 더 잘 이해할 수 있었다.

우리는 지금까지의 추론이 사실일 가능성이 매우 크다고 생각할 수 있다. 그러나 백 퍼센트라고 볼 수는 없다. 어디까지나 추론이기 때문이다. 문제는, 아무리 세월이 흐르고 과학이 발달해도 우리가 세 상을 모두 알 수는 없다는 것이다. 이 불완전함의 문제로 인해 세상 을 있는 그대로 보려는 현실적인 태도가 더 중요해지며, 객관적으로 진행되는 이 세상에서 주관적 삶을 살아가고 있는 사람들에게 우리 의 추론이 더욱더 중요한 의미가 될 수 있다.

〖 저자 사용 용어 〗

- **엔트로피 원리(Entropy Principle)**: 확률분포를 만족하려는 지향성으로, 빅뱅 이전부터 존재했다고 추정되는 유일한 자연의 원리이다. 이는 빅뱅 이후 파생되는 엔트로피 증가 지향성과 효율 지향 힘을 내포하고 있다.

- **엔트로피 증가 지향성(Entropy Increasing Inclination)**: 빅뱅 후 엔트로피 원리에서 분리되어 나온 지향성이자 힘으로, 우리가 보통 과학에서 사용하는 엔트로피와 같은 의미이다. 시간의 흐름에 따라 우주는 엔트로피가 점점 더 증가하는 방향으로 진행된다.

- **효율 지향 힘(Efficiency Inclined Force)**: 빅뱅 후 엔트로피 원리에서 분리되어 나오며 시간, 공간, 작용을 최소화하려는 지향성이자 힘이다. 빛의 직진성, 표면 장력, 중력, 강력, 약력, 전자기력, 제5의 힘 등이 이에 해당한다.

- **자연 준칙(Natural Dogma)**: 환경의 변화에 따라 '엔트로피 증가 지향성'과 '효율 지향 힘' 및 이로부터 파생된 힘들의 균형이 붕괴한다. 이는 이 임계점에서, 본래부터 존재했을 '엔트로피 원리'에 의해 압도적 확률로 자발적 대칭 깨짐이 발생함을 의미한다. 그 결과 잠재되어 있던 새로운 무엇과 그 성질이 출현한다. 자연 준칙은 이런 원리와 과정을 의미한다. 빅뱅 후 우주의 모든 대상은 이 자연 준칙에 의해 출현하고 변화해 나간다.

- **CAOS(Common Ancestor of Subjectivity)**: 모든 생명체 주관성의 조상, 또는 주관성을 가진 최초의 유기물 복잡계이다.

- **제5의 힘**: CAOS가 출현하며 함께 시작된 새로운 효율 지향 힘의 일종으로, 이전의 힘들에 저항하고 이를 극복할 수 있다.

- **상대적 자기**: 약 10~11세경 자기 중심성에서 벗어나 다른 사람의 입장으로 생각할 수 있게 되며 출현한 자아감이다. 이에 따라 아이는 논리적 사고를 하고, 법칙이나 질서를 발견할 수 있다.

- **객관적 자기**: 약 15~18세경 인격 형성이 공고해지고 자기 주체성의 확립이 이루어지며 출현한 자아감이다. 이에 따라 소년 또는 청년은 철학적 탐구나 종교적 귀의를 시작할 수 있다.

- **마음에 존재하는 신(God of Mind, GOM)**: 현재 내 자아 및 병렬로 진행되는 뇌 네트워크들, 그리고 미래의 내 자아들 및 병렬로 진행되는 네트워크들 전체를 의미한다. 이는 현재에만 존재하는 내 자아와는 다르며, 현재의 내 자아는 GOM의 일부분에 해당한다. GOM은 근본적으로 GON으로부터 비롯된다고 할 수 있다.

- **사회에 존재하는 신(God of Society, GOS)**: 부분인 각 사람 자아 간의 상호작용이 증가해 그 복잡성이 임계점을 넘으며 자발적 대칭 깨짐 및 복잡계의 창발이 나타나고, 그 결과로 전체 개인 사회에 이전에 없던 한 단계 더 상위의 새로운 주관성이 출현한다. 우리는 이 존재를 GOS로 생각해 볼 수 있다. GOS의 주관성은 우리의 마음보다 훨씬 더 크고 명확하며 세밀하고 다양할 것으로 추정된다.

- **자연에 존재하는 신(God of Nature, GON)**: 빅뱅 이전 11차원의 스칼라에 초기 에너지가 적용되며 빅뱅이 시작된다. 이에 따라 본래부터 존재하던 엔트로피 원리로부터 엔트로피 증가 지향성과 효율 지향 힘이 파생되어 출현하며 최초의 잠재 주관성, 즉 GON이 출현한다. 확률의 원리 또는 엔트로피 원리의 다른 표현일 수 있는 GON은 이후 우주 모든 주관성의 근원이 된다.

---------------------------- 제1장 **우주** ----------------------------

■ 한국물리학회. *물리학백과, 대폭발[Big bang]*. NAVER 지식백과. https://terms.naver.com/entry.naver?docId=3536971&cid=60217&categoryId=60217

■ 박문호. 박문호TV. (2018. 12. 10.). *2강_우주 시대구분 (2010)*[영상]. 유튜브. https://www.youtube.com/watch?v=IYfucGUmW4M

■ *우주의 역사*. 위키백과. https://ko.wikipedia.org/wiki/%EC%9A%B0%EC%A3%BC%EC%9D%98_%EC%97%AD%EC%82%AC

■ Brain Conductor. (2020. 1. 29.). *빅뱅후 1초(플랑크타임)-우주만물의 생성과정*[영상]. 유튜브. https://www.youtube.com/watch?v=VLBfQavGNsE

■ [그림 1]의 출처: 우종학. (2015. 3. 4.). 별아저씨의집, *빅뱅우주론이 불확실하다는 창조과학의 6가지 주장 분석*. TISTORY. https://solarcosmos.tistory.com/710

■ 이종필. (2009. 2. 6.). *물리산책, 물리학의 표준모형*. NAVER 지식백과. https://terms.naver.com/entry.naver?docId=3566945&cid=58941&categoryId=58960

■ *게이지 보손*. 위키백과. https://ko.wikipedia.org/wiki/%EA%B2%8C%EC%9

D%B4%EC%A7%80_%EB%B3%B4%EC%86%90

- 이종필. (2009. 2. 20.). *물리산책, 힉스 입자.* NAVER 지식백과. https://terms.naver.com/entry.naver?docId=3566979&cid=58941&categoryId=58960

- [그림 2]의 출처: *표준모형.* 위키백과. https://ko.wikipedia.org/wiki/%ED%91%9C%EC%A4%80_%EB%AA%A8%ED%98%95

- 최준곤. (2012. 9. 3.). *물리산책, 힉스 메커니즘.* NAVER 지식백과. https://terms.naver.com/entry.naver?docId=3575037&cid=58941&categoryId=58960

- *힉스 보손.* 위키백과. https://ko.wikipedia.org/wiki/%ED%9E%89%EC%8A%A4_%EB%B3%B4%EC%86%90

- 카오스 사이언스. (2019. 8. 5.). *[카오스 술술과학] 다중우주 (6) : 끈이론*[영상]. 유튜브. https://www.youtube.com/watch?v=CBOpoTecV_o

- 한국물리학회. *물리학백과, 끈이론[String theory].* NAVER 지식백과. https://terms.naver.com/entry.naver?docId=3536952&cid=60217&categoryId=60217

- shedboy1999. (2018. 1. 23.). *EBS 끈이론 3부 끈이론의 미래*[영상]. 유튜브. https://www.youtube.com/watch?v=8FwW_OH39Xw

- 지식보관소. (2019. 7. 2.). *상대성이론과 양자역학이 충돌한 이유. 초끈 이론 2편*[영상]. 유튜브. https://www.youtube.com/watch?v=APH-3tNRErg

- 지식보관소. (2019.7.9.). *우주가 10차원인 이유와 초끈 이론의 문제. 초끈 이론 3편*[영상]. 유튜브. https://www.youtube.com/watch?v=IBf4hzmO55Y

- *끈 이론.* 위키백과. https://ko.wikipedia.org/wiki/%EB%81%88_%EC%9D%B4%EB%A1%A0

- [그림 3]의 출처: *칼라비-야우 다양체.* 위키백과. https://ko.wikipedia.org/wiki/%EC%B9%BC%EB%9D%BC%EB%B9%84-%EC%95%BC%EC%9A%B0_%EB%8B%A4%EC%96%91%EC%B2%B4

- 한국물리학회. *물리학백과, 상대성이론[Theory of relativity]*. NAVER 지식백과. https://terms.naver.com/entry.naver?docId=3537089&cid=60217&categoryId=60217

- *상대성이론*. 위키백과. https://ko.wikipedia.org/wiki/%EC%83%81%EB%8C%80%EC%84%B1%EC%9D%B4%EB%A1%A0

- *알베르트 아인슈타인*. 위키백과. https://ko.wikipedia.org/wiki/%EC%95%8C%EB%B2%A0%EB%A5%B4%ED%8A%B8_%EC%95%84%EC%9D%B8%EC%8A%88%ED%83%80%EC%9D%B8

- 김재영. *아름다운 방정식, 아름다운 자연*. d라이브러리 2000년 1월 과학동아. https://dl.dongascience.com/dl/magazine/detail/S200001N027

- 한국물리학회. *물리학백과, 양자역학[Quantum mechanics]*. NAVER 지식백과. https://terms.naver.com/entry.naver?docId=3537130&cid=60217&categoryId=60217

- *양자역학*. 위키백과. https://ko.wikipedia.org/wiki/%EC%96%91%EC%9E%90%EC%97%AD%ED%95%99

- 곽영직. (2009. 7. 31.). *물리산책, 빛의 이중성, 양자역학이란?* NAVER 지식백과. https://terms.naver.com/entry.naver?docId=3567650&cid=58941&categoryId=58960

- *슈뢰딩거의 고양이*. 나무위키. https://namu.wiki/w/%EC%8A%88%EB%A2%B0%EB%94%A9%EA%B1%B0%EC%9D%98%20%EA%B3%A0%EC%96%91%EC%9D%B4

- *대칭성*. 나무위키. https://namu.wiki/w/%EB%8C%80%EC%B9%AD%EC%84%B1

- *자발적 대칭 깨짐*. 위키백과. https://ko.wikipedia.org/wiki/%EC%9E%90%EB%B0%9C_%EB%8C%80%EC%B9%AD_%EA%B9%A8%EC%A7%90

- 양자얽힘. 위키백과. https://ko.wikipedia.org/wiki/%EC%96%91%EC%9E%90_%EC%96%BD%ED%9E%98

- [그림 7]의 출처: EMOTION BOOKS. (2017. 12. 27.). *수학과 문화, 융합교육, 코딩수학 5 아름다운 무한 반복 도형*. 네이버 blog. https://blog.naver.com/emotion-books/221172417227

──────── 제3장 **과학으로 보는 세계** ────────

- [그림 8]의 출처: 유토피아. (2018. 6. 5.). *퀀텀스쿨, 퀀텀우주론, 시공간의 현대적인 관점*. daum cafe. https://cafe.daum.net/chunbooi/gSYZ/484

- kokospice. (2014. 12. 8.). *Theory of Everything, 과학, 인공위성 시간보정*. NAVER blog. https://m.blog.naver.com/PostView.naver?isHttpsRedirect=true&blogId=kokospice&logNo=220203884715

- *중력파*. 위키백과. https://ko.wikipedia.org/wiki/%EC%A4%91%EB%A0%A5%ED%8C%8C

- 이종필. (2021. 4. 1.). *[사이언스N사피엔스]시간과 공간이 아닌 시공간*. 동아사이언스. https://www.dongascience.com/news.php?idx=45312

- *흑체복사*. 나무위키. https://namu.wiki/w/%ED%9D%91%EC%B2%B4%EB%B3%B5%EC%82%AC

- *흑체*. 위키백과. https://ko.wikipedia.org/wiki/%ED%9D%91%EC%B2%B4

- [그림 11]의 출처: *티칭백과, 중학교, 장애물 사이 달리기*. 금성출판사. https://thub.kumsung.co.kr/web/smart/detail.do?headwordId=4167&pg=87&findCategory=B002009&findBookId=35&findPhoneme=

- *질량-에너지 등가*. 위키백과. https://ko.wikipedia.org/wiki/%EC%

A7%88%EB%9F%89-%EC%97%90%EB%84%88%EC%A7%80_%EB%
93%B1%EA%B0%80

- 지식보관소. (2019. 2. 15.). *우리는 왜 광속으로 이동중일까? - 상대성이론 쉽게이 해하기2*[영상]. 유튜브. https://www.youtube.com/watch?v=vLo1SP_ndpw

- 지식보관소. (2020. 1. 3.). *과거로 이동하는 과학적인 방법을 찾는법 1편*[영상]. 유튜브. https://www.youtube.com/watch?v=2Sc9rfcuGvE

- 카오스 사이언스. (2019. 10. 22.). *[카오스 술술과학] 도대체 '시간'이란 무엇일까? (1)*[영상]. 유튜브. https://www.youtube.com/watch?v=O6G22SKmEbg

- 카오스 사이언스. (2019. 10. 19.). *[카오스 술술과학] 도대체 '시간'이란 무엇일까? (2)*[영상]. 유튜브. https://www.youtube.com/watch?v=NTYY-Knk0Bg

- 건방진방랑자. (2021. 10. 9.). *건빵이랑 놀자, 고전/논어, 논어 자한 - 16. 공자, 물 을 예찬하다.* TISTORY. https://leeza.tistory.com/704

- [그림 13]의 출처: *모든 것의 이론.* 위키백과. https://ko.wikipedia.org/wiki/%E
B%AA%A8%EB%93%A0_%EA%B2%83%EC%9D%98_%EC%9D%B4%E
B%A1%A0

--------------------------------- 제4장 **과학적 사실의 의미** ---------------------------------

- 엔트로피. 위키백과. https://ko.wikipedia.org/wiki/%EC%97%94%ED%8A%
B8%EB%A1%9C%ED%94%BC

- 카오스 사이언스. (2019. 9. 26.). *[카오스 술술과학] 도대체 엔트로피란 무엇일 까?*[영상]. 유튜브. https://www.youtube.com/watch?v=1_TYAqsU9NM

- 카오스 사이언스. (2019. 10. 16.). *[카오스 술술과학] 에너지와 엔트로피, 안정과 자유*[영상]. 유튜브. https://www.youtube.com/watch?v=vAeryx3-oXA

- 박준우. (2010. 4. 14.). *화학산책, 엔탈피, 열역학의 핵심 함수*. NAVER 지식백과. https://terms.naver.com/entry.naver?docId=3569076&cid=58949&categoryId=58983

- 열역학. 위키백과. https://ko.wikipedia.org/wiki/%EC%97%B4%EC%97%AD%ED%95%99

- [그림 16]의 출처: 서정우. (2021. 7. 18.). *삼투압이란*. 열려라! 즐거운 화학세상. https://m.chemworld.kr/contents/view/3357

- 김민경. *생활 속 화학이야기, 엔트로피가 답이다, 묽은 용액의 총괄성*. NAVER 지식백과. https://terms.naver.com/entry.naver?docId=5646690&cid=59995&categoryId=59995

- *정보이론*. 위키백과. https://ko.wikipedia.org/wiki/%EC%A0%95%EB%B3%B4_%EC%9D%B4%EB%A1%A0

- *정보 엔트로피*. 위키백과. https://ko.wikipedia.org/wiki/%EC%A0%95%EB%B3%B4_%EC%97%94%ED%8A%B8%EB%A1%9C%ED%94%BC

- *해밀턴의 원리*. 나무위키. https://namu.wiki/w/%ED%95%B4%EB%B0%80%ED%84%B4%EC%9D%98%20%EC%9B%90%EB%A6%AC

- '거미줄에 맺힌 이슬' 사진 출처: *이슬*. 위키백과. https://ko.wikipedia.org/wiki/%EC%9D%B4%EC%8A%AC

- [그림 17]의 출처: *III. 기권과 우리 생활*. 에듀넷·티-클리어. http://www.edunet.net/nedu/contsvc/viewDanwonContPost.do?contents_id=6459c500-84a8-4e86-a9c9-ccd73f3816a1&head_div=

- *약한 상호작용*. 나무위키. https://namu.wiki/w/%EC%95%BD%ED%95%9C%20%EC%83%81%ED%98%B8%EC%9E%91%EC%9A%A9

- *베타 붕괴*. 위키백과. https://ko.wikipedia.org/wiki/%EB%B2%A0%ED%83%80_%EB%B6%95%EA%B4%B4

- 방사성 붕괴. 위키백과. https://ko.wikipedia.org/wiki/%EB%B0%A9%EC%8
2%AC%EC%84%B1_%EB%B6%95%EA%B4%B4

- '미국 워싱턴주의 작은 농촌 마을 스텝토의 언덕' 사진 출처: *Hill*. WIKIPEDIA.
https://en.wikipedia.org/wiki/Hill

- *태양*. 나무위키. https://namu.wiki/w/%ED%83%9C%EC%96%91

- '호주 블루 마운틴의 세 자매' 사진 출처: *Three Sisters(Australia)*. WIKIPEDIA.
https://en.wikipedia.org/wiki/Three_Sisters_(Australia)

제5장 **우주의 크기**

- 카오스 사이언스. (2019. 6. 28.). *[카오스 술술과학] 다중우주 (2): 우주는 무한한
가?*[영상]. 유튜브. https://www.youtube.com/watch?v=775erbti1ug

- 지식보관소. (2019. 11. 26.). *우주(시공간) 밖은 어떻게 생겼을까?*[영상]. 유튜브.
https://www.youtube.com/watch?v=ErWEq8sZGGU

- 푸앵카레 추측. 위키백과. https://ko.wikipedia.org/wiki/%ED%91%B8%EC%
95%B5%EC%B9%B4%EB%A0%88_%EC%B6%94%EC%B8%A1

- science_6253. (2011. 6. 22.). *과학게시판, [수학의 부스러기] 4. 푸엥카레의 추
측과 우주의 모양*. 오늘의 유머. http://www.todayhumor.co.kr/board/view.
php?table=science&no=6253

- [그림 19]의 출처: EBSDocumentary (EBS 다큐). (2012. 11. 30.). *EBS 다큐프라
임 – EBS Docuprime_문명과 수학 5부_20111227_#006*[영상]. 유튜브. https://
www.youtube.com/watch?v=LENldizo6IA&list=PLvNzObWMMx6tRSrRPp
1puzbST9SUMlesD

- [그림 20]의 출처: 대폭발. 위키백과. https://ko.wikipedia.org/wiki/%EB%8C
  %80%ED%8F%AD%EB%B0%9C

- 지식보관소. (2019. 9. 19.). *상대성이론에 따르면 시간이 흐를 수 없다.*[영상]. 유튜
  브. https://www.youtube.com/watch?v=RpESLbFmzuo

- '미국 네바다 사막에서 바라본 우리 은하계' 사진 출처: 이명현. (2019. 9. 11.). *전
  문가의 세계 – 이명현의 별별 천문학, (36)우주의 68.3%를 차지하지만, 정체를
  모르는 천체물리학의 최대 '난제', 암흑에너지.* 경향신문. https://m.khan.co.kr/
  science/aerospace/article/201909111840005#c2b

─────────── 제6장 **복잡계**(complex system) ───────────

- pmg 지식엔진연구소. *시사상식사전, 복잡계.* NAVER 지식백과. https://terms.
  naver.com/entry.naver?docId=938434&cid=43667&categoryId=43667

- P. W. Anderson. (1972. 8. 4.). *More Is Different: Broken symmetry and the
  nature of the hierarchical structure of science.* Science. https://www.
  science.org/doi/10.1126/science.177.4047.393

- 박문호. (2016. 9. 21.). *<지식카페> 완벽한 대칭의 아름다움… '태초
  의 우주'가 머릿속에 있다, 박문호의 뇌 과학 이야기 – ① 대칭성, 모듈
  성, 순서성.* 문화일보. https://www.munhwa.com/news/view.html?no
  =2016092101032403000001

- 존 H. 밀러. (2017). *전체를 보는 방법.* 정형채, 최화정(번역). 서울: 에이도스.

- [그림 21](위쪽)의 출처: 하미야툰. (2020. 5. 29.). *[운동생리학] 운동단위, 근육
  방추, 골지힘줄기관, 뉴런, 탈분극, 재분극.* 네이버 blog. https://m.blog.naver.
  com/hamiyatoon/221979774156

- [그림 21](아래 좌측)의 출처: 이범룡. (2017. 6. 13.). 경험은 '시냅스(synapse)'를 바꾼다. 제이누리. https://m.jnuri.net/news/article.html?no=32659

- [그림 21](아래 우측)의 출처: 임도이. (2014. 8. 12.). 쥐 뉴런으로 3차원 뇌구조 제작 사상 첫 성공. 헬스코리아뉴스. https://www.hkn24.com/news/articleView.html?idxno=135366

- 애덤 스미스. 위키백과. https://ko.wikipedia.org/wiki/%EC%95%A0%EB%8D%A4_%EC%8A%A4%EB%AF%B8%EC%8A%A4

- 도덕 감정론. 위키백과. https://ko.wikipedia.org/wiki/%EB%8F%84%EB%8D%95_%EA%B0%90%EC%A0%95%EB%A1%A0

- by 사이언스토리텔러. (2020. 7. 1.). 뻔하지만 Fun한 독서노트, 사이언스토리텔링, 정규 분포로 설명되지 않는 복잡계 네트워크. TISTORY. https://gooseskin.tistory.com/44

- 자기조직화. 위키백과. https://ko.wikipedia.org/wiki/%EC%9E%90%EA%B8%B0%EC%A1%B0%EC%A7%81%ED%99%94

- [그림 22]의 출처: Myung Yi Yoo. (2016. 8. 29.). 구글의 아침은 자유가 시작된다. brunchstory. https://brunch.co.kr/@myungyiyoo/26

- 이웅. (2018. 7. 26.). 자연과 인간사를 지배하는 '스케일링 법칙'. 연합뉴스. https://www.yna.co.kr/view/AKR20180726127000005

- 파레토 법칙. 위키백과. https://ko.wikipedia.org/wiki/%ED%8C%8C%EB%A0%88%ED%86%A0_%EB%B2%95%EC%B9%99

- '각종 사진을 잘라 만든 육각형 타일들을 모자이크 배열해 표현한 갈매기' 사진 출처: Photographic mosaic. WIKIPEDIA. https://en.wikipedia.org/wiki/Photographic_mosaic

- 더글라스 파머. (2011). *선사시대: 비주얼로 보는 생명의 역사*. 이주혜(번역). 경기도 파주시: 21세기북스.

- 이일하. (2014. 12. 10.). *이일하 교수의 생물학 산책, 화학적 진화, 진화 소설*. NAVER 지식백과. https://terms.naver.com/entry.naver?docId=3583878&cid=60265&categoryId=60265&expCategoryId=60265

- *코아세르베이트*. 위키백과. https://ko.wikipedia.org/wiki/%EC%BD%94%EC%95%84%EC%84%B8%EB%A5%B4%EB%B2%A0%EC%9D%B4%ED%8A%B8

- (2015. 9. 20.). *1953년 스탠리 밀러의 초기 지구 조건에서 아미노산 합성 실험*. 동아사이언스. https://www.dongascience.com/news.php?idx=8104

- (2015. 2. 7.). *운석이 충돌하던 '지옥'에서 지구 생명 탄생의 싹 텄다*. 중앙일보. https://www.joongang.co.kr/article/17115719#home

- 카오스 사이언스. (2018. 5. 11.). *[강연] 생명체의 탄생 (1) _ 노정혜 교수 | 2017 봄 카오스 강연 '물질에서 생명으로' 1강*[영상]. 유튜브. https://www.youtube.com/watch?v=pQ6O-scP3qQ

- *심해 열수구*. 위키백과. https://ko.wikipedia.org/wiki/%EC%8B%AC%ED%95%B4_%EC%97%B4%EC%88%98%EA%B5%AC

- 김인영. (2020. 6. 13.). *대한민국 기상청 대표 블로그: 생기발랄, 기상과학이야기, 해저의 온천, 열수구에 대해!*. NAVER blog. https://m.blog.naver.com/PostView.naver?isHttpsRedirect=true&blogId=kma_131&logNo=221997075236

- *센트럴 도그마*. 나무위키. https://namu.wiki/w/%EC%84%BC%ED%8A%B8%EB%9F%B4%20%EB%8F%84%EA%B7%B8%EB%A7%88

- *RNA*. 위키백과. https://ko.wikipedia.org/wiki/RNA

- *RNA 세계*. 위키백과. https://ko.wikipedia.org/wiki/RNA_%EC%84%B8%EA%B3%84

- 강석기. *강석기의 과학카페. 생명의 기원 수수께끼 풀리나*. NAVER 지식백과. https://terms.naver.com/entry.naver?docId=6624765&cid=67309&categoryId=67309

- 지식 보관소. (2022. 6. 6.). *얼마전 드디어 생명체 탄생과 진화의 거의 모든 퍼즐이 완성되었다*[영상]. 유튜브. https://www.youtube.com/watch?v=nrkB2Ho3FpY

- *미셀*. 위키백과. https://ko.wikipedia.org/wiki/%EB%AF%B8%EC%85%80

- [그림 23]의 출처: *Micelle*. WIKIPEDIA. https://en.wikipedia.org/wiki/Micelle

- *리포솜*. 위키백과. https://ko.wikipedia.org/wiki/%EB%A6%AC%ED%8F%AC%EC%86%9C

- *삼위일체뇌*. 위키백과. https://ko.wikipedia.org/wiki/%EC%82%BC%EC%9C%84%EC%9D%BC%EC%B2%B4%EB%87%8C

- 서유헌. (2010. 1. 18.). *네이버캐스트, 인체기행, 인간의 뇌는 3층*. NAVER 지식백과. https://terms.naver.com/entry.naver?docId=3568565&cid=58946&categoryId=58977

- *영장류*. 위키백과. https://ko.wikipedia.org/wiki/%EC%98%81%EC%9E%A5%EB%A5%98

- [그림 24]의 출처: 제럴드 에덜먼. (2010). *신경과학과 마음의 세계*. 황희숙(번역). 경기도 고양시: 범양사.

- *체액 면역*. 위키백과. https://ko.wikipedia.org/wiki/%EC%B2%B4%EC%95%A1_%EB%A9%B4%EC%97%AD

- *감각질*. 위키백과. https://ko.wikipedia.org/wiki/%EA%B0%90%EA%B0%81%EC%A7%88

- 카오스 사이언스. (2016. 4. 5.). *[강연] 뇌: 신비한 세계로의 초대 (1) _ 신희섭 | 2016 봄 카오스 강연 '뇌 - Brain' 1강*[영상]. 유튜브. https://www.youtube.com/watch?v=iZ5lyL-GMXo

- 카오스 사이언스. (2016. 4. 5.). *[강연] 뇌: 신비한 세계로의 초대 (2) _ 신희섭 | 2016 봄 카오스 강연 '뇌 - Brain' 1강*[영상]. 유튜브. https://www.youtube.com/watch?v=uMA3u8f_7ZI&t=509s

- 황인찬. (2016. 8. 8.). *국제, 해바라기의 비밀 풀렸다, 태양에 따라 꽃 방향 바꾸는 원인은⋯*. 동아일보. https://www.donga.com/news/article/all/20160807/79609954/1

- [그림 25](A)의 출처: 이영완. (2021. 1. 6.). *경제, 과학, 낙제점수 받던 구글 AI, 단백질 분석 인간수준으로 진화*. 조선일보. https://www.chosun.com/economy/science/2020/12/01/N7LE6WEULVEOFCSIPKPHSVBQRY

- [그림 25](B)의 출처: Stu Borman. (2015. 4. 3.). *Biological Chemistry, First Pictures Of The Mitoribosome*. CHEMICAL & ENGINEERING NEWS. https://cen.acs.org/content/cen/articles/93/web/2015/04/First-Pictures-Mitoribosome-Taken.html?PageSpeed=noscript

- [그림 25](C)의 출처: Janet Iwasa. (2009. 12. 3.). *Multimedia Gallery, Model Protocell (Image 2)*. U.S. National Science Foundation. https://www.nsf.gov/news/mmg/mmg_disp.jsp?med_id=65926&from=search_list

- [그림 25](D)의 출처: *Last universal common ancestor*. Alchetron. https://alchetron.com/Last-universal-common-ancestor

- *리보솜*. 위키백과. https://ko.wikipedia.org/wiki/%EB%A6%AC%EB%B3%B4%EC%86%9C

- '인도네시아 발리섬의 사누르 비치' 사진 출처: *발리섬*. 위키백과. https://ko.wikipedia.org/wiki/%EB%B0%9C%EB%A6%AC%EC%84%AC

- 찰스 *다윈*. 위키백과. https://ko.wikipedia.org/wiki/%EC%B0%B0%EC%8A%A4_%EB%8B%A4%EC%9C%88

- 두산백과 doopedia. 찰스 *다윈*. NAVER 지식백과. https://terms.naver.com/entry.naver?docId=1079246&cid=40942&categoryId=32328

- 심재율. (2019. 2. 8.). *다윈도 몰랐던 현재 진행형 진화*. The Science Times. https://www.sciencetimes.co.kr/news/%EB%8B%A4%EC%9C%88%EB%8F%84-%EB%AA%B0%EB%9E%90%EB%8D%98-%ED%98%84%EC%9E%AC-%EC%A7%84%ED%96%89%ED%98%95-%EC%A7%84%ED%99%94/?cat=29

- *돌연변이*. 위키백과. https://ko.wikipedia.org/wiki/%EB%8F%8C%EC%97%B0%EB%B3%80%EC%9D%B4

- 최재천. (2009. 1. 22.). *네이버캐스트, 생물산책, 자연 선택의 원리*. NAVER 지식백과. https://terms.naver.com/entry.naver?docId=3566902&cid=58943&categoryId=58966

- Fiona MacDonald. (2016. 8. 3.). *HUMANS, Scientists Have Just Uncovered a Major Difference Between DNA And RNA*. Sciencealert. https://www.sciencealert.com/scientists-think-they-finally-know-why-our-genes-are-made-of-dna-not-rna

- *고시생대*. 나무위키. https://namu.wiki/w/%EA%B3%A0%EC%8B%9C%EC%83%9D%EB%8C%80

- *산소 대폭발 사건*. 위키백과. https://ko.wikipedia.org/wiki/%EC%82%B0%EC%86%8C_%EB%8C%80%ED%8F%AD%EB%B0%9C_%EC%82%AC%EA%B1%B4

- 우경식. (2022. 2. 19.). *[지구는 살아있다] 세균이 만든 산소, 지구를 숨쉬게 하다*.

동아사이언스. https://www.dongascience.com/news.php?idx=52461

- 이일하. (2014. 12. 10.). *이일하 교수의 생물학 산책, 진핵세포의 출현*. NAVER 지식백과. https://terms.naver.com/entry.naver?docId=3583880&cid=60265&categoryId=60265

- 이일하. (2014. 12. 10.). *이일하 교수의 생물학 산책, 다세포생물의 기원*. NAVER 지식백과. https://terms.naver.com/entry.naver?docId=3583881&cid=60265&categoryId=60265&expCategoryId=60265

- 이성규. (2016. 6. 2.). *고생대, 식물이 육지로 진출한 비밀*. The Science Times. https://www.sciencetimes.co.kr/news/%ea%b3%a0%ec%83%9d%eb%8c%80-%ec%8b%9d%eb%ac%bc%ec%9d%b4-%ec%9c%a1%ec%a7%80%eb%a1%9c-%ec%a7%84%ec%b6%9c%ed%95%9c-%eb%b9%84%eb%b0%80

- 이일하. (2014. 12. 10.). *이일하 교수의 생물학 산책, 인간의 조상은 원숭이가 아니다!*. NAVER 지식백과. https://terms.naver.com/entry.naver?docId=3583885&cid=60265&categoryId=60265&expCategoryId=60265

- [그림 26]의 출처: 생활의 지혜/생활의 팁. (2019. 4. 12.). *스포츠로 더 나은 세상을, 지질시대의 이름 유래 | 고생대-중생대-신생대*. TISTORY. https://minjundong.tistory.com/587

- 오스트랄로피테쿠스. 위키백과. https://ko.wikipedia.org/wiki/%EC%98%A4%EC%8A%A4%ED%8A%B8%EB%9E%84%EB%A1%9C%ED%94%BC%ED%85%8C%EC%BF%A0%EC%8A%A4

- '바닷속 돌과 섞여 있는 가자미' 사진 출처: *카무플라주*. 위키백과. https://ko.wikipedia.org/wiki/%EC%B9%B4%EB%AC%B4%ED%94%8C%EB%9D%BC%EC%A3%BC

■ 한상혁. (2016. 8. 30.). *과학, 인류 최초의 여성 '루시', 사망 원인은 '추락사'.* Chosun Biz. https://biz.chosun.com/site/data/html_dir/2016/08/30/2016083002146.html

■ 공하린. (2007. 10. 8.). *최초의 인간, 살아있는 루시와 만나요!.* The Science Times. https://www.sciencetimes.co.kr/news/%ec%b5%9c%ec%b4%88%ec%9d%98-%ec%9d%b8%ea%b0%84-%ec%82%b4%ec%95%84%ec%9e%88%eb%8a%94-%eb%a3%a8%ec%8b%9c%ec%99%80-%eb%a7%8c%eb%82%98%ec%9a%94/?cat=40

■ [그림 27]의 출처: 이일하. (2014. 12. 10.). *이일하 교수의 생물학 산책, 호모 사피엔스의 출현.* NAVER 지식백과. https://terms.naver.com/entry.naver?docId=3583886&cid=60265&categoryId=60265&expCategoryId=60265

■ 호모 에렉투스. 위키백과. https://ko.wikipedia.org/wiki/%ED%98%B8%EB%AA%A8_%EC%97%90%EB%A0%89%ED%88%AC%EC%8A%A4

■ *인류의 진화.* 위키백과. https://ko.wikipedia.org/wiki/%EC%9D%B8%EB%A5%98%EC%9D%98_%EC%A7%84%ED%99%94

■ *크로마뇽인.* 위키백과. https://ko.wikipedia.org/wiki/%ED%81%AC%EB%A1%9C%EB%A7%88%EB%87%BD%EC%9D%B8

■ *호모 하빌리스.* 위키백과. https://ko.wikipedia.org/wiki/%ED%98%B8%EB%AA%A8_%ED%95%98%EB%B9%8C%EB%A6%AC%EC%8A%A4

■ *호모 에렉투스.* 위키백과. https://ko.wikipedia.org/wiki/%ED%98%B8%EB%AA%A8_%EC%97%90%EB%A0%89%ED%88%AC%EC%8A%A4

■ 엄남석. (2020. 4. 3.). *인류 직접 조상 H.에렉투스, '루시' 등과 같은 지역서 살아.* 연합뉴스. https://www.yna.co.kr/view/AKR20200403065500009

■ 소소한 고대사. (2022. 11. 12.). *인류의 기원 [호모 에렉투스] 최초의 인간. Homo*

Erectus & Heidelbergensis[영상]. 유튜브. https://www.youtube.com/watch?v=ORcS7OKVxyc

- 소소한 고대사. (2022. 11. 18.). *바다를 건너 난쟁이로 진화한 고인류. Java man, Soloensis, Floresiensis*[영상]. 유튜브. https://www.youtube.com/watch?v=V6gDggp1pOk

- 강석기. (2017. 6. 20.). *[강석기의 과학카페] 네안데르탈인 화석, 알고 보니 호모 사피엔스!*. 동아사이언스. https://www.dongascience.com/news.php?idx=18606

- *네안데르탈인*. 위키백과. https://ko.wikipedia.org/wiki/%EB%84%A4%EC%95%88%EB%8D%B0%EB%A5%B4%ED%83%88%EC%9D%B8

- *언어의 기원*. 위키백과. https://ko.wikipedia.org/wiki/%EC%96%B8%EC%96%B4%EC%9D%98_%EA%B8%B0%EC%9B%90

- *메소포타미아*. 위키백과. https://ko.wikipedia.org/wiki/%EB%A9%94%EC%86%8C%ED%8F%AC%ED%83%80%EB%AF%B8%EC%95%84

- *수메르*. 나무위키. https://namu.wiki/w/%EC%88%98%EB%A9%94%EB%A5%B4

- *길가메시*. 위키백과. https://ko.wikipedia.org/wiki/%EA%B8%B8%EA%B0%80%EB%A9%94%EC%8B%9C

- *길가메시 서사시*. 위키백과. https://ko.wikipedia.org/wiki/%EA%B8%B8%EA%B0%80%EB%A9%94%EC%8B%9C_%EC%84%9C%EC%82%AC%EC%8B%9C

- *고대 이집트*. 위키백과. https://ko.wikipedia.org/wiki/%EA%B3%A0%EB%8C%80_%EC%9D%B4%EC%A7%91%ED%8A%B8

- *인더스 문명*. 위키백과. https://ko.wikipedia.org/wiki/%EC%9D%B8%EB%8D%94%EC%8A%A4_%EB%AC%B8%EB%AA%85

- *황하 문명*. 위키백과. https://ko.wikipedia.org/wiki/%ED%99%A9%ED%95

%98_%EB%AC%B8%EB%AA%85

- *다신교*. 위키백과. https://ko.wikipedia.org/wiki/%EB%8B%A4%EC%8B%A0%EA%B5%90

- *유대교*. 위키백과. https://ko.wikipedia.org/wiki/%EC%9C%A0%EB%8C%80%EA%B5%90

- *모세*. 위키백과. https://ko.wikipedia.org/wiki/%EB%AA%A8%EC%84%B8

- *석가모니*. 위키백과. https://ko.wikipedia.org/wiki/%EC%84%9D%EA%B0%80%EB%AA%A8%EB%8B%88

- *불교*. 위키백과. https://ko.wikipedia.org/wiki/%EB%B6%88%EA%B5%90

- *공자*. 위키백과. https://ko.wikipedia.org/wiki/%EA%B3%B5%EC%9E%90

- *소크라테스*. 위키백과. https://ko.wikipedia.org/wiki/%EC%86%8C%ED%81%AC%EB%9D%BC%ED%85%8C%EC%8A%A4

- *플라톤*. 위키백과. https://ko.wikipedia.org/wiki/%ED%94%8C%EB%9D%BC%ED%86%A4

- *아리스토텔레스*. 위키백과. https://ko.wikipedia.org/wiki/%EC%95%84%EB%A6%AC%EC%8A%A4%ED%86%A0%ED%85%94%EB%A0%88%EC%8A%A4

- *존재의 범주*. 위키백과. https://ko.wikipedia.org/wiki/%EC%A1%B4%EC%9E%AC%EC%9D%98_%EB%B2%94%EC%A3%BC

- *예수*. 위키백과. https://ko.wikipedia.org/wiki/%EC%98%88%EC%88%98

- *무함마드*. 위키백과. https://ko.wikipedia.org/wiki/%EB%AC%B4%ED%95%A8%EB%A7%88%EB%93%9C

- *프랜시스 베이컨*. 위키백과. https://ko.wikipedia.org/wiki/%ED%94%84%EB%9E%9C%EC%8B%9C%EC%8A%A4_%EB%B2%A0%EC%9D%B4%EC

%BB%A8

- *이마누엘 칸트*. 위키백과. https://ko.wikipedia.org/wiki/%EC%9D%B4%EB%A7%88%EB%88%84%EC%97%98_%EC%B9%B8%ED%8A%B8

- *게오르크 빌헬름 프리드리히 헤겔*. 위키백과. https://ko.wikipedia.org/wiki/%EA%B2%8C%EC%98%A4%EB%A5%B4%ED%81%AC_%EB%B9%8C%ED%97%AC%EB%A6%84_%ED%94%84%EB%A6%AC%EB%93%9C%EB%A6%AC%ED%9E%88_%ED%97%A4%EA%B2%94

- 류재영. (2013. 10. 3.). *절대정신의 철학자 헤겔*[영상]. 유튜브. https://www.youtube.com/watch?v=MKtz7VNKx6A

- 데구치 스미오(出口純夫). *[언어2](Sprache)*. 노동자의 책. http://www.laborsbook.org/dic/view.php?dic_part=dic05&idx=6488

- 두산백과 doopedia. *개체발생*. NAVER 지식백과. https://terms.naver.com/entry.naver?docId=1058004&cid=40942&categoryId=32325

- 철강남Philosophy Reader. (2021. 10. 1.). *비트겐슈타인 강독 - [논리-철학논고] 9 언어가 사고의 총체다(Tractatus Logico-Philosophicus 9)*[영상]. 유튜브. https://www.youtube.com/watch?v=2Ot6DfkdeRw&list=PL5UKglVN0fnRAWwMpJU5bRplWc40fK6oj&index=10

- 두산백과 doopedia. *옹알이*. NAVER 지식백과. https://terms.naver.com/entry.naver?docId=3407424&cid=40942&categoryId=31531

- 홍창의. (1997). *소아과학(완전개정6판)*. 서울: 대한교과서.

- 민성길. (2004). *최신정신의학(제4개정판)*. 서울: 일조각.

- 한나. (2017. 6. 25.). *영아의 자의식*[영상]. 유튜브. https://www.youtube.com/watch?v=dmvAu_FxX_Y

- *Daniel Stern(psychologist)*. WIKIPEDIA. https://en.wikipedia.org/wiki/Daniel_Stern_(psychologist)

- *The Interpersonal World of the Infant*. WIKIPEDIA. https://en.wikipedia. org/wiki/The_Interpersonal_World_of_the_Infant

- Glen O. Gabbard. (2002). *역동정신의학(제3판)*. 이정태, 채영래(번역). 서울: 하나의학사.

- 서울대학교 교육연구소. (1995. 6. 29.). *교육학용어사전, 투사[投射, projection]*. NAVER 지식백과. https://terms.naver.com/entry.naver?docId=512440&cid =50306&categoryId=50306

- 사회문화연구소. (2000. 10. 30.). *사회학사전, 투사[projection]*. NAVER 지식백과. https://terms.naver.com/entry.naver?docId=1521496&cid=42121&cate goryId=42121

- *장 피아제*. 위키백과. https://ko.wikipedia.org/wiki/%EC%9E%A5_%ED%94 %BC%EC%95%84%EC%A0%9C

- Young Heart. (2015. 7. 15.). *발달 단계별 특징, 피아제의 인지발달 이론 – EBSI 수능 특강 참조*. 네이버 blog. https://m.blog.naver.com/PostView.naver?isHttp sRedirect=true&blogId=humainy&logNo=220421162974

- 김근영. *심리학용어사전, 감각 운동기[sensorimotor stage]*. NAVER 지식백과. https://terms.naver.com/entry.naver?docId=2070153&cid=41991&categor yId=41991

- 김근영. *심리학용어사전, 전조작기[preoperational stage]*. NAVER 지식백과. https://terms.naver.com/entry.naver?docId=2070168&cid=41991&categor yId=41991

- [그림 28]의 출처: 송현주. *심리학용어사전, 조망 수용[perspective taking]*. NAVER 지식백과. https://terms.naver.com/entry.naver?docId=2094150&ci d=41991&categoryId=41991

- 허그맘. (2018. 5. 18.). *심리전문가의 육아 정보 7세, 죽음에 대한 아이의 이해*. NAVER 포스트. https://m.post.naver.com/viewer/postView.nhn?volumeN

o=15719868&memberNo=12161421

- 손영우. *심리학용어사전, 욕구 단계 이론[hierarchy of needs theory]*. NAVER 지식백과. https://terms.naver.com/entry.naver?docId=2070231&cid=41991 &categoryId=41991

- *에이브러햄 매슬로*. 위키백과. https://ko.wikipedia.org/wiki/%EC%97%90% EC%9D%B4%EB%B8%8C%EB%9F%AC%ED%96%84_%EB%A7%A4%E C%8A%AC%EB%A1%9C

- *클레이턴 앨더퍼*. 위키백과. https://ko.wikipedia.org/wiki/%ED%81%B4%EB %A0%88%EC%9D%B4%ED%84%B4_%EC%95%A8%EB%8D%94%ED %8D%BC

- 두산백과 doopedia. *방어기제[defense mechanism, 防禦機制]*. NAVER 지식 백과. https://terms.naver.com/entry.naver?docId=1170016&cid=40942&c ategoryId=31531

- 송경은. (2018. 1. 5.). *구멍 뚫린 오존층, 최근 회복 빨라진 이유는?*. 동아사이언스. https://www.dongascience.com/news.php?idx=21009

- '영국 런던의 트라팔가 광장' 사진 출처: *Trafalgar Square*. WIKIPEDIA. https:// en.wikipedia.org/wiki/Trafalgar_Square

---
제10장 **신(God)**

- '브라질 세하 도스 오르가오스 국립공원의 데도 데 데우스(신의 손가락) 봉우리' 사진 출처: *List of rock formations*. WIKIPEDIA. https://en.wikipedia.org/ wiki/List_of_rock_formations